Wayne Koestenbaum

Königin der Nacht

Oper, Homosexualität und Begehren

Aus dem Amerikanischen
von Joachim Kalka

Klett-Cotta

Klett-Cotta
Die Originalausgabe erschien unter dem Titel
»The Queen's Throat. Opera, Homosexuality and the Mystery of Desire«
bei Poseidon Press, New York
© 1993 by Wayne Koestenbaum
Für die deutsche Ausgabe
© J. G. Cotta'sche Buchhandlung Nachfolger GmbH, gegr. 1659,
Stuttgart 1996
Fotomechanische Wiedergabe nur mit Genehmigung des Verlags
Printed in Germany
Schutzumschlag: Klett-Cotta-Design
Gesetzt aus der Bodoni book von Steffen Hahn GmbH,
Kornwestheim
Auf säure- und holzfreiem Werkdruckpapier
gedruckt und gebunden von Gutmann, Heilbronn

Die Deutsche Bibliothek – CIP-Einheitsaufnahme
Koestenbaum, Wayne:
Königin der Nacht: Oper, Homosexualität und Begehren /
Wayne Koestenbaum. Aus dem Amerikan. von Joachim Kalka. –
Stuttgart: Klett-Cotta, 1996
Einheitssacht.: The queen's throat <dt.>
ISBN 3-608-91714-4

Inhalt

◆Vorbemerkung des Übersetzers ◆

Wayne Koestenbaums Buch setzt schon mit seinem Originaltitel *The Queen's Throat* einen Doppelsinn (*queen*: die Diva, die Opernkönigin; *queen*: die Tunte), und die unübersetzbare Mehrdeutigkeit von Wörtern wie *gay* oder *queer* prägt oft den Duktus des Textes. Die Übersetzung behilft sich hier mit Paraphrasen, seltenen erläuternden Einschüben und hie und da einem englischen Originalzitat; man muß sich beim Lesen dessen bewußt sein, daß gelegentlich auch in Wendungen wie »eigenartig« oder »komisch« etwas von der *queerness* Ausdruck finden soll. Ansonsten – und natürlich auch in diesen Hilfskonstruktionen – folgt die Übersetzung so genau wie nur möglich dem Original.

Erstes Kapitel

Operntunten

◆ 1 ◆

Die erste Oper, die ich je sah: *Aida.* San Francisco War Memorial
Opera House, im Jahre 1969. Ich war elf. Als der letzte Akt kam,
war ich erschöpft und langweilte mich. Ich erinnere mich heute nur
noch an die Farbe des Himmels über dem Nil – noch jenseits des
Mitternachtsblaus, ein mit Hexerei und fremden Gewürzen gesät-
tigter Farbton.

In meiner Kindheit bewahrte ich alle meine Programme in einer
großen Schachtel auf. Kürzlich fand ich dieses erste Opern-
programm wieder: der Radames war Jon Vickers. Erst jetzt kenne
ich Gewicht und Wert dieses Namens. Die Fundamente eines Hauses sind da, auch wenn sie unsichtbar sind – sind einmal vor langer Zeit, ohne daß jemand Zeuge wurde, gegossen worden. Und so
muß ich bei dem Versuch, diese bruchstückhafte Geschichte zu
formen, mit meiner ersten *Aida* beginnen, vergessen bis auf den
hohen blauen Himmel.

◆ 2 ◆

Bin ich eine Opertunte, eine *opera queen?* Mein stolz schwuler
Freund David – acht Jahre älter als ich und unendlich subtiler in
sexuellen und kulturellen Dingen – hat mir zuerst von *opera queens*

9

erzählt. (Wir saßen in einem Bus in Baltimore. Es war im Jahre 1980. Ich versuchte ihn davon zu überzeugen, daß ich bisexuell sei, nicht schwul.) Die *opera queen* schien jemand, der einer schweren, freudlosen Krankheit zum Opfer gefallen war. Eine *opera queen* schien andere, vernünftigere Vergnügungen aufgegeben zu haben. Mit einundzwanzig konnte ich in mir immer noch nicht die *opera queen* erkennen. Ich sagte zu David: »Ich verliebe mich immer noch in Frauen.« Und er sagte: »Jetzt hör doch auf, dir was vorzumachen.«

Opera queens gingen, David zufolge, montagabends immer in die Oper. Ich konnte es mir überhaupt nicht leisten, in die Oper zu gehen. Wie konnte ich so eine Opernqueen sein? Ich besaß nur vier komplette Opern, und das waren Billigplatten. Waren *opera queens* nicht blasiert? Ich war keine Queen. Ich war schmal gebaut und trug schwarze Karottenhosen und hörte mir nachts bei ausgeschalteter Beleuchtung *Rigoletto* an, und seit Jahren hatte mich niemand »femme« genannt.

◆ 3 ◆

Schon vor meiner ersten *Aida* hatte ich eine Studenteninszenierung von *Hänsel und Gretel* gesehen, und da erinnere ich mich nur noch an die Muschelform des Saales und an das Gefühl, in einem Auto über Berge hinweg zu einem unvertrauten und dumpfen Städtchen zu fahren, wo zwischen Weinranken die Oper wuchs und eine schärfer stechende Hitze herrschte als in unserer Siedlung.

◆ 4 ◆

Meine ersten drei Opernaufnahmen, Talismane, von meinen Großeltern zu meinem zehnten Geburtstag gekauft.

Carmen, die billige Ausgabe von Richmond/London, von einem zeitgenössischen Schallplattenführer als »vielleicht die schlechteste je aufgenommene *Carmen*« bezeichnet.

Aida, die Toscanini-Version, mit Herva Nelli und Richard Tucker.

Madama Butterfly, mit Anna Moffo, habe ich nur einmal angehört – und mittendrin brach ich ab, weil ich die Melodien nicht finden konnte.

Doch kam ich weit genug in den ersten Akt hinein, um beim Auftritt von Anna Moffo ein Gefühl zu erleben, das ich schon früher zu beschreiben versucht habe und vielleicht niemals angemessen bezeichnen kann. Ihr Timbre war von ihrer Umgebung getrennt. Ihre Stimme war nicht die Kuppel, die Säule, der Architrav; ernst und sich selbst genügend, schien sie nicht ein Abbild des Lebens, sondern das Leben selbst, und wie eine atmende Eigenschaft meiner selbst drang sie in meinen Organismus mit solch naivem, unverfälschtem, elementarem Einfallswinkel vor, so frei von den Trübungen durch all die Namen, die ich dann später dieser Erfahrung geben würde, daß mein banales Zimmer sich um seine Achse verschob.

Und trotzdem wartete ich nach dieser Initiation elf Jahre lang, bis ich wieder die *Butterfly*-Platte hörte. Als ich mich mit einundzwanzig der Oper zuwandte, wußte ich, daß die Fähigkeit, ihr zu antworten, in meinem Körper lagerte und nur auf das Signal zum Wecken wartete.

◆ 5 ◆

Die Stimmen von Barbra Streisand, Shirley Jones und Julie Andrews bereiteten mich auf die Oper und die Homosexualität vor. Barbra, weil sie in *Funny Girl* »I'm the greatest Star« sang; Shirley, weil ihre Stimmlage rein war, klassisch, kein kräftig schmetternder Sopran, sondern der einer Jungfrau; Julie, weil sie in *Mary Poppins* eine Kinderfrau war und in *The Sound of Music* eine Gouvernante, weil ihre Haare kurz und männlich geschnitten waren wie die meiner Mutter, und weil ihre Stimme – wie meine Idee von der Oper – die Luft selbstbewußt mit summarischer, silberner, emotionsloser Streitbarkeit rasterte.

11

Die Stimme von Marni Nixon, die in *My Fair Lady* für Audrey Hepburn und in *The King and I* für Deborah Kerr sang, sagte mir alles über das Singen im Dunkel, das Singen ohne Körper, das Singen von einem ausgelöschten, unsichtbaren Ort im Universum her. Niemand sah Marni Nixons Körper; die Unsichtbarkeit machte ihre Stimme opernhaft, gestaltenlos. Audrey Hepburn bewegte ihre Lippen synchron zu »I Could Have Danced All Night«: wie Eliza lauschte ich, ohne zu singen. Ich öffnete den Mund zu einem weiten, leeren O voll Ehrfürchtigkeit und Scham, während Frauenstimmen aus meinem grünen Magnavox-Plattenspieler strömten, mit einem Vibrato, das so rasch war, daß man es kaum wahrnehmen konnte.

Das Vibrato war am besten, wenn es dem Ton Elastizität, Länge und Kraft verlieh – auf diskrete Weise. Bei meinem Kornett war es mir peinlich, *vibrato* zu spielen (die Hand über den drei Ventilen zittern zu lassen). Vibrato war etwas irgendwie Schlaffes, wie das typische schwule Handgelenk.

♦ 6 ♦

Vorzeichen: ein Faible für Musicals. Ich machte mir Sorgen, während ich Platten von *Darling Lili, Oklahoma!, The Music Man, Company* und *No, No, Nanette* lauschte, daß ich als Schwuler enden würde; das Wort »schwul« kannte ich nicht, von Homosexualität wußte ich nur aus den TIME-Titelgeschichten über die sexuelle Befreiung, aber ich hatte eine klar umrissene Vorstellung (woher?), daß Schwule Musicals mochten. Meine Mutter fragte meinen Vater: »Wäre es nicht mal an der Zeit, daß wir dem Jungen ein paar solche Alben mit der Originalbesetzung kaufen?« Ich duckte mich beschämt in mich zusammen, als ich das hörte, denn ich liebte ja bereits Musicalaufnahmen mit der Originalbesetzung, und trotzdem dachte meine Mutter bizarrerweise, daß diese meine Neigung erst in der Zukunft bevorstehe, daß sie sie erst noch befördern müßte, und sie dachte ferner – noch irrationalerer Gedanke! –, daß ein Geschmack an Showmelodien ein notwendiger *rite de passage* für

Absender

Name

Straße

PLZ/Ort

Ich wurde auf dieses Buch aufmerksam durch:

Ich habe diese Karte folgendem Buch entnommen:

Mit Rücksendung dieser Karte erkläre ich mich damit
einverstanden, daß ich in Ihre Informationskartei
aufgenommen werde.

Antwort

Klett-Cotta
Abteilung Vertrieb
Postfach 10 60 16

70049 Stuttgart

2G

Sehr geehrte Leserin,
sehr geehrter Leser,

mit dem Kauf dieses Buches haben Sie
Interesse an unserem Programm gezeigt. Wir
möchten Sie daher gerne in eine Kartei von
Interessenten aufnehmen, die bevorzugt über
unser Programmangebot informiert werden.

Bitte senden Sie uns diese Karte zurück.

Selbstverständlich gibt Ihnen auch Ihr Buch-
händler gerne Auskunft über unser Programm.

Übrigens:
Einmal im Jahr verlosen wir unter den Einsendern
folgende Preise:
1. Preis: Klett-Cotta-Bücher im Wert von DM 400,-
2. – 10. Preis: Bücher im Wert von je DM 50,-

Ich interessiere mich besonders für:

☐ Literatur (LT)

☐ Sachbücher (SH)

☐ Psychologie/Psychoanalyse/
Psychotherapie/Pädagogik (HU)

☐ Geschichte/Politik (GE)

☐ Kultur und Gesellschaft (KG)

☐ Philosophie (PL)

Ich interessiere mich für Ihr
Programm aus:

☐ privaten

☐ beruflichen Gründen

P 905627

Jungs in meinem Alter war: alle Jungen müssen in einem gewissen Alter durch das reinigende Feuer der Musicalalben mit den Originalbesetzungen durch!

Adriana Caselotti lieh mit einem opernartigen Sopran (dessen Timbre wie das von Jeannette Macdonald in den dreißiger Jahren *en vogue* gewesen sein muß) ihre Stimme dem Schneewittchen in Disneys Zeichentrickfilm. Ich hatte die Schneewittchen-Filmmusik, und ich wollte eine Photographie der unsichtbaren Adriana Caselotti haben. Ich starrte die Waden von Helen Gallagher auf dem Cover des *Original-Cast*-Albums von *No, No, Nanette* an und brachte das Schwellen ihres Wadenmuskels (unnatürlich entwickelt durch das Tragen von Stöckelschuhen?) mit ihrer kräftigen Stimme in Verbindung und wußte, ich würde weder diese Waden einmal haben noch diese Stimme, und deshalb war meine Position hier auf dem Schlafzimmerteppich, wo ich das Photo bewunderte, nicht normal, das würde mich eines Tages noch in Schwierigkeiten bringen: warum starrte ich einsam Helen Gallaghers Waden an? Und war diese Leidenschaft eine sexuelle?

♦ 7 ♦

Bart, einer aus der vierten Klasse, sang »People« (»People who need people are the luckiest people in the world«) beim Schulfest. Er wollte ein Star werden und behauptete, auch bereits ein halber Star zu sein. Aber man lachte nur über ihn.

Ich fragte mich, weshalb der Junge sich diesem Martyrium unterzog und warum er meinte, daß ein Auftritt beim Schulfest seiner Karriere nützen würde.

Ich empfand auch widerwilligen Respekt und erste Andeutungen einer Affinität. Aber ich tat, als wäre ich peinlich verblüfft von seinem unbegreiflichen Benehmen.

13

Wie schaffte ich vom Musical den Übergang zur Oper? Die Idee der Oper gerann mit größter Dichte in dem Photo auf dem Joan-Sutherland-Album meiner Mutter – *Opernarien*, 1959: Joans Gesicht erscheint weißlich und riesig vor einem himmelblauen Hintergrund. Aber jetzt kommt das Seltsame und Nachklingende: Joans Lippenstift war eine Retusche. Der Lippenstiftauftrag entsprach nicht den Lippen, schief hing er da. Ehe ich noch ihrer Koloratur lauschte, kannte ich Joan Sutherland und die Oper als Makeup-Irrtümer: Mir gefiel der Anblick von Lippenstift, getrennt von den Lippen, auf denen er eigentlich hätte liegen sollen.

Meine Mutter bewahrte ihre Schallplatten im Schrank auf. Warum? Angst vor Staub. Sie spielte sie nur selten. Und so bleibt dieses Bild vom Klang getrennt: Renata Tebaldis Torso, auf dem Album mit den Höhepunkten aus *Aida*, unter beträchtlichem Druck eines allzuengen Kostüms, so daß sich eine Fülle bemerkbar macht.

Ich hörte meine unverheiratete Tante nie ihre Platten spielen, und doch bringe ich wegen ihrer alten Victor-Gesamtaufnahme von *La forza del destino* immer Verdi in Zusammenhang mit ihrem altjüngferlichen Schicksal. Ich weiß nicht, ob sie lesbisch war, aber ich weiß, daß sie mit Frauen Deutschland bereiste, mit Frauen in Venezuela lebte und im Alter einen Ring trug, der von einer ihr befreundeten Dame aus San Francisco stammte. Auf dem Rücksitz im Auto meiner Eltern summte sie Papagenos Arie und schlug den Takt dazu auf meinem Bein, und erzählte mir von den Chören, die sie vor dem Krieg in München gehört hatte.

In den späten sechziger Jahren saß ich auf meinem Zimmer und übte Papagenos Arie, bearbeitet für Trompete. (Damals war das für mich ein reines Übungsstück. Ich wußte nicht, daß es aus einer Oper stammte.) Meine Tante kam ins Zimmer und hörte mir zu, wie ich die Arie spielte. Es kam zu einer Art wechselseitigem Erkennen, auf dem Rücken der Mozartmelodie: etwas wie ein Einverständnis, daß ich wie meine Tante außerhalb der Ehewelt leben würde (Junggeselle – Jungfer) und daß eine Vorliebe für Papagenos Melodie und *La forza del destino* Geheimzeichen einer Bestimmung waren, die wir einander mit Worten nie beschrieben.

◆ 10 ◆

Meine Klavierlehrerin, die kein irgendwie ersichtliches Sexualleben hatte, die allein und jungfräulich mit ihrem alten Vater lebte, konnte keine Melodie singen, doch wenn sie zeigen wollte, wie ein bestimmter Abschnitt musikalisch geformt werden mußte, dann sang sie das, stockend, mit Ausdruck, leicht falsch. Ich, ein unberührter Junge, der nicht singen konnte, begriff diese besondere Lähmung der Kehle und brachte sie in Verbindung mit einem Leben außerhalb der Welt der Ehe, einem Leben der Geheimnisse und der Eingezogenheit.

◆ 11 ◆

Wenn ich zu viel oder zu laut spreche, verliere ich die Stimme – und immer spreche ich aus dem Hals, nicht vom Zwerchfell her. Falsches Sprechen heißt, daß ich ewig heiser bin. Zuviel Sprechen am Telephon belastet meinen Hals, und er fängt zu schmerzen an. Obwohl meine Stimme relativ hoch ist, spreche ich rauh, wie Harvey Fierstein. Ich lispele nicht, obwohl ich früher gestottert habe. Ich habe immer die Stimmkontrolle von Schauspielern bewundert, selbst wenn es meinen Schauspielerfreunden peinlich ist, im beiläufigen Gespräch so zu reden, wie man es ihnen beigebracht hat (vom Zwerchfell her): es klingt prätentiös, rhetorisch pompös, nervös übereifrig.

Das letzte Mal, daß ich versucht habe, in der Öffentlichkeit zu singen, war in der vierten Klasse beim Vorsingen für eine Kinderaufführung des Musicals *Oliver!* Alle Jungen, die sich gemeldet hatten, standen in einer Reihe und sangen zusammen »Consider Yourself«; dann traten wir einer nach dem anderen vor und sangen ein paar Takte allein, und immer weiter, bis man uns sagte,wir sollten aufhören. »Consider yourself at home, consider yourself one of the family ...« Zweifellos ging das daneben: Ich erinnere mich an dieses Gefühl der Verletzbarkeit in der Kehle, des Preisgegebenseins, des Opfers.

Als Walt Whitman so ausführlich und rhapsodisch über die Kehle schrieb (»O Kehle! O bebende Kehle!«), da drängte er uns, unsere Kehlen zu befreien, den Opernsänger mit dem weit geöffneten Mund nachzuahmen: »Ein Tenor so groß und frisch wie die Schöpfung füllt mich an, / Das elastische Rund seines Mundes gießt und füllt mich randvoll.« Wir trinken Klang durch unsere Kehlen: Unsere Kehlen werden aktiviert, werden zum Leben erweckt durch das, was wir hören. Das Lauschen ist ein Akt des Austausches: dankbar für das, was das Ohr empfängt, antwortet die Kehle, indem sie sich öffnet.

♦ 12 ♦

Nach volkstümlicher Auffassung können wir allein an der Stimme schon ablesen, ob jemand schwul ist. J. K. Huysmans, der Romancier der Décadence, schrieb in einem Brief an Marc-André Raffalovich, daß »Sodomie die Stimme verändert, die bei ihnen allen fast identisch wird. Nach mehrtägigen Studien in jener Welt konnte ich bereits am Klang der Stimme von Leuten, die ich nicht kannte, unweigerlich ihre Vorliebe vorhersagen. Glauben Sie nicht, daß Forschungen anzustellen wären über den Einfluß eines Organs auf ein anderes?«

Und Earl Lind, der bemerkenswerte Autor der *Autobiography of an Androgyne* (1918), glaubte: »Die Stimme ist eines der wichtigen Kriterien, an denen man sexuelle Abnormität feststellen kann. Ich glaube, ich kann einem Mann die sexuelle Diagnose stellen, wenn ich ihn bloß singen höre.« Eben dieser Earl Lind, dessen Namen als Damenimitator »Jennie June«, »Baby« und »Pussie« waren,

16

träumte davon, eine Primadonna zu werden.«In der Oper stellte ich mir vor, ich sei ganz identifiziert mit der Sopranistin in der Hauptrolle – daß ich sie sei. Wie es bei berufsmäßigen Tunten – *professional fairies* – üblich ist, versuchte ich, einen Gesangssopran heranzubilden, obwohl ich in meiner alltäglichen Umgebung mit einer Baritonstimme sang.«

Wenn ich die Auskunft (411) in Manhattan anrufe, freut mich die Stimme eines Angestellten, der eindeutig schwul klingt. Wenn ich so einen finde, versuche ich, meine Frage etwas extravaganter und weiblicher zu gestalten: Ich baue ein zusätzliches »please« ein und drücke gegen dieses »please«, daß der Vokal zu einem Diphthong wird. Selbst am Telephon, von Stimme zu Stimme, will ich klarmachen, wohin ich gehöre. (Warum? Es besteht keine Chance, den Mann zu treffen. Flirten um des Flirts willen.)

♦ 13 ♦

Als ich den Mund für meine Mandeloperation weit aufmachte (ich kann mich nicht an die Operation erinnern, aber dieses Ereignis, noch vor dem Schulalter, ehe ich lesen lernte, nimmt meine hingegebene Konzentration auf die Kehle vorweg), sog ich Äther ein und lockte die Bewußtlosigkeit herbei.

Erste Zungenküsse mit Frauen: langsames Zungenballett.

Erste Fellatio: Überraschung über die Dehnbarkeit des Mundes und seine Aufnahmebereitschaft für fremde Objekte.

Im selben Jahr, als ich die schwule 69-Stellung entdeckte, bildete ich mit einem Mädchen, das ich liebte (wir waren beide achtzehn), einen Opernklub, und wir hörten zusammen auf ihrer Couch *Le Nozze di Figaro* an; sie sang »Voi che sapete« ein hallendes Treppenhaus im Studentenheim hinunter.

Wir hatten vor, als nächstes *Norma* durchzunehmen, aber wir lösten dann den Klub auf, ehe wir soweit fortgeschritten waren.

In Marcia Davenports Roman *Of Lena Geyer* (1936) ist die unscheinbare Elsie deHaven in den Sopran Lena Geyer verliebt. Elsie schickt der Diva nach jeder Vorstellung einen großen Karton gelbe Rosen mit einem Briefchen, das ihr Geschlecht verschleiert (»E. deH.«). Offensichtlich *queer*, dieses bizarre Verhalten – Elsie sagt:»Man mag das von mir aus ›komisch‹ finden.«

Warum folgt Elsie Lena durch ganz Europa und wird schließlich ihre Gefährtin? Weil die Stimme der Diva, sagt Elsie,»mir ebensoviel bedeutete wie Eltern, ein Ehemann, Kinder oder sonst etwas, mit dem die meisten Frauen verbunden sind«; weil sie, als sie Lena zum ersten Mal singen hörte,»zu erregt war, um noch zu atmen; ich weiß noch, wie der Pulsschlag in meiner Kehle mich erstickte«; weil die Empfindung, die Geyer zu hören, wie»frisches Wasser, das in die Kehle eines vor Durst fast schon Gestorbenen strömt«, gewesen ist. Kehle, Kehle, Kehle! Elsie gesteht:»Es war genau wie das Aufschließen einer Gefängnistür. Die Stimme ergoß sich in mich, und von diesem Moment an war sie das einzige, wofür ich leben wollte. Die ganze Identität, die meine Eltern so sorgsam aufgebaut hatten, schmolz in der Gewalt des Gesangs, den ich an jenem Abend hörte. Alle Schranken der Konvention und der Gewohnheit schienen zu zerbröckeln, und ich fühlte mich in diesen Augenblicken als freies und zielbewußtes Individuum. Ich hatte nicht einmal gewußt, was ich in mir unterdrückt hatte, wie ausdruckslos ich gewesen war, doch als ich mich einmal befreit fühlte, erkannte ich, daß ich nie zuvor gelebt hatte.«

Elsie gesteht es sich, was sie ist – als ihr verdorrtes Selbst vom Strahl der Stimme jener anderen Frau bewässert wird. Elsie weiß, daß sie erregt und verliebt ist, weil sie nicht mehr atmen kann, weil der Puls in ihrer Kehle sie erstickt. Die Kehle, nicht das Ohr, nimmt die Diva auf; die Kehle, das Organ, aus dem »ich« spreche.

Das Grandiose der Opernstimmen ist ein unbändiger Ausgleich für das Schweigen des Zuhörers. Unsere Fähigkeit, von uns selber zu reden, ist uns verkürzt worden; wir wenden uns der Oper zu, weil wir atmen müssen und ein Recht zurückgewinnen, von dem wir glauben, es sei eine göttliche Gabe – das Recht, uns zu öffnen.

◆ 15 ◆

Manche Nonnen im Mittelalter glaubten, sie seien schwanger, weil Jesus an sie gedacht hatte; kein Wunder, daß Operntunten, Nonnen eines namenlosen Ordens, glauben, die durch das Ohr eindringenden Stimmen seien Manifestationen des Heiligen Geistes. Freuds Schüler und Biograph Ernest Jones denkt in seinem provozierenden Essay »Die Empfängnis der Jungfrau Maria durch das Ohr« über die erotischen Bedeutungen des Ohres nach. Hören heißt metaphorisch: geschwängert werden – mit Gedanken, Klang und Empfindung.

Wie laut lassen Sie Ihre Opern laufen? Laut genug, daß es dem Ohr weh tut? Im Opernhaus selbst unterscheide ich zwischen zwei Arten von Klang: Bariton, Mezzosopran und Baß, in deren Gegenwart ich Subjekt bleibe und die gehörte Stimme als Objekt erkenne, und auf der anderen Seite Sopran und Tenor, die, indem sie an Umfang und Höhe zunehmen, zum Subjekt werden und nicht mehr das ferne Objekt bleiben können. So unterbricht uns die Oper und kehrt unsere Schlachtordnung um. Ich kann mich von Tenor und Sopran in ihren hohen Lagen nicht getrennt halten, weil hohe Töne in mein Ohr eindringen, angreifen, eine Forderung stellen. Wenn Cheryl Studer im *Don Giovanni* die Donna Anna singt, kann ich nicht distanziert und analytisch bleiben, weil ihre Stimme in meine Empfindung von Willenskraft eindringt. Hören Sie sich Rosa Ponselle an. Ihre Töne sind gerundet, mittig, warm, aber dann kündigen sie die Pfirsichdicke auf und werden zu Säbeln. Augenblicke, in denen man durchbohrt wird, umgeben von Klang, aufgerufen, lohnen das Sammeln.

19

Und so legt die Operntunte Listen an. Erfahrungen werden aufgehäuft, weil keine erschöpfend erklärt werden kann. Könnte man einmal wirklich den Lockruf, den Aufruf beschreiben, der in einer Stimme liegt, könnte man vielleicht aufhören zu lauschen, müßte nicht länger in den Opern Befriedigung und Erfüllung suchen. Hätte Proust *À la Recherche du Temps Perdu* geschrieben, wenn nicht ein einziges geheimnisvolles Motiv eines Musikstücks »seine Seele geöffnet und geweitet« und in ihm den Wunsch erweckt hätte, sich linear und ausführlich, Verzweigung um Verzweigung, Raum nach Raum, durch einen einzigen Augenblick zu bewegen? Und hätte er sich gezwungen gefühlt, Erinnerung aus einem einzigen Motiv zu nippen, wenn ihm seine Erotik nicht beunruhigend antisozial und elend erschienen wäre, so daß sie in ein Riesendenkmal und in ein Labyrinth verwandelt werden mußte? »Aber während ich leise die Töne dieser Melodie vor mich hinsummte und den Kuß dieser Musik erwiderte, wurde mir der ihr allein eigene Genuß, den sie mich verspüren ließ, so lieb, daß ich Vater und Mutter verlassen hätte, um diesem Motiv durch die einzigartige Welt zu folgen, die es im Unsichtbaren erbaute ...«

Am Anfang von James McCourts implizit schwulem Roman von der Diva und ihrem Verehrer *Mawrdew Czgowchwz* (1975) steht »Die Liste« – eine Liste von Figuren. Eine Diva gibt dem Pförtner am Bühneneingang eine Liste von Freunden und Fans – nur wer auf der Liste steht, soll vorgelassen werden. In McCourts Fan-Phantasie werden alle Figuren in die Garderobe gelassen: McCourt (der Romancier als Diva) öffnet die Privaträume der Stars allen Gaffern.

Ich führe ein kleines Opernjournal, wo ich alle Opernaufführungen auflise, die ich besuche. (Arienkonzerte nehme ich nur selten auf.) Ich vermerke die Oper, die Bühne, die hauptsächlichen Sänger, das Datum. Aber für eine Bewertung oder Kritik ist kein Platz. Der Zweck einer Liste ist es nicht, abzuwägen oder zu tadeln, sondern alles einzuschließen und sich auf einen zukünftigen Augenblick zuzubewegen, da die Akkumulation aufhört und der Listenführer auswählen, nachlauschen und sich auf dem früheren Reichtum ausruhen kann. *Opera queens* katalogisieren ihre Ekstasen, sie teilen sie nicht in Kategorien ein, sie erklären sie nicht. Erinnerungen an Opernbesuche nehmen die Form eines flächendeckenden Eingedenkens an, eine Oper folgt der anderen, die einzige Logik ist die der Chronologie. Richard Edgcumbes *Musical Reminiscences of an Old Amateur for Fifty Years, from 1773 to 1823* sind eine Gedächtnisübung, die zu keinem Schluß und keinem Ziel führt – einfach eine Liste dessen, was man gehört hat. Er erinnert sich nicht an die Stimme der großen Caterina Gabrielli – nur das Bild ihres sorgsamen, unrealistischen Umgangs mit ihrem Kostüm steht ihm vor Augen: »Ich erinnere mich, daß ich sie einst als Dido gesehen habe, kann aber nichts über ihre Leistung sagen, ich weiß nur noch, mit welcher Achtsamkeit sie ihren großen Reifrock zusammenzog, als sie seitwärts in die Flammen von Karthago trippelte.«

Das Anlegen von Listen ist eine Prophylaxe gegen den Verlust. Listen wirken als Zaubersprüche: wir wollen, daß sich Namen (von Opern, Theatern, Divas, Rollen) verkörpern. Ein Verehrer schreibt über Elisabeth Rethberg (in einer Nummer der *Opera News* von 1939): »Was die Zahl ihrer Rollen betrifft – neulich habe ich mich hingesetzt und die Namen von sechsundzwanzig Opern aufgeschrieben, in denen sie gesungen hat.« In dieser Art habe ich auch eine (1969 aufgegebene) Liste aller Filme geführt, die ich je gesehen habe, angefangen mit *Mary Poppins* über *I Confess* bis – ich weiß nicht mehr, wo die Liste endete, welcher Film mich davon überzeugte, daß es sinnlos war, eine Liste geliebter Besitztümer zu führen.

◆ 17 ◆

Erst 1979, am Ende meiner Collegezeit, fing ich unverhohlen an, Opern anzuhören; im selben Jahr ging ich in Boston in Beacon Hill in den Napoleon Club und starrte, jung und verwirrt hinter meiner Nickelbrille, pfauenbunte Männer an, Schwule, wie ich sie vorher nie in solcher Zahl gesehen hatte.

21

Eine in sich logischere Geschichte meines Lebens würde erzählen, daß ich der Discomusik verfallen bin, denn Disco war die Melodie der schwulen Sexualität in den späten siebziger Jahren. Aber ich ging nie tanzen, ich zog verstohlenes Rumstreifen, *cruising*, vor, mein Begehren war in sich versunken und reagierte nicht auf diesen Beat.

Die Oper war immer etwas für die, die in der Liebe gescheitert sind. Ich trat in die Sexualität mit der Grundannahme ein, daß ich an ihr scheitern würde und daß sie mich schon längst im Stich gelassen hatte, daß ich mit meiner Lust nach Männern den Punkt darstellte, wo die Sexualität in sich zusammenbrach, wo das System nicht mehr funktionierte, wo ein Fehler Gestalt annahm.

Ich erinnere mich an das Mädchen, das in unserer High-School-Aufführung von *Guys and Dolls* die Hauptrolle sang (eine extravagante Rothaarige mit großem Busen). Liebte ich sie? Oder beneidete ich sie? Ich verbrachte einen großen Teil meiner Kindheit mit dem Problem, wie man Identifikation und Begehren unterscheiden kann, und fragte mich immer: »Bin ich in Julie Andrews verliebt oder glaube ich: Ich bin Julie Andrews?« Ich wußte: Julie Andrews zu lieben versetzte mich (irgendwie wenigstens) in den Bezirk der Heterosexualität, aber wenn ich mich mit Julie Andrews identifizierte, wenn ich der Star von *Star!* sein wollte, machte ich mich verdächtig.

Als ich meine Musicalplatten (mit den Originalbesetzungen) wegräumte und 1980 anfing, mir immer wieder die vier Opern anzuhören, die ich besaß, hatte ich inzwischen auch einen Freund, eine Sexualität und den Hunger (ich kann diesen Trieb nicht erklären, ich kann nur darauf hinweisen und ihn mit Anekdoten, Reflexionen und Kontexten umgeben), meine Vernunft von der Oper überwältigen zu lassen, als sei Oper das Gegenteil von Vernunft.

♦ 18 ♦

Zufälle der Geburt, des Gefühls: in meinem ganzen letzten Collegejahr ging ich ohne Taschengeld durch die Schallplattenläden und machte Pläne, welche Verdi-Oper ich kaufen würde, wenn ich zwanzig Dollar gespart hätte. Ich wollte die rote *Rigoletto*-Kassette von der Deutschen Grammophon haben. Ich weiß nicht, weshalb. Oder hatte kein in sich zusammenhängendes Motiv.

Ein halbes Jahr später erwarb ich – ein Gelegenheitskauf – einen anderen *Rigoletto* für neun Dollar: die Gilda war Anna Moffo. (Das bemerkte ich gar nicht, als ich das Album kaufte.) Zufällig war die Moffo der Star meiner bisher unbeachteten *Butterfly*. Ich fing an, mein Leben zu organisieren. In diesem Sommer hörte ich immer wieder ihre Arie »Caro nome« an, wenn ich von meinem Bürojob (neun Uhr bis fünf Uhr) heimkam. Auch fand nun fast jede Nacht Sex statt in meinem Zimmer, dessen Tür nicht richtig schloß, so daß ich Musik laufen ließ, um die Geräusche zweier Männer zu verdecken.

Einer der Mitbewohner sagte: »Du kommst bloß immer nach Haus, machst die Tür zu und hörst Opern.« Das war eine Kritik: Ich war ein Eremit, ein Eigenbrötler, der sich rein zufällig einen Freund eingefangen hatte. Aber wenn ich nicht achtgab, würde ich in eine gefährliche Einsamkeit zurückfallen. Es war nicht klar, ob die Oper den Weg von der Anomie zur Kameraderie darstellte oder ob das Eintauchen in die Opernmusik alle gesellschaftlichen Bindungen auflöste.

♦ 19 ♦

Die Operntunte muß sich für eine Diva entscheiden. Die anderen dürfen bewundert, genossen, sogar geliebt werden. Aber nur eine einzige Diva kann im Herzen der *opera queen* regieren – nur eine einzige Diva kann die Macht haben, das Leben eines Zuhörers zu beschreiben, wie ein Zirkel einen Kreis beschreibt.

Um loyal zu bleiben, muß man sich gegen das Gespenst des Verrats zur Wehr setzen: gegen die Möglichkeit, daß man eigentlich jeden Augenblick die Ansprüche einer anderen Diva anerkennen und sagen könnte (wie ich gestern): Warum widme ich mich nicht einer anderen Stimme, einer volleren Stimme von größerem Umfang? Aber eine solche Hingabe kann man sich nicht einfach nur aussuchen.

Ich halte einem Dutzend Divas die – schwebende, wechselnde – Treue, von denen wenige noch auftreten. Zuerst kommt, einzig und allein, ohne Einschränkung, doch immer mit leiser Traurigkeit: Anna Moffo. Zweitens: Maria Callas. Drittens: Elisabeth Schwarzkopf. (Dies ist die Hierarchie des Herzens, nicht durch Logik zu erschüttern.) Gleichauf auf dem vierten Platz: Leontyne Price, Rosa Ponselle, Leonie Rysanek, Jessye Norman. Gleichauf auf dem fünften Platz (Sängerinnen, die mich als Stimme oder als Ikone anziehen, wenn ich auch nicht mit dem ganz persönlichen und schrankenlosen Enthusiasmus verfolge, was sie machen, wie ich ihn den oben aufgeführten Sängerinnen entgegenbringe): Victoria de los Angeles, Licia Albanese, Renata Tebaldi, Joan Sutherland, Montserrat Caballé, Marie Collier, Kiri Te Kanawa, Mirella Freni, Renata Scotto, Elisabeth Söderström, Beverly Sills, Ljuba Welitsch, Ninon Vallin. Und dann noch einige ehrende Erwähnungen, Frauen, deren Stimmen ich kaum kenne, deren Karrieren mich aber faszinieren, weil sie Stars der Met in der Jahrhundertmitte waren: Risë Stevens, Roberta Peters, Dorothy Kirsten, Eleanor Steber, Zinka Milanov. Und ehrenhalber einige Männer: Beniamino Gigli, Tito Schipa, Jussi Bjoerling, Richard Tucker, Carlo Bergonzi, Giuseppe di Stefano, Tito Gobbi.

Als ich einmal Anna Moffo erwählt hatte, im Jahre 1980, ohne dabei irgendwelche anderen Sängerinnen zu kennen, war ich fürs Leben versorgt. Ich hatte einen Weg, den ich gehen konnte. Ich hatte Anhaltspunkte und Einzelheiten, die sich seitenlang auflisten ließen. 14. November 1959: Debut an der Met. Mimi: die Rolle ihres Debüts in Chicago. Wurde nach der Wahnsinnsszene der Lucia di Lammermoor auf der Bühne ohnmächtig. Erster Ehemann: Mario Lanfranchi. Zweiter Ehemann: Robert Sarnoff. Beruf des Vaters: Schuhmacher. Geburtsort: Wayne, Pennsylvania. Ich hatte eine Höhe, eine Berufung entdeckt. Ich hatte nun Tatsachen zu ermitteln, Aufnahmen aufzuspüren, ich hatte ein Timbre, gegen das andere zu voll, zu alt, zu reif, zu kontrolliert erschienen. Ich hatte eine Stimme gewählt, die mir wie Fülle und Verheißung klang, und mit dieser Stimme verglichen waren alle anderen Aspekte des Universums Schrott.

Und so versucht die Operntunte, hat sie sich einmal eine Diva ausgesucht, entweder in persönliche Beziehung zu ihr zu treten – oder sie gibt alle Ansprüche auf und erkennt, daß die Zustände, die es auszukosten gilt, Abwesenheit, Opfer und fortwährende Suche heißen.

◆ 20 ◆

Eine Diva zu wählen, die man liebt, ist wie der Beginn jedes anderen erotischen Arrangements. Du siehst den Jungen jeden Nachmittag am Schwimmbecken. Zuerst ist er nur irgendein männlicher Körper. Aber du fängst an, von seinem Bauch zu träumen. Du errötest, wenn er auf der Straße vorbeigeht, und spürst Bewegung zwischen deinen Beinen. Du streifst um die Regale mit Reiseliteratur, weil er dort herumstöbert. Du kalkulierst dein »Hallo« genau, es soll zurückhaltend sein, nicht überschwenglich. Du siehst ihn im Kino alleine sitzen und bist überglücklich, dir vorstellen zu können, daß er vielleicht ungebunden ist, und seine gebügelten pfirsichfarbenen Shorts lassen dich schließen, daß er vielleicht schwul ist, und du lauschst am Schwimmbecken durch die Geräusche der schnellen Bahn hindurch auf seinen australischen Akzent ...

Verliebt, verknallt: es fallen einem die besonderen Züge eines Menschen auf, und man entdeckt, daß sie ein wenig querstehen zu dem, was man bis jetzt von der Welt wahrgenommen hat. Für mich war es Anna Moffos verzögerter, dämmerdunkler, ein wenig unter dem korrekten Ton gesungener Angriff auf das Wort »disvelto« in einer *Rigoletto*-Passage – wie sie ein Wort nahm, das in sich nicht bedeutungsvoll oder musikalisch wichtig war und es mit Individualität und Pathos auszeichnete. Ich merkte, daß in Aufführungen mit anderen Gildas dieses »disvelto« unbemerkt vorüberging, nicht mit einer Betonung belohnt wurde. Ich wußte, die Moffo hatte die Macht, wenn sie wollte, eine Note, einen Ton von innen zu erwärmen, und ich hatte die Macht, lauschend auf diesen Moment zu warten, da unaussprechliche Komplexitäten die Textur eines solchen Tones bildeten.

Was die erwählte Diva von denen unterscheidet, die man nur bewundert, ist die Tatsache, daß man an *allem* interessiert ist, was die erwählte Diva je gemacht hat – selbst an den Fehlern. Leonie Rysanek singt bestimmte Töne mit solcher Gewalt, daß sie fast flach wirken. Ich weiß nicht, ob das musikalisch geschmackvoll ist. Und trotzdem warte ich darauf, daß es geschieht, und ich halte vielleicht sogar den Plattenspieler an und setze die Nadel noch einmal zurück, um diesen Ton wieder zu hören, diesen dubiosen Ton, weil die Welt voller Augenblicke des Wiedererkennens und Aufhorchens ist, wenn ich einmal eine Beziehung zu solchen kleinen Fehlern aufgebaut habe, wenn ich nicht das Opfer dessen bin, was ich höre, sondern sein williger Komplize.

Ich will genau wissen, wie sie 1965 gesungen hat – im Gegensatz zu 1964. Darauf kommt es an. Ich muß wissen, wie die Rysanek 1972 gesungen hat. Ich muß wissen, ob Anna Moffos *La Rondine* 1966 oder 1967 aufgenommen wurde, und warum Daniele Barioni – und nicht ein strahlenderer Star – ihr Tenor war, und wie nahe sie am Mikrophon stand, und in welche Restaurants sie nach den Auftritten in der Oper in Rom ging, und was sie bei ihrem Konzert 1969 in New York sang und was sie zur Callas sagte, als 1956 *La Bohème* aufgenommen wurde. Die Neugier ist unersättlich, und die Jagd nach diesem Wissen ist eine spirituelle Übung, demütigend, aber auch insgeheim erhebend.

Ich empfinde keine dauerhafte Liebe für die Stimme von Roberta Peters, aber mir kommen beinahe die Tränen, wenn ich lese, daß sie ein Konzert auf Long Island gibt, weil ich mich freue, daß ihre Karriere sich fortsetzt, und ich stelle mir vor, wie gern sie die Met hat, und ich stelle mir vor, wie sie in ihrem Studio Koloraturen übt... Ich habe mich mehr als einmal gefragt: »Warum hat RCA nicht ihre Lucia als CD herausgebracht? Na gut, sie ist da nicht eine der besten, aber ich würde das kaufen.« Und eines Tages werde ich bei einem besoffenen Streifzug ihren *Barbiere* kaufen, weil die Klarheit ihres Timbres in mir wirkt wie ein Frühjahrsputz. Man ist in Orte verliebt, wo man nie hätte sein können, gewöhnliche Orte, beispielsweise ein Auftritt von Roberta Peters in – ich rate mal – Cleveland, auf der Met-Tournee 1955.

Und noch ehe ich eine ausgeprägte Liebe zur Stimme von Leontyne Price entwickelte (sie steigt täglich in meiner Wertschätzung, bald kann ich mir vielleicht ohne den Klang ihres »Pace, pace« gar keine Wirklichkeit mehr vorstellen), bin ich durch Greenwich Village gegangen und habe mich gefragt: »In welchem von diesen alten Reihenhäusern wohnt Leontyne? Und wenn ich zur richtigen Zeit vorbeikomme, höre ich sie dann üben?«

♦ 21 ♦

Divas sind notorisch laut, aber die Fans gehen stumm ins Grab.

»Mädchen bringt sich wegen Mary Garden um« lautet eine Schlagzeile in einer New Yorker Zeitung von 1912. Die Garden hatte das Glück, daß die Mutter der Toten einen Brief an die Zeitung schrieb und den Star entlastete: »Miss Garden hat meine Tochter nicht gekannt. Meine Tochter war ihr nie begegnet. Sie war vernarrt in Miss Garden, seit sie sie hatte singen hören. Sie fuhr nach Philadelphia, um Miss Garden in *Faust* zu hören, und ging dann zu ihrer Garderobe; man gestattete ihr aber nicht, sie zu sehen. Dies war nicht das erste Mal, daß sich meine Tochter in eine Berühmtheit vernarrt hatte. Sie war ein sehr nervöses Mädchen ...« Ein Revolver fiel im Garderobenkorridor aus ihrem Muff: Hatte sie die Garden erschießen wollen?

Ein verrückter Fan hat das von mir aus der Bibliothek entliehene Exemplar von *Mary Garden's Story* mit seinen Notizen versehen; er war besonders am Tod der Garden interessiert. Der Fan schrieb an den Rand: »Jetzt steht ein schöner Wald auf dem Hügel, wo die Asche der Garden verstreut worden ist. Was für ein schönes Denkmal für Mary! Sie ist in einer psychiatrischen Anstalt an einem Sonntag kurz vor Mittag (midi) gestorben. Was für ein Zufall: ›Je suis née midi‹ – Pelléas et M.« Fans suchen und horten ständig Zufälle. Wie traurig, wenn man eine zusammenphantasierte Synchronizität, eine astrologische Verknüpfung an den Rand eines Buchs aus der Bibliothek kritzelt! Die ruhmreichsten und rührendsten Fanclubs bestehen nur aus einem Mitglied.

27

Ich habe nie versucht, direkten Kontakt mit einer Diva aufzunehmen, obwohl ernsthafte *opera queens* das gewöhnlich tun. Ich habe immer so ein Gefühl gehabt, daß mein Operntuntentum unzulänglich und postmodern ist, weil ich seine Ziele nicht buchstäblich genug verfolge – ich klopfe nicht an Garderobentüren.

Mary Watkins Cushing, die im Hause ihres Idols lebende Verehrerin von Olive Fremstad, war zuerst ein Emma-Eames-Fan: »Ich betrachtete die Porträtaufnahmen immer neugierig und versuchte mir vorzustellen, wie die herrlichen Klänge wohl sein mochten, die, wie es hieß, zwischen diesen geschminkten Lippen hervorkamen.« Mary gab das normale gesellschaftliche Leben – die Freundschaft mit ihresgleichen – auf und zog in die Tiefe ihres lesbischen opernverliebten Selbst: »Ich verbrachte die dunklen Winternachmittage nach der Schule nicht mehr beim Eislaufen, sondern im Musikaliengeschäft, wo ich reglos und mit verglastem Blick dasaß und die wunderbaren Opernklänge aller neu erschienenen Platten einsog. Ich wurde den Verkäufern lästig und war meinen Schulfreundinnen ein Rätsel, die kicherten und blinzelten und mich für ›merkwürdig‹ hielten...« Sie legt ein Album mit Zeitungsausschnitten an. Sie begegnet ihrem Idol Olive Fremstad. Sie zieht zu ihr. Dies war die Epoche der sogenannten Gerry-Flappers, und obwohl Mary loyal zu Olive Fremstad steht, ist sie doch für die Reize von Geraldine Farrar nicht unempfänglich; als sie hinter den Kulissen steht, »spürte ich, wie mein Puls schneller ging und wie auf meinem Gesicht das leere Lächeln der ›Gerry-Flappers‹ erschien, als sie in einem Vorbeiwehen von köstlichem Parfüm, schleifendem Pelzwerk, Federn und glitzernden Juwelen mein Exil in dem schäbigen grauen Korridor erhellte.«

Lange, einsame Nächte hindurch liegt der Fan Gordon M. Eby wach (so steht es auf der Danksagungsseite in seinem mit nichts zu vergleichenden Buch *From the Beauty of Embers*) und denkt an Divas und vergangene Tage. Das Photo, das Eby neben Rosa Ponselle in Baltimore im August 1961 zeigt, läßt mich auflachen und erschauern, so viel erkenne ich darin wieder: der unansehnliche, untersetzte Mann im Tuxedo steht stolz und wie unter Strom neben der größten, wenn auch längst nicht mehr singenden Sopranistin der Welt. Sie hält in ihrer Hand (mit ellenbogenhohem weißem

Handschuh) eine Lilie, sie trägt ein geblümtes Kleid, ihre Brüste zeichnen sich intensiv und einzeln ab, ihre Taille ist schmal; die Ponselle ist gut drei Zoll größer als ihr Fan Gordon M. Eby, den ich nicht verspotten will, ich beneide ihn um seinen ernsthaften Fleiß, ihn, der die Courage und die visionäre Energie hatte, Rosa Ponselles Freund zu werden – und bereit war, neben ihr klein und unbedeutend zu sein, denn ist es nicht demütigend, an Rosa Ponselles Seite zu stehen und zu wissen, daß man ein Nichts ist? Männliche Fans, die nicht zum schlichten Überschwang der Verzückung in der Lage sind, geben oft ein amouröses Interesse vor. Ich erkenne diesen gefälschten Eros: Ich sehe ihn in Ebys Gesicht, wie er die Ponselle begleitet, und ich stelle mir vor, wie er sagt: »Miss Ponselle ist die herrlichste Frau auf der Welt, sie ist mein Traum, so soll eine Frau sein.« Die Tuntenliebe zu Frauen: Sie ist großartig, ich besinge sie, aber ich halte mich fern davon.

Weil solche Verzücktheit traditionellerweise das Vorrecht von Mädchen ist, sind die weiblichen Fans immer am ehesten bereit gewesen, ihre errötende Hingabe zu zelebrieren. Adelina Patti sagt zu einem Reporter: »Eine Pyramide von Blumensträußen kam von einer Gruppe junger Mädchen, deren Gesichter frischer leuchteten als die Blumen, die sie brachten.« Nellie Melba liebte es, für die »Matineemädchen« zu singen: blumenbesteckte Debütantinnen, die zu Nellies Matinéen kamen und nach der Vorstellung zur Bühne liefen, um die Diva mit Blüten zu bewerfen. Ein armes Blumenmädchen vertat seinen ganzen Verdienst für Eintrittskarten zu Auftritten der Melba; ein einbeiniger Veteran humpelte drei Meilen weit, um sie singen zu hören, und brachte ihr (berichtet uns die Melba) »sechzehn wundervolle kleine Sträußchen, alle mit verschiedenfarbigen Bändern zusammengebunden, und jedes stand für die Premiere einer Oper, in der ich im Verlauf meiner Karriere eine Rolle kreiert oder gegeben habe. Lieber Jim Styles! Ich denke an Sie, und ich danke Ihnen.« Wie lieb konnte Nellie dieser Fan sein, der verwundete Mann, den sie so direkt anspricht, der Mann mit Stil, der Mann ohne Bein, der Mann, der weiß, was die Melba will, der Herr der exquisiten Überraschung, Befehlshaber der Melbasouvenirs, der Mann der Abwesenheit und der Hingabe?

Die Gewaltsamkeit der Fans in Baltimore (für mich ist Baltimore
Amerikas tuntigste Stadt, weil John Waters es die Frisurenhaupt-
stadt der Welt genannt hat, weil ich in Baltimore anfing, verrückt
nach den Divas zu werden, und weil Baltimore in der Nähe von Rosa
Ponselles Villa Pace liegt): In Baltimore ließ Jenny Lind ihr
Umschlagtuch von der Galerie fallen, und die Fans zerrissen es und
steckten die Fetzchen zu sich.

Die Attacke des Fans kann die Form eines Sonetts annehmen:
ein Sontagsgetreuer (Fan von Henriette Sontag, einer Diva des
neunzehnten Jahrhunderts) schrieb Sonette auf weißen Satin und
ließ sie bei einer Abschiedsvorstellung der Diva auf die Bühne hin-
unterflattern. Oder die Form einer Orange. Die verrückte Dienst-
botin Ann Barwick, eine Partisanin der Diva Mrs. Tofts, wurde 1704
verhaftet, weil sie während einer Vorstellung mit Orangen nach Mrs.
Tofts Rivalin Margherita de l'Épine geworfen hatte. Mrs. Tofts ließ
einen offenen Brief im *Daily Courant* erscheinen: »Ich verabscheue
ein solches Verhalten und hoffe, Ihr werdet sie gerichtlich verfolgen lassen, damit sie bestraft wird, wie sie es verdient hat.«

Fragmentierung: In Rußland zerbricht ein junger Verehrer den
Autogrammbleistift der Melba mit den Zähnen in kleine Stücke,
damit andere »auserwählte Freunde« auch ein Andenken an sie
haben können.

◆ 23 ◆

Ich versinke in mein Opernlaster. Ich verliere das Zeitgefühl. Ich
vergesse meine Verpflichtungen. Ich verehre die Stimme von
Renata Tebaldi nicht, aber ich spüre den Sog der Tebaldimythen.
Es ist mir, als würde ich, dreißig Jahre zu spät, zum Tebaldiano. Ich
bin eigentlich ein Callasfan, aber lange nach dem Ende des alten
Streits schwebe ich empor, wenn ich diesen Satz lese: »Die Callas-
verehrer schwelgten in dem Triumph, daß die von ihnen Verehrte
ihre Premiere hatte, wurden aber von der Tebaldipartei daran erin-

nert, daß die Callas in einer schäbig wirkenden *Norma*-Inszenierung auftrat, während für Renata die erste neue *mise en scène* der Met für *La Traviata* seit zwei Jahrzehnten aufgebaut würde.« Oder wir erfahren, daß am Montag, dem 19. September 1968, als die Callas hingeht, um zu hören, wie die Tebaldi die Saison der Met als Adriana Lecouvreur eröffnet, »die Tebaldiani an diesem Abend zahlreicher als die Corellianhänger zu sein schienen« (die Fans des prächtigen Tenors Franco Corelli). Welche Identität! Ich bin einer von den Corellianhängern. Ich bin einer der Callasfans. Ich gehöre zu den Tebaldiani. Die Tebaldiani sind kaum eine revolutionäre Gruppe, aber sie sind stolz darauf, daß sie den Verkehr in New York zum Erliegen bringen können – die Tebaldiani »hielten den Straßenverkehr an der West 40th Street an manch einem Abend auf!«

Die Tebaldiani blicken in Renatas Seele. Wenn Renata lächelt und ihre Fans am Bühneneingang der Met begrüßt, erät ihr Biograph, daß die Tebaldi bewegt ist:» Die Tebaldi, stets glücklich, ihre Fans zu sehen, war von der Begrüßung sichtlich bewegt, und als sie lächelte, winkte und einige Leute mit Namen grüßte, war sie den Tränen nahe.« Die Tebaldiani betonen stets, daß Renata sensibel ist, verletzlich. Sie wissen, daß der Tod des Baritons Leonard Warren »am Eröffnungstag ihrer Saison in Amerika 1960 sie ungeheuer betroffen haben muß«, aber Warrens Tod kommt in diesem Bericht nur vor, weil er Renatas Laune trübt; der Tebaldiano starrt in seine Kristallkugel und erkennt die Welt kraft seiner phantasierten Verbindung mit der Diva von ihrer majestätisch-parteiischen Perspektive aus.

Eine der bedeutendsten Verehrerinnen war die »Königin der Met-Abonnenten«, Lois Kirschenbaum. Mit dieser Bezeichnung wird diese *queen* mein alter ego. Tagsüber als Telephonistin tätig (ganz im Dienste der körperlosen Stimme), durchstreift sie abends das Opernhaus. Sie geht hinter die Bühne zur Tebaldi und hat zwei Tüten voller Programme und Photos dabei, die alle von der Diva signiert sein wollen.

Ich bin kein Tebaldiano, aber ich habe letzten Monat eine ihrer Aufnahmen aus einem Ramschbasar errettet: für einen Dollar habe

31

ich ihre *Cavalleria Rusticana* (mit Jussi Bjoerling) gekauft, weil die Platten noch in ihrer originalen rosaroten Victor-Kassette waren und ich (dem Kosmos gegenüber?) meine Ehrfurcht für dieses Objekt zum Ausdruck bringen wollte, für die Hingabe, die es einst umgeben hatte, ehe der Besitzer entschied, daß das Trödel war. Die Tebaldibiographie äußert sich sehr günstig über diese Aufnahme, »ursprünglich 1958 von RCA eingespielt, aber seit 1965 nicht mehr im Plattenhandel erhältlich. ... Es ist eigenartig, daß diese Aufnahme, von vielen Hörern hochgeschätzt, durch irgendeine Fehlentscheidung nie zu den wichtigen Nummern des RCA-Katalogs aufrückte (tatsächlich wurde sie vorzeitig vom Markt genommen).« Ich wollte eigentlich noch über andere Parteienkämpfe unter Divafans sprechen, bin aber dabei hängengeblieben, das Photo von Renata Tebaldi im grünen Saal der Musikakademie in Philadelphia anzustarren, aufgenommen am 20. Dezember 1972; das Photo, zweifellos das Werk von Lois Kirschenbaum (Königin der Met-Abonnenten), zeigt dazu den Autor der Tebaldibiographie (Kenn Harris), wie er unter seinem Tatarenschnurrbart hervorstrahlt. Ich blieb hängen bei der Vorstellung, wie es wohl gewesen wäre, 1972 neben der Tebaldi im grünen Saal zu stehen, so daß die Gegenwärtigkeit der Tebaldi mich mit Ahnungen von Unbekanntem und Unerkennbarem überrieselte.

♦ 24 ♦

»Ihre treue kleine Freundin, die Sie nie gehört hat«, schreibt ein »verkrüppeltes« Mädchen, das seit elf Jahren auf dem Rücken liegt und Clara Butt bittet, ihr doch zuzuwinken, wenn der Zug der Diva am Hinterhof der verschollenen Verehrerin vorüberfährt.

Müssen Fans loyal sein? Sind Fans Leibeigene? Sind sie unbeweglich, bedauernswert, sklavisch? Das Bild des Fans als eines Vasallen, ans Bett gefesselt, abhängig, entspricht dem Bild vom Schwulen oder der Lesbierin als einer Seele niederer Ordnung, einer Seele im falschen Körper, einer Seele ohne Verbindung zu einem Körper.

Fans haben kein eigenes Bewußtsein. Sie treten nur als Emanationen des Willens der Diva auf, als deren Gedankenleser. Dorothy Kirsten setzt enormes Vertrauen in ihre Fans: Sie hat nur wenige Plattenaufnahmen gemacht, und sie weiß, daß ihre getreuen Verehrer »jede inoffiziell mitgeschnittene Aufnahme von meiner Stimme aufkaufen, koste es, was es wolle«. Der Mythos, der die Fans umgibt, besagt: Sie stehen in einer magischen Verbindung mit der Diva – oder deren Sekretärin Vicki. »Als bekanntgegeben wurde, daß das meine Abschiedsvorstellung ist, haben die Mitglieder von Fanclubs überall im Land Vicki mit Briefen überschüttet, mit denen sie um Karten baten. Obwohl es eine Sondervorstellung ohne Abonnenten war, war Vickis Aufgabe nicht einfach, weil meine eigene Gästeliste beträchtlichen Umfang hatte.« Sich in den Sopran Dorothy Kirsten zu verlieben ist eine spezielle Berufung, die Karriere steht nicht jedermann offen. Ich liebe die Bilder von Kirsten in ihrer späten Zeit, im ärmellosen Kleid als Manon Lescaut in San Francisco, oder, jung und für eine Operndiva wunderschön, bei der Arbeit mit Gustave Charpentier, dem Komponisten von *Louise*: Die Kirsten mit verschränkten Armen, volles blondes Haar, Charpentier dirigiert, die Dame lächelt, die Zähne glänzen, schwarzes Kleid, das Photo findet an keinem besonderen Ort statt, meine Versenkung in diese Photographie ist derart »pathologisch« und unerklärlich – oder konstitutiv für die Zeit, für meine Geschichte als Schwuler. Mir Dorothy Kirstens Stimme vorzustellen, *während ich Publicityphotos betrachte*, das ist von entscheidender Wichtigkeit für diese Traumsexualität, die wir als »schwul« bezeichnen – nicht wirklich eine Sexualität, aber für mich im Moment eine Methode, mich vom Erdball fallen zu lassen, ein Weg, Wünsche zu verfolgen, die nichts mit Genitalien zu tun haben.

◆ 25 ◆

»Sie ist die Art Person, die man als ›merkwürdig‹ bezeichnet« (*queer*, wobei immer schon die Diagnose von Homosexualität mitschwingt, A. d. Ü.), und dazu ist sie auch noch hartnäckig, denn sie klopft an die Hotelzimmertür der Diva und sagt: »Ich bin gekommen, Sie zu bitten, ob Sie mich nicht küssen würden.« Die Diva Clara Louise Kellogg schreibt: »Natürlich tat ich das.« Von da an entwickelte sich die Beziehung weiter; immer wenn die Kellogg in Providence sang, wohnte sie bei der verrückten Dame. »Sie beobachtete alle meine Eigenheiten genau, und jedesmal bei meiner Rückkehr gab es einen neuen und schmeichelhaften Beweis für diese fürsorgliche Aufmerksamkeit.« In jedem Opernhaus gibt es Verrückte und Paradiesvögel, die die Eigenheiten der Stars beobachten und sich zu dem, was das schwule Ohr hört, unhörbaren eigenen Gesang zusammenträumen. Clara Louise Kellogg spielt auf diese chimärischen Selbstkonstruktionen an, wenn sie nachdenklich fragt: »Wer weiß, was für Sympathien, welches Verständnis, welche herrlichen Freundschaften dort draußen im dunklen Bühnenhaus wie ein Garten blühten und nur darauf warteten, gepflückt zu werden?«

Ich frage mich manchmal, weshalb ich nie einen Fanbrief geschrieben habe und warum ich nicht die Nähe der Stars suche. Vielleicht bin ich nicht erregbar genug – nicht so pulsierend vor Energie wie der führende Verehrer der Patti, *opera queen* Monsieur de Saxe, dessen Temperament, wie sie sagt, »ein nervöses« war. Vielleicht befürchte ich, mich in Ida und Louise Cook zu verwandeln, englische Schwestern, die sich die Überfahrt nach Amerika vom Mund absparten, um Amelita Galli-Curci zu hören – Schwestern, die an die Galli-Curci schrieben und ihre Freundinnen wurden und sich um sie kümmerten und dann noch andere Stars annektierten (insbesondere Rosa Ponselle) und Rosa nach dem Zweiten Weltkrieg in der Villa Pace besuchten. Der Zweite Weltkrieg machte sie vor allem deshalb traurig, weil sie – da sie den Krieg über damit beschäftigt waren, Juden aus von den Nazis besetzten Gebieten herauszuschmuggeln – die Auftritte der Ponselle versäumten. Wie Ida in ihrem autobiographischen Bericht *We Followed Our Stars* schreibt: »Glaube niemand, daß das eine Kleinigkeit war.« Die Arbeit im Kriege »kostete uns Rosas Donna Anna und Carmen und Luisa Miller und Africana. Das war entscheidend.« Die Zeit vergeht, und man vermißt die Vorstellungen, die man hätte besuchen können, und es gibt keine neuen mehr, die diesen Platz einnehmen könnten. Also schrieben sie nach dem Krieg an Rosa, mit der simplen Adresse: »Rosa Ponselle, Baltimore, USA.« Zauberischerweise wird der Brief zugestellt – und beantwortet: die beiden Frauen sehen sich »in unserem Glauben daran, daß die Welt im Grunde in Ordnung ist, persönlich bestätigt«.

Wer weiß, ob die beiden lesbisch waren? Die Galli-Curci begriff, daß sie eigenartig waren: die Schwestern räumen ein: »Zweifellos begriff sie schon nach wenigen Minuten in unserer Gesellschaft, was wir für Mädchen waren.« Sie schrieben Elisabeth Rethberg einen Brief auf Papier von »einem wilden Violett«. Ihre hauptsächliche Leidenschaft war es, ihrer Sammlung neue Photos von Stars hinzuzufügen.

Ein seltsamer Narzißmus zeigt sich in der Anhänglichkeit der Schwestern Cook an Rosa Ponselle. Sie gehen davon aus, daß Rosa ebenso an ihnen hängt wie sie an Rosa. Als sie mit ihrer angebeteten Rosa wieder vereint waren, da, so beteuern sie, »war sie wahrscheinlich genauso gerührt wie wir«. Das bezweifle ich, Mädels.

Sie waren Rosa Ponselle so ergeben, daß sie jedes Jahr ein Fest zur Feier des Jahrestages ihres Debüts in London gaben, und bei diesen Partys riefen sie Rosa in Baltimore an, damit sie »Pace, pace, mio Dio« ins Telephon singen konnte: »Wir reichten den Hörer reihum weiter, damit jeder wenigstens ein paar Töne in voller Lautstärke hören konnte.« Ist es ein Zeichen von Verzweiflung oder von seraphischer Fröhlichkeit, wenn man am Telephon der Stimme der schon längst von der Bühne abgetretenen Ponselle lauscht?

◆ 26 ◆

Philothée O'Neddy, ein Dichter und Kritiker der französischen Romantik, hielt das Théâtre Italien in Paris für den idealen Ort, um Selbstmord zu begehen. Eine Operntuntenkarriere tendiert nicht zum Suizid. Aber es ist, als würde man das Selbst wegwerfen, als gäbe man Autonomie und Produktivität auf und würde zum reinen Empfänger. Wer einmal zu dem Schluß gekommen ist, daß seine schönsten Erlebnisse die sein werden, die sich beim Anhören von Opern einstellen, hat den Gedanken an einen Austausch mit seiner Umwelt aufgegeben und ist ein Phantom geworden, ein Spuk, der umgeht. In Willa Cathers Geschichte »Paul's Case« findet der feminine Musikliebhaber Paul durch Musik und Opernbesuche und aufwendig dekadente Aktivitäten zu sich selbst, aber seine biographische Kurve stürzt steil ab, hinunter in den kalten Schnee, wo er erfriert; offensichtlich war Paul abnormal, indem er über Sänger und Schauspieler zu sich selbst fand und für die »schönen Menschen und frohen Farben« der Carnegie Hall schwärmte. Das Theater »war Pauls Märchen, und es hatte für ihn die ganze Anziehungskraft einer heimlichen Liebesaffäre. Wenn er endlich den von Gas, Farbe und Staub schweren Geruch hinter den Kulissen einatmen konnte, holte er tief Luft wie ein freigekommener Gefangener und spürte in sich die Möglichkeit, bedeutende, brillante Dinge zu sagen oder zu tun. Wenn endlich das verstimmte Orchester die Ouvertüre zu *Martha* poltern ließ oder durch die Serenade aus *Rigoletto* hastete, glitt alles Törichte und Häßliche von ihm ab, und seine Sinne glühten mit herrlichem, doch zartem Feuer.« Er liebte die Oper, weil sie seiner Seele entsprach: »Er hatte nun das Gefühl, daß er durch seine Umgebung erklärt wurde. Niemand stellte den Purpur in Frage; er mußte ihn nur passiv tragen. Er brauchte nur den Blick auf seinen Abendanzug zu senken, um sich beruhigend zu versichern, daß ihn hier unmöglich irgend jemand demütigen konnte.« Aber weil Paul sich dieses Leben nicht leisten kann (er begeht eine Unterschlagung, um seinen Blitzbesuch in New York zu finanzieren), muß er sich den Tod geben, will er nicht wieder in das Zimmer in seiner Heimatstadt zurückkehren, dessen »entsetzliche gelbe Tapete« (die Formulierung erinnert an Charlotte Perkins Gilmans Erzählung »The Yellow Wall Paper« aus dem Jahre 1892) das Symbol dafür ist, wie ihn die normale Zivilisation in die Rolle eines weibischen Verrückten drängt, so wie Cather ja schon mit dem Titel »Paul's Case« sich der Stimme medizinischer Autorität bedient und ihren eigenen Wunsch nach ästhetischer Erfüllung und unkonventioneller Sexualität als einen »Fall« verkleidet. Weil die Welt der Oper und des Theaters Pauls Zugang zu einem

Selbst ist, das wir schwul nennen könnten (oder zumindest zur konventionellen Männlichkeit querstehend), und weil die Oper in »Paul's Case« etwas Teures ist, braucht er Geld, um schwul zu sein. Ohne finanzielle Unabhängigkeit kann er nicht am aristokratischen Milieu der *opera queens* teilhaben und muß sich umbringen.

٠ 27 ٠

Weil dieses Buch mein Sammelalbum ist, weil ich als *opera queen* bewegungslos »verknallt« im Inneren einer Leidenschaft stehe und weil eine solche Leidenschaft sich aus nutzlosen Fragmenten zusammensetzt, lege ich dem Leser diese Stücke kommentarlos hin.

»Anna Moffo, die Idealbesetzung der Gilda, zeigte wahre Virtuosität bei ›Caro nome‹« (eine lobende Formulierung der *Opera News* 1958); ein Photo aus dem Jahre 1957, das Anna Moffo zeigt, wie sie am Kai ihre Eltern umarmt (»jung und schön kehrt Anna Moffo in das Land ihrer Geburt zurück«); ein Photo von 1960, das die Moffo und ihren Mann im Urlaub in Mailand zeigt (»Anna Moffo glänzte in Rom diesen Winter als Elvira in den *Puritani* und als Rosina im *Barbiere*, beides neue Inszenierungen ihres Gatten Mario Lanfranchi«); ein Photo von 1968, auf dem die Moffo mit übereinandergeschlagenen Beinen zu sehen ist, mit dem Text »Anna Moffo – die in diesem Herbst eine Gastrolle in dem Paramount-Film *Adventurers* übernommen hat, der soeben fertiggestellt wird – wird im Januar Stockholm, Berlin und Budapest besuchen, um dort *Lucia di Lammermoor* und *La Traviata* zu singen«; einen Bericht aus der *Opera News* von 1963: »Einkaufen gehen mit der Moffo«; eine Aufnahme aus dem Jahre 1961, die mich reglos innehalten läßt, weil sie dort mit kokett seitwärts gelegtem Kopf erscheint, mit gestreiftem Kleid, jung und patent, und ihre schwarzen Pumps sich in den Stoff der Couch drücken (»Anna Moffo, hier in ihrem Apartment in New York, wird beim vierzigsten Stipendien-Benefiz des New York Vassar Club in *La Traviata* die Violetta singen, am Samstagabend, dem 6. Januar«)...

Diese Ausschnitte haben eine prismatische, schlagende Wucht, haben die Macht, mich als »den, der träumt« zu konstruieren; ich versuche, diese Macht zu erklären, und dann verstumme ich ...

◆ 28 ◆

Insofern begreife ich, weshalb mein Operntuntenfreund alle seine Schallplatten in der Garage aufbewahrt: er fürchtet sich vor ihnen, er befürchtet, daß das Hören sein ganzes Leben besetzen wird. Wer eine Opernqueen ist, interpretiert seine Wünsche mit dem Vokabular der Sucht. Die Liebe zur Oper erscheint als eine Krankheit, die unter Kontrolle zu bringen ist, die infektiösen Objekte sind zu isolieren. Mein Freund ließ mich in seine Garage, und wir stöberten zwischen den muffigen Alben herum – Toscaninis *Falstaff*, die *Adriana Lecouvreur* mit der Tebaldi. Ich sagte: »Warum bringst du die Platten nicht ins Haus? Das ist eine tolle Sammlung!« Er sagte: »Du weißt nicht, was passieren würde. Du machst dir keine Vorstellung davon, was passieren würde.«

◆ 29 ◆

Das einsame Opernfestmahl, die Schlemmerei allein, die Ohrenonanie: Wenn ich mir einen Abend meines Lebens nehme, um *Simon Boccanegra* anzuhören, habe ich das Gefühl, ich hätte mich auf der Toilette eingeschlossen, um ein Kilo Eiscreme zu verschlingen, ich hätte alle meine Freunde verloren, ich täte etwas radikal Antisoziales, wie etwa mit Lippenstift in die Schule zu gehen. Auf der High School hatte ich zuerst Angst, jeden Tag zu wichsen, Angst, das Begehren aufzubrauchen, Angst, es ließe sich nicht erneuern, und Angst, daß ein schlichter unverfänglicher Orgasmus mein Leben krachend zum Einsturz bringen könnte.

Oper und Pornographie: in Terrence McNallys *The Lisbon Traviata*
ist Mendy, die radikale Operntunte, in einen Dokumentarfilm über
Maria Callas versunken, während sein Freund Stephen (der auch
die Oper liebt, aber nicht auf so extreme, schrille Weise) in *Blueboy* blättert. Beide Männer suchen bei Abbildern Zuflucht, und deshalb sollen wir sie als rührend und tragikomisch sehen, von der
Realität abgeschnitten, wenn auch Stephen immerhin noch auf der
richtigen Spur ist – sein Interesse an *Blueboy* bedeutet, daß er sich
immer noch für Sex interessiert und nicht wie Mendy im Divakult
untergegangen ist. Mendy, die Figur, die sich mit der größten Überschwenglichkeit der Oper hingibt, ist auch die am wenigsten sym-
pathische.

Pornographie fällt wie das Essen unter die zwielichtige Kategorie der Sucht. Wenn Mendy bei einem Projekt namens Anonyme
Operntunten Zuflucht suchte, hieße seine erste Aufgabe: alle Cal-
lasplatten wegwerfen. Wer ein Magazin wie *Torso* in die Hand
nimmt, betritt die Arena dieser Verdammungsurteile: Er ist einsam,
lächerlich, pervers, und er sollte lieber zu jemandem eine »Beziehung aufbauen« als sich mit grobschlächtigen Zeichen zufriedengeben. Abhängigkeit von Pornos treibt einen zu Sexualverbrechen.
Ist man einmal der Pornographie verfallen, schreitet die Selbstzerstörung fort bis zum Selbstmord oder zumindest bis zur völligen Isolation.

Ein altes (platonisches?) Vorurteil gegen die Welt der Abbilder
bekräftigt die homophobe Abneigung gegen die Operntunte. Diese
ist, lauscht sie der Callas, ebenso weit entfernt von der Realität und
ebenso verliebt in »bloße« Bilder wie der »einsame« Schwule, der
in *Mandate* blättert. Die unproduktive Opernqueen nimmt an keinerlei sexueller oder ehelicher Ökonomie teil. In ihrer extremsten
Verkörperung – Mendy in *The Lisbon Traviata* – ist sie zur Liebe
unfähig, und der Hang zur Oper erscheint nicht nur als Kompen-
sation für verlorene Liebesobjekte, sondern als Katalysator des Verlustes schlechthin. Die Operntunte ist einsam, *weil* sie Opern hört:
Die Oper isoliert sie vom sexuellen Markt.

Wir sehen in der Opernqueen einen Rückfall in die Zeiten vor
Stonewall, weil wir – homophob – die Liebe zur Oper als Sucht-
verhalten und als verdrängte Erotik abwerten. Die Operntunte ist
eine Spezies, die zeitlich präzise einzuordnen ist: sie gehört eindeutig in die fünfziger Jahre. Ich bin ein Anachronismus. Wer
braucht denn nach der sexuellen Befreiung noch die Oper? Aber
diese Logik möchte auch, daß wir unseren Fetischen abschwören,
sie will uns die Spitzenwäsche und das Leder verweigern und
bestreiten, daß eine Geschmackspräferenz etwas Unvermeidliches
hat (diese sich verschlingenden Wurzeln, die das Herz bestimmen
und binden). Ich fürchtete früher, ich müßte meiner Liebe zur Oper
entsagen, wenn ich sie einmal zu genau analysiert hätte. Aber der
Transvestit gibt den Fummel nicht einfach deswegen auf, weil er
seinen Code geknackt hat.

Der Körper der Opernqueen, mein Körper, der Körper, den ich
fürchte: übergewichtig, vernachlässigt, aus den Kleidern quellend;
abgezehrt, abgemagert, so hungrig nach Stimme, daß der Körper
sich selbst verzehrt, als wäre das Lauschen ein Verdauungsenzym,
eine Säure; nach der Mode von gestern gekleidet, mit spitzen Schu-
hen. (Die Operntunten gehen 1980 mit Seemannshosen in die Oper
und glauben, mit der souveränen Gleichgültigkeit der Opernqueen
für die öffentliche Meinung, solche Hosen mit Schlag seien immer
noch »cool«.)

Ich hatte früher Angst, schwul zu werden, weil ich dachte,
schwule Männer hätten Augen wie Hologramme: Ich konnte den
brutal starrenden Kontrollblick eines Mun-Adepten nicht vom
schweifenden Augenspiel des Schwulen auf der Suche unterscheiden – beide Spezies waren bereit, auf der Straße Blickkontakt
herzustellen und mich zu bekehren.

Die Operntunte will anständig aussehen, geschniegelt, parfümiert, gekämmt, kompakt – angezogen wie zum Essen mit prähistorischen Autoritätsfiguren in einem zweitklassigen Restaurant, das sich für »erlesen« hält. Sie hat ein Goldkettchen am Handgelenk, diskret unter der gestärkten Manschette des Maßhemds verborgen, aber das Gold kommt zum Vorschein, wenn sie gestikuliert. Vor allem weiß ich eins über die Opernqueen: Ein solcher Mann sieht nackt vollkommen anders aus als angezogen. Plötzlich liegst du daheim im Bett mit der Operntunte, und sie will unerhörte Dinge mit deinem Körper anstellen.

Eine Kontaktanzeige in einer Schwulenzeitung will »Bitte keine Dicken, keine *femmes*, keine ›Operntunten‹!« Die dicke Lesbierin mag die Aufkündigung der üblichen weiblichen Attraktivitätsnormen zum Ausdruck bringen, der dicke Schwule aber (sofern er nicht im Ghetto der Dicken verkehrt – der Fattyjäger, der Dickerchenspezialisten) scheint mit seiner schwulen Identität zu *versagen*.

Der Körper der Opernqueen: geschlagen mit einem Hang zum Exzessiven, zur Promiskuität – süchtig nach Ziffern, Längen in Zoll, Vereinnahmungen; wo enden diese Exzesse?

Der Körper der Opernqueen: mein Körper.

Schon der Ausdruck »Opernqueen« enthält eine Anklage. Wer wagt es, unter diesem Namen aufzutreten? So nennt man jemanden, dessen Neigung zur Oper man kritisieren möchte – oder wenn man selbst die Opernwelt verehrt, will man die eigene Neigung zu übertriebenem Ausdruck bringen, den Affekt *affektiert* erscheinen lassen, die eigene Teilhabe an einer Subkultur signalisieren und die Welt der Oper daran erinnern, daß hier die Queens das Sagen haben. »Opernqueen« ist wie der Titel einer Schönheitskonkurrenz (Miss Cucumber, die Gurkenkönigin) – er verspottet leise das Mädchen, das auf dem Wagen vorbeizieht, das Mädchen, das mit der Krone belohnt worden ist, aber er erregt das Mädchen auch und scheint eine Eintrittskarte zu einer Zukunft und stellt es in einen sozialen Kontext, eine Ahnenreihe. Die Formulierung »Opernqueen« evoziert ein Zeremoniell, auch wenn der Ring nur aus Narrengold ist.

41

Ich weiß, wie die Stimme der Moffo 1956 klingt, wie sie 1957 klingt, wie sie 1958 klingt, wie sie 1959 klingt, wie sie 1960 klingt, 1961, 1962, 1963, 1964. 1964 ist mein Lieblingsjahr, das Jahr, da die Stimme am wärmsten ist, eine Mezzo Üppigkeit, ein Hall wie von unten. Sie schiebt den Ton auf und erreicht ihn dann, den Ton, der um so wertvoller ist, weil er verzögert wurde. Nichts Schnippisches mehr, nichts Frühreifes; ich höre nur glückliche Geschmeidigkeit. Das ist Oper, aber die Sängerin hört sich für mich an wie die Moderne, »jetzt«, »heute«, die wilden Sechziger. Mit ihrer Elastizität läßt sie andere Sängerinnen bemüht, massiv und alt klingen.

Wir können all die verschiedenen Tonalitäten der Callas differenzieren, wie Cadillacmodelle: eine 1949er Callas und eine 1951er Callas und eine 1953er Callas und eine 1955er Callas und eine 1959er Callas und eine 1963er Callas und eine 1974er Callas... Die Stimme der auserwählten Diva ist der Freund, dessen Wachstum wir in den Schnappschüssen einer gut dokumentierten Kindheit verfolgen.

Wenn wir der Stimme lauschen, sind wir die ideale Mutter (»Mutter« als Idee), die sich um die Schreie des Babys kümmert, sorglich auf seine quäkenden Tonzeichen achtet, und wir sind das Baby, das lauscht, um die Zeichen von Zuneigung und Aufmerksamkeit zu vernehmen, für Reziprozität, für Welt. Wenn wir »die Ohren spitzen«, mag es scheinen, als könnten wir kontrollieren, was wir hören. Wenn wir verliebt einer männlichen oder weiblichen Stimme folgen, stellen wir ihr eine Frage: Wirst du fortdauern, wirst du sorgen für uns? Das Zuhören ist eine Liebesfabrik: Man stellt dabei den Trank »Liebe« her, destilliert aus dem Rohmaterial der eigenen Konzentration.

»Ich liebe die Stimme der Callas« ist eine andere Formulierung für »Die Stimme der Callas liebt mich«.

42

Der größte Fan, der führende Fan, The Number One Fan: Vor diesem Schicksal habe ich mich immer gefürchtet. Denn der größte Fan einer Diva zu sein bedeutet tot zu sein oder als krank, verloren, einsam zu gelten, als Phantom.

Judy Garland ist keine Opernsängerin, aber Garland-Fans und Opernqueens haben viel gemeinsam. Ehe ich die Oper lieben lernte, liebte ich Judy Garland. Ich weiß nicht, welcher innere Druck mich trieb, als Teenager ein Ramschexemplar von *Judy: The Films and Career of Judy Garland* zu kaufen: Und es entsetzte und faszinierte mich, in einem Anhang Material über Judys »Number One Fan« Wayne Martin zu finden (natürlich hieß der Wayne), der mit Judy und Rock Hudson – in diesen finsteren Zeiten konnte man unmöglich wissen, daß Rock *und* Wayne schwul waren – im Jahre 1958 (dem Jahr meiner Geburt) im Coconut Grove zusammen posierte. Wayne Martin »scheint« (der *Los Angeles Times* 1963 zufolge) »ein ereignisloses Leben aus zweiter Hand zu führen. Auf eigenartige, fast wissenschaftliche Weise hat er das Niveau der Fanbegeisterung gehoben und sich gleichzeitig dabei selber aufgeopfert ... Wenn man das eigenartige Chaos von Judyland verläßt, empfindet man zunächst Mitleid für den in sich gekehrten, leisen Mann. Aber wenn man es bedenkt, dann hat Martin mehr Gesellschaft als viele andere einsame Menschen auf der Welt.« Armer Wayne Martin, in Judy vernarrt, in seinem Judymuseum sitzend, das er Judyland nennt: »Die Wände sind blatternarbig vor Photos und Plakaten.« Die Wände sind blatternarbig wie die sich selbst hassende Queen in *The Boys in the Band*. (Man achte auf die homophobe Gleichungskette: Blatternarben = der Sünde Sold = Stigmata abnormaler Sexualität = Syphilis, Aids.) Wer sagt denn, daß Wayne Martin einsam war? Wer sagt, daß seine Liebe zu Judy Garland ein Opfer war?

Das Dogma, das dem Körper der Opernqueen zugrunde liegt: Die Liebe zur Oper beinhaltet das Opfer der eigenen Fleischlichkeit. Ich liebe die Diva auf Kosten normaler Nahrung.

Es ist noch nicht lange her, daß wir das stereotype Bild vom blatternarbigen Schwulen aufgegeben haben. Ich sehe mir das Photo von Wayne Martin im Jahre 1951 an und denke: »Nicht schlecht!«, obwohl ich weiß: Wäre ich dreißig Jahre früher geboren worden und hätte 1951 mit Wayne Martin geschlafen, wäre ihm Judy wichtiger als ich gewesen – ich hätte an ihm im Liebesakt seine ferne Körperlosigkeit erkannt, die starräugigen, verwirrten Gesten, und hätte gewußt, daß er er zwar liebend gern der Kurator von Judys Karriere ist, daß ihn die Welt aber für asexuell und frustriert hält, als hätte Judy ein richtiges Leben und Wayne Martin wäre allein dazu verurteilt, Realität und Repräsentation durcheinanderzubringen. Als wäre Judy hinsichtlich der Wirklichkeit nicht verwirrt, als wären alle Stars sexuell befriedigt und hetero.

◆ 35 ◆

Ich habe Angst vor dem Experten, dem Opernpolizisten, dem Kenner – Mendy in *The Lisbon Traviata* beispielsweise, eine hyperkritische Tunte. Ich bin kein Experte. Ich erinnere mich an ein Rendezvous mit einem, der meine *Butterfly* mit der Moffo kritisierte: Ich sagte ihm, er solle sich bloß verpissen. (Er zog, vielleicht ganz zu Recht, die Aufnahme mit Victoria de los Angeles vor. Aber wie konnte er es wagen, meinen Geschmack zu kritisieren!) Ich erinnere mich an die große Callasplattensammlung von H., einem der ersten schwulen Erwachsenen, die ich kannte; wer war denn Maria Meneghini Callas, fragte ich mich, und warum hatte er so viele von ihren Platten? Nacktphotos dieses Experten und seines Geliebten »narbten« ihre Schlafzimmerwand: wie Judyland ein privates Museum.

Gestrenge tuntige Experten, die in den besten Läden für Klassikschallplatten arbeiten, erschrecken mich und ziehen mich gleichzeitig an. Ich möchte die verschiedenen Möglichkeiten mit ihnen diskutieren: Welchen *Fidelio* soll ich mir kaufen? Ich sehne mich danach, zu ihnen zu sagen: »Wir lieben dieselben Dinge! Wir haben den gleichen Geschmack! Seien wir doch Freunde!« Aber das Objekt der Anbetung – die Callas, *La Gioconda*, die Nilsson, die Vergangenheit – trennt die Opernqueen von anderen Queens.

Ich habe noch nie mit einer anderen Operntunte eine befriedigende Unterhaltung über Opernfreuden geführt.

Da der Experte ein so unabtrennbarer Bestandteil der Opernkultur ist (der schwulen wie der sonstigen), ist es kein Wunder, daß zu den *Texaco Metropolitan Opera*-Radiosendungen unweigerlich ein Opernquiz gehört. Die Liebe zur Oper reduziert sich hier auf ein Detailwissen, auf die Kenntnis der Trivia: Man beweist seine Liebe, indem man den toten Körper, den Gegenstand Oper, ihren riesigen statischen Dinosaurierleib genauestens kennt. Wann wird ein Fan diese Frage einsenden: »Wie viele Schwule und Lesben hören dieser Sendung zu?«

Man hüte sich vor dem Opernexperten, der alles weiß, der unseren bescheidenen Geschmack beschämt, der einem die eigene *Turandot*-Aufnahme miesmacht oder sogar die eigene Neigung zu dieser vulgären Oper überhaupt; vor der Operntunte, die bloß Monteverdi mag, der Opernqueen, die jetzt nicht mehr in die Met geht, die Joan Sutherland nicht ausstehen kann, vor dem Typ, der mir seine Callas-Cetra-*Traviata* von 1953 geschenkt hat, weil – sagte er – die Stimme der Callas wie ein Fingernagel auf der Schiefertafel ist; vor der Operntunte, die mit den Tempi des Dirigenten nicht einverstanden ist, die Wagner haßt oder nichts liebt außer Wagner, die sich in dieser Beschreibung nicht wiedererkennt, die glaubt, Homosexualität habe nichts mit der Oper zu tun, die nie Körpergeruch hat, aber dann plötzlich und unerklärlich zu stinken beginnt, die vor ihrer Mutter das Schwulsein verheimlicht, weil die zu sehr darunter leiden würde; vor der Operntunte, die von der lokalen Inszenierung des *Barbiere* ganz hingerissen ist, und vor jener, die sich darüber lustigmacht, vor der, die nicht schwul ist, aber so wirkt, weil sie von Opernqueens gelernt hat, wie man ein Kenner wird: vor der Opernqueen, deren intensives, neurotisches Wissen ein Knüppel ist.

Die Opernqueen, die nebenher als Nudist geht und eine kleine Pension betreibt und zu der lokalen *Falstaff*-Inszenierung nicht hingehen will, weil die Nannetta nicht von der Moffo gesungen wird – das ist die Opernqueen, die ich sein könnte, ein Dilettant, ein Amateur, der nie in die Scala gehen wird, der nie einer Diva begegnet ist, dessen Neigung aber ein eigenes Terrain beherrscht, das niemand usurpieren kann.

Es ist ein Zeichen von Homophobie, die Opernqueen eine Queen zu nennen, eine Tunte, etepetete, eine alte Jungfer voll Informationsklatsch, einen Faktenpolizisten; es ist homophob und unausweichlich, Homosexualität gleichzusetzen mit Detailverliebtheit, Trivia, Oberflächlichkeiten (im Gegensatz zu Herz, Tiefe, Substanz), und dann der Queen zu verbieten, ihre Fakten und Oberflächen zu genießen, ihre Details wie eine eherne Rüstung um sich zu versammeln.

Und andererseits – schaut mich an und meine stereotypen Scheinbilder: die Opernqueen mit Toupet, lispelnd, einen Ring am kleinen Finger, mit Pudel und Lederjacke und einem zwanzig Jahre jüngeren kleinen Freund, der keine Ahnung von der Oper hat, aber, na ja, auch mal mitkommt; und da, die schüchterne Operntunte aus Nebraska, die nur eine einzige *Bohème* im Leben gehört hat und von Rechts wegen noch Jungfrau ist, hat gerade mal auf dem College mit dem Zimmergenossen geschlafen, und der war bi...

Oder fangen wir an, von der herrlichen Operntunte zu träumen, die gemein ist, die dich von oben herab behandelt, die makellose gebildete frigide Operntunte mit dem göttlichen Körper, falls das Opernhören nicht *den Körper verfallen läßt*...

Lernen wir, die Männer zu erkennen, die in Plattenläden arbeiten oder als Platzanweiser oder nach New York ziehen, um dort in den Korridoren der Oper herumzustreifen, oder Opernsänger werden wollen – und noch nicht wissen, daß sie schwul sind, und vielleicht auch nie schwul sein werden, aber (sie können nicht anders) die Mythen und die Aufmachung der Operntunten in sich aufnehmen und diesen schließlich aufs Haar gleichen – ihr kennt doch diese Heterotunten, wie weibische Ehemänner, die sich in ihrer Heterosexualität verlaufen zu haben scheinen (»Warum glaubt mir denn niemand? Ich bin normal!« – als hätte irgend jemand gefragt oder gezweifelt, als müßte sich jeder entscheiden).

Der Photograph, den ich in der Sauna traf und der mich mit nach Hause nahm: Man stelle sich meine Verblüffung vor, als dieser Mann mit seiner Zahnlücke, doppelt so alt wie ich (ich hatte ihn unter »schmierig, aber hübsch« eingeordnet), mir erzählte, er sei in Bayreuth gewesen, mir sagte, er sei im Waisenhaus aufgewachsen, mir erklärte, ich sei zu jung, um meine Sexualität frei wählen zu können (ich war zwanzig): »Verbau dir keine Möglichkeit«, sagte er. »Bleib offen.« Er bedeutete mir unausgesprochen, daß die Chance bestand, ich könne hetero sein, und er bedauerte es, daß er allzufrüh (anal vergewaltigt im Waisenhaus?) zur Wahl gezwungen worden war.

✦ 36 ✦

Nach einem Kathleen-Battle-Konzert in New Haven stehe ich vor dem Bühneneingang und warte darauf, die Diva zu sehen. Eine Gruppe Frauen bildet den Haupttrupp der Fans – sie sehen mir aus wie Lesben, aber vielleicht täusche ich mich. Wie kann ich einen lesbischen Körper entziffern als Mann? Eine mögliche Lesbe sagt: »He, Mädels, ich spring jetzt gleich in diese Limousine mit Kathleen!« Schließlich erscheint Kathleen Battle, Glamour, roter Minirock (so eng, daß er wie ein Paar Hotpants aussieht), das Haar in einem Knoten, starkes Make-up; sie lächelt, als wir klatschen. Es fühlt sich komisch an, auf der Straße zu klatschen, aber wir tun's trotzdem.

Ich habe Fiorenza Cossotto die Carmen singen hören, als die Met in Boston gastierte, und ich erinnere mich an die Frau mit Sonnenhut und Sonnenbrille – obwohl es Abend war –, die mir erzählte, die Cossotto sei ihre Lieblingssängerin und sie besitze alle Platten von ihr. Ich, der die lesbische Vorliebe für den Mezzosopran nicht teilen darf, ich, den nichts mit Fiorenza Cossotto verbindet, der es ihr übelnimmt, daß sie in einer berüchtigten *Norma* die Callas übertrumpft und beschämt hat, als diese ihre Stimme verloren hatte, ich denke mich in die Frau hinein, in deren Körper die Glockenstimme von Fiorenza Cossotto erregend eingedrungen ist. Sie erstarrte zu Eis, als ich ihr sagte, ich hätte noch nie von Fiorenza Cossotto gehört.

Bei einer langen Oper wie zum Beispiel *Parsifal* spielen die Körperfunktionen des Publikums eine Rolle. Ich meine den Gang zur Toilette: die Erinnerung an den inkontinenten alten Herrn bei einer Matineeaufführung von *Hänsel und Gretel* (warnendes Bild seiner urinstreifigen Hose) läßt mich vor Beginn jeder Oper pinkeln, selbst vor der kurzen *Salome*. Ich will mir während der Oper nicht meines Körpers bewußt sein, ich will meine Aufmerksamkeit nicht zwischen Salomes Schlußszene und meiner mahnenden Blase teilen. Sehen Sie die Schlange von in Programmen blätternden Männern vor der Toilette im Ersten Rang, die leichte Peinlichkeit so vieler Schwuler in einer Reihe, ein paar Heteros dazwischen und mehrere Unentschiedene; sehen Sie die langen Schlangen aufwendig gekleideter Logendamen, die darauf warten, sich zu erleichtern, nervös, ob die Oper nicht vielleicht ohne sie anfängt. (Die Schlangen vor den Toiletten sind in der Oper länger als im Kino.) Ich betrachte diese Schlangen und warte selbst in der Reihe und frage mich, ob wir in die Oper gehen, um unsere Körper loszuwerden oder sie uns wieder anzueignen. Essen, Rauchen, Singen und »Harnen«, wie Freud und die Ärzte es nennen – in einem meiner Träume sang eine Diva, die ich kurz zuvor gesehen hatte, eine Wahnsinnsszene, und sie wagte eine besonders riskante Interpretation, und das Ausmaß des Riskanten ließ sich daran ermessen, daß sie anstelle einer Koloraturpassage auf die Bühne urinierte.

In den Eingeweiden der Musikbibliothek ist es still, in den Annalen der Geschichte, wie in Aidas lebendigem Grab, zwischen zerfallenden Partituren und alten Nummern von *Opera*. Ich blättere wieder die Chronik der Metropolitan Opera durch, um Auftritte der Moffo nachzuschlagen, und die Namen anderer Divas fangen meinen Blick ein. Selbst wie begraben, warte ich darauf, daß jemand meinen Namen spricht und mich erlöst; so wohne ich im Schweigen dieses Untergeschosses; es ist unmöglich, »schwul« oder »lesbisch« oder »homosexuell« in einem dieser Bände nachzuschlagen, die einzig für Operntunten von Interesse sind wie den schwulen Bibliothekar, durch dessen geöffnetes Dachfenster ich, spät in der Nacht an seinem Haus vorübergehend, die romantischen Akkorde von »Suicidio!« hörte. In diesen Horten von Details und Trivialitäten führt die Litanei der Aufführungen nie zu einer Erklärung dafür, weshalb irgend jemand diese Last von Sublimation erduldet, warum der Druck einer bestimmten Sexualität irgend jemanden auf einen Platz an der Tafel dieses Banketts der Jahre und Stars und Erduldungen zwingt.

♦ 39 ♦

Ich liebe die Opernqueens, denen ich nie begegnet bin, die nie mit mir in einer Klasse waren – Männer, die jetzt Geschichte sind, verschollene *femmes*, die als Männer durchgehen mochten oder nicht, deren Stimme entzückten Enthusiasmus verriet: wie der Mann in der Warteschlange vor der Kasse für ein Comeback der Callas an der Met – ein seltenes Interview mit einem Mitglied des wartenden Fanpublikums. Mir klingt er ganz offensichtlich schwul, aber konnten das die Radiohörer der sechziger Jahre auch erkennen? Er sagt mit äußerstem Ernst in der Stimme: »Es ist jammerschade, daß sie so lange nicht hier war, und jetzt, wenn sie sich bereit erklärt hat, wiederzukommen, da glaube ich, sie zu versäumen wäre wirklich ein Verbrechen. Diese Frau ist zweifellos die größte Sängerin des Jahrhunderts.« Ich liebe es, wie er »größte Sängerin des Jahrhunderts« sagt – er hat die fertigverpackten Phrasen der Starbiographien ganz in sich aufgenommen und will nun persönlich einen Trend verkünden. Er ist nicht einfach eine überschwengliche *femme*. Er ist ein Kenner der Oper im heutigen Amerika, und deshalb steht er hier bei Winterwetter in der Schlange. Ich höre, wie die Identifikation mit der Callas diesen Überschwang in der stimmbildenden Muskulatur auslöst; er ist ein Teenager, vielleicht heimlich schwul, sicher in den verschiedensten Heimlichkeiten zuhause, in widersprüchlichen, einander überlappenden Heimlichkeiten, denn wer konnte sich 1965 völlige Selbstpreisgabe leisten? Dieser Fan, der in der Dokumentation über Maria Callas auftaucht, hört sich auf zurückhaltende, schmale Art sehr sexy an, mit den weitgeöffneten, leuchtenden Augen, die ich aus alten Pornoheften kenne. Heute ist der Fan an die fünfzig, wo sind seine Rehaugen jetzt, und was verehren sie?

Vor siebzig Jahren hätte Earl Lind dieser Fan sein können, der Androgyn, der 1918 schrieb: »Ich bin ein ungewöhnlich leidenschaftlicher Liebhaber der großen Oper gewesen, wobei die Sopran- und Altsoli insbesondere eine überwältigende Wirkung auf mich hatten (weil dies die Art war, in der ich selbst zu singen gewünscht hätte). Dies hat mich oft zu sublimen Höhen ekstatischer Empfindung geführt, meist mit einem Einschlag von Sinnnlichkeit.«

Und vor zweihundert Jahren hätte man diesen Fan in der sogenannten Stutzergasse antreffen können, wie sie der Impresario Benjamin Lumley 1864 beschrieb: »Es war Brauch bei all den ›nobleren‹ und modisch ehrgeizigen männlichen Opernbesuchern dieser Zeit, zu verschiedenen Zeitpunkten der Vorstellung ihre Logen oder engen Sitze im Rang zu verlassen und die leeren Räume in der Mitte und an den Seiten des Parketts zu besetzen, wo sie lachen, herumstehen, plaudern, die Logen bequem ins Auge fassen und auch zusammen kritisieren und applaudieren konnten. Diese Begegnungen und Begrüßungen im Parkett der Oper galten als wesentlicher Teil der Abendunterhaltung.«

Stutzer oder Dandy, *femme* oder Tunte, Ästhet oder Freak, »queer« oder Außenseiter oder Träumer – die Namen wechseln. Ich frage mich, ob ich als Jude wohl einen Platz in der Stutzergasse gefunden hätte. Ich fühle mich eher in Gegenwart des glatten, attraktiven, nackten Jungen zuhause, der in einem jetzt nur kitschigen, damals verbotenen Schönheitsmagazin des Jahres 1967 neben einem Grammophon posiert und ein Plattenalbum des Musicals *Carousel* in der Hand hält. Er betrachtet die Hülle: Wir betrachten ihn. Ist das Opernköniginnentum oder die Versenkung in eine Musicalplatte mit Originalbesetzung ein Traumreich, aus dem der Körper niemals wiederkehrt, ein narkotischer Raum, getrennt von

Geselligkeit und Menschenrede, oder schlagen in diesem Moment
einsamen, nackten Lauschens Selbstpreisgabe und Selbsterkenntnis Wurzel?

✦ 40 ✦

Die lieben Freunde einer Diva: wie viele gibt es davon? Ein Schwuler gibt ein Abendessen zu Ehren einer längst schon abgetretenen
Diva; die Diva ist überglücklich, einem hübschen schwulen Gast
zu begegnen, der eine ihrer Schallplatten zum Signieren mitbringt
und in die Unterhaltung immer wieder Details ihrer Karriere einzustreuen versteht.
  Schwule sind nicht immer nett zueinander, und Operntunten sind
es nur selten. Wut ist (neben ihren vielen anderen Verwendungs-
möglichkeiten) eine Form des Flirts. Opernqueens halten die Köpfe
hoch wie Divas, die sich Sorgen über die Wirkung von Zugluft auf
ihre Stimme machen. Knisternde Unruhe im Tower-Records-Laden,
weil drei Opernqueens in der Reihe anstehen, drei von uns, viel zu
viel, die Atmosphäre ist lauernd gespannt wie vor einer Katzen-
rauferei oder einer Paarung. Wir haben zuviel gemeinsam, deshalb
ist die übergroße Nähe peinlich. Ich denke an Curt, den weibischen
Jungen, dem ich auf der High School aus dem Weg gegangen bin,
obwohl ich im Innersten meines schlimmen Herzens wußte: es
würde (verbotenen) Spaß machen, ihn einzuladen, bei mir zu über-
nachten und zusammen meine Originalbesetzungsmusicals anzuhören – er könnte *Annie Get Your Gun* mitbringen, und ich würde
meine Mae-West-Platte auflegen. Jetzt war's zu spät, ihn einzuladen.

✦ 41 ✦

Was macht der Körper, wenn man in die Oper geht?
  Er klatscht, bis einem die Hände weh tun, damit die Diva diesen
besonderen Tribut getrennt vom Applaus anderer Fans wahrneh-

men kann. Er schreit »Brava!« und hofft, daß dieses quietschige »Brava!« im Unterschied zu den ignoranten »Bravos« direkt ins Bewußtsein der Diva vordringen wird – der Diva, die nach *deinem* süßen »Brava!« hungert und nach keines anderen Zuruf; zumindest hoffst du, daß dein »Brava!« zum allgemeinen Geräuschgewirr beiträgt. Oder er applaudiert an der falschen Stelle. (Ich habe Kathleen Battles »Depuis le jour« unterbrochen – ich dachte, es sei zu Ende. Blasphemie. Werde ich dafür büßen müssen?) Zu Zeiten der Malibran durften nur die Männer klatschen, die Frauen schwenkten Taschentücher.

Er geht während des Schlußapplauses nach vorn, so daß du, wird die Diva zum dritten oder vierten Mal herausgerufen, dicht an der Bühne stehst und siehst, wie die Freude das Abschiedsantlitz von Leonie Rysanek überflutet.

Hinter die Kulissen gehe ich nie. Wie würde ich auch dort hinkommen? Und ich schaffe es auch nicht oft, in die Oper zu gehen. Ich bleibe zuhause und träume von der Oper.

Opern dienen als erotische Mittler: beim Orchestervorspiel zu *Cavalleria Rusticana* läßt es mich erschauern, daß mein Freund diese Musik hört, daß ihre Sentimentalität seinen Körper durchknetet, daß wir in dieser Musik einander beiwohnen, sie gemeinsam in die Luft schreiben, daß ihre Kitschigkeit in seine Ohren und meine dringt, als spreche die Musik von mir und niemandem sonst, als hätte ich irgendeine Kontrolle über das, was er hört. Vor unserer ersten *Traviata* erzähle ich ihm die ganze Handlung mit erschöpfender Gründlichkeit, die Gefühle Violettas in den letzten Augenblicken eingeschlossen, als sie nicht mehr an das Bevorstehen des eigenen Todes glaubt (»Rinasce!«), und ich befürchte dabei, daß Heteropaare an den angrenzenden Tischen zuhören und denken: »Was für eine sterbenslangweilige Schwuchtel, der ist ja wie besessen.«

Die Oper macht, daß ich mich zweigeschlechtlich fühle, die Idee der Heterosexualität blüht in meinem Kopf auf. Violetta und Alfredo lieben sich in meinem Blutkreislauf, und so ist mein Körper nicht einfach *ein* Körper – zwei zuvor widerstrebende Ströme begegnen sich. Die Oper erregt mich nicht sinnlich (die Oper ist kein Aphrodisiakum), aber sie stellt vor mir ein illusorisches heterosexuelles Festmahl auf, das ich gierig verzehre – ich umfasse, meistere, überwältige es. Wer homosexuell ist, mag sich gelegentlich wünschen, daß seine Gefühle so öffentlich und statuarisch ragen wie die Heterosexualität, diese fiktive, ferne, staatstragende Hochebene. Proust beschreibt die Macht der Musik, unsere kleinlichen und ungewissen Zuneigungen zu entsühnen: »Es schien mir, als sei meine Liebe nicht länger etwas Unattraktives, das die Leute belächeln mochten, sondern als habe sie genau die rührende Schönheit, die Verführungskraft dieser Musik ...« Wenn ich lausche, lächelt mich die Liebe in mir wie ein Fremder an, ein maskierter Gast, und das merkwürdigste Gefühl von Zerteiltheit überkommt mich: ich werde zur Heterosexualität an sich, in meinem braven schwulen Körper summt der Magnetismus, den wir »heterosexuell« nennen, weil er der Tanz von Gegensätzen ist, aber ist es immer noch heterosexuell, wenn ein Körper beide Rollen spielt?

Du reibst mit trägen Fingerspitzen am Samt des Polsters, die Knie schmerzen vom langen Sitzen, du schläfst ein oder schließt die Augen, um besser hören zu können, und findest dich schon in Schlaf versunken.

 ◆ 42 ◆

Aufnahmen vor Beginn der Aidsepidemie: mein *Lohengrin* (Bayreuth 1953) und mein *Tannhäuser* (mit Elisabeth Grümmer), vormals im Besitz von Bill, der 1985 an Aids gestorben ist. Er hat diese Platten gekauft, als er auf der High School war. Die Platten haben ihn überlebt. Auf jedes Plattenetikett hat er seinen Namen geschrieben, in großer, sorgsamer, manierierter Schrift (zu tütelig, zu sehr gerundet) – hat seinen Besitz an jeder Platte bekräftigt, hat sichergestellt, daß sich ihm nichts entzog. War Bill schon schwul, als er den *Lohengrin* entdeckte? Man stelle sich vor, wie Bill mit fünfzehn zuhause in Philadelphia sitzt, einsam, fast kennt er schon das seltsame neue Wort »schwul«, er hört den *Lohengrin* an und fühlt sich getrennt von allem, was er über die menschliche Natur je gelesen hat; *Lohengrin* tritt im selben Moment in sein Leben wie die jungen Männer, und er denkt, diese beiden Phänomene – eine Liebe zu *Lohengrin*, eine Liebe zu den Jungs – hätten keine Verbindung miteinander, abgesehen davon, daß sie denselben Körper befallen oder adeln, seinen eigenen. Vielleicht betrachtete er eine Liebe zu *Lohengrin* als die ästhetische Tatsache, die ihn aus der Schäbigkeit der Homosexualität hinaushebt. Oder vielleicht bedeutet *Lohengrin* Entrinnen, Traum, Erzählung, Schwäne, Frauen, verschwindende und wiederkehrende Männer, Zorn, Ehe, Vollkommenheit, Reinheit – und die Stille in seinem Körper, wenn ihn diese Gefühle bestürmen.

Ich behandle diese alten, massiven, zerkratzten Hi-Fi-Platten mit Ehrfurcht – sie sind durch schwule Hände gegangen, sie sind älter als Aids. Es sind keine bloßen Objekte, sie besitzen eine Leuchtkraft – Schwule vor der Aids-Zeit, bevor es einfach war, »Schwule« zu sagen, haben diese Platten geliebt und nicht erklärt, weshalb; ihre Liebe war die Erklärung, es war genug, einfach zuzuhören, es kam gerade darauf an, die Verbindung zwischen Homosexualität und Oper *nicht* herzustellen, sondern in die Oper einzugehen wie in eine schweigende Sicherheit.

Und jetzt besitze ich auch seine *Turandot* und empfinde die Verantwortung – fühle mich durch das gedrängt, was die Schallplatte gesehen hat – zu sprechen, als wären die Rillen mit diesem kratzigen »Signore, ascolta« beladen mit Phantombotschaften, Bedeutungen, die zwischen der Tebaldi und den Tebaldiani hin- und hergehen und verloren sind, wenn die Tebaldiani wegsterben.

Dieses Buch ist eine Elegie auf die Operntunte. Ich bin eine, aber ich trauere auch um sie.

Wie Aids mein Bewußtsein von der schwulen Lebensdauer, dem schwulen Vergnügen und der schwulen Politik verwandelt hat, hat es auch dazu geführt, daß ich die Objekte verehre, die einmal Schwulen Freude gemacht haben, die Überreste schwuler Umgebung, schwuler Atmosphäre – die in dem Jungen, der 1965 dem *Lohengrin* zugehört hat, einen Nachhall erschaffen haben, auch wenn dieser Funke sich damals nicht erklären oder entschuldigen ließ.

Opernqueen, ob du dich nun »Opernqueen« nennst oder nicht, Opernqueen, ob du es vorziehst, dich als »schwul« zu identifizieren oder nicht (das Etikett ist eine Reduktion, aber haben wir ein anderes?) – Impresario, Dirigent, Sänger, Kostümdesigner, Maskenbildner, Beleuchtungskünstler, Souffleur, Platzanweiser, Kassierer; Fan, einsamer Stehplatzspezialist, Plattensammler, bei Fernsehübertragungen Weinender, Programmhorter: komm raus.

Eine neue Zeitschrift, die speziell für Opernqueens bestimmt scheint, *Opera Fanatic*, schickt sich an, sich zu outen: »Die Inszenierung von *Giulio Cesare* an der Met hat zwei Lustknaben-Rollen, gespielt von Statisten. Eines Tages rief jemand beiläufig durch den Lautsprecher: ›Lustknaben auf die Bühne‹ – und war verwirrt, als der halbe Verwaltungsapparat der Truppe antrat.«

Opera Fanatic interessiert mich sehr, aber ich habe Angst vor der Bezeichnung »Fanatiker«. Das klingt wie »Perverser«. Und doch will ich auch die Oper insgesamt outen.

Die Gesangsstimme löst im Körper des Zuhörers Schwingungen und Resonanzen aus. Zuerst kommen die physiologischen Reize, die wir als »Hören« bezeichnen. Dann folgen die antwortenden Gesten, mit welchen der Hörer die Sängerin nachahmt, mit denen er körperliche Sympathie, Wertschätzung, Hochstimmung zum Ausdruck bringt – Erschauern, Aufstöhnen, Seufzen; den Körper reglos halten, die Schultern entspannen, das Rückgrat durchdrücken. Drittens besitzt die Sängerin eine Präsenz, ein ausdrucksstarkes Verhältnis zum eigenen Körper – und Präsenz ist ansteckend. Ich bekomme sie ebenfalls. Der Tanz der Schallwellen auf dem Trommelfell und der Seufzer, den ich voll Sympathie mit der Sängerin ausstoße, bestätigen mir, daß ich einen Körper habe – und sei es nur im Analogieschluß, sei es nur als minderwertige Kopie des Körpers der Singenden. Ich bin ein Lemming, geprägt von diesem Sopran, meine Existenz ist ein Nebeneffekt ihres Crescendo.

Die normale Sozialisation läßt Schwule ihre Körper verwerfen; das Zuhören stellt die schwule Verkörperung wieder her, sei es auch nur auf die Dauer einiger Takte. Machtvolle Gesangsauftritte insistieren, daß die Diva einen Körper hat – und du auch, weil dein Herzschlag in befremdlicher Affinität zum Aufstieg ihrer Stimme wechselt.

Beim Lauschen schlägt dir das Herz im Hals – in deinem Hals, nicht in dem der Diva. Du kannst den Augenblick, da du als Schwuler zu sprechen begonnen hast, auf den Zeitpunkt datieren, da du angefangen hast, wahrhaft zu lauschen. Walt Whitman: »Eine neue Welt – eine flüssige Welt – rauscht wie ein Sturzbach durch dich hindurch. Wenn du wahres musikalisches Empfinden in dir hast, beginnt in dieser Nacht eine neue Ära deiner Entwicklung...« Der Star ist die Hebamme der Fanseele, wie es Willa Cather in ihrem Roman mit dem angemessenen Titel *Lucy Gayheart* (1935) beschreibt: »Am dunkelnden Himmel hatte sie den ersten Stern hervortreten sehen; es ließ ihr das Herz bis zum Hals schlagen.« Der Stern, der Star tritt hervor, und Lucy gibt sich selbst zu erkennen. Sie entdeckt die eigene Kehle. Und in Willa Cathers *The Song of the Lark* (1915) lauscht ein kontemplativer, passiver Mann der Diva Thea Kronberg, die Wagner singt: »Er saß still in einem dunklen Haus, er lauschte nicht dem Strom silbernen Klanges, er träumte auf ihm dahin. Er fühlte sich von den anderen entfernt, er glitt allein auf der Melodie dahin, als wäre er schon lange mit ihr alleine gewesen und hätte dies alles schon früher gekannt.« Den verworfenen, verwünschten Körper mit seiner Seltsamkeit, seiner *queerness*: Finde ihn im Klang wieder.

Oder wird der eigene Körper durch die riesenhafte Gewalt des Opernklanges verkleinert und gedemütigt? Ist dieser schweigende, nicht singende Körper nun zwergenhaft gering? Wirft die Oper die Schwulen in ihr Schweigen zurück – mit einem Trostpreis?

Der innere Körper des Lauschenden wird erleuchtet, geöffnet: eine Sängerin legt nicht die eigene Kehle bloß, sie entblößt das Innere des Zuhörers. Ihre Stimme dringt in mich ein, macht mich

zum »Ich«, ich werde zu einem Inneren, indem etwas in mich eingedrungen ist. Die Sängerin dringt osmotisch durch die poröse
Membran des Selbst und widerlegt die Fiktion, daß die Körper
getrennte, begrenzte Einzelpackungen sind. Die Sängerin zerstört
die Teilung zwischen ihrem eigenen Körper und dem unseren, denn
ihr Klang dringt in unseren Organismus ein. Ich sitze bei Leontyne
Prices Konzert 1985 in der Met, und die Schwingungen der Price
sind *in meinem Körper*, statten ihn mit einem Inneren aus. Höre ich
Leontyne Price zu oder verleibe ich sie mir ein, verschlucke ich sie,
lerne ich sie inwendig auswendig? Sie wird Teil meines Gehirns.
Und ich beginne zu glauben – reinste Illusion! – , daß sie *mein* Ich
aus sich herausspinnt, nicht das ihre, wie Walt Whitman (der Alte
der Tage als Opernqueen!) es andeutet, wenn er in »Out of the
Cradle Endlessly Rocking« einen Sänger evoziert: »O du einsam
Singender, singend für dich allein, der du mich hervorbringst, / O
ich einsam dir Lauschender, nie mehr will ich ablassen, dir Fortdauer zu schenken...«

Ich folge einer Sängerin zu ihrem Höhepunkt, ich richte meine
Willenskraft darauf, ihn herbeizuführen, und ich fühle mich neu-
geschaffen, wenn sie den Ton erreicht.

✦ 45 ✦

Die Diva zertrümmert die vierte Wand, die Bühne und Publikum
trennt, wenn sie direkt in die Menge starrt und das Gesicht eines
vertrauten Fans entdeckt – wenn Mary Garden huldvoll »den jungen Billy Crawford« bei ihrem Konzert in der Stadthalle begrüßt –
Billy, »einen leidenschaftlichen Fan der Goldenen Jahre, dessen
Jubelrufe aus der ersten Reihe mit einer über die Rampe geworfe-
nen Rose belohnt wurden.« Eine umgekehrte Ehrung, eine Rose
rückwärts.

Eine bedrohlichere Vertauschung magischer Macht zwischen
Diva und Hörer findet in Willa Cathers Erzählung »A Gold Slipper« statt. Die Diva, die in einem Schlafwagenzug fährt, in dem auch
ein Mann mitreist, der während ihres jüngsten Konzertes völlig

ungerührt geblieben war (er hatte einen Platz auf der Bühne gehabt, wo die Diva seine Gleichgültigkeit ihrer Kunst gegenüber aus nächster Nähe beobachten konnte), läßt ihren goldenen Schuh in seiner Koje. Ratlos bewahrt er den Schuh auf – Talisman seines eigenen nie in Frage gestellten Lebens. Mögliche Fragen, die er dem Schuh nie gestellt hat: Weiß die Diva, daß ich im Grunde meines Herzens ein Transvestit bin? Damenschuh! Soll ich dich anziehen? Bist du ein Symbol ihrer Stimme? Was kann ich denn anfangen mit dir, du einzelnes, bizarres, vergoldetes Objekt, heiliges Gefäß ohne einen Partner?

◆ 46 ◆

Zwei wesentlich schwule Orte im Opernhaus sind die Warteschlange und die Stehplätze – Räume der Mobilität, des Umherspähens, der größten Aufmerksamkeit; Räume, wo man Hingegebenheit, Verzweiflung, Geduld signalisiert: Räume, wo man andere Fanatiker trifft: Räume voller Gerüchte, Klatsch und Intrige.

In der Schlange für Stehplatzkarten sitzen Ida und Louise Cook auf Faltstühlchen. »Die Freund- und Feindschaften der Warteschlange!« Schwulsein/Schlangestehen. Geduldig wartend stelle ich meinen demütigenden Status zur Schau: Meine Zeit ist nichts wert. Komplizierte Rituale haben an der alten Met das Verhalten in der Schlange geregelt.

Die Stehplätze: Der Vorsitzende des Standers' Club im Jahre 1945 ist, der *Opera News* zufolge, ein »junger Theologiestudent«. Der Club veröffentlicht einen hektographierten Rundbrief: *Observations from the Rail*. Die *Opera News* rät: »Wer eine Super-Stehplatz-Orgie erleben will, soll samstagabends in *Aida* gehen.« Es gibt einen alten Schwulenwitz darüber, daß einer gefickt wird, während er am Geländer der Brüstung lehnt. Ist so etwas tatsächlich in der alten Met vorgekommen? Die alte Met, wie sie James McCourts *Mawrdew Czgowchwz* aufbewahrt, ist eine verschollene Welt aus Träumen und Projektionen und Unterwelten, aus mystischen Zusammenhängen.

Stehplätze verheißen die Freiheit, sich umherzubewegen: Raum, Freizügigkeit, Ungezwungenheit. »›Ich stehe am liebsten hinter dem Orchester‹, sagte Miss Finn, ›denn so kann ich mich nicht nur hin- und herbewegen, wie ich möchte, sondern auch andere Opernfreunde kennenlernen.‹ Sie gestand, daß sie in den letzten beiden Jahren dauernde Freundschaften geschlossen hat, während sie am Geländer lehnte.«

◆ 47 ◆

Die Oper hat die Macht, dir warnend zuzurufen, daß du dein Leben vergeudet hast. Du bist nicht deinen Wünschen gefolgt. Du hast dir eine verwachsene, unwirkliche Existenz geschaffen. Du hast deine Leidenschaften zum Schweigen gebracht. Umfang, Höhe, Tiefe, Üppigkeit und Übermaß der stimmlichen Äußerungen in der Oper enthüllen dir als vollkommener Gegensatz zu deinem Leben, wie winzig deine Gesten bis jetzt gewesen sind, wie verarmt deine Körperlichkeit – du hast nur einen Bruchteil deiner Leibesmöglichkeiten ausgenützt, und deine Kehle ist verschlossen. Diese einherbrausende Enthüllung von Leere und Verlust (»Ich klage um alles, was ich nicht sah, was ich nicht sagte!«) ist nicht lediglich eine schwule oder lesbische Erfahrung, doch ungesagte Gedanken und ungesehene Perspektiven haben die schwule und lesbische Lebenserfahrung in den heimlichen Jahren des neunzehnten und zwanzigsten Jahrhunderts in besonderem Maße geformt, in dem dunklen Zeitalter, da die Schattenwelt der Opernqueen blühte.

◆ 48 ◆

Mit einem Tableau von zwei Kehlen – der von Maria Callas und derjenigen der Opernqueen – endet *The Lisbon Traviata*. Während die Callas auf der Schallplatte »ein kompliziertes Koloraturgewebe« spinnt, wirft Stephen, die Operntunte, soeben von seinem Lover verlassen, »den Kopf mit ihr zusammen zurück, als sie zu einem ent-

scheidenden hohen Ton ansetzt, aber kein Laut dringt hervor...
Stephens Mund ist geöffnet, der Kopf ist zurückgelegt. Nur die Callas können wir hören.« Durch Synchronisation der eigenen Lippen mit der Stimme der Callas rückt die Operntunte dem Zauberreich des Klangs, der Artikulation, des Ausdrucks, der Offenherzigkeit nicht näher. Tatsächlich überzeugt uns dieses Bild, daß eine Leidenschaft für die Callas die Kehle der Opernqueen verschlossen und Stephens Kraft, zu lieben, hinweggenommen hat. Während kein Laut aus der Kehle der Queen »herauskommt« (die Queen ist durch ihre Opernleidenschaft in die Heimlichkeit uneingestandener Sexualität verbannt), singt die Callas auf der Platte die Violetta, die schwindsüchtige Kurtisane. Stephen mag es bedauern, daß er der Callas nicht bei ihrer hedonistischen Koloratur folgen kann, doch der Subtext von *La Traviata* erinnert uns daran, daß die Lust Violetta mit ebensolcher Gewißheit töten wird, wie sie – in homophoben Aids-Szenarien – Schwule umgebracht hat.

In der Ära, in der »Schweigen = Tod« gilt, hat die Stummheit der Opernqueen etwas Fatales. Die stumme Opernqueen, übertönt von der Callas, das ist ein Bild schwuler Hilflosigkeit, fortdauernder Heimlichkeit, tragischer Unfähigkeit, zu einer politischen Körperschaft zu erwachen. Aber die Operntunte und die Callas haben eine gemeinsame Biographie: die Oper war am Ende ebenso tödlich für die Callas wie für die Opernqueen. Dem Callasmythos zufolge hinderte die Oper sie an der Liebe, und als sie die Oper verlor, verlor sie ihr Leben. In dem brutalen, berauschenden Traum von der Oper, der das Leben von Maria Callas wie das Leben zahlloser Opernqueens rahmte, stehen am Tor zur Oper zwei Würger, der Tod und das Schweigen. Wer in das Reich des Glücks und des lebendigen Ausdrucks eingelassen werden will, das die Oper verspricht, muß seine Kehle am Eingang abgeben.

Zweites Kapitel

Der eingeschlossene Fan:
Oper zu Hause

◆1◆

Geschmacksvorlieben sind geheimnisvoll. Woher kommen sie? Können wir sie bestimmen, ändern, ablehnen? Ich entdeckte vor langer Zeit, daß ich eine Vorliebe für Schallplatten hatte. Einige Zeit später entdeckte ich meine Vorliebe für männliche Körper.

Männerkörper füllten die Lücke, welche die Einsamkeit des Schallplattenhörens offenließ, die Leere der Platten, der Kummer der Platten.

Ich wußte, daß die Leute alle ihre Leidenschaften und Neigungen hatten und daß die Vorlieben die Menschen voneinander unterschieden. Ich wußte, was es mit dem Geschmack auf sich hatte, ehe ich wußte, wie es mit der Homosexualität zuging. Und als die Homosexualität in meinem Körper anlangte, da konnte ich sie als eine weitere Vorliebe begreifen, einen Geschmack für etwas Bestimmtes, wenn auch einen schmuddeligen, verbotenen – im Gegensatz zu den Schallplatten, die waren sauber und dünn wie Oblaten.

◆2◆

Ich entdeckte den romantischen Zauber in der Achse, dem Loch, der Rille, dem Turm der Capitol Records, dem Wort »Decca« mit seiner Andeutung von »Mekka«, dem tiefen Rot der Red-Seal-Eti-

61

ketten, der Zerbrechlichkeit von Dynagroove, der Dramatik schräg-
gestapelter Schallplatten – wie die schräggestellte Krempe eines
eleganten Filzhuts oder die Tragfläche eines Flugzeugs – auf dem
Plattenwechsler meiner Eltern: dies waren die Moleküle von Liebe
und Liebesverlust, von sexuellen Wunderländern jenseits meines
Zugriffs.

◆ 3 ◆

»Zuhause« hat für den schwulen Jungen oder den Jungen, der an
den Punkt gekommen ist, wo er diese ambivalente Identität
annimmt, eine grimmige Bedeutung. Zuhause, das ist das
Trainingslager der Geschlechtsrollen; zuhause sollen wir lernen,
wie man normal ist. Schwule Identitäten bilden sich gegen die normativen Strukturen des Zuhauses heraus, ob wir nun später den
Kanon häuslicher Werte getreulich reproduzieren oder nicht.

Als etwa um das Jahr 1902 mit der Geburt der kommerziell ver-
triebenen Opernschallplatte die Oper in das Zuhause eindrang –
fragmentarisch zuerst, dann voll und ganz –, veränderte sie die
Bedeutung der Häuslichkeit. Das Zuhause verformte sich ein
wenig, um die Oper aufzunehmen. Und die Bedeutung der Oper
änderte sich ebenfalls: Eine Kunstform, die auf Exzeß und Ostentation beruhte, auf dem Äußeren, wurde zu einer Kunst der Introspektion und des Interieurs.

Die Kategorie »Homosexualität« ist nur so alt wie der technisch
reproduzierbare Ton. Beide Erfindungen kamen im späten neunzehnten Jahrhundert auf und betrafen die Häuslichkeit. Beides sind
Diskurse vom Zerbrechen des Zuhauses: *was Körper tun, wenn sie
nicht gehorchen, was Körper im privaten Raum tun.*

Schallplatten halfen, die Oper abzutöten, indem sie das Repertoire auf eine Handvoll wiederholter und wiederholbarer alter Hüte
beschränkten. Natürlich war die Schallplatte nicht der einzige Mör-
der. Aber der Aufstieg der Schallplatte fiel mit dem Niedergang der
Oper als einer Gegenwartskunstform zusammen. Wunderbarerweise forderte die Oper eben in dem Moment, da sie museal wurde

und ein Objekt häuslichen Vergnügens, die schwule Aneignung heraus. Plötzlich war die Oper eine Kunstform der Vergangenheit. Und der »Homosexuelle« – imaginiert als ein Geschöpf mit unersättlichem Appetit nach Vergangenem, ein Geschöpf, zu dessen Geschmacksvorlieben und typischer Lebensgeschichte ein unablässiges Fahnden nach erstmaligen Auftritten gehörte, um die verborgene Ursache des Begehrens zu entdecken – wandte sich der Oper zu.

♦ 4 ♦

Eine Liebe zur Oper – besonders zur Opernmusik auf Platten – ist eine nostalgische Empfindung, und die Schwulen stellt man sich als eine einzigartig und tragisch nostalgische Gruppe vor – regressiv, dem Staub verschrieben und den Souvenirs. Eine Platte, ein Andenken, die Spur einer Abwesenheit, das gefällt der idealen schwulen Seele, deren Geschmack retro ist und deren Sexualität eine unablässige Erinnerungsarbeit verlangt: weil Schwule in der Regel keine schwulen Eltern haben, müssen Schwule für ihren Geschmack Präzedenzfälle und Ursprünge erfinden, und psychoanalytische Erklärungsmodelle ermuntern sie dazu, in der Homosexualität etwas zu sehen, hinter dem ein Trauma und die Reaktion auf dieses Trauma stehen. So wird mein Hang zu den Schallplatten einfach ein weiterer Fall von schwulem Fetischismus. Ich bin ein Schwuler, der sich mit dem identifiziert, was keine Dauer hat, ein Schwuler, der der Zeugung im Wege steht, dem generativen Prinzip.

Die Bewegung der Nadel in der Rille nutzt die Platte ab, ein Instrument der Degeneration, und trotzdem gibt sie dem Ton – einer toten Serie von Schwingungen – ein neues Leben.

Die idealtypischen Freuden des Opernschwulen vollziehen sich durch die Schallplatte – der Callaskult unter den amerikanischen Schwulen war zum Beispiel vorwiegend ein Liebesverhältnis mit ihrer reproduzierten Stimme, da ihre Schallplatten hier ankamen, ehe sie in eigener Person erschien. Und in James McCourts *Mawr-*

dew Czgowchwz erscheint die Diva ihren getreuen Fans zuerst in einer Radiosendung und schenkt ihnen eine Ekstase, die erst später bei einem tatsächlichen Auftritt bestätigt wird.

◆ 5 ◆

Daß das Opernpublikum so begrenzt ist, bedauere ich – die Oper gehört jetzt zu den Privilegien der Weißen, aber ich habe nicht das Gefühl, daß es moralisch gesehen nur die Möglichkeit gäbe, meiner Liebe zur Oper zu entsagen. Statt dessen will ich ehrlich über die schwule Aneignung der Oper sprechen, damit die Oper weniger monolithisch erscheint.

Ich spreche von Opernplatten, als gäbe es keine anderen Schallplatten auf der Welt und als reagierten nur Schwule und Lesben leidenschaftlich auf diese Aufnahmen, obwohl natürlich die Welt des Schallplattenklangs größer ist als die Welten der Oper und der Homosexualität.

Meine Phantasien sind altmodisch. Die CD, die mir emotional so wenig bedeutet, hat die Platte abgelöst. Indem ich mich auf die Schallplatte konzentriere, wende ich mich einer einstigen Kultur zu, einer einstigen Zeit. Dies ist eine Elegie auf die Opernschallplatten und auf die, die sie geliebt haben.

◆ 6 ◆

Der Klang entsteht in der Kehle der Diva, aber er kommt auf der anderen Seite der Victrola als etwas hervor, das der Opernqueen zugehört.

Ein wichtiges Ziel des frühen Phonographen war es, die Stimme vom Körper zu trennen und die Illusion von Autonomie und eigenem Willen bei der Erzeugung von Tönen auszulöschen. Eine Broschüre aus dem Jahre 1878, die den Phonographen feiert, behauptete, dieser könne Töne »mit und ohne Wissen oder Zustimmung ihrer Quelle« einfangen. Diese eingefangenen Stimmen waren oft die von Frauen, doch der Wunsch, den Klang zu fangen, war männlich. Und es war dies ein in enger Kollaboration betriebenes Begehren – zuerst von Thomas Alva Edison und John Kruesi, und dann von Chichester Bell und Charles Sumner Tainter. Ein weiteres Duo waren die Gebrüder Pathé mit ihrem Warenzeichen »Le Coq«. Es ist kein Zufall, daß der Phonograph von zusammenarbeitenden Männern erfunden wurde, denn es gibt viele Beispiele für die Zusammenarbeit von Schriftstellern oder Wissenschaftlern im neunzehnten Jahrhundert, um Geheimnisse unter Kontrolle zu bringen und nachzuvollziehen, die man sich als feminin und reproduktiv vorstellte. Der Phonograph war wie die Psychoanalyse oder das Telephon oder Kubismus und Surrealismus eine kollaborative männliche Erfindung, die mit den Grenzen von (oft weiblicher oder mütterlicher) Stimme und Identität spielte und die Stimme als Emanation des männlichen Willens erscheinen ließ.

Der Phonograph konnte reproduzieren; durch die von Männern gemachte Erfindung konnte er als Frau sprechen. Der Phonograph konnte – einer medizinischen Zeitschrift zufolge – »das Schluchzen der Hysterie, den Seufzer der Melancholie, den Schluckauf der Erschöpfung, den Schrei der Gebärenden in den verschiedenen Stadien der Wehen wiedergeben.« Obwohl er ein Werkzeug des männlichen Träumens und der männlichen Selbstverewigung war, war er reproduktionsfähig: das Original, von dem die Aufnahmenkopien gemacht wurden, hieß »mother«, Matrix, Mutter.

◆ 7 ◆

Eine Stimme stehlen: in Jean-Jacques Beineix' Film *Diva* ist es ein Akt erotischer Eroberung, die Stimme einer Diva aufzunehmen, ein Akt von fragwürdiger Legalität und Moral.

Die Diva Cynthia Hawkins hat nie ihre Zustimmung zu einer Aufnahme gegeben; ihr junger Fan Jules schneidet ihr Konzert insgeheim mit und stiehlt hinter der Kulisse sogar ihr Kleid vom Bügel – ein Diebstahl, der Schlagzeilen macht. Zum Schluß des Films spielt Jules als ein letztes Geschenk an die Diva – die nun seine

Geliebte ist – ihr das heimlich aufgenommene Band vor. (»Ich habe mich noch nie singen hören«, gesteht sie ernst.) Weil Jules die Tonbandmusik durch das leere Theater hallen läßt, wirkt es so, als sei die Stimme, die Catalanis Arie singt, die des Fans, nicht die der Diva – als hätte Jules sich wahrhaftig ihre Stimme angeeignet. Eine Stimme ist wie ein Kleid; eine Platte zu spielen, ist klanglicher Transvestismus. Ich bin nicht die Quelle der Stimme, doch ich nehme sie durch meine Ohren in mich auf, und weil ich die Schallplatte spiele – ein Willensakt –, ist es, als erschiene ich in der Maskerade dieser Stimme.

◆ 8 ◆

Vielleicht weil die Frauenstimme in Rillen und Wellen gefangensaß, gestohlen vom phonographischen Wissenschaftler, galt der Phonograph selbst als geeignet für beschränkten Raum und Hörer mit begrenzten Möglichkeiten. Die Werbung versprach, daß der Phonograph nützlich sein würde, um in »Blindenheimen, Hospitälern, im Krankenzimmer« belehrend und beruhigend zu wirken, sowie im »häuslichen Kreise« – in Räumen der Behinderung und des symbolisch weiblichen Eingeschlossenseins.

Zuerst hörte man dem Phonographen nicht einfach zu, man sprach auch hinein, die frühen Sprechmaschinen konnten aufnehmen und wiedergeben. Wenn sie eine Stimme aufnahm, schien die Sprechmaschine zu *lauschen*. Wie ein Beichtstuhl nahm sie Geheimnisse auf, speicherte sie und spielte sie zurück. Foucault zufolge trug die Institution des Beichtstuhls dazu bei, den Homosexuellen zu definieren – die Homosexualität gehörte zu jenen Varianten des Strauchelns, der Sünde, des Geschmacksversagens, die man einem verhüllten, allwissenden, göttlichen Ohr eingestand. Der Phonograph blieb auch dann, als seine lauschende Funktion nur noch eine technologische Erinnerung war, eine Art Beichtapparat, der Beichten weniger entgegennahm als sie zurückwarf, sie spiegelte, im Hörer das Gefühl erweckte, *er habe gebeichtet*.

66

Viele der rhapsodischen Behauptungen, was der Phonograph alles vermöge, betrafen seine Fähigkeit, den Operngesang aufzunehmen. Schon vor seiner Erfindung bestand der Wunsch nach einem Gerät – einer Zauberbox –, mit dem man die Opernstimme zu einem dauerhaften Besitz machen und sie vom öffentlichen Opernhaus ins private Heim versetzen könnte. Lobeshymnen auf die Sprechmaschine beschworen den Namen von Adelina Patti als Symbol eines kostbaren und flüchtigen Stimmklanges. Als Vertreter der Victor Company 1905 zu Pattis schottischem Schloß reisten, um dort ein improvisiertes Aufnahmestudio einzurichten, und dann geduldig warteten, bis die Diva den Drang verspürte, zu singen, da nahmen sie eine Stimme auf, die schon ihren Höhepunkt überschritten hatte. Doch war es die angemessene Funktion des Phonographen, fast verschwundene Stimmen einzufangen. Frühe Schallplattenaufnahmen suchten insbesondere verschwundene Frauen einzufangen und unsterblich zu machen.

Große Frauen der Vergangenheit zu verehren und zurückzuholen, das liebt die Schwulenkultur: *Whatever happened to Baby Jane?*, ein Camp-Film *par excellence*, umschmeichelt und frustriert unseren Wunsch, die strahlenden Bilder von Bette Davis und Joan Crawford makellos zu bewahren, etwa so wie Judy Garlands Comeback-Auftritte (in der Carnegie Hall, in *A Star Is Born*) Unverwüstlichkeit und Verfall zusammen inszenierten, uns unsere Sehnsucht nach der ewigen Dauer eines weiblichen Stars und die Vergeblichkeit dieser Sehnsucht gleichzeitig zeigten.

Schallplatten bezeichnen das Verschwinden und die Wiederkehr, das Comeback; sie sind auch Porträts. Für mich entsprechen Schallplatten dem Bildnis des Dorian Gray in Oscar Wildes Roman aus dem Jahre 1891. Eine Schallplatte gibt vor, ein klar umrissenes, attraktives, schmeichelhaftes Porträt zu sein. Doch ihre Instabilitäten, ihre potentiell entsetzlichen Züge müssen in Quarantäne. Das Porträt annektiert die Seele des Betrachters und durchläuft eine groteske Mutation. Das Porträt ist vampirisch. Es behält das Geheimnis nicht für sich. Es schreit die Laster heraus.

Eine Schallplatte kann nicht eingrenzen, was eine Stimme bedeutet; eine einmal aufgenommene Stimme spricht nicht mehr dieselben Bedeutungen aus, die sie ursprünglich ausdrücken wollte. Jedes Abspielen einer Platte ist eine Befreiung eingesperrter Bedeutung – eine Bewegung über die Grenze der Rille hinweg, vom Schweigen zum Klang, von der Kodierung zur Klarheit. Eine Platte trägt eine geheime Botschaft in sich, aber das Wesen dieses Geheimnisses läßt sich nicht planen, und niemand kann das Geheimnis zum Schweigen bringen, wenn es einmal gesungen worden ist.

◆ 10 ◆

Fragen technischer Praxis bestimmen, wie eine Schallplatte aussieht, und Opernplatten sind nicht die einzige Sorte, doch weil die ersten Opernaufnahmen – gesungen von solchen Berühmtheiten wie der Patti, Caruso, Tamagno und der Melba – einer Industrie Prestige und Würde verliehen, die sich selbst in allzugroßer Nähe zum Vaudeville und zur Jahrmarktsbude sah, und weil diese Industrie sich auf die Zugkraft der Oper verließ, um Schallplatten und Phonographen öffentlich als begehrenswerte Besitztümer erscheinen zu lassen, gibt es metaphorische Bezüge zwischen der Schallplatte als Objekt und dem Eindringen der Oper in die häusliche Sphäre und in eine subkulturelle schwule Phantasie.

◆ 11 ◆

Wer eine Platte kauft, kauft die Leiblichkeit dessen, der darauf singt, und den Trost, den ein imaginärer Körper bringt. In Anzeigen der *Opera News* in den vierziger Jahren für Aufnahmen von Dorothy Kirsten, Richard Tucker und Helen Traubel posieren die Sänger in der schwarzen Columbia-Schallplatte, kein Zoll Fleisch ragt über den Rand hinaus, und so glaube ich, wenn ich diese Anzeigen betrachte und eine Columbia-Platte kaufen will, daß Sänger oder Sängerin in der Platte eingesperrt sind, oder daß die Sänger die Platten *sind*. Als Dorothy Kirsten ihre Stimme auf einer Columbia-Platte zurückließ, da hinterließ sie mehr als abgeschnittene Fingernägel, Haare, Exkrement oder andere magische Substanzen: Sie ließ dort ihre Stimmseele. Kaufen Sie eine Kirsten-Platte und Sie kaufen ein Stück Kirsten.

Wer eine Platte kauft, kauft die Leiblichkeit
dessen, der darauf singt, und den Trost, den
ein imaginärer Körper bringt.

So ist der Schrank eines Schallplattensammlers das Zauberkabinett eines Nekromanten, angefüllt mit festgebannten geraubten Seelen.

♦ 12 ♦

In der Mitte der Schallplatte: das Etikett – rot, lila, blau, mauve, rosa....

Die Sprache der Farben: Gibt es bestimmte Farben, die mit der Homosexualität in Verbindung stehen? Blau: John Addington Symonds' *In the Key of Blue* oder Wildes blaues Porzellan. Grün: die grüne Nelke Oscar Wildes. Lila: der Exzeß von *purple prose*. Die Verbindungen sind nicht eindeutig oder ausschließlich. Aber schon der Wunsch selbst, sich durch Farbe auszudrücken, Korrelationen zwischen verschiedenen Sinnen zu suchen (Synästhesie), Farbe als Chiffre anderer Sinneszustände zu verwenden, ist mit der homoerotischen Kultur des neunzehnten Jahrhunderts in Verbindung gebracht worden.

Die teuersten Platten der Victor Company zeichneten sich durch das rote Etikett aus – Red Seal. Die billigeren trugen ein lila Etikett. Adelina Pattis Aufnahmen, deren jede eine »Patti-Platte« genannt wurde, hatten rosa Etiketten, und Nellie Melba wurde, wenn sie sich zu singen herbeiließ, mit ihrem eigenen malvenfarbenen Etikett geehrt. Die Mauveetiketten der Melba sind jetzt, achtzig Jahre nach ihrem Erscheinen, zur Lavendelfarbe begehrter alter Bungalows am Meer verblaßt.

♦ 13 ♦

Die beiden zentralen Bilder, welche die Etiketten von Opernplatten schmückten, waren der Hund und der Engel. Tierisch. Himmlisch. Wenn wir Opernmusik hören, sind dann unsere Sehnsüchte hündisch oder göttlich?

Der Hund war das Markenzeichen der Victor Company und der

englischen Firma His Master's Voice. Die Verbindung zwischen dem Hund und der Opernschallplatte war unauflöslich: der Victor-Hund zierte eine Leuchtreklame an der Ecke 37th Street und Broadway, in der Nähe der Met, um New York zu zeigen, wie nahe am Mittelpunkt der Opernwelt der Hund wohnte. Da *master* ebenfalls eine Bezeichnung für das Original ist, von dem Plattenaufnahmen kopiert werden, ist das Bild von dem Hund, der in den Trichter schaut, um die fehlende Master's Voice zu suchen, ein Bild davon, wie eine massenhaft hergestellte Kopie (eine Schallplatte) ihr Original sucht. Der Hund ist auch ein Sinnbild des Gehorsams und der Treue: des Menschen bester Freund. Oder: Man's best friend: des Mannes bester Freund. (Seine Unterwürfigkeit ist irgendwie auch sexy: Man stelle sich vor, wie er sich warm in den Trichter seines Herrn hineingräbt.) Wir, die wir einer Opernschallplatte lauschen, nehmen den Platz des Hundes ein. Wir versuchen, rückwärts in ein Loch hineinzukriechen, wir wollen zurück in die Vergangenheit, durch den Spiegel wie Alice, um ein Phantom zu finden. Thomas Mann beschreibt im *Zauberberg*, wie das Zuhören bei einer Schallplatte daran erinnert, »als ob man ein Gemälde durch ein umgekehrtes Opernglas betrachtete, so daß es entrückt und verkleinert erschien...« Mein Hunger nach Opernaufnahmen ist rückwärts gerichtet, invertiert. Wenn ich zuhöre, versuche ich die Chronologie umzudrehen, und das Hundeetikett sagt mir, daß mein Begehren die Evolution umkehrt.

Das andere Bild, ein nacktes androgynes Engelchen, war das Markenzeichen der Gramophone Company zu Beginn des Jahrhunderts, und die Angel Records übernahmen es in den fünfziger Jahren. Der Engel, der mit einem Federkiel auf die Schallplatte schreibt, stellt die Stimme dar, die sich magisch den Rillen einschreibt, er verkörpert das Mysterium der Phonographentechnik. Doch ist es auch möglich, daß der Zuhörer der Engel ist; der Federkiel gleicht einer Nadel, und ich »schreibe« die Schallplatte, indem ich die Nadel in ihre ansonsten stummen Rillen senke. Der Engel ist ein Bild des Körpers vor der Sexualität, der noch von keiner Geschlechtsrolle definiert ist – eine Unschuld, die selbst wiederum homoerotisch aufgeladen ist, wie die Putti auf barocken Deckengemälden.

Wenn ich als Schwuler *zurückgehe*, um die Geschichte meiner
Sexualität aufzufinden oder zu schreiben, dann erfinde ich sie, weil
die Sexualität keinen Ursprung an sich und keine eindeutig zu fixie-
rende Motivation hat, wenn wir auch deshalb, weil die Sexualität
narrativ strukturiert ist mit Konflikt, Höhepunkt und Auflösung,
immer hoffen, den Knoten entwirren zu können, der sich an einem
allerersten Anfang geschürzt hat. Wenn ich eine Schallplatte
abspiele, gehe ich in der Zeit zurück zu der Szene der Aufnahme,
die ich mir vorstelle, zu jenem wirklichen Tag, als Amelita Galli-
Curci in einem Studio stand und sang »Je veux vivre«. Wenn ich
die 78er-Platte mit der Stimme der Galli-Curci in der Hand habe,
umklammere ich ein Schweigen und fordere es auf, zu sprechen.
Der sich drehende und drehende Rillenkreis, der seinen Mittelpunkt nahe dem Etikettenrand findet und sich in das Etikett verwandelt und niemals innehält, wie die Oszillationen einer Hypno-
tisierscheibe, bezaubert und betäubt mich; diese nicht enden
wollenden Spiralen bedeuten die Neugier des Ödipus, der das Rätsel seiner Herkunft lösen möchte, die Neugier des »Homosexuellen«, der wissen will, welchen Ursprung seine Geschmackspräferenz hat. Eine Platte abzuspielen ist wie die Befragung eines
wahrsagenden Ouija-Bretts, wie ein Gespräch mit den Toten, bei
dem man Fragen an eine Unermeßlichkeit stellt, die nur das Echo
der eigenen törichten Fragen widerhallen läßt, ein wiederholtes
»ich selbst, ich selbst...«

Die Rückseite früher 78er Platten, die leer blieb, war eine matt-
glänzende schwarze Oberfläche ohne Funktion und ohne Stimme,
ein Spiegel, der keinen Laut von sich gab, nicht einmal unter der
Nadel. In Anzeigen gleicht die Schallplatte oft einem Spiegel. Die
Werbung für viele Produkte – Lincoln Continentals, Geschirrspül-
maschinen – zeigt Frauen; Konsumgüter werden oft so aufgemacht,
daß sie besonders die Frauen als Käuferinnen reizen sollen. Aber
die Frauen in Schallplattenwerbungen sagen mir etwas über die
kulturelle Bedeutung des Hörens. Das Markenzeichen der Bruns-
wick Records war eine Frau, die hingerissen in ein Grammophon

starrt, und Pathé zeigte als Warenzeichen »Le Miroir de la Voix« mit dem Bild einer Frau, die eine Schallplatte vor sich hält und hineinsieht wie in einen Spiegel. (Denken Sie an die CD heute: das ist der Taschenspiegel – *compact* – einer Frau, ohne Puderkissen.) Die Pathé-Platte ist ein Spiegel der Singstimme und ein Spiegel des Zuhörers, fraulich, weibisch, passiv, nur dem Vergnügen und dem Hunger hingegeben, der die Platte umdreht, um ein geheimes Selbst zu entdecken und die Grenzen seines Zuhauses zu erweitern, die nun bis zu den Sternen, bis zu den Stars reichen sollen.

»Um Himmelswillen, das bin *ich*«, sagte Nellie Melba, als sie ihre Stimme zum ersten Mal auf einer Platte hörte, und Adelina Patti war von noch größerem Jubel erfüllt. Sie küßte den Schalltrichter des Phonographen und rief: »*Mon dieu!* Jetzt begreife ich, warum ich die Patti bin. O ja. Was für eine Stimme! Was für eine Künstlerin! Ich begreife alles.« Beim Anhören einer Melba-Platte hat man das Gefühl: »Das bin ich.« Die Victor Company verspricht: »Ein Spiegel mag das Gesicht zeigen und was darin geschrieben steht, aber die Victrola wird Ihnen Ihre Seele zeigen – und enthüllen, was tief in ihr verborgen ist.«

Die ideale Opernarie ist eine Spiegelszene, in der die Sängerin das Publikum fragt, ob ihre Stimme schön ist. Massenets Thaïs: »Dis-moi que je suis belle ...« Wenn er eine Platte spielt, ist der Zuhörer Thaïs und fragt: »Bin ich schön? Sag mir, daß ich schön bin!«

Um die Macht der Schallplatte zu beschreiben, das geheime Selbst des Hörers zu spiegeln, griff die Victor Company zum Vokabular der fin-de-siècle-Ästhetik – der Sprache exquisiter, unsagbarer, implizit homosexueller Empfindungen. Die ersten Platten mit Opernarien fingen flüchtige Augenblicke ein und hätten Walter Pater befriedigt, der die »harte, juwelengleiche Flamme« des Lebens predigte und den flüchtigen Moment zu isolieren suchte, da »ein Farbton auf den Bergen oder dem Meer erlesener ist als alle anderen ...« In einer Werbung aus dem Jahre 1918 wird eine Formulierung des bisexuellen Dichters Paul Verlaine verwendet (»l'heure exquise«), um den Reiz einer Platte zu beschreiben: »In jedes Leben tritt der göttliche Moment – *l'heure exquise* – , wenn wir es auch vielleicht erst begreifen, wenn dieses Ereignis in einer Oper seine Parallele findet.« Die Stimme, die wir lieben und derer wir nie müde werden – das verspricht uns die Victor Company – ist die Stimme, die unser eigenes Temperament zum Ausdruck bringt und unsere eigenen Geheimnisse zurückspielt.

♦ 15 ♦

Mein erster Plattenspieler, mono, ein Kindergerät von Decca, war eine Box mit einem Griff und einem Klickverschluß, der wie der Deckel der Barbiepuppenschachtel meiner Schwester zuschnappte, so daß ich theoretisch das Gerät überallhin mitnehmen konnte.

Die Achse war aber nur ein kurzer Stummel, wie das Radiergummiende eines Bleistifts. Ich bewunderte den Garrard-Plattenwechsler meiner Eltern – zu rar für den täglichen Gebrauch, verstaubte er in seinem verschlossenen Kabinett – und verehrte insbesondere die Wechselautomatik mit der geknickten Achse, auf der man die Platten stapeln konnte. Da ich meinen manuell zu bedienenden Plattenspieler in ein Automatikgerät verwandeln wollte (ich dachte, der Unterschied sei lediglich eine Frage der Achsenlänge), heftete ich mit Klebeband einen Bleistift an meinen Auflagestummel, ließ eine Platte darübergleiten und tat so, als habe sich die Platte kraft ihres eigenen Willens, unabhängig von meiner Hand, den kanariengelben Stift hinunterbewegt.

♦ 16 ♦

Das Loch in der Schallplatte hat mich immer fasziniert. Alles an der Plattenoberfläche hat sich verbündet, um diese Öffnung zu betonen: die Preisangabe umkreist es, das Etikett und das runde Fenster in der Schutzhülle nehmen seine Gestalt auf. Wenn man eine alte Melba-Platte aus dem Cover nimmt, sieht man im Inneren der Schutzhülle eine Photographie der Diva, als sei die runde Mitte dieser Hülle ein Fenster in eine sich zurückziehende, hermetische Welt.

Das Loch macht keine eindeutige anatomische Anspielung. Es macht viele. Es entspricht nicht auf reduktionistische Weise – nicht einmal im Unbewußten des Hörers – einem bestimmten Teil des menschlichen Körpers. Aber zu mir hat es immer von der Leere inmitten der aufgezeichneten Stimme gesprochen, von der Leere am Mittelpunkt des Lebens eines lauschenden Hörers und den Mehrdeutigkeiten in jedem Sexualkörper, den homosexuellen Leib eingeschlossen, was die korrekten und unangemessenen Funktionen seiner Öffnungen angeht.

◆ 17 ◆

Frühe 78er-Arienplatten hatten manchmal erläuternde Etiketten auf ihre leeren Hinterteile geklebt. Das Etikett übersetzte die Worte der Arie und beschrieb kurz die Handlung. Da das Etikett in der Plattenmitte lag, unterbrach das Achsenloch den Text und wirkte wie eine Zeilenbrechung im Gedicht, es verfremdete und vergrößerte den Sinn und erinnert mich an Brüche meiner Hörerfahrung:

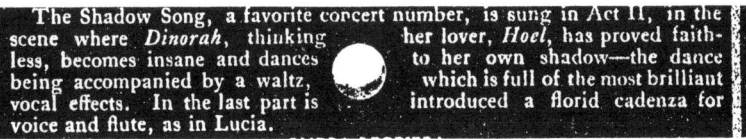

The Shadow Song, a favorite concert number, is sung in Act II, in the scene where *Dinorah*, thinking her lover, *Hoel*, has proved faithless, becomes insane and dances to her own shadow—the dance being accompanied by a waltz, which is full of the most brilliant vocal effects. In the last part is introduced a florid cadenza for voice and flute, as in Lucia.

◆ 18 ◆

Die beiden Textkolumnen eines Opernlibrettos, Italienisch und Englisch, Französisch und Englisch, Deutsch und Englisch ... Mich, der ich nur eine Sprache beherrsche, erregen und enervieren die Zwillingsströme des Textes, ich teile meine Aufmerksamkeit zwischen ihnen auf, Phantasien von Androgynie und Bisexualität drängen heran, von linker und rechter Gehirnhälfte ... Oder ich bin bloß verwirrt und sehne mich nach den schlichten Zeiten von 1912, wo *The Victor Book of Opera* lediglich einen englischen Text für eine Arie

75

wie »Celeste Aida« angab, und die Übersetzung paßt zur Melodie, sie hat die richtige Anzahl Silben, und wenn Caruso singt, können wir mitsingen, wir törichten ans Haus gebundenden Träumer, und so tun, als seien wir Caruso, tun, als seien wir öffentlich und vollständig und sicher, und wir summen für ein unsichtbares Publikum, für die Kommode und das geschlossene Fenster:

Heavenly Aida, beauty resplendent,
Radiant flower, blooming and bright;
Queenly thou reignest o'er me transcendent,
Bathing my spirit in beauty's light.

Keine Zuspätkommenden sagen »Verzeihung!« und beeinträchtigen unseren Genuß. Wir sind allein mit unserem Vergnügen, und das Vergnügen verdoppelt sich, anstatt sich zu verringern. Oder es wird einfach zu einem anderen Vergnügen: einer Spiegelszene. Wir nennen solche Freuden onanistisch und verurteilen sie, als hätte die Onanie je einer Seele geschadet.

✦ 19 ✦

Die Rillen einer Schallplatte deuten Konformität an, Eingeschlossensein, Gefangenschaft: das Rillenmuster verdammt die Platte dazu, nie etwas Neues zu sagen, immer wieder REPLAY und REPLAY, ein Papageienecho. Die Rillen hüten den Code des Klangs; wenn man die Rillen anrührt, kommt man dem Geheimnis nicht näher. Ein Platte ist wie ein Traum; es braucht eine Nadel, um ihre Bedeutungen zu entwirren. Die Rille ist das Symbol der Verdichtung: ein Zeichen potentieller eher denn tatsächlicher Macht, eine Erinnerung daran, daß die Oper zusammengekrümmt und -gepreßt werden muß, ehe sie das stille Zuhause erreicht und in die Phantasie eindringt. Die Victor Company prahlte mit dieser Komprimierung und gab in einem Katalog aus dem Jahre 1917 an: »Wenn man die Rille einer gewöhnlichen Platte von zwölf Zoll Durchmesser zu einer einzigen geraden Linie dehnen könnte, würde diese über siebenhundert Fuß lang sein.« Aber eine Rille wird nie begradigt. Sie wird sich immer krümmen und Ausflüchte machen.

Der Klang sitzt in den Rillen gefangen und wartet darauf, daß der Prinz kommt und ihn erlöst. Wenn man den Regeln gehorcht, verspricht die Victor Company die Befreiung des gefangenen Klanges und Gefühls: »Es scheint überflüssig, eigens zu erwähnen, daß es absolut notwendig ist, RCA-Victor-Phonographen zu verwenden, um aus Ihren Victor-Schallplatten alles herauszuholen, was in deren glänzenden Rillen gefangen ist.« Glänzende Rillen, Ritter in schimmernder Wehr: die Romantik der Plattennadel verspricht, daß ein magisch gebanntes Verlangen erweckt werden kann. Eine Platte zu spielen ist wie das Öffnen eines geheimen Zimmers: »Wenn es Sie nach all der Brillanz und Schönheit verlangt, die in die Victor-Platten *eingehen*, dann wählen Sie ein Gerät, das dazu geschaffen wurde, all dies *herauszuholen*.«

Wenn man die falsche Nadel verwendet, geht der Verkehr nicht, und es kommt zu keiner Wiedergabe, die Reproduktion findet nicht statt oder nur in kümmerlicher Weise. Eine stumpfe Nadel wirkt auf den ungeborenen Klang wie LSD: Sie ruiniert die Chromosomen und zerstört Schwingungen, die einst hätten sein können. »Hüten Sie sich vor der stumpf gewordenen Nadel!« warnt RCA-Victor auf einer Caruso-Neuauflage des Jahres 1956 – als wäre die stumpf gewordene Nadel ein syphilitischer Sexmaniak, der in der Stadt umgeht.

✦ 20 ✦

Ich bin ein properer, pingeliger Homosexueller; Sie kennen den Typ. Ich forsche dem Ursprung meines Verhaltens nicht nach (Warum bin ich so proper? Warum bin ich pingelig?), ich nehme die Diskurse einfach zur Kenntnis, die Zerrbilder, die sich am Steuer meines Lebens drängen – den Diskurs der Hygiene, der sich mit dem Diskurs der Homosexualität kreuzt – , ich bin gefangen, eingeschlossen in diese Sprachen, von ihnen geformt, obwohl ich sie auf eine Art auch inspirierend finde, eine Quelle des Staunens.

Die Plattenhygiene hat mein ganzes Leben als Hörer bestimmt, denn ich bin in eine Kalte-Kriegs-Welt der Schallplattenpflege hineingeboren, ich hatte immer Angst, meine Platten zu beschädigen, ich war mir ihrer Verletzbarkeit und Zerbrechlichkeit bewußt, als wären sie eine Verlängerung meines eigenen Körpers und die letzte Verteidigungslinie der Nation. Ich hatte das Gefühl, daß das Ruinieren einer Nadel, das Zerkratzen einer Platte, die Berührung einer Plattenoberfläche mit meinen schweißfeuchten Händen eine Sünde wider die Reproduktion und die Doktrin der Rille gewesen wäre.

Ich habe Angst davor, mir Platten von meinen Operntuntenfreunden auszuleihen: meine hygienischen Standards sind seit meiner ruhmreichen Zeit makellos steriler Plattenpflege sehr gesunken, und ich könnte ihnen unabsichtlich die Platten ruinieren.

Folgendermaßen wischt man eine Platte ab (laut Victor Company, 1938): »Die empfohlene Methode zur Reinigung der Schallplatten ist das Abwischen mit einem weichen, *leicht* angefeuchteten Tuch. Die Platten sollten dann sofort mit einem weiteren weichen Tuch abgetrocknet werden.« Wenn Staubkörnchen auf der Platte belassen werden, führt dies zu »fehlerhafter Reproduktion«. Es geht um die korrekte Reproduktion – die Klangerzeugungsorgane der Platte müssen in Ordnung gehalten werden. Als die sexuelle Befreiung das Land erfaßte, kamen neue Techniken der Plattenpflege, jede dieser Innovationen war noch effizienter und moderner als die letzte. Ich versuchte, sie zu meistern, ich habe Reinigungsflüssigkeiten, Staubtücher, Nadelbürstchen gekauft, habe aber immer feststellen müssen, daß Schallplatten ihrem Wesen nach staubig und sterblich sind. Ich ziehe den beiläufigen, sorglosen Standpunkt des Jahres 1965 vor (der Ära der bügelfreien Kleidung), als uns die *Opera News* mitteilte: »Wenn eine Platte durch langandauernde Vernachlässigung wirklich stark verschmutzt ist, waschen wir sie mit kaltem Wasser, Spülmittel und einem Zelluloseschwamm und lassen sie im Spülgitter trocknen.«

Macht mein Hang zur Körperlichkeit der Schallplatte mich zum Fetischisten? Und entstammt die Etikettierung »Fetischist« einer homophoben Vorstellung vom »Homosexuellen« als einer Person, die einen Trieb verdrängt hat, eine falsche psychische Abzweigung genommen hat, auf einem unproduktiven Nebenweg festhängt, getrennt von Gesellschaft, Gesundheit, Ganzheit und Wahrheit?

Ich nehme an, jeder Körper, den wir lieben, ist ein Fetisch, männlich oder weiblich; wir können eine Begrifflichkeit von Homosexualität oder Heterosexualität nur entwickeln, wenn wir die Geschlechtscharakteristika von Männern oder Frauen fetischisieren und uns diesen Fetischen unausweichlich, mechanisch zuwenden.

Ja, ich habe ein fetischistisches Verhältnis zu den Schallplatten; ja, ich habe ein fetischistisches Verhältnis zu Männerkörpern, ich mache einen Fetisch aus Rille und Etikett und Loch, Drehachse und Plattenteller und Lautsprecher, Plattenschrank und Platten-

Ja, ich habe ein fetischistisches
Verhältnis zu Schallplatten.

79

spieler und aus dem Zischen, das dem Augenblick der Musik vorausgeht, zu dem unbeabsichtigten »Klick«, das mir sagt, daß die Nadel die erste Rille gefunden hat und der Gesang gleich beginnen wird.

◆ 23 ◆

Ich habe die Idee der Oper geliebt, ehe ich die Oper liebte – und die Form, in welcher ich diese Idee geliebt habe, das war die vollständige Operneinspielung im gewichtigen Album. Ich sah die goldenen und silbernen Lettern mysteriöser Wörter *(I Masnadieri, Götterdämmerung)* auf den schwarzen Rücken von Plattenalben, die dick wie Bücher im Regal der geheimnisvollen, von niemandem besuchten Ecke PLATTENDISCOUNT standen; ich sehnte mich danach, diesen Winkel des Ladens anzusteuern, und verzweifelte daran, es je zu wagen. Ich wollte diese dicken Alben besitzen, ehe ich noch wußte, daß es Opern waren, die sich darin verbargen.

Gesamtaufnahmen von Opern sind seit dem Auftreten der Langspielplatte im Jahre 1950 in diesen Kassetteneditionen veröffentlicht worden. Eine solche Pappschachtel *(box)* ist die Antithese der Oper – des Kults von Riesengröße, Ausdrucksstärke, Unbändigkeit, Grandiosität. Und doch ist sie wesentlich opernhaft, denn bei der Oper geht es darum, daß die Luft über den Kehlkopf *(voice box)* nach außen dringt, und die privilegierten Hörer sitzen in der Loge *(box)*. Das Wort ist auch sexuell suggestiv: *box* = die Vagina. Eine solche eingeschachtelte Opernaufnahme der Langspielplattenära umfaßt meistens drei Platten und hat solcherart die respektable, gutbürgerliche Stabilität des traditionellen viktorianischen Romans in drei Bänden.

Die Pappkassette, das Album umfängt und komprimiert die Maßlosigkeit der Oper und die mythisch üppigen Körper der Sängerinnen. Die grandiosen Emotionen der Oper müssen in solche Schachteln gebannt werden, wenn sie den Maßstäben eines bürgerlichen Heims, einer anständigen Familie und einer klar kodifizierten Geschlechtsrolle entsprechen sollen. Die Plattenkassette strahlt das Gefühl einer gefangengesetzten, behinderten, domestizierten Sexualität aus.

Erinnern Sie sich an den Geruch solcher Alben aus den fünfziger und sechziger Jahren, den Geruch von Wachs und Hitze und Altertümlichkeit und Geduld, von Vinyl und Plastik und Pappe und Jahren der Untätigkeit? Ich hatte die Empfindung, solche Alben warteten darauf, daß ich sie entdeckte, warteten, bis ich sie verehrte. Ich liebte solche Alben genauso, wie ich Bücher über das Leben als Junggesellin liebte (wie *Sex and the Single Girl*), Handbücher, die erläuterten, wie man eine Wohnung findet und eine Stelle und wie man eine Einladung ausrichtet und die Annäherungsversuche der Männer abwehrt... Erinnert ihr euch an den Charme dieses Junggesellinnenlebens? So wollte ich auch leben. Ich wußte nicht, wie ich mich nach einem schwulen Leben sehnen sollte, also sehnte ich mich nach einem solchen Leben in der Schachtel.

♦ 24 ♦

Die Laufgeschwindigkeit war bis 1927 nicht standardisiert. Wehe dem tollkühnen Hörer, der den Lockungen veränderlicher Umdrehungszahlen erlag: »Nichts verdirbt gute Musik so häufig wie Eingriffe am Victrola-Geschwindigkeitsregler! Es ist am besten, wenn Sie Ihr Gerät auf 78 Umdrehungen in der Minute einstellen und es auch dabei belassen.« Man verwandelt Caruso in eine Frau, indem man ihn schneller stellt; man verwandelt die Galli-Curci in einen Mann, indem man sie verlangsamt. Wer hat diesen Trick nicht schon ausprobiert? Eine aufgezeichnete Stimme besteht aus geschlechtslosen Schallwellen. So lehren uns die Umdrehungen der Schallplatte etwas in der Tat Revolutionäres: daß die Stimmlage, die wir als Indikator des Geschlechts nehmen, verändert werden kann, wenn die Stimme einmal zuhause im magischen Kabinett des Hörers gelandet ist.

Die Stereoanlage meiner Eltern, verschlossen in einem schmalbeinigen hölzernen Kabinett: Ich öffnete es, ließ den Plattenspieler herausgleiten wie ein Backofenblech und war fasziniert von einem Geruch, den ich kaum zu beschreiben vermag – einem Geruch, der nicht horizontal, sondern vertikal schien, denn er hatte Tiefe und bewegte sich hinab, nicht seitlich. Wie der Geruch von Enzyklopädien und Garagenflohmarkt. Metallisch wie Silberpolitur. Gummiartig, irgendwie auch nach chemischer Reinigung, wie die Polster eines Mietwagens. Das Innere des Plattenkabinetts atmete den Duft der Entdeckung aus – denn war nicht das Stereo eine neue technologische Errungenschaft, ein Zeichen von Vorwärtskommen und Gebildetheit, so geheimnisvoll und erregend wie die Pubertät?

Ich bin im Zeitalter des Stereo geboren, aber meine ersten Platten waren mono. Mit dem Mono zufrieden dachte ich zurück an die romantische, vergangene Epoche der High Fidelity.

Die Formulierung »high fidelity« verbreitete sich in den frühen dreißiger Jahren und diente zwei Jahrzehnte lang zur Bezeichnung optimaler Klangwiedergabe und Traumverwirklichung. Es war ein Konzept, das nichts Besonderes bedeutete und insofern Raum für das private Sehnen hatte. »Wie bei dem Begriff Liebe gibt es beinahe soviele Definitionen von High Fidelity wie Autoren, die über das Thema schreiben«, sagt ein Kolumnist in einer Ausgabe der *Opera News* von 1956, der auch andeutet, daß eine Hi-fi-Anlage sich unauffällig in verschiedene Innenarchitekturen einbauen läßt, sich ins Bücherregal einpaßt, sogar »im Schrank versteckt« werden kann (*hidden in the closet*, wie man von dem Schwulen sagt, der seine Homosexualität verschweigt), so daß die Klangquelle unsichtbar bleibt.

Stereo kam Ende der fünfziger Jahre auf. Der Unterschied zwischen Stereophonie und monauralem Klang ist durchaus real, aber die Unterscheidung hat auch einen symbolischen Nachhall. Eine

Zeitlang wollte ich sexuell stereo sein. Jetzt bin ich mit meinem Mono-Leben glücklich. In den frühen Sechzigern, als das Stereo die Heime eroberte, hätte man davon träumen können, daß die Bi- oder Polysexualität, die uns Freud vor langer Zeit versprochen hatte, mit dem Wassermannzeitalter endlich heraufdämmerte. Wißt ihr noch: Quadrophonie? Wißt ihr noch: Orgien?

Der Unterschied zwischen Stereo und Mono bezieht sich nicht nur darauf, was in den Lautsprechern oder im Aufnahmestudio vor sich geht: Stereo und Mono sind zwei verschiedene Bewußtseins-zustände. Ein Diagramm in der *Opera News* 1958 zeigt einen Mann, der eine Monoaufnahme hört, dann eine Stereoaufnahme. Im Mono-Bild bombardieren undifferenzierte Rechts- und Linksgeräusche jedes Ohr, im Stereo-Bild dringen linke Klänge ins linke Ohr, rechte ins rechte. Stereo huldigt dem Unterschied zwischen Links und Rechts – Mono schmeißt sie zusammen oder ist nicht raffiniert genug, sie zu trennen. Die Möglichkeit, Links und Rechts zu ver-wechseln, erinnert mich an andere Spiele, Fähigkeiten, Differen-zierungen, Versagensformen: Männer und Frauen; Normal und Schwul; an eine Welt, in der – bedauerlicherweise – der Unter-schied zwischen Hetero und Homo von größter Bedeutung ist und man die beiden stets wachsam auseinanderhalten muß.

♦ 27 ♦

Ein alter Topos: Der Sammler, der wie der Libertin keine Familie hat, keine sozialen Bindungen, keine Loyalitäten, kein Inneres. Es ist nicht klar, ob Oscar Wildes Dorian Gray obsessiv exotische Musik-instrumente, Juwelen, Parfums, Stickereien und Meßgewänder sam-melt, weil er schwul ist, oder ob uns Wilde von diesen Sammlungen erzählt, weil er die Homosexualität nicht erwähnen kann. »Sammeln« ist ein Codewort für homosexuelle Aktivität oder Identität. Der amo-ralische Sammler ist wie der Experimentator oder der verrückte Wis-senschaftler: er nimmt das Lebendige auseinander, er hat keine Ach-tung vor der Integrität von Leib oder Seele, er bleibt bis spät in die Nacht auf, er hortet. Das Horten von Dingen, so Freuds spekulative

Vermutung, ist ein mit der Analität zusammenhängender Charakterzug; wir brauchen nicht die Homosexualität mit Analsex in eins setzen, um die Hartnäckigkeit dieser homophoben Gleichung zu verstehen: Dinge horten = anal fixiert sein = schwul sein.

Der Sammler verbirgt sich vor den romantischen Gefühlen hinter seinen Schallplatten, die Platten sind ein Vorhang, der den Sammler von menschlichem Kontakt trennt. In Anzeigen der Jahre 1958 und 1960 in der *Opera News* für Shure-Stereo-Cartridges ist der Musikkenner ein hochmütig und einsam wirkender Mann, eine Katze auf dem Schoß, kontemplativ versunken, der uns durch ein Spinnennetz von Plattenrillen ansieht.

Sammeln heißt in der Zeit zurückgehen: Man häuft keine Objekte an, wenn man nicht irgendwie glaubt, daß man nie sterben wird, oder dem Tod trotzen will. Der Sammler ist ein Schatzsucher, und seine Beute ist das vergrabene, unzulässige Selbst. Folgt man der Victor Company 1918, so brauchte man den Victor-Schallplatten kaum zuzuhören – schon eine Platte auszusuchen war unglaublich befriedigend. Wir werden ermuntert, den Victor-Katalog irgendwo aufzublättern und die eine Platte zu finden, die uns erglühen läßt, die uns von unseren Toten spricht, die unsere Geheimnisse spiegelt.»Nach dieser einen Platte im Victor-Katalog zu suchen, ist das Faszinierendste, was man sich vorstellen kann ... Es besteht immer die Möglichkeit, daß die *nächste* Echos aufklingen läßt – Echos, kostbar wie spanische Dublonen.«

Eine Platte auswählen ist eine komplexe symbolische Handlung. Und der Victor-Katalog ist wie ein Satz Tarotkarten; er führt »neugierige Reisende« voran, er besitzt eine ungeheuerliche Fähigkeit, sich auszudehnen und zu wuchern, und ist – behauptete die Victor Company – ein »lebender Organismus, der nie aufhört zu wachsen«.

◆ 28 ◆

Wir haben keine große Wahl, was unsere sexuellen Gefühle angeht. Ebensowenig können wir uns die Rasse aussuchen. Noch, in den meisten Fällen, unsere Klasse. Aber für den Sammler geht das

84

Drama der Wahl über alles. Und die privaten häuslichen Geschmacksrituale des Sammlers wurden ständig komplexer, während konkurrierende Versionen des immer gleichen Repertoires sich ständig vermehrten, und es wurde schwieriger für den Sammler, die »korrekte« Wahl zu treffen.

Der Sammler weist fragwürdigen Geschmack zurück, ja, er hält ihn für krankhaft. Eine Franco-Corelli-Aufnahme wird 1961 in der *Opera News* zurückgewiesen, und die Sprache, in welcher die Platte dieses gutaussehenden Tenors kritisiert wird, spiegelt eine homophobe Abneigung gegen die Sehnsüchte, derentwegen schwule Fans sie vielleicht erworben haben: »Da es eine chronische Krankheit der Plattenindustrie ist, Standardwerke wieder und wieder einzuspielen, war Angels neue Version von *I Pagliacci* mit dem derzeitigen Glamourtenor nur zu erwarten... Franco Corellis Fans werden gelaufen gekommen, um diese Aufnahme zu kaufen. Andere mögen Vorbehalte haben – der unreinen Vokale des Tenors wegen, seiner lispelnden Konsonanten und seiner überflüssig trompetenden Interpretation...« Die Plattenindustrie leidet an einer chronischen Krankheit; Corelli lispelt und singt unrein. Nur ein Corellifan wäre so töricht, diese Version besitzen zu wollen. Nur ein Schwuler wäre töricht genug, ein Corelli-Fan zu sein. Der Sammler muß diese Maßstäbe durchsetzen, muß sie mit einer Bildersprache der Verunreinigung aufrechterhalten; der Sammler muß an dem Glauben festhalten, daß das geliebte Objekt rein ist und die »falsche« Wahl unrein. Man könnte meinen, daß die Oper eine sterile Lösung sei, die von den Begierden schwuler Fans infiziert wird.

♦ 29 ♦

Der schwule Romancier Manuel Puig beschreibt in *Verraten von Rita Hayworth* den Zeitvertreib eines kleinen Bubis: »Anstatt das Fahren auf dem neuen Rad zu lernen, das zu groß für ihn ist, schneidet er Schauspielerinnen aus der Zeitung aus und malt sie mit Buntstiften an.« Jean Genets im Gefängnis eingesperrter Erzähler in *Notre-Dame-des-Fleurs* schneidet Bilder von sexy aussehenden

Kriminellen aus der Zeitung und schmückt seine Zellenwände damit. Der eingeschlossene Opernfan zerschneidet *The Victor Book of the Opera* oder die *Opera News* und klebt die Bilder auf leere Plattenhüllen oder in ein Album.

In einem Archiv habe ich eine alte Pathé-Schallplattenhülle gefunden, die ein längst verschollener Hörer in eine Collage verwandelt hat. Ich weiß nicht, ob es vielleicht ein Schwuler war oder eine Lesbe, ich behandele diese Hülle wie eine Reliquie der Homosexualität – diese Hülle, auf die neben das Warenzeichen »Le Miroir de la Voix« eine namenlose Hand Schnipsel aus einem Katalog geklebt hat, Fragmente, die den Sänger als Albert Huberty identifizieren und die Arie als »Quand la flamme« aus Bizets *La Jolie Fille de Perth*. In meinem antiquarischen Exemplar des *Victor Book of the Opera* von 1912 hat die einstige Besitzerin, die sich als »Janet« eingetragen hat, die Illustrationen zu den Beschreibungen der auf Victor erhältlichen *Faust*-Arien herausgeschnitten, und sie hat die Kostüme koloriert (Massenets Manon mit einem rosa Stift, und Offenbachs Olympia orangerot), und sie hat neben verschiedene Finale geschrieben: »Das ist der Schluß!« *Opera News* ermutigte die Leser, den Buntstift in die Hand zu nehmen: »Malen Sie jene Illustrationen in *Opera News* bunt aus, die Sänger im Kostüm darstellen – die Farbangaben finden Sie auf der Kostümseite oder in den Anmerkungen von Mr. Cross.«

Der Bubi und der Fan, symbolisch gefangen, reagieren auf ihre überwachte, restriktive Sexualsituation, indem sie Bilder ausschneiden. Ich konstruiere hier eine Collage und schneide die Bilder aus, die mich anregen, meine Vergangenheit wiedererwecken, meine Geheimnisse aussprechen; ich wiederhole damit, was die homophobe Gesellschaft bereits getan hat: Sie hat in den Körper der Erinnerung hineingegriffen und ihn mit der Schere zerlegt.

Die Collage ist eine Technik, die schwule Künstler oft nützlich gefunden haben: Joseph Cornells *hommages* an Ballerinen, Robert Mapplethorpes Klebebilder, die auf Muskelmänner aus Softcore-Magazinen der fünfziger Jahre zurückgreifen, Robert Rauschenbergs Assemblagen, die Autobiographie und Geschichte vereinnahmen. Andy Warhol hat Abbildungen von Elizabeth Taylor reproduziert und sie farbig getönt (»Blue Liz as Cleopatra«); der eingeschlossene Fan nimmt Bilder von der Tebaldi oder der Galli-Curci, von del Monaco oder Gigli, und malt sie rosa.

◆ 30 ◆

Der Vorhang der Metropolitan Opera, der in der Geschichte des Hauses mehrmals erneuert worden ist, wurde traditionell zerschnitten, um Fans mit einem Souvenir aus diesem goldenen Stoff zu versehen, den sie vielleicht nur aus Milton Cross' Kommentar in einer Samstagsübertragung oder aus Bildern in der *Opera News* kennen. Es ist verboten, die amerikanische Flagge zu zerschneiden, aber der ideale Endzustand des Met-Vorhangs war die Fragmentierung – in Stücke zerlegt, um den Reliquienhunger der Sammler zu stillen: »Kaum war der historische Stoff heruntergenommen, wurde er auch schon durch die Metropolitan Opera Guild gereinigt und in handliche Stücke zerschnitten.« Diese Stücke dienten zur Herstellung von Klavierhüllen, Lesezeichen, Schreibunterlagen, Tabletts und Monokeletuis.

Der Vorhang der Met – lautlos, gesättigt mit dem Aroma von Privatheit und Heimlichkeit, von plötzlicher eleganter Enthüllung und mit einem Kräuseln wiederhergestellter Unsichtbarkeit – faszinierte eine Verehrerin der Oper so sehr, daß sie diesen Vorhang in ihre eigene private, mythische Welt aufnahm: sie liebte es, »wie glatt und elegant der goldene Vorhang emporgezogen und gesenkt wurde«, und konnte nicht begreifen, »wie ein einziger Mann in der Lage war, einen so großen und schweren Vorhang mit so gleichmäßigem Tempo und ohne ruckende Bewegung aufzuziehen«. Sie übte in der dunklen Schulaula das Emporziehen des Vorhangs und war stolz darauf, wie sie es fertigbrachte, daß er sich langsam hob, »um dann plötzlich so rasch zu ziehen, daß die Falten zusammenrauschten wie der herrliche goldene Vorhang in der Metropolitan Opera.«

Der Vorhang ist die Membran, die das Innen vom Außen abteilt, die Diva vom Fan, den Grammophontrichter vom Ohr, den Klang in der Maschinerie von der Ahnung im Herzen.

◆ 31 ◆

Als in den sechziger Jahren auf Anzeigen für den Record-of-the-Month-Club in der Mitte des *TV Guide* Reproduktionen von Plattenhüllen erschienen, schnitt ich die kleinen Quadrate immer aus, um mir eine Phantomsammlung von Platten *en miniature* anzulegen, puppenstubengroß, Platten, die ich mir nicht leisten konnte und eigentlich nie wirklich haben wollen würde: Dean Martin. Perry Como.

◆ 32 ◆

Schnitte waren in der Zeit der 78er-Platten notwendig: um auch nur eine einzige Arie auf eine Platte zu bekommen, wurden Tempi beschleunigt, Episoden gekürzt, Wiederholungen weggelassen. Doch von solcher Notwendigkeit abgesehen hat die Verdichtung ihre eigene Logik. Beschnitten, verkleidet kann die Oper in das traute Heim eindringen, so wie ein Dschinn in andere Regionen gelangt, indem er seinen ganzen Umfang in eine Flasche zusammenquetscht.

Plattenfirmen brachten ganze Opern unter dieselbe Schere, mit der die Hörer zuhause das *Victor Book of the Opera* in Fragmente zerlegten. Mit Bezug auf einen *Carmen*-Querschnitt brüstete sich die Victor Company 1911: »Eine erstaunliche Anzahl der beliebtesten Stücke aus Bizets Meisterwerk sind in dieses attraktiv arrangierte Potpourri zusammengedrängt worden... Nur eine Organisation wie die der Firma Victor, die unter den Unternehmen für Plattenaufnahmen absolut einzigartig ist, konnte die Schwierigkeiten von Bizets Partitur bewältigen.« Zu den Schwierigkeiten von Bizets Partitur gehören Gewalt und irreguläre Sexualität. *Carmen* ist keine Oper, die säuberlich die Vorzüge des häuslichen Herdes feiert. Victor, diese plattenerzeugende Köperschaft, verdaut die Oper, zerlegt sie in Stücke und führt den sexuellen Sinn von *Carmen* inkognito ins bürgerliche Heim ab.

Kann die Oper zu Hause Platz finden? Zerstört die Oper häusliche Werte? Was geschieht, wenn Adelina Pattis Stimme aus dem Mobiliar dringt?

Eigenartigerweise galt die Oper als Familienvergnügen. Die erste komplette Opernaufnahme, welche die Firma Columbia Records zusammen mit der Met produzierte, war Humperdincks *Hänsel und Gretel* (Kinder, die von Zuhause weglaufen; Hänsel ein Transvestitenpart für einen Sopran). Doch von Anbeginn der Geschichte des Phonographen wurde die Sprechmaschine als Spion in der Familie betrachtet, als ein Mittel, um verstohlen das Spiel der Kinder zu kontrollieren. Ein Victor-Katalog von 1907 beschrieb den Phonographen als Instrument, das die Kinder in Abwesenheit der Erwachsenen erziehen und kontrollieren kann. Ein Experte riet den Eltern, ihre Plattensammlungen durchzusehen und »Schund«-Songs auszusortieren – und stattdessen zu bedenken, welchen »bildenden Einfluß« die Stimmen der großen Opernstars haben konnten.

Oper kann im Opernhaus ebenso wie zuhause die Lektionen in Geschlechtsidentität unterbrechen und verwirren, besonders die Lektionen in Männlichkeit. Ein Fan schrieb 1944 an die *Opera News* und schilderte, wie er bei einer *Tristan*-Aufführung, die er mit seinem Vater besuchte, fast ohnmächtig wurde. »Die Musik des zweiten Akts wirkte auf meine Gefühle so stark, daß ich beinahe das Bewußtsein verlor, und ich mußte mich auf die Treppe hinaustasten, um nicht die Herrschaft über meinen Körper zu verlieren. Als ich mich besser fühlte, kam ich zurück, und mein Vater sagte zu mir: ›Was ist denn los mit dir, Junge?‹ ›Die Musik‹ war alles, was ich sagen konnte.« Eine Nummer des Jahres 1942 meldet die anomalen und unergründlichen Körpergefühle, die einen kleinen Jungen namens Jimmy in der Oper befielen: Während er hingerissen dem »Tu che a Dio spiegasti l'ali« lauschte, schaute er auf seinen Arm hinunter »und fing ihn kleinlaut zu reiben an«. »Was ist denn los mit deinem Arm?« fragte die Lehrerin, und Jimmy antwortete: »Der hat noch nie so ausgesehen. Ich weiß auch nicht, was los ist damit.« Jimmy hat eine »Gänsehaut«. Jimmy wird von der

Tenorarie aufgeregt. Jimmys Gänsehaut ist Zeichen einer komplizierten und unaussprechlichen Erregtheit.

In beiden Anekdoten fragen Eltern oder Lehrer den kleinen Jungen in der Oper: »Was ist denn los mit dir?«

◆ 34 ◆

Zuhause, beim Anhören der Opern auf der Schallplatte oder im Radio, stellt sich der Fan – das Mädchen oder der Junge – die Kostüme der Stars vor. Üppige Andeutungen erregen die von der Häuslichkeit halberstickte Phantasie: »In der Schlußszene im Tempel bietet Miss Stevens einen überwältigenden Anblick in Goldlamé, mit einem schmalen Stirnband aus Gold.« Oder: »In Miss Traubels Kostümen, von Adrian in Hollywood entworfen und ausgeführt, drückt sich die ›alterslose, zeitlose‹ Epoche des Dramas aus … Den lyrischen Charakter des zweiten Aktes deutet ein Faltenkleid aus blassem *bois de rose*-Jersey mit anmutigen Puffärmeln und einem schwungvollen Cape an.« Gefiel solche Prosa manchen Jungen? Schrieben schwule Erwachsene solche Prosa? Bei der Oper zuhaus ging es nicht einfach nur um musikalische Genüsse – sie war eine imaginäre Modenschau, und sie setzte voraus, daß die Erfüllungen und Präsenzen der Oper am besten *par distance* zu erleben waren.

Als Vorbereitung für die Radioübertragung, so rät man dem Hörer, sollte er »die in der *Opera News* wiedergegebenen Bühnenbilder studieren. Schließen Sie die Augen und versuchen Sie, sie sich vorzustellen.« Muß ich mich des Gesichtssinns berauben, um leidenschaftlich zu sein?

◆ 35 ◆

Photos von Sängern auf Plattenhüllen und anderswo sind selten offen verführerisch: sie sind zahm. Aber gerade ihre Sauberkeit und fromme Bravheit machen sie für Phantasieprojektionen brauchbar: wohlfeile Reize. Schauen Sie konzentriert das Photo von Charles

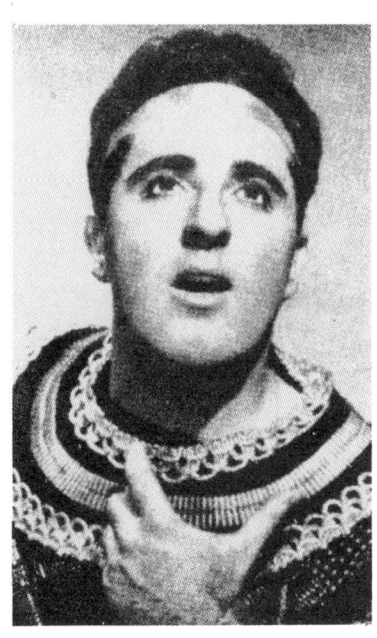

Wer wagt es, sich in Carlo
Bergonzi zu verknallen?

Wer käme sich nicht etwas schmierig
vor, wenn er ein Photo von Charles
Kullman als Cavaradossi nur seines
erotischen Reizes wegen ausschneiden
würde?

Kullman als Cavaradossi in einer *Opera News* von 1944 an. Er will
die sexuelle Vorstellungskraft des Hörers nicht berühren, und deshalb sterbe ich vor Verlangen. (Wird überhaupt damit gerechnet,
daß Hörer so etwas wie sexuelle Phantasie besitzen?) Nicht gera-
dezu hübsch wie ein Filmstar, ist er doch ein gutaussehender Tenor.
Man sollte ja nun eigentlich in ein solches Bild keinen Sex hineinlesen. Und wer wagt es, sich in Carlo Bergonzi zu verknallen, auch
wenn er in einer *Aida*-Werbung jung und mit dunklen Brauen
dasteht, ein maskuliner braver Junge, an dessen breitflächiger
Hand eine Ader sichtbar ist? Diese Körper demonstrieren, was
Roland Barthes die »dritte Bedeutung« genannt hat – nicht die erste
oder zweite, nicht die wichtigen Bedeutungen, sondern den dritten,

Die grelle Beleuchtung weckt in mir unruhige Neugier auf das, was nicht
genau zu überprüfen ist.

OPERA *news*

Vol. VIII No. 19   March 6, 1944   Price 15 Cents

METROPOLITAN ARTISTS HELP THE GUILD ENTERTAIN SERVICE MEN

The First Broadcast of Falstaff

Es ist sinnlos, einen anonymen Mann auf dem Titelphoto der *Opera News* zu begehren.

93

widersprüchlichen, nicht aufgehenden Sinn (wie das dritte Geschlecht): Details in Photographien, die für nichts Spezifisches stehen, nichts Besonderes symbolisieren, von keiner Allegorie oder Absicht belastet. Sie sind, wie sie sind; irreduzibel reiben sie sich an der Phantasie des Betrachters.

Mich zieht ein Photo von Giuseppe di Stefano und Bidu Sayão an, das in der *Opera News* 1949 erschienen ist. Mich tröstet die Fleischigkeit des Arms der Sayao, das klar Umrissene von di Stefanos Koteletten; die grelle Beleuchtung weckt in mir unruhige Neugier auf das, was nicht genau zu überprüfen ist. (Auf derselben Seite findet sich die rührende phonetische Umschrift von Wörtern ins Englische, die wir doch bereits auszusprechen wissen: Ahl-fray'-do, Vee-oh-let'-tah.) Diese Photos mögen neurasthenische sexuelle Tagträumereien auslösen, begleitet von einem Gefühl der Blasphemie. Wer käme sich nicht etwas schmierig vor, wenn er ein Photo von Charles Kullman als Cavaradossi nur wegen seines erotischen Reizes ausschneiden würde – ein Photo, auf dem Kullman vollständig bekleidet ist?

◆ 36 ◆

Die *Opera News* führt mich mit ihren schwach homoerotischen Bildern in Versuchung. Auf dem Titel einer Nummer des Jahrgangs 1944, wo Soldaten von Damen der Metropolitan Opera Guild bewirtet werden, sieht ein hübscher Matrose den Betrachter an. Die kecke Dreistigkeit des Blicks (ein Stück Unterhemd ist über dem Kragen sichtbar) durchdringt mich, und ich frage mich, wo diese Veranstaltung stattfindet, wer dieser sexy Matrose ist, mit seiner übers Handgelenk hochgerollten Manschette, und ich begehre ihn, obwohl es sinnlos ist, einen anonymen Mann auf dem Titelphoto der *Opera News* zu begehren, einen Mann, der aussieht wie John Travolta. Das einzige, was ich über diesen Matrosen weiß, ist, daß er vor langer Zeit bei einem Opernempfang war.

Die Bilder in der *Opera News*, die Pin-ups mit Männern am nächsten kamen, waren Photographien von Tänzern und Statisten. Weder

Tänzer noch Statisten können ins Radio oder auf die Schallplatte übergehen: Tanz und Ausstattungsspektakel sind Aspekte der Live-Aufführung, für welche der Fan zuhause bis zur Entwicklung der Videotechnik blind blieb. Die Tanzszenen der großen Oper sind häufig homoerotisch: Statisten in Opern wie *Turandot*, *Aida* oder *Samson et Dalila* sind oft nur halbbekleidet. Der Statist ist wie der Fan ein Kulissenspitzel, ein Zusehender, kein Teilnehmer an den Gesangesfestlichkeiten. Statisten wissen von

Divas viel zu erzählen.

»Ihre Füße sind jung und fröhlich«, heißt es 1951 in einem Artikel über das Corps de ballet der Met. Zumindest gleicht auf einem Photo der *Opera News* von 1942 der hübsche Lee Foley vom Metropolitan Ballet aufs Haar Ramon Novarro oder Rudolph Valentino; das Photo ist aus so großer Nähe aufgenommen, daß ich das Make-up um die Augen und den Schweiß erkennen kann. Auf Photos sehen die jungen Statisten, die in der Pause Karten spielen oder in Fischschuppenkostümen dastehen, agil und leicht zu haben aus.

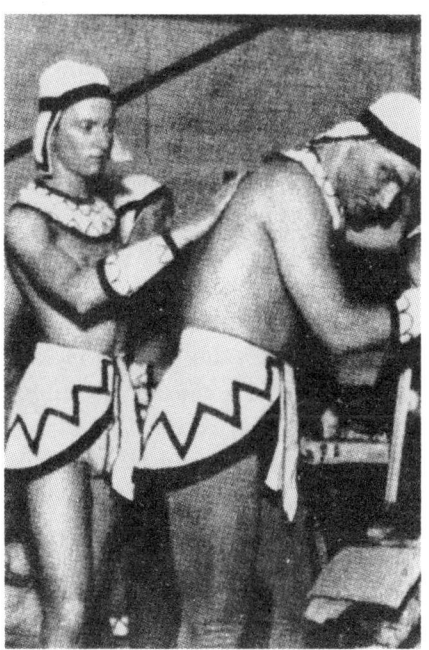

»Wohlfeile Reize«: Ein Pin-up aus der *Opera News*.

Andere verläßliche »wohlfeile Reize« dieser Art in der *Opera News* sind Aufnahmen der Ballettszenen aus *Aida* – ein typisches Photo aus dem Jahre 1948 (Untertitel: »Gute Stimmung auf der Tournee«) zeigt Tänzer, die sich gegenseitig Körperschminke auf den Rücken streichen.

♦ 37 ♦

Es ist schwierig, das Sehnen zu erklären oder zu rechtfertigen, das mich vor einer Photographie der Callas als Turandot (in einer Anzeige der *Opera News*) befällt. Wenn diese Sehnsucht nicht sexuell ist, ist sie dann mystisch? Und ist es eine Sehnsucht, diese Schallplatte zu kaufen und zu hören, eine Sehnsucht, Maria Callas zu kennen oder gekannt zu haben, oder einfach der Wunsch, im Jahre 1965 dagewesen zu sein, um damals dieses Bild als gegenwärtige Aufregung und Möglichkeit zu sehen – und nicht 1991 als archivalisches Fragment?

Das Originalalbum von Cherubinis *Medea* mit der Callas, mit Renata Scotto als Glauce, ein »Mercury Living Presence«-Album (Mono) aus dem Jahre 1958 – wer hat gewußt, daß die Callas Aufnahmen für Mercury gemacht hat? –, führt mich vor allem wegen des Photos auf dem Umschlag des Librettohefts in Versuchung. Die Callas sieht aus wie ein Geist mit ihren dunkelgeschminkten Lippen und dem hochgesteckten Haar – das Photo ist so abstrakt (schwarzer Hintergrund, weißes Gesicht), daß ich es nicht wage, meine Gefühlserregung als sexuell zu bezeichnen. Ebensowenig handelt es sich um musikalische Begeisterung, denn während ich dieses Gesicht anstarre, lausche ich nicht der *Medea* – wenn auch meine Liebe zu ihrem Gesicht daher rührt, daß ich bereits ihre Stimme liebe. Ich, ein schäbiger Verehrer, bete sie an und glaube – völlig irrational –, daß sie, die tote Maria Callas, die dahingegangene Diva, für diese Verehrung dankbar ist, daß sie das auf eine unauslotbare Weise braucht, und das Medium Schallplatte tröstet und stärkt mich unerklärlich durch die Beigabe dieser Photographie der Callas – dadurch, daß es schon im voraus meine Sehnsucht

96

Ich, ein schäbiger Verehrer, bete sie an.

nach einem solchen Bild begriffen hat. Dieses Bild zeichnet mich, so wie es mich gezeichnet hätte, wenn ich 1955 eine Nummer des Homomagazins *One* mit der Post bekommen hätte, und *One* wäre nackt aus seinem diskreten Streifband herausgerutscht.

Es ist schwierig, zu erklären, warum ich so stark auf den bloßen
Duft der Platte »Callas Portrays Puccini Heroines« (Plattenfirma
Angel) im Originalcover von 1954 reagiere.

◆ 38 ◆

Trotz diesen ergänzenden Gesichts- und Geruchsreizen wird eigentlich von dem zurückgezogenen Fan, dem zuhause Lauschenden,
erwartet, daß er nur Ohr ist: reiner Hörer, ohne Verbindung zur realen Gegenwart.

In der Plattenwerbung zeigt sich das Ohr vom Körper abgeschnitten, als wäre das Opernhören ein Akt der Verstümmelung und
als wäre der Hörer aus der Kontinuität, der Ganzheit, der vollständigen Freude verbannt. Diese schwebenden, traurigen Gespenster-
ohren scheinen Embleme für die Situation des zuhause eingerie-
gelten Fans zu sein: nur ein Ohr, einsam und entsetzlich wie das
abgetrennte Ohr zu Beginn von David Lynchs *Blue Velvet*.

Das prominenteste Ohr der Schallplattengeschichte ist jenes, das
die Firma London Records (Decca) als Markenzeichen verwendet
hat, verbunden mit der Bezeichnung »ffrr« *(full frequency range
recording)*, ihrem Synonym für »hi-fi«. Aber das Londoner Ohr
hängt nicht an einem Kopf, einem Gehörgang, einem Nervensystem.
Es ist verbindungslos. In einer Decca-Anzeige für Aufnahmen des
Tenors Mario del Monaco beherrscht sein Kopf die ganze Seite, aber
er hat wiederum kein Ohr. Da ist das Bild abgeschnitten.

◆ 39 ◆

Weil der Klang aus dem Mund des Sängers oder der Sängerin her-
vorkommt und deren Körper insgesamt notorisch unansehnlich sind
(ein eigener Mythos), ist es verkaufspsychologisch verständlich,
daß der Körper abgeschirmt und nur der Kopf in den Anzeigen für
Opernplatten gezeigt wird. Aber das impliziert noch etwas anderes:
Enthauptung. Interpretieren wir diese Enthauptung als Kastration

"Incomparable"

"Without peer today. Her voice has exquisite beauty"
Corriere della Sera—Milan

"Miracle of a powerful voice —tender, sensuous and caressing"
Le Monde—Paris

"Supreme Soprano"
Time Magazine

"Her tone is radiant, and of magical beauty"
London Sunday Times

"Nilsson is without rival"
London Times

"A brilliance and warmth that quite took one's breath away"
New York Herald Tribune

"Only one word for Nilsson: Fabulous" Sta Sera—Milan

"One of the most magnificent voices in the world today"
Los Angeles Times

"This is the vocal miracle of our age" Nuernberger Zeitung

"Must be heard to be believed"
The Reporter

"An outpouring of glorious sound" New York Times

"An ecstasy of sound both rich and compelling"
Saturday Review

Birgit Nilsson

Records include:
SALOME • TRISTAN UND ISOLDE • UN BALLO IN MASCHERA
TRISTAN UND ISOLDE HIGHLIGHTS
Autumn 1962 Release: NILSSON SINGS VERDI

Exclusively on
LONDON
RECORDS

Wiederholen, wiederholen, wiederholen: um etwas Fehlendes zu ergänzen.

und verbinden wir sie mit der Bildphantasie und der Wirklichkeit des Kastratorischen, das zum Erbe der Oper gehört und eine Ursache für die Verbindung von Oper und Eunuchenhaftigkeit im volkstümlichen Bewußtsein ist?

Wenn Calaf in Puccinis *Turandot* das Rätselspiel spielen und das Herz der Eisprinzessin erringen will, schlägt er einen Gong. Kann er ihre Rätselfragen nicht beantworten, verliert er den Kopf; die abgehauenen Köpfe von Männern, die Turandots Rätsel nicht lösen konnten, säumen die Bühne. Der Gong ist eine Scheibe, eine Schallplatte; ich stelle mir vor, daß Calaf der Zuhörer ist, der den Gong schlägt, der den Tonarm auf die Scheibe bringt, der die Arienplatte spielt und Turandot, die Eisdiva, herbeizitiert und singen läßt.

Turandot war eine der letzten Opern, die in das Standardrepertoire Eingang gefunden haben; die Premiere war 1926. Und diese Oper selbst ist unvollendet: Puccini starb vor der Fertigstellung, und die Szene mit Calafs und Turandots erotischer Vereinigung, das ekstatische Duett, ist von Franco Alfano komponiert. Das Ende ist unbefriedigend und erinnert den Hörer nur daran, daß die Oper buchstäblich mit Puccini starb, daß *Turandot* kein vollständiger Musikkörper ist, daß Calaf nie wirklich bei Turandot angelangt ist und daß der Gong, die Scheibe, durch die wir zuerst Turandots Sangesuniversum betreten haben, nur ein Spiegel war.

Die Arienschallplatte, die 78er-Platte, die im Augenblick des Todes der Oper aufkam, ist symbolisch gesehen der Kopf der Oper: die Oper ist tot, und alles, was wir besitzen, sind diese Scheiben, Fetische, Überreste, die uns an den Leichnam erinnern und unsere Selbstzerstörung und Selbstverstümmelung mit einem Abwehrzauber verhindern: Wir schrecken den Tod fort, indem wir ihm apotropäisch die Platte zeigen, einen Spiegel.

»Unvergleichlich«, so rühmt die London-Anzeige für die Aufnahmen von Birgit Nilsson – und doch ist die Nilsson nicht einzigartig, denn die Anzeige zeigt à la Andy Warhol zwölf identische Photos ihres Kopfes. Dieses Schrotschußporträt betont den Wiederholungszwang, der für die Erfahrung des Phonographen grundlegend ist (Wiederholen, wiederholen, wiederholen: um etwas Fehlendes zu ergänzen), die massenhafte Produzierbarkeit der Plattenstimme der Nilsson und die Fähigkeit der Fans, Hörer, Sammler oder Albumkleber, zu wiederholen, was sie lieben und die Objekte ihres Begehrens zu kontrollieren. Der Fan – ein Blaubart – stapelt Platten wie Köpfe von Sängerinnen, Ersatz für andere, fehlende Freuden. Beute. Grabsteine. Beweise für Eroberungen, Beweise für Verlust.

◆ 40 ◆

Im Sommer vor Beginn meiner Collegezeit erkrankte ich, anscheinend an Drüsenfieber: eine Fehldiagnose. Vielleicht war es die Schlafkrankheit oder eine Depression. Ich verbrachte zwei Wochen reglos und schläfrig in meinem Zimmer und hörte Schallplatten. Ich schlief immer wieder mitten in einer Aufnahme ein und erwachte, nur um festzustellen, daß sie schon zu Ende war. Dann spielte ich sie noch einmal und schlief wieder mittendrin ein. Ich weiß nicht, ob mir die Schallplatten als Schlüssel zu meiner Genesung erschienen oder als Symbol meiner Krankheit.

◆ 41 ◆

Die *Opera News* war von den dreißiger Jahren bis in die Sechziger besessen von dem Gedanken an die Behinderten, Hinfälligen, Eingeschlossenen und tragisch Einsamen. Der implizierte oder ideale Zuhörer der Übertragungen aus der Metropolitan Opera am Samstagnachmittag war ein Mädchen, ein Junge, eine Frau, ein Mann, die zu extremen sensorischen und gesellschaftlichen Entbehrungen verurteilt waren. Es gab gewiß behinderte oder ans Haus gefesselte Menschen, die diese Met-Übertragungen liebten, aber die *Opera News* sprach auch zu Lesern, die symbolisch eingeschlossen waren. Die Formulierung »eingeschlossen« hat in diesem Zusammenhang drei Bedeutungen.

1. Der Fan ist eingeschlossen, weil er zurückgezogen zuhause sitzt.

2. Der Fan ist eingeschlossen, weil ihn eine sexuelle Identität umschließt, welche von der Gesellschaft als Leiden oder Absonderung betrachtet wird;

3. Schwule Bedeutungen sind in die Oper eingeschlossen, eingeschlossen in einen Code, eine Strategie der Verhüllung.

Carusoaufnahmen bringen die Sängerin Louise Homer zum Weinen; sie sagt: »Wir sind alle irgendwie ›Eingeschlossene‹, und es ist wirklich *wunderbar*, andere Sänger hören zu dürfen und von ihnen zu lernen.« Louise Homer ist von ihrem Beruf eingeschlossen: Als gefeierte Diva hat sie keine Zeit, ihm zu entrinnen. Andere Zuhörer bekannten sich zu einem schmerzlicheren Eingeschlossensein, in buchstäblicherem Sinne: die *Opera News* druckte laufend Briefe von Leuten ab, die sich selbst als »Krüppel« vorstellten. Ein Artikel aus dem Jahr 1942 mit dem Titel »Oper im Krankenzimmer« beschreibt die Existenz eines schon acht Jahre lang zur Bewegungslosigkeit verurteilten Hörers; die Stimmen von Lily Pons, Gladys Swarthout und Lawrence Tibbett haben dem Autor geholfen, seinen Körper zu vergessen. Wir hören von einem Jungen, der »blind und ohne Hände und Beine« ist; einem gelähmten Siebzehnjährigen, der »ein eifriger Hörer der ›Metropolitan Auditions on the Air‹« ist; einem »glühenden Opernliebhaber«, der »das Bewußtsein gerade eine Stunde vor der letzten Met-Übertragung von Gounods *Faust* wiedererlangte«, und gleich nach der »abschließenden himmlischen Vision Marguerites« starb. Eine Frau (»ich bin lahm und gehe an Krücken«) schreibt, sie kleide sich für die Rundfunkübertragungen samstagnachmittags an, als ginge sie tatsächlich in die Oper. Trotz allen Schwierigkeiten erreicht ein junges Mädchen das Opernhaus – wo es an Krücken neben seinem Idol Risë Stevens photographiert wird. Der dankbare Teenager hält ein Columbia-Album mit Risë Stevens als Carmen in den Händen, ein Geschenk der Diva.

Die Sängerin Marjorie Lawrence war für eingeschlossene Fans eine Inspiration: Auf einem Bild sieht man diese couragierte Diva (zum »Kopf-Hoch-Girl« gewählt) in ihrem Rollstuhl neben Soldaten mit bandagierten Augen sitzen.

102

Blinde Fans erscheinen in der *Opera News* zum Beweis, daß man die Augen nicht braucht, um die Met-Übertragungen zu genießen (Milton Cross wird die Kostüme und das Bühnenbild beschreiben), und um zu beweisen, daß Opernfans für irgend etwas blind sind. Für die möglicherweise »komische« Seite ihres Geschmacks? Die schwule? Oder ist die nur eine andere Form fehlenden Sehvermögens?

Die *grande dame* der modernen Blindheit, Helen Keller, hat sich hinter den Kulissen neben der Diva Astrid Varnay für die *Opera News* photographieren lassen: »Als Helen Keller, die berühmte blinde Taubstumme, einer jüngst stattfindenden Aufführung von *Simon Boccanegra* beiwohnte, lauschte sie hinter den Kulissen Astrid Varnays Interpretation einer der Verdiarien. Sie legte die Finger auf die Lippen der Sopranistin und sagte, die Stimme klinge ›lieblich, wie eine Amsel‹.« Ganz gleich, über wie wenige Sinne man noch verfügt – die Oper wird sie stimulieren. Wir lesen in den *Opera News* von einem zeitweilig erblindeten dreiundzwanzigjährigen Bombenschützen, der aus dem Krankenhaus in die Oper gebracht wird, damit er dort Eleanor Steber die Violetta singen hören kann; »seine Mutter führte ihn als Erfüllung eines lebenslangen Traumes hinter die Kulissen.« Weil unsere Kultur die Mütter für die Entstehung von Homosexualität verantwortlich macht, ist es bedeutsam, daß in dieser Anekdote die Mutter ihrem blinden Sohn behilflich ist, seinen schwul klingenden Traum zu verwirklichen: Eleanor Steber zu begegnen (die in den siebziger Jahren ein Konzert in den Continental Baths gab, schwarze Handtücher auf einem pfirsichfarbenen Abendkleid drapiert).

• 43 •

Es gibt eine düstere Verbindung zwischen Krankheit und Zuhören – letzteres verlangt Passivität und ist insofern für einen Gelähmten ideal. Da man bis vor recht kurzer Zeit Schwule noch für krank hielt, ist es kein allzukühner Sprung der Phantasie, sich vorzustellen, daß für die *Opera News*, die kranke Personen als ideales Publikum der Met-Übertragungen darstellte, zu dieser Gemeinschaft von Kranken auch Schwule und Lesben gehörten.

Briefe an die *Opera News* in den vierziger Jahren von »kranken Gemeinen« verbinden kranke Soldaten und kranke Wünsche. Ein gemeiner Soldat schreibt: »Wenn ich in Atlanta zu den Hinterwäldlern dort etwas von einer Oper oder einer Symphonie sagte, zogen sie sich von mir zurück, als würde ich an einer exotischen Krankheit leiden.« Ein bettlägriger Zehnjähriger verliebt sich in die Oper, als seine Mutter eine *Aida*-Übertragung anschaltet: »Ich war so verzaubert von der Musik, daß ich mich fühlte wie in einem Traum.« Eine andere junge Märtyrerin, Betty, starb noch als High-School-Teenager an Leukämie; zum Andenken an Betty bezahlte ihre Klasse eine Gedächtnismitgliedschaft in der Metropolitan Opera Guild. Bettys Liebe zur Met war Teil ihrer allzufrühen Erkrankung; die Leidenschaft dieses unschuldigen Mädchens für die Oper war frühreif und fatal. Eine Photographie aus dem Jahre 1953 zeigt, wie Giulio Gari für die Patienten in einem Veteranenkrankenhaus singt: ein hübscher junger Mann liegt dort in einem Bett, das mit intravenösen Schläuchen behängt ist; es scheint eine Verbindung zwischen unheilbaren Wunden und der Liebe zur Oper

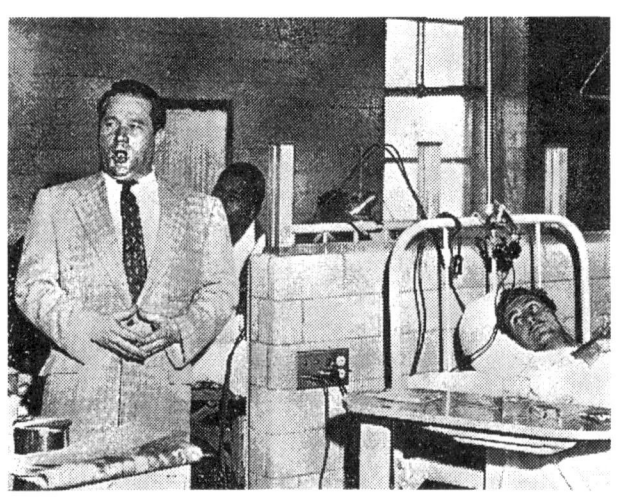

Es scheint eine Verbindung zwischen unheilbaren Wunden und der Liebe zur Oper zu geben, zwischen unvorhergesehener Reglosigkeit und der tröstenden Gegenwart eines Opernstars.

zu geben, zwischen unvorhergesehener Reglosigkeit und der tröstenden Gegenwart eines Opernstars.

Obwohl ein Hang zur Oper gelegentlich als Symbol für kranke Leidenschaften steht, kann das Anhören von Opernmusik Heilkraft besitzen. Die Patienten des Sanatoriums in Thomas Manns *Zauberberg* bekommen ein Grammophon. Die Diva Lucrezia Bori überwand den stimmlichen Zusammenbruch im Anhören ihrer eigenen Schallplatten, und die Victor Company deutete an, die Öffentlichkeit könnte an diesen Aufnahmen vielleicht auch eine heilkräftige Wirkung entdecken: »Täglich lauschte sie den eigenen kristallklaren Tönen auf ihren Victrola-Platten und wartete auf den Zeitpunkt, da die vollkommene Ruhe ihren Zweck erfüllt haben würde... Sie werden auch einige der Aufnahmen hören wollen, die Lucrezias Stimme wieder herbeigelockt haben.« Eigenartiger ist der Fall des jungen Mac, der am College eines Tages zusammenbrach (er hatte »seine sensiblen Nerven überfüttert«), und einer langen, langsamen Kur mit Aufnahmen einfacherer Opernarien unterzogen wurde. Musiktherapie war – dem Experten vom *Victor Record Review* 1939 zufolge – erfolgreich, weil die musikalischen Schwingungen »mit dem gesamten Körper in Kontakt treten« und eine »Körpermassage« durchführen.

◆ 44 ◆

Bilder von Ausgestoßenen – sehr jungenhafte Mädchen (Typ »Wildfang«), weichliche Jungen, verachtete Blödmänner – füllen die Seiten der *Opera News*. Ich weiß nicht, ob diese Fans »schließlich« schwul oder lesbisch wurden. Aber ich weiß, daß die Unangepaßten, die Jungen und Mädchen, die im Bewußtsein einer sie beherrschenden Andersartigkeit leben, einen wesentlichen Mythos der modernen Schwulenkultur abgeben – artikuliert in Judy Garlands »I'm just an in-between«.

Die sauberen Mitglieder des Student Opera Council, diese lächelnden Männer mit Krawatte, zu denen Miss Lucrezia Bori spricht, sehen aus wie zukünftige Beleuchtungsdesigner, die sich noch einen Namen machen müssen. Diese Jungs tragen Anzüge; sie benehmen sich korrekt; sie sublimieren die Unterschiedlichkeit zu guten Werken. Die bleiben nicht zuhause und malen im Schlafanzug ausgeschnittene Bilder von Mignons Kostüm bunt an.

Eine Mutter schreibt an die *Opera News*, um die eigenartig intensive Hingabe eines Elfjährigen an die Oper zu schildern. Dieser kleine Junge hat ein Autogrammalbum: »Bampton, Moscona, Novotna, Tibbett, Kullman, Sayão und Resnik sind unter den Namen in diesem Buch. Er verschafft sie sich immer selbst und ist ganz in seinem Element, wenn er sich mit den Stars unterhält.« An Halloween hat er sich als Astrologe verkleidet und für alle Gäste »kleine Vorhersagen« abgegeben, »und auch hier schien er ganz in seinem Element.« Was für kleine Vorhersagen können wir für diesen Jungen abgeben, der bei Opernstars und Himmels-Körpern so ganz in seinem Element war?

Interessant finde ich den Opernfan Mary Anne, eine hysterische Achtzehnjährige, deren Eigenarten wiederum die Mutter der *Opera News* anvertraut. Ich hätte Mary Anne sein können. Ich weiß, was es heißt, »bei der bloßen Erwähnung eines gewissen Tenors leuchtende Augen zu bekommen«, »mit Lakmé und Lucia über ihre traurige Liebe« zu weinen und »fröhlich« teilzuhaben an »Julias Entzücken über ihr Fest«, die Namen aller Stars »von Pons und Pinza bis zu den Zwei-Zeilen-pro-Vorstellung-Sängern« zu kennen, in meine Unterhaltung obskure Anspielungen einzustreuen, Namen von Opern, die niemand je wieder singen wird, samstagmittags mein Essen von einem Teller auf dem Radiokabinett zu schlingen. Aber Mary Annes Mutter macht sich keine Sorgen wegen ihrer Tochter. Sie ist froh über diese Ekstasen. Sie freut sich, daß die Tochter etwas gefunden hat, wo sie aus sich herausgehen kann.

Ein achtzehnjähriger Junge jedoch, der die Namen aller Stars kennt, weckt Mißtrauen. Ein Artikel in der *Opera News* 1951 – »Jedermann kann ein Opernliebhaber werden« – beschreibt einen gutaussehenden jungen Footballspieler, der die Oper liebt und einen »wunderbaren natürlichen Baß« besitzt. Daß er im Chor mitsingt, hat das »Opernprestige« unter den Studenten erhöht, die der Welt des klassischen Gesangs mißtrauten. Doch selbst dieser Footballer wußte um den weibischen Ruf der Oper: »errötend« gab er zu, er liebe es, Opernarien zu singen. Mary Anne weint und lacht, der Footballspieler errötet, der tuntige Teenager schweigt.

Oder er sucht einen Brieffreund. Eine typische Nummer der *Opera News* in ihrem goldenen Zeitalter enthielt immer den Hilferuf nach einem gleichgesinnten Briefpartner. Oft werden keine Namen angegeben. Die *Opera News* der vierziger Jahre löschte das Geschlecht aus, indem sie nur die Initialen der Korrespondenten meldete. Vielleicht wollte man nicht preisgeben, daß diese hysterischen Fans Männer waren. (Selbst wenn Namen und Adressen dastehen, klingen sie fingiert: Bruce Stevens aus der Queen Street irgendwo in Kanada schreibt 1943, daß er gerne von anderen Fans hören würde, die Starphotos sammeln und tauschen.) »Ein Fan voller Liebe« sucht einen Brieffreund, der »eine Freundschaft in Betracht ziehen würde, die auf unserer gemeinsamen Liebe zur Oper beruht«. Solche Bitten – rührend, waffenlos – lassen eine fürchterliche Isolation ahnen. Ein junger Enthusiast bittet die *Opera News*, ihm einen vierzehnjährigen Brieffreund zu vermitteln, und gesteht: »Ich bin der einzige in meinem Alter in der Gegend hier, der sich für die Oper interessiert.« Ein anderer einsamer Fan gesteht: »Ich bin Opernliebhaber und ein treuer Leser der *Opera News*, aber ich habe ein Problem« – keiner seiner Freunde interessiert sich für die Oper. Ein neunzehnjähriger Opernliebhaber sagt, er sei sehr einsam, weil er »niemand gefunden« hat. Die jungen Leser, die an die *Opera News* schreiben und auf der Suche nach »anderen mit verwandten Neigungen« sind, kennen keine Gemeinschaft; wie es einer formuliert: »Ich kenne tatsächlich keine einzige Person, die sich für die Oper interessiert.«

◆ 45 ◆

Als junger Außenseiter fand ich die Oper peinlich; es geht mir immer noch so. Wenn ich im Stau stehe, habe ich Angst, daß der Mann auf der benachbarten Spur meine Tonbandkassette hören könnte, auf der Montserrat Caballé »Tu che le vanità« singt oder

Maria Callas »Convien partir«, und daß er mich dann auslacht oder mir gegen das Auto fährt. Paranoid? Ich gehe davon aus, daß er es seltsam, maßlos und weibisch finden wird, daß ich Opernmusik höre. Wenn ich Madonna laufen habe, lasse ich die Wagenfenster offen. Wenn ich die Callas spiele, mache ich sie zu. Ich fürchte die Folgen, würde ich meinen Geschmack unverhohlen zeigen.

Wenn die Met-Sendung kommt, samstagnachmittags, suche ich mir irgendeinen Grund, um eine lange ziellose Fahrt mit dem Auto zu machen. Ich betrachte das Gaspedal als Verlängerung der Kehle der Diva – wenn sie zu einem Crescendo ansetzt oder ihre Stimme höher steigen läßt, werde ich schneller, aus Sympathie, als Nachahmung.

♦ 46 ♦

Hinter der Bühne, es ist lange her, bei Kindertheateraufführungen, sah ich, wie sich Jugendliche auszogen – den Darsteller der Vogelscheuche in *The Wizard of Oz* in der Unterhose; Marian in *The Music Man*, die sich rasch zwischen zwei Szenen umkleidete. Ich, ein neugieriger Statist, ein Voyeur, ging vorüber und sah zumindest theoretisch, wenn auch nicht unbedingt tatsächlich ihre Wäsche: Ich sah die Möglichkeit von Entblößung und Erlangung und lernte es, dieses ferne, traurige Beutestückchen mit der Welt hinter den Kulissen in Verbindung zu bringen.

Opernaufnahmen führen uns hinter die Bühne, sie bringen uns dem Mund der Singenden näher, als wir es normalerweise sein dürften – her mit dem Mikrophon, unserem Stellvertreter, unserem Spion, der uns mit Informationen füttert.

Die Musicals der zwanziger und dreißiger Jahre, die hinter der Szene spielen *(Footlight Parade, Dames, 42nd Street)* stellen den Bereich »hinter den Kulissen« als kapitalistische Goldmine und als Raum der zufälligen Glücksbegegnung, der unerhofften großen Chance dar – eine harte Lebensschule. Dies ist der Raum, wo Klatsch und Schmutz des Showbusiness gehortet und ausgestreut wird. Weil wir nicht hinter die Kulissen sehen können oder wissen,

108

was dort vor sich geht, erlaubt uns dieser Raum Projektionen und Phantasien. Meine Projektion: Der Raum hinter der Bühne ist wie alles »Hintere« symbolisch anal. Und der psychoanalytische Zusammenhang zwischen Analität und Gold hilft mir, den Reiz des goldenen Vorhangs in der Met zu dechiffrieren.

Das Wissen um den Raum hinter der Szene: ein Wissen um Ursprünge. Sexualität ist undurchsichtig, undurchdringlich, und läßt uns die Last des Unerforschlichen spüren: wir fühlen uns verantwortlich dafür, die Quelle dieses Fluchs, dieser Segnung zu finden, nachzuweisen, zu erinnern. Sie zu einer Szene oder einer Phantasie zurückzuverfolgen und zu sagen: »*Hier* hat meine Sehnsucht begonnen.«

◆ 47 ◆

Die *Opera News* hat in den vierziger und fünfziger Jahren jenen Fans viel Platz eingeräumt, die zuhause Miniaturmodelle von Opernbühnen aufgebaut hatten. Die Miniaturoper ist eine verdeckte Variante des Transvestismus: der Fan zieht die begehrten Eigenschaften nicht nur der Diva, sondern der ganzen Operninszenierung an sich.

Eine fleißige Miniaturistin baut ihre Divapuppen aus Hühnerknochen (den *wishbones*, bei deren Zerbrechen man sich etwas wünschen darf), verwendet Watte für die Köpfe und Stickgarn für die Frisuren; diese Wünschelbeinkünstlerin findet es »viel aufregender, rosa Spitze in der Oper zu tragen als beim High-School-Ball«.

Mit Puppen zu spielen ist für Jungen tabu, und so ist der Aufbau einer Miniaturoper eine willentlich weibische Aktivität. Und doch finden diese Aufführungen zuhause im Schoß der Familie statt, zwischen den häuslichen Nippes. Billy inszeniert kleine Opern für seine Familie, und er scheut sich nicht, für die Kostüme Teilchen der abgelegten Kleider seiner Schwester zu verwenden. Mittels der Miniaturoper schneidet und näht er sich die Geschlechtsrolle so zurecht, wie seine Phantasie es mag. Sein »rotsamtener, paillettenbesetzter Vorhang stammte von dem guten Kleid, das seine Schwester nicht mehr haben wollte«, und er hat einen zweiten Vorhang hergestellt, »(aus einem geretteten alten Tanzkleid seiner Schwester), vor dem die ›Stars‹ sich nun verbeugen«. Montags wird ihm die *Opera News* zugestellt, und am Samstag ist die neue Pappinszenierung fertig. Er spielt Flöte und Klavier und singt im Chor, doch er gesteht, daß »Erfahrung hinter den Kulissen sein eigentliches Ziel ist«.

◆ 48 ◆

Als ich für dieses Kapitel Nachforschungen in einem Musikarchiv anstellte, näherte sich mir der Kurator mit einem verführerischen Angebot: »Möchten Sie gerne den Schuh von Adelina Patti sehen?« Er zog eine große Schublade auf. Neben Schachteln voller Mikrofilmrollen ruhte ein winziger weißer Satinstöckelschuh, in runder, fließender Handschrift »Adelina Patti« signiert. Er nahm den Schuh aus dem Schubfach und reichte ihn mir. Hier hatte ich den Schuh einer Diva! Nur einen. Zu klein, als daß ich ihn hätte anprobieren können. Und doch war er Wirklichkeit. Er war etwas Seltenes. Ein Überbleibsel, eine Reliquie. Was sollte ich tun?

Ich kam mir wie der Mann in Willa Cathers »Gold Slipper« vor – der ungelenke Spießer, der den Schuh einer Diva findet und ihn in einem Bankgewölbe einschließt, um ihn allein und heimlich, wie einen Spiegel, anzustarren. Man bot mir hier eine Möglichkeit an, aber welche? Ich begriff die Einladung nicht. Stumm hielt ich den Schuh in der Hand, drehte ihn hin und her, schaute hinein. Dann legte ich ihn ratlos wieder in die Schublade zurück, zu den Mikrofilmen.

Ich habe meine ganze Zeit in diesem Archiv damit zugebracht, Schallplatten als Objekte zu betrachten – angehört habe ich sie nicht. Aber ich bat den Kurator um einen Gefallen: Könnte ich eine originale rosaetikettierte »Patti-Platte« hören? Der zuvorkommende Kurator spielte für mich die Interpretation der Patti von »The Last Rose of Summer«, vor fast neunzig Jahren aufgenommen.

Oder, um die Geschichte richtig zu erzählen: Er spielte mir zwei Versionen vor. In der ersten ist ihre Stimme gedämpft, halberstickt, als stehe sie hinter einem schweren Vorhang. Sie hört sich wunderbar an, aber sehr weit weg.

Die zweite Aufnahme wurde damals nicht herausgebracht, weil die Patti zu nahe am Aufnahmegerät stand; ihre Stimme wäre, abgespielt auf dem Phonographen zuhause, ohrenbetäubend laut gewesen. Aber mit moderner Technologie läßt sich die Lautstärke reduzieren. So lauschte ich mit dem Kurator dieser anderen, geheimen Darbietung von »The Last Rose of Summer«. Der Kurator sagte: »Es klingt, als wäre der Vorhang, der die Patti vom Hörer trennt, weggezogen.«

Ich wünschte, ich könnte sagen, daß ich hörte, wie der Vorhang sich hob, um die Stimme der Patti in ihrer originalen Pracht zu enthüllen. Aber ich hörte immer noch die neunzig dazwischenliegenden Jahre, den Vorhang, den Plattenteller, das Zischen der Reproduktion. Es klang, als flüstere Adelina Patti etwas, das ich nicht verstehen konnte, oder als wispere das Medium der Reproduktion selbst Instruktionen, Codierungen, Undurchsichtigkeiten.

Drittes Kapitel

Wie sich eine Diva aufführen muß

⬥ Divaprosa ⬥

Ich hungere nach Wissen über Divas. Ich habe mich in ihre Biographien vergraben, in die Leben von Frances Alda, Marian Anderson, Clara Butt, Emma Eames, Geraldine Farrar, Olive Fremstad,
Amelita Galli-Curci, Mary Garden, Clara Louise Kellogg, Dorothy
Kirsten, Jenny Lind, Maria Malibran, Blanche Marchesi, Nellie
Melba, Grace Moore, Adelina Patti, Adelaide Phillipps, Rosa Ponselle und Leontyne Price. Bis auf die zuletzt Genannten sind diese
Divas Reliquien der goldenen Opernepochen. Sie sind keine zeitgenössischen Künstlerinnen. Ich genieße diese Divavergangen-
heiten, weil die große Zeit des schwulen Opernkults vor Stonewall
und dem *coming out* lag, weil sie die Heimlichkeit als Institution
voraussetzt, die Existenz *in the closet*. In einer Kultur ohne diese
Heimlichkeit – hätte ich da Divas verehrt? Da ich in einer *Closet*-
Zivilisation aufgewachsen bin, wollte ich unbedingt wissen, wie
Divas debütieren und durchfallen und groß rauskommen und überleben und versagen und träumen und sterben, und ich habe all diese
Geschichten ausgeschnitten und sie hier in ein Album geklebt. Ich
zitiere großzügig die Prosa der Biographien und Autobiographien
von Divas, weil ich die sülzigen Kadenzen und Ausdrücke der
Divaprosa liebe (ob sie nun von der Diva zu Papier gebracht worden sind, von einem Bewunderer oder von beiden zusammen); ich
fühle mich bestätigt und »göttlich« begriffen – porös, offen, wach,

112

glänzend – von diesen Sätzen der Selbstverteidigung und Selbsterschaffung einer Diva.

Ich erhebe nicht den Anspruch, irgendwelche historischen Tatsachen aufzuzeigen; statt dessen will ich Verbindungen zwischen der Ikonographie der Diva (schlechthin), wie sie in bestimmten veröffentlichten Lebensbeschreibungen aufscheint, und einer schwulen subkulturellen Kollektivphantasie nachzeichnen – eine Quelle von Hoffnung, Witz und Klatsch. Der Klatsch – kaum eine triviale Angelegenheit – ist für die schwule Kultur von ebenso zentraler Bedeutung wie für weibliche Kulturen. Aus Strähnen von Hörensageninformationen flechte ich mir ein Innenleben; ich baue die schwule Existenz aus banalen und erhebenden Geschichten vom Verhalten berühmter leidenschaftlicher Frauen zusammen.

Zu Beginn des zwanzigsten Jahrhunderts hieß Homosexualität bereits mehr als nur die sexuellen Handlungen oder Wünsche, die Körper desselben Geschlechts teilten. Der Begriff enthielt ein Milieu und eine Form von Persönlichkeit – grell, auffällig, narzißtisch, gespalten, überschwenglich, exzessiv, verliebt in das Dekorative. Diese Stereotypisierung hat Verhaltensweisen geformt – und die Schwulen haben diese Formen noch bekräftigt, als die Zeit kam, da man seine Neigung nicht mehr nur erleiden mußte, sondern frei wählen konnte.

Es ist nichts Prosaisches an einer Diva. Aber die Divaprosa ist häufig banal: eine vom Sublimen berührte Gewöhnlichkeit. Die Diva schreibt, um sich selbst umfänglicher darzustellen, sich auszubreiten, sie schreibt das, was man ohnehin erwartet – aber sie schreibt es üppig. (Wenn eine Nicht-Diva Divaprosa schreibt, will sie die Diva bewundern oder an ihre Stelle treten.) Divaprosa ist amüsant und rührend, weil die Divas, die mit solcher Großartigkeit von sich selbst schreiben, oft tot sind und nicht mehr weltbekannt. Weil eine Diva selten eine Diktatorin ist, können wir es zulassen, daß uns die Tragikomödie der Divaprosa verzaubert und entführt, und müssen nicht auf größerer stilistischer Umsicht bestehen.

Divaprosa enthält niemals eine neue oder überraschende Tatsache. Ihre Kadenzen sind herrscherlich, aber praktisch, beispielsweise Nellie Melbas Proklamation: »Nun – ich ging hin. Ich sang.

113

Ich bekam meine Gage.« Weltherrschaft und praktisches Haushaltsdenken fallen im Munde der Diva zusammen.

Divaprosa ist ein Dialekt, den man sich aneignen kann – attraktiv und jedem Imitator völlig offen. Im Gegensatz zum Genie und der Stimme, angeborenen Qualitäten, die der Diva ihren quasi göttlichen Status verleihen, hat die Divaprosa nichts mit wirklichem Verdienst zu tun; ich könnte zwar so etwas wie Divaprosa schreiben, mich aber nie der Divastimme nähern. Ich schreibe Divaprosa, wenn ich schwach bin, aber so tun möchte, als sei ich stark, wenn ich Widerspruch abwürgen will, Schönheit vortäuschen, während ich weiß, daß ich ganz gewöhnlich bin, wenn ich grob sein will und dabei höflich scheinen, wenn ich mich selber loben möchte, für den Fall, daß es sonst keiner tut. Divaprosa ist der Stil des Außenseiters, der innen angelangt ist, aber immer noch Angst vor den Wachtposten hat.

Diese meine Meditationen sind pro Tunte, pro *femme*, pro Kesser Vater, Pro Fummel. Ich will die Details der Diva-Aufführung verwenden, um eine Methode zu umreißen, den eigenen Körper durch die Welt zu bewegen, einen Stil, der für Homosexuelle beiderlei Geschlechts, insbesondere Queens, notwendig und wesentlich gewesen ist. Ein schriller *camp*-Stil des Widerstands und der Selbstbeschützung, eine Art und Weise, sich über Unsichtbarkeit und Schande hinweg mit anderen Schwulen zu identifizieren. Ich bin mir nicht sicher, daß wir den Nachweis führen müssen, wie nützlich und effizient das Queen-Verhalten ist, damit wir unsere abgöttische Liebe für das entsprechende Dekor rechtfertigen können. Das Milieu der Divas und Queens ist ein Kulturdenkmal, das unsere achtungsvollen, nostalgischen Besuche verdient. Es ist möglich, daß die Ära der Queen vorbei ist, wenn auch die Homophobie, die eine solche Aufführung notwendig gemacht hat, immer noch da ist, in sengender Schärfe.

◆ Ich, ich selbst ◆

Die herrscherliche Diva fürchtet das Alleinsein nicht; für sie ist kein Akt der Selbstbestätigung zu klein oder fragmentarisch. Narzißmus wirkt nicht töricht, wenn eine Diva ihn praktiziert.

Die Diva ist noch nicht bei sich selbst angelangt; sie befindet sich in einem ständigen, befriedigenden Prozeß des Werdens. Frances Alda verkündet: »Ich wurde im Innersten meines Wesens nun Frances Alda.« Eine Diva hat keine Angst vor Tautologien: »Ich bin ich selbst. Ich verwandle mich in mich selbst.« Vor langer Zeit, früher einmal im Leben der Diva, da war sie nicht sie selbst; sie versucht, diese entfremdete Vorgeschichte zu vergessen.

Mary Garden schreibt: »›Oh!‹, sagte ich dann zu mir selbst, ›ich habe heute Abend eine ganz andre Stimmung der Thaïs gespielt.‹« Oder: »Ich, Mary Garden, ließ es nicht zu, daß irgendein anderes Bewußtsein als das meine Eingang in die Salome fand.« Oder: »Ich hatte das Publikum, vom ersten Tag bis zum allerletzten, in der Hand – genau wie jetzt, da ich zu ihm spreche. Damals waren es Salome, Thaïs, Mélisande; jetzt bin ich es, *ich selbst*.«

Auf der High School schrieb ich eine Liste von zwanzig Frauen auf, die ich als »die meinen« betrachtete: meine Frauen, Emanationen von mir, Frauen, die mir bei meiner Metamorphose halfen, Frauen, die ich werden wollte. Ich habe ihre Namen vergessen.

◆ Heimlichkeit ◆

Die Töne einer Diva kommen aus dem Mund *heraus* und gehen in den Saal hinein. So erlebte Mary Garden das hohe C der Melba: »Es verließ die Kehle der Melba, es verließ den Körper der Melba, es verließ alles und kam wie ein Stern herüber und zog an unserer Loge vorbei und ging hinaus in das Unendliche ... Es war mit gar nichts mehr in Berührung – es war aus allem *heraus*.«

Um eine Rolle projektiv zu verkörpern, muß die Diva sie aus dem Körper herausgehen lassen und das Publikum damit bedenken. Mary Garden schreibt: »Alle meine Schöpfungen gingen in mich ein und aus mir heraus. Sie waren dort in mir, und ich warf sie hinaus ins Publikum.« Und: »Ich habe große Angst davor, eingeschlossen zu sein.« Früher war ich eingeschlossen, aber jetzt, da ich eine Diva bin, bin ich es nicht mehr.

Von einer Diva sagt man, wenn sie vor den Vorhang tritt, um sich zu verneigen, daß sie »herauskommt« – ein *coming out*. Nach einer erfolgreichen Aufführung mußte Clara Louise Kellogg »immer wieder herauskommen«. Wenn wir eine Diva sehen, dann ist sie notwendigerweise schon »draußen«, es gibt keine Heimlichkeit mehr, sie hat ein Selbst nach außen gebracht, das wir hören können. Wenn sie einmal eine Diva geworden ist, dann hat sie die Freiheit, lauthals ein Selbst zu artikulieren, aber in ihrer Lehrzeit oder als junges Mädchen, fern von der großen Stadt, in die sie ihre Laufbahn einst führen wird, muß sie ihre Berufung geheimhalten. Für Willa Cathers Heldin Thea in *The Song of the Lark* (einem von der Sopranistin Olive Fremstad inspirierten Roman) ist die Berufung zur Diva ein unaussprechliches Geheimnis, das sie nur mit dem Arzt des Städtchens teilen kann. Nur bei diesem sympathischen Doktor kann sie den Deckel ihrer Pandorabüchse heben und das »offene Geheimnis« betrachten: ihre Begierde zu singen.

Es ist ein Alptraum, zur Tarnung gezwungen zu sein wie zu einer Ordensdisziplin, zum Patriotismus, zur Heterosexualität. Marian Anderson war stets unruhig, wenn sie in ihrem Studio sang: sie fürchtete, die Nachbarn zu stören. Die Anderson hatte mehr Grund als Mary Garden, sich vor dem zu ängstigen, was die Nachbarn wohl denken mochten, und doch öffnet jede Diva den Mund und bringt laute Töne hervor, und selbst wenn sie sagt: »Ich bin für Tarnung«, muß sie doch schon längst die Masken und die Fügsamkeit aufgegeben und sich dazu entschlossen haben, die Nachbarn zu stören.

◆ Trauma am Ursprung der göttlichen Stimme ◆

Die Identität einer Sängerin ist wie jegliche Identität ein künstliches System, teils gezielte Wahl, teils Zufälligkeit der Umstände. Identitäten verdichten sich um später vergessene Katastrophen; der

Prozeß des Vergessens baut die Grundlagen des neuen Selbst auf. Die Diva kann ihr Selbst nicht von ihrer Berufung trennen: Ihr Körper ist ihre Kunst. Wenn sie entdeckt, daß sie dabei ist, eine Diva zu werden, erkennt sie die Natur ihres Körpers, und sie prägt sich diesen Körper, diese Untrennbarkeit von Erwähltsein und Verdammnis, in einer traumatischen oder peinlichen Szene.

Die Mutter von Emma Eames schrubbt dem Mädchen den Mund mit Asche aus, weil sie gelogen hat. Mrs. Price verprügelt Leontyne, weil die sich weigert, »Blessed Assurance« zu spielen. Marian Anderson singt auf ihrem Zimmer die Blümchentapete an. Eine Klassenkameradin sieht Nellie Melbas Unterwäsche, als sie mit sechs Jahren auf einem Schemel steht und »Shells of the Ocean« singt.

Nicht jeder Ursprung einer Berufung zur Diva ist traumatisch. Doch die Überzeugung »Ich will singen!« beginnt mit einer ursprünglichen Entfremdung und mit Unglücksgefühlen. Ich bin eingeschlossen; *Stimme* heißt der Schlüssel zur Gefängnistür, aber die Stimme ist auch Teil des Gefängnisses, des Körpers, in den ich eingesperrt bin.

◆ Divas und ihre Puppen ◆

Den Mythologien des Operngesangs zufolge kommt die Stimme aus einer unauslotbaren Leere. Weiß die Diva, woher ihr Klang kommt? Oder ist sie eine Puppe, eine bewußtlose Ware?

Divas sind meine Puppen. Ich spiele mit ihren Lebensgeschichten, und aus diesen Fabeln lerne ich, wie man das eigene Elend überwindet, so, wie ein kleines Mädchen von ihren Puppen die korrekte Weiblichkeit lernen soll.

Die Diva kann in der Kindheit sehr an einer Puppe hängen: Clara Butts erster Auftritt war der Vortrag des Liedes »Tommy make room for your uncle« vor dem Publikum ihrer abgewetzten Puppen. Emma Eames, das Kind eines Missionars in Shanghai, stand mit den Zwergen eines Wanderzirkus auf der Bühne und umarmte sie; sie lud sie ein, mit ihr nach Hause zu kommen und ihre »Püppis«

zu sein. Adelina Patti stand in zartem Alter auf dem Tisch und sang »Una voce poco fa« und bezeichnete sich in der Rückschau als »ein wenig ein Püppchen«: Sie wurde auf dem Programmzettel als »Die Wundervolle Kinderprimadonna« angekündigt. Der Sopran Olympia in Offenbachs *Les Contes d'Hoffmann* ist ein Opernbild der Sopranistin als leblose Puppe.

Wenn ich eine Photographie der Diva Bessie Abott sehe, aufgenommen irgendwann in den ersten Jahren dieses Jahrhunderts, erinnere ich mich an die Reglosigkeit einer schwulen Jugend. Sie wirkt wie betäubt, als sei sie eben aus einem verschlossenen Schrankkoffer befreit worden. Ihre schwachen, dicklichen Hände verbergen ihre Brüste. Fürchtet sie eine nahende Traumatisierung, oder hat sich das Trauma schon ereignet? Sie hängt leicht nach links, wie eine Säule in einem statisch unsicheren Tempel. Ich identifiziere mich damit, daß die Diva unfähig ist, sich ihr eigenes Leben auszusuchen, wenn ihre Eigenwilligkeit und Unbezähmbarkeit uns auch glauben lassen, daß sie ihr Schicksal selbst gemeißelt hat.

Ich erinnere mich an die Reglosigkeit einer schwulen Jugend.

Sie ist bereits eine Diva, und
nichts vermag sie zu verletzen.

Mädchen, nicht Jungen, spielen mit Puppen, aber ich spiele mit
dem Bild von Bessie Abott, als wäre ich wieder sieben Jahre alt und
versuchte, Parfüm zu machen, indem ich Rosenblätter gegen einen
Stein presse.

Wenn ich eine Photographie von Adelina Patti im Alter von neun
Jahren betrachte (bei einem frühen Auftritt setzte sie ihre Puppe
auf einen der Plätze und sagte laut zu ihr: »Da, meine Kleine, hör
zu, wie Mama dir ein schönes Lied singt«), dann erinnere ich mich
daran, wie es sich anfühlte, an der Schwelle zur Pubertät zu stehen
und zu warten, daß mich die Sexualität, wild und unerklärt, retten
würde. Natürlich ist die Sexualität keine Rettung; sie kompliziert
die Dinge eher, anstatt sie zu vereinfachen. Die Patti hat bereits
ihre Stimme entdeckt, und so sieht sie auf dem Bild alt und humor-
los aus. Ein Buch liegt aufgeschlagen vor ihr, aber sie hat nicht die
Absicht, es zu lesen. Sie ist bereits eine Diva, und nichts vermag
sie zu verletzen.

119

◆ Pubertät und Fatalität ◆

Amelita Galli-Curci »verspürte die Geisterwelt erstmals im Alter
von sechzehn Jahren«. Einige Zeit später kaufte sie sich einen fünf-
zehnkarätigen Diamanten. Ihr Biograph überlegt: »Lag ein verborgener Zauber in diesem Talisman? Wer kann sagen, welchen
Einfluß diese reinen gleißenden Strahlen auf die gefangenen
Stimmbänder hatten?« Doch wenn man sich die Stimmbänder der
Diva als »gefangen« vorstellt, setzt das eine Philosophie der Pubertät wie der Geschichte voraus: die Grundannahme, daß der ganze
erwachsene Körper (die sekundären Geschlechtsmerkmale und
Triebe eingeschlossen) im Körper des Kindes schläft und wartet –
daß das Schicksal in den Genen schlummert, schon vorgezeichnet,
daß es nur auf den Katalysator eines kostspieligen Edelsteins wartet. Derart einfach sind weder die Pubertät noch die Geschichte.

◆ Wildfang ◆

Roberta Peters ruft aus: »Natürlich war ich ein Wildfang.« *A tomboy*. Als solcher begann auch Clara Butt. Eine der ersten Lehre-
rinnen von Ernestine Schumann-Heink war eine Frau, »die sich
kleidete wie ein Mann« und Zigarren rauchte. Diese Kesser-Vater-
Pädagogin scheint einem unauslöschlichen, schicksalhaften
Lebensstil anzugehören: Lesbierin. Aber ein sogenannter Wildfang
ist nur eine Phase auf dem Wege zum Schmetterling: *Tomboy* ist
keine Berufung – nur ein zeitweiliges, liebenswertes, überwindba-
res kleines Leiden. Es ist entschuldbar, zu sagen: »Ich war ein
Wildfang«, aber weit weniger akzeptabel, wenn man sagt: »Ich
bleibe einer. Ich habe mich dafür entschieden, in meinen mittleren
Jahren ein Tomboy zu sein.«

◆ Der Wille zur Macht ◆

Ihre Zuversicht, daß sie eine Diva sein wird, hebt sie aus einer obskuren, bewegungslosen, schwierigen Kindheit heraus; die Berufung der Diva erlaubt ihr, das Leben rückwärts zu entziffern und klare Bedeutungen, Anzeichen für spätere Großartigkeiten zu sehen, wo einst nur Beschämung war.

»Es gibt Natur ... es gibt Kunst ... und es gibt Clara Butt!« rief Sir Herbert Tree aus; »MARY GARDEN, SUPERWOMAN«, verkündeten die Schlagzeilen nach ihrem Debüt als Thaïs in New York. Und die Galli-Curci sang, ihrem Biographen zufolge, »selbst auf die Gefahr hin, sich alle und jeden zum Feind zu machen«.

Wie kann eine Puppe eine Naturkraft sein? Nur indem ihr paralysierter Plastikkopf einen umfassenden Generalplan enthält.

Eine Frau, die sich als eigenartig herausstellt, komisch, *queer*, wird später diese Gewißheit in ihre frühen Phantasien und Neigungen hineinlesen und sich vorstellen, daß von allem Anfang an etwas Komisches an ihrem Benehmen war – daß ihre *queerness* wie die von Lotte Lenya in *Liebesgrüße aus Moskau* war – ein Zeichen, daß sie eine Spionin ist, mit zwielichtigen Organisationen in Verbindung, von dem Wunsch besessen, die Welt zu erobern. Für die Diva in spe ist ihre Unterschiedlichkeit Macht; sie sucht ihren Gewinn in der Anomalität. Für die Nicht-Diva führt die Unterschiedlichkeit nur ins Lächerliche.

Der Wille der Diva zur Macht kulminiert in einer Szene, in der alles gerechtfertigt wird. Welcher Genuß: das monumentalste, das vollkommen unrealistische Selbstbild stellt sich als präzise Vorhersage heraus! Nellie Melba sagte über ihre erste *Traviata* in New York: »Nach dreißig Sekunden – ich muß es sagen, wenn es sich auch prahlerisch anhören mag – wußte ich: Ich hatte gewonnen. Der Rest der Vorstellung war ein einziger langer Triumph, und als es vorbei war, ging ich durch Korridore, die voller aufgehäufter Blumensträuße lagen.« Glückliche Melba, deren Selbstvertrauen und Selbstliebe so absolut sind – verdientermaßen. Jeder mag sich seine eigene Version von Melbas Korridoren voller Blumen vorstellen,

Korridore voll »Ich hab's euch doch gesagt«, Korridore voll »Und ihr habt gesagt, ich sei *komisch*...«

Hier haben wir ein Gespräch zwischen Amelita Galli-Curci und ihrer Großmutter. Amelita sagt: »Ich werde eine von den ganz Wenigen sein, mehr noch: Ich werde die größte Sängerin Mailands sein«, und ihre Großmutter scherzt: »Vergiß nicht die Grisi!« und Amelita erwidert: »Aber ich muß sogar die Grisi hinter mir lassen.« Die für ihre Berufung trainierende Diva denkt wie eine kriegerische Nation. Aber eine Diva ist eine Frau allein, kein Land; sie will nur die Souveränität über sich selbst.

◆ Die Kunst der Persönlichkeit ◆

Frank O'Hara hat legendärerweise Mae West die Erfinderin der »Kleinstadtschwulenpsyche« genannt. Mae West war keine Opernsängerin, aber sie dachte wie eine. Sie predigte: »Persönlichkeit ist das Wichtigste für den Erfolg einer Schauspielerin. Da kannst du singen wie die Flagstad und tanzen wie die Pawlowa und Theater spielen wie die Bernhardt, aber wenn du die Persönlichkeit nicht hast, wirst du nie ein richtiger Star. Persönlichkeit ist das Glitzern, das deinen kleinen Glanz über die Rampe und den Orchestergraben in den großen schwarzen Raum trägt, wo das Publikum ist.«

Haben Sie eine angenehme Persönlichkeit? Im Drugstore können Sie sie testen, indem sie fünfundzwanzig Cents in einen Automaten stecken, der auf Körpertemperatur reagiert. Ändern Sie doch Ihre Persönlichkeit, wenn sie neurotisch oder unangenehm ist. Wie war das wohl in den alten Tagen, ehe man die Persönlichkeit erfunden hatte? Wie konnte man da – wenn man geliebt werden wollte und nicht zu Zaubersprüchen zu greifen verstand – Zugang zu den elektromagnetischen Feldern der Erotik finden? Die Oper ist die Kunst der Persönlichkeit; mit dem neunzehnten Jahrhundert begann die Oper, ihren Zuhörern das Elixier und die Ideologie der Persönlichkeit zu verkaufen – und überzeugte ihre Konsumenten davon, daß gewisse Menschennaturen stimmkräftiger und magnetischer waren als andere und daß der Hörer sich der Flutwelle einer starken Bühnenpräsenz hingeben sollte.

Das Wort »Persönlichkeit« ist verblaßt und neutral geworden – für uns bezeichnet es nun Etikette und nicht mehr Energie. Aber als Willa Cather schrieb: eine »Stimme ist Persönlichkeit« und »sie kann groß wie ein Zirkuszelt sein und gewöhnlich wie Dreck«, da meinte sie, daß die Divas, die uns die Doktrin des persönlichen Magnetismus verkauften, dreckig und gefährlich waren und wie der Zirkus die Macht hatten, uns mit Freakshows und Wundern zu verführen.

◆ Mimikry und Ostentation ◆

Eine Diva beginnt oft damit, daß sie ihre Mutter nachahmt, auch wenn die Stimme der Mutter wehtut. Als sie ihre Mutter singen hörte, rief Emma Eames: »O Mama, Mama, nicht, nicht! Du hast so eine einsame Stimme.« Essen und Sprechen, das Öffnen und Schließen des Mundes – die einfachsten Bewegungen und Emotionen entstehen imitativ. Ebenso die Feinheiten der Aufführung einer Diva. Dorothy Kirsten beschreibt, wie nützlich es war, mit Grace Moore zusammenzuwohnen: »Als ich diese zwei Wochen mit ihr in Cincinnati verbrachte, lernte ich viele ihrer Angewohnheiten kennen, und manche davon übernahm ich schließlich als meine eigenen.« Zwei Wochen sind keine sehr lange Lehrzeit, aber eine Diva muß schnell lernen. Wer hat die Gesten erfunden, die wir mit der Diva verbinden? Wer hat Renata Tebaldi gelehrt, wie sie sich verneigen soll, wie die Arme ausbreiten und die Hände öffnen und schließen, »was in ihrer Heimatgegend bedeutet: ›Ich komme wieder!‹«? Ich kenne das Vergnügen des Transvestiten bei der Imitation theatralischer Gesten. Ich will, daß meine natürlichen Gefühle für jemanden die mit winzigster Präzision ausbalancierte Künstlichkeit von Renata Tebaldis Verneigung haben.

Schwule Männer haben als Gegenreaktion auf die alte Ordnung der Heimlichkeit *in the closet* begonnen, sich an öffentlichen Orten ostentativ sexuell zu vergnügen; wir wollen unsere Sexualität nach

Jahren der Tarnung provozierend herzeigen, auch wenn wir dabei eine Aufführung zur Schau stellen, die wir eben erst im Begriff sind zu erfinden.

◆ Debüts und Entdeckungen ◆

Die Diva erfindet sich im Debüt selbst, sie bezwingt ein Publikum, das noch nichts von ihrer Größe ahnte, ehe sie den Mund auftat. Unmöglich, wirklich schwul vor jenem Augenblick zu sein, da man diesen Hang ausdrücklich anmeldet, obwohl es im nachhinein so scheint, als hätte es diese *komische* Eigenart immer schon gegeben, schon ehe die *queerness* ihr formelles Debüt gab, ehe sie ihren Namen entdeckte oder erbte.

Suggestiver als das Debüt ist der Augenblick unmittelbar davor. Vor dem Debüt von Maria Malibran an der Scala sagte sie (als sie hörte, daß ihre große Vorgängerin Giuditta Pasta, die Schöpferin der Rolle der Norma, im Publikum saß): »Ich habe keine Angst vor der Pasta! Ich werde leben oder sterben als Norma!« Die unnachahmliche Mary Garden sagte vor ihrem Debüt zu sich selbst (sie wiederholt diese Geschichte des öfteren): »Mary Garden, dies ist dein großer Augenblick. Morgen wird dir Paris zu Füßen liegen!«

Es ist unmöglich, ein Leben zu erzählen – ein »eigenartiges«, schwules Leben jedenfalls –, ohne sich einen solchen Moment vorzustellen, einen solchen Augenblick vor dem Durchbruch, nach welchem dann hellsichtig und hilfreich ein guter Geist das Kommando übernimmt. Als sie die Melba zum ersten Mal singen hörte, schrie die große Gesangslehrerin Mathilde Marchesi ihrem Mann zu: »Salvatore, j'ai enfin une étoile!« (Der Augenblick, da ein Star geboren wird, macht uns alle sehend.) Dann sagte die Marchesi zu der überraschten Nellie: »Alors, wenn es dir Ernst ist und wenn du ein Jahr lang mit mir studieren kannst, mache ich etwas Außergewöhnliches aus dir.« Die Marchesi ist die gute Fee, die der kleinen Nell sagt, sie sei ja gar nicht unnatürlich, sondern übernatürlich: sie ist nicht »komisch«, sie ist außerordentlich. Ihr ist eine göttli-

Mary Garden nach
ihrem Rückzug von der
Bühne, mit ihren Per-
len tändelnd.

che Huld zuteilgeworden. Wenn sie es sehr ernst nimmt und fleißig
übt, wird sie sich schließlich das Privileg verdient haben, eine von
ihrem im Gildakostüm verkleideten Körper losgelöste Stimme
emporschweben zu lassen, eine Stimme, die alle auf der Welt, die
an jenem vergessenen Abend nicht anwesend waren, zwingen wird,
an anderer Stelle nach ihrer einen, einzigen, unmöglichen Grün-
dungsszene zu suchen.

Dann wird der Augenblick des Debüts hypothetisch, ein Abend,
den man nur ableiten, nur erraten kann. (Sie muß da gesungen
haben, denn die Geschichte, die Legende, die Gerüchte sagen es;
wenn die Töne wirklich verschwunden sind, die sie hervorgebracht
hat, wie sollte ich dann am Strahlenglanz dieses Karrierebeginns
teilhaben?) Ein Kritiker, der über das erste Konzert der Melba in
Australien berichtete, hat beschrieben, wie solche Ursprungs-

125

momente zum Verschwinden neigen und wie wir in der Rückschau nach ihrer Phantomklarheit hungern: »Jeder, der diese Sängerin gehört hat, wird sich danach sehnen, sie wieder und wieder zu hören, und jeder, der sie nicht gehört hat, wird in diesem Augenblick vom Bedauern verzehrt, nicht dort gewesen zu sein.« Fand das Debüt wirklich statt, oder habe ich es erfunden, weil mein Leben darin gründet?

Grace Moore hat das Recht, am Morgen nach ihrem Met-Debüt als Mimi zu verkünden: »Mein Bett war bedeckt mit Telegrammen aus der ganzen Welt – und ich begriff mit einem Mal, daß ich ein Opernstar war!« Kam sich Grace Moore *eigenartig* vor? Mußte sie sich deshalb plötzlich zur Diva erklären, zur auserwählten Ausnahme, zum Mittelpunkt der Aufmerksamkeit, zum Schrein, zur Quelle, zur Kitschromanheldin, zur Kaiserin, zum einzig und allein Absoluten?

◆ Divas und Protégées: Das Geheimnis der Nachfolge ◆

Es ist ein Geheimnis, wie die Macht unter Frauen weitergegeben wird, wie Divas einander entdecken, wie Mädchen sich als Lehrlinge bei Divas verdingen. Ich möchte dabei sein, wenn eine Diva und ihre Protégée sich begegnen – wenn die Diva beschließt, den Zauber weiterzureichen.

Mary Garden hob Helen Jepson auf den »Opernthron«, indem sie ihr das Privileg verlieh, als Thaïs aufzutreten. Die *Toledo Blade* berichtete 1936: »Die Krone, die Mary Garden gehörte, ruht heute auf der Stirne ihrer Protégée, der blonden Helen Jepson, und die Hand, die sie ihr aufs Haupt setzte, war die ihrer als Königin der Oper abdankenden Vorgängerin.« Die Protégée küßte der Königin die Hand, und die Königin befahl: »Geh, geh und singe!« Die Liebe zwischen einer alternden Diva und einer in ihre Glanzzeit eintretenden Diva ist erotisch, aber es wird nicht erwartet, daß wir uns ihre Körper vorstellen, während sie einander mit Ehrfurcht und Eifersucht beobachten.

Die Callas und die Sutherland haben den identischen
Gesichtsausdruck aufgesetzt, als hätten sie dieselbe Schule
für die Aufführung einer Diva absolviert: das Kinn glorios
in die Höhe gereckt, ein breites Lächeln, ebenmäßige Zähne,
das Haar zu einer unnatürlichen Aureole gesprayt und fixiert.

Einst war Mary Garden selbst eine junge Protégée und wurde von
einem reiferen Star gekrönt: Sybil Sanderson lehrte Mary die Rolle
der Thais und sagte zu ihr: »Mary, Thaïs muß Perlen haben.« Die
Diva erlangt Göttlichkeit, wenn ihre Vorgängerin Privilegien, Statur, Schönheitsgeheimnisse, Modetips und Stimmtricks weiter-
reicht. Helen Jepsons Krönung durch Mary Garden ist im Rückblick zutiefst rührend, weil die Diva ja nicht über ein spezielles
Territorium regiert und keine Krone zu vergeben hat. Trotz der
unsichtbaren Natur dieser Souveränität würde es mich trösten und
stärken, eine Mary Garden zu werden und von Sybils Lippen zu
hören: »Mary, Thaïs muß Perlen haben«, und von da an zu wissen,
daß es – will ich meine Geschlechtsrolle finden – nur ein Gefühl
für die richtigen Accessoires braucht.

Es hat für mich als Mann etwas besonders Delikates und Ent-
zückendes, die Bindung zwischen zwei eleganten Divas zu betrachten, weil ich bei dieser Szene abwesend bin und an ihr nur teil-

nehmen kann, indem ich mich wider mein Geschlecht mit dem Erlebnis identifiziere, gekrönt zu werden.

Mary Garden nach ihrem Rückzug von der Bühne, mit ihren Perlen tändelnd, war voller guter Ratschläge für jüngere Divas. Sie sagte zu Dorothy Kirsten: »Dorothy, dieser erste Eindruck ist sehr wichtig. Strahl Zuversicht aus und laß dich von deinem Busen führen.« Und als Grace Moore *Louise* sang, die große Rolle der Garden, klatschte die Menge für die abgetretene Diva ebenso wie für die Debütantin, und so stand Mary Garden in ihrer Loge auf, verneigte sich, löste ein Blumensträußchen von ihrem Chinchillacape und warf es Grace auf der Bühne zu. Und dann gab Grace Moore, geschult in den Mysterien der Nachfolge, die Krone an Dorothy Kirsten weiter, die schrieb: »Der Abend war vorüber und ich war die Protégée von Grace Moore. Am nächsten Tag wurde eine Pressekonferenz arrangiert und unser Bild zusammen war in allen Zeitungen ... Ich war auf dem Weg nach oben.«

Ich liebe Photos, auf denen sich Divas umarmen – wie beispielsweise auf einem Garderobenschnappschuß von Joan Sutherland und Maria Callas: die jüngere Diva strahlt zufrieden, die ältere Diva ist abgezehrt von Trauma und triumphaler Größe. Die Callas und die Sutherland haben den identischen Gesichtsausdruck aufgesetzt, als hätten sie dieselbe Schule für die Aufführung einer Diva absolviert: das Kinn glorios in die Höhe gereckt, ein breites Lächeln, ebenmäßige Zähne, das Haar zu einer unnatürlichen Aureole gesprayt und fixiert. Es gibt nur selten ein öffentliches Forum, vor dem ich auszusprechen wagen würde, daß dieses Photo einer Diva-Sukzession – obwohl es nicht mich darstellt – mir meinen Platz im Universum bestätigt. Beide Frauen sind sich ihrer selbst so absolut gewiß, und ich, der ich das Photo als eine Kostbarkeit aufbewahre, der versucht, an ihm diese geheimnisvolle Sache zu studieren: *wie man ein schwules Leben führt*, ich möchte diese beiden Frauen fragen, wie es ihnen gelingt, daß sie so öffentlich, sahneweiß und kolossal sind.

◆ Divas und ihre Mütter ◆

Joan Sutherland hat die Koloraturen und Übungen ihrer Mutter nachgeahmt; Clara Butt sagte: »Ich glaube, ich verdanke meine Stimme der Tatsache, daß meine Mutter eine wunderbare Stimme hatte, aber nicht sang«; Ernestine Schumann-Heink sagte: »Ich sang, was meine Mutter sang.« Aber wenn die Diva singt, indem sie ihre Mutter imitiert, so wird die Stimme schließlich auch selbst zum unersättlichen Kind und die Diva muß, wie die Galli-Curci es formuliert hat, »das fordernde Strömen« der Stimme »wie eine Mutter hätscheln«.

Hätschelt die Diva ihre Stimme mütterlich? Oder verleiht die Diva der eigenen Mutter eine Stimme? Geraldine Farrar fühlte sich wie ein Glied am Leib ihrer Mutter und sah ihre Laufbahn als eine Ausdrucksmöglichkeit der beiden Frauen gemeinsam. Sie schrieb sogar die Hälfte ihrer Autobiographie *Such Sweet Compulsion* mit der Stimme ihrer toten Mutter. Als Stellvertreterin der eigenen Mutter kann die Farrar dann den eigenen Körper mit rückhaltloser erotischer Bewunderung beschreiben: sie nennt sich mit der mütterlichen Stimme eine »verführerische Vision« mit einem schimmernden Dekolleté.

Die großartigsten Augenblicke der Diva existieren vielleicht nur, damit die Mutter sie betrachten und sich in sie versenken kann. Clara Louise Kelloggs Mutter beschreibt bewundernd den Auftritt ihrer Tochter als Donizettis Linda di Chamounix: »Donnerstag, der 9. – Linda gesehen. Großartig. Das beste überhaupt. Drei Mal herausgerufen. Bukett – Kleid – gelb. Blaue Moiré-Schürze – rosa Rosen – fröhlich!«

Wenig Ernsthaftes ist bisher über Schwule und ihre Mütter oder Lesben und ihre Mütter gesagt worden. Vieles wird unbekümmert dahergeredet oder schürt lediglich Vorurteile. Die Figur der Diva fängt etwas von den Spannungen und Verwischungen der Existenz eines schwulen Mannes ein, der über die Geschlechtertrennung hinweg seine Mutter ansieht, oder von der Existenz (hier kann ich mich nur auf meine Phantasie berufen) einer Lesbierin, die innerhalb des eigenen Geschlechtsraumes die Mutter anschaut. Der

129

Schwule hat seine Mutter zurückgelassen (und alles Zurückgelassene müssen wir wiederholen und widerspiegeln); die Lesbierin hat ihre Mutter fortgesetzt, hat sie ausgewählt.

⋅ Gay, Queer and Flaming ⋅

Wie ihre Mutter schätzte Clara Louise Kelogg *gay art:* Sie schrieb in ihrer Autobiographie: »Ich denke mir oft, daß die Kunst oder die Fähigkeit – auf der Bühne oder anderswo – , die Menschen wahrhaft und unschuldig fröhlich zu machen, auf der Rangliste menschlicher Wichtigkeit weit oben steht.« Die Kellogg meint: fröhliche Kunst. Aber als Gay fühle ich mich nicht »gay«; ich mißtraue dem Wort und mag seine normale alltagssprachliche Bedeutung »fröhlich« nicht. Ich bin kein fröhlicher Mensch. I am not gay. Wenn ich das Wort »gay« sage, bleibt mir der Vokal »a« im Halse stecken; *gay* ist eines von den schwierigen Wörtern, fast so schwer wie *homosexual* – es ist ja unmöglich, das zweite O, das *hoMO*, zu bewältigen, ohne den Mund zu weit zu öffnen, peinlich weit, wie ein Sänger, der ein Pianissimo ausreizt.

Was meint die Kellogg mit »queer«, wenn sie sagt: »Tenors are queer creatures«? Oder wenn sie sagt: »Ich war wohl ein sehr *eigenartiges* Kind ... selbst als ganz kleines Ding mochte ich Kleider. Mit neun Jahren entwickelte ich eine wilde Leidenschaft für ein Paar Glacéhandschuhe«? Wahrscheinlich dasselbe wie Clara Butt, wenn sie ein »eigenartiges Schweigen im Raum« spürt, nachdem sie ihren Gesang beendet hat, oder Grace Moore, die ihr Idol Mary Garden »so wunderschön, so flammend, so sehr Frau« nennt, oder die Zeitungen, die die Neuigkeit von Maria Jeritzas »Vissi d'arte«-Interpretation (zum ersten Male gesungen, während die Diva auf der Bühne hingestreckt lag) am anderen Tag »in flammenden Schlagzeilen« meldeten.

Ich, der ich »gay« und »queer« bin und »flaming«, ich interessiere mich für den Ursprung dieser Wörter und ihr signifikantes Auftauchen in der Divaprosa des neunzehnten und zwanzigsten Jahrhunderts.

Die Fröhlichkeit der Diva ist verhangen, überschattet. Sie hat Heiterkeit erlangt, indem sie durch Beschämung und Verzweiflung gegangen ist. Sie war an Bord der »Titanic« fröhlich, aber dann fing das Schiff an zu sinken. Sie ist *gay*, aber auch entsetzt. Die Blumensträuße und Telegramme lenken sie vom Entsetzen ab; diesen Zustand des unruhigen Abgelenktseins nennt sie »gay«.

Eine Sängerin ist *queer*, ist eigenartig, weil sie das Ohr mit unerwarteter Fülle beschenkt und durch eine Begabung ausgezeichnet ist, die sie vom Gewöhnlichen trennt. Sie beginnt als »recht eigenartiges Kind«. Mathilde Marchesi, die Doyenne der Stimmbildnerinnen, unterrichtete ausschließlich Frauen – den Jungen ausgenommen, der als Mädchen verkleidet in ihrem Studio auftauchte. Als er in die Pubertät kam, bemerkte Madame Marchesi einen Klang in seiner Stimme, der »eigenartig war, höchst eigenartig... *very queer*. Diese Qualität der Stimme, die da plötzlich erschien, war der Übergang vom Knaben- zum Mannesalter.« Der Augenblick, wo es unmöglich wird, das Geschlecht einer Stimme genau zu bestimmen, ist der Augenblick, den sie als »queer« bezeichnet.

Divas sind nicht immer fröhlich; oft sind sie freudlos. Wie Emma Eames sagte: »Während meiner ganzen Laufbahn habe ich keinen einzigen Tag ohne Schmerzen erlebt, und mein Privatleben war nicht glücklich. Doch darf ich mich dazu beglückwünschen, daß ich auf alle, die mich gekannt haben, stets den Eindruck gemacht habe, als sei ich vollkommen gesund und vollkommen glücklich.«

Für Divas und Schwule gehört die Fröhlichkeit, die *gaiety*, zum Beruf. Aber während meiner ganzen Laufbahn (»meine Laufbahn als Schwuchtel«, wie Earl Lind in seiner *Autobiography of an Androgyne* schreibt) habe ich keinen eizigen Tag ohne Schmerzen erlebt.

◆ Die lesbische Diva ◆

Männer – Komponist, Librettist, Dirigent, Impresario – umgeben die Diva, und doch entwickelt sich ihre Karriere über die begeisterte Verliebtheit in andere Frauen. Die folgenden Geschichten haben mich überzeugt, daß die Sehnsucht der Diva nach Frauen in

131

keinem zufälligen Verhältnis zu ihrer Macht und ihrem Zauber steht und ebensowenig zu den Emotionen, die Frauen ursprünglich dazu bringen, Divas zu werden.

Frances Alda entschließt sich, eine Diva zu werden, weil sie sich in die amerikanische Schauspielerin Cora Brown-Potter verliebt hat. Der größte Teil ihres Taschengelds geht für Photographien ihres Idols dahin; als der Fan und der Star sich begegnen, küßt die Brown-Potter die Alda auf den Mund.

Emma Eames ließ sich in ihrer frühen Zeit von einem Publikum hektisch liebevoller Mädchen beflügeln: »So hübsche Mädchen in so weiblichen Kleidern bildeten mein Publikum und brachten einem anderen jungen Mädchen eine Ovation dar!«

Der Fan Gordon M. Eby weiß zu berichten: »Männer (als solche) bedeuteten Miss Bori wenig.«

Grace Moore war in eine Lehrerin verknallt, die »Ton in Ton lavendelfarben« gekleidet war und in »leisem, fernem, leidenschaftlichem Tonfall« sprach. Dann begann sie, Mary Garden zu verehren. Als sie ihr zum ersten Mal begegnete, kniete sich die Moore verzückt hin, küßte der Königin die Hand und rief: »Sie sind meine Göttin.«

Olive Fremstad hatte eine Gefährtin, Mary Watkins Cushing, ein sogenanntes Faktotum. »Faktotum für Olive Fremstad zu sein«, schreibt Mary Cushing, war »alles, was ein Mädchen sich nur wünschen konnte«. Die Diva und ihr Faktotum schliefen in getrennten Zimmern, aber eine Schnur führte vom Bett der Diva zum Zeh der Hilfskraft. Wenn die Fremstad mitten in der Nacht irgendwelche Aufmerksamkeiten brauchte, weckte sie das willige Mädchen, indem sie an der Schnur zog (»Dieser gab sie nötigenfalls einen Ruck«). In der Erinnerung an ihren auf unklare Weise erotischen Dienst schreibt Mary Cushing: »Man überlebt so etwas nicht nur, man findet es aufregend.« Eine weitere Technik der Fremstad, um ein wenig zu fummeln: Weil die Diva auf Bezahlung vor einem Auftritt bestand, holte das Faktotum den Scheck ab, steckte ihn sich in die Bluse und ging zu der Fremstad, die fragend den »flachen, schweratmenden Busen mit einem besorgten Finger« befühlte. Einmal sagte Lilli Lehmann hinter der Bühne zur Frem-

Mary Garden: »Manchmal frage ich mich, warum
ich mich nie wegen Männern verrückt
gemacht habe wie so viele andere Frauen.«

stad: »Tun Sie die Hand unter die Perücke und das Kleid an meinen Rücken.« Die Fremstad fuhr folgsam mit einem »respektvollen Finger« das »gerade, schöne« Rückgrat hinab, um festzustellen, daß die große Lehmann keinerlei Nervosität kannte: Die Haut war vollkommen trocken, obwohl Lilli Lehmann soeben ihren Auftritt gehabt hatte.

Mary Garden war in ihre erste Lehrerin verschossen, die »hübsch war, ungeheuer charmant und oh! so französisch in ihrem Gebaren... Sie war *derartig* alles, wovon ich geträumt hatte, ohne es je im Leben zu Gesicht bekommen zu haben. Nachdem ich für sie gesungen hatte, kam sie zu mir, nahm meine Hand in ihre und sagte mit warmer Herzlichkeit: ›Oh, dich muß ich aber als Schülerin behalten!‹« Später hatte die Garden Gelegenheit, Debussys Frau fast nackt zu sehen: »Der Arzt trat neben Lily und öffnete ihr Nachthemd, und im ganzen Leben habe ich nie etwas so Schönes gesehen wie Lily Debussys Oberkörper. Es war wie eine herrliche Marmorstatue, unsagbar göttlich!« Sie gibt zu, daß es ihr »ein Erschauern von Freiheit« schenkt, allein zu schlafen, und sagt nachdenklich: »Manchmal frage ich mich, warum ich mich nie wegen Männern verrückt gemacht habe wie so viele andere Frauen.«

Das sind nur Anekdoten. Das ist nicht Theorie oder Geschichte. Anekdoten sind die einzelnen Stücke einer Diva, die ich zusätzlich zu den Schallplatten noch festhalten und wiederholen kann. Und so nehme ich diese kleinen Geschichten ernst: Ich nehme sie als Ritual und als Glauben und als Reflexe einer größeren Systematik. Diese Anekdoten erzählen mir, daß Divas andere Frauen als Modelle, Mentoren und Bewunderer brauchten. Wie könnte auch die Diva ohne das Beispiel anderer ungebändigter, unabhängiger Frauen ihre Berufung erdenken und verfolgen, in der die Unterordnung unter Männer keine Rolle zu spielen schien?

Ihre besondere Erotik konnte offen anerkannt werden, weil viele dieser Divas zu einer Zeit auf der Höhe ihres Ruhms standen, ehe weibliche Bindungen als »lesbisch« klassifiziert und verurteilt wurden.

Zumindest im neunzehnten Jahrhundert kommt die Diva gewöhnlich nicht aus einer wohlhabenden Familie, und so verdient sie sich den Lebensunterhalt als Sängerin. Ist sie erfolgreich, kann sie der Ehe aus dem Weg gehen oder sich erst nach dem Ende der Karriere zum Heiraten entschließen. Maria Malibran betonte: »Ich empfinde nie das geringste Begehren <nach Männern>... Ich empfinde solchen Ekel!« Und als sie von ihrem Mann die Trennung forderte, schrieb sie: »Ich meine, daß ein Leben auf dem Theater sehr viel Ruhe erfordert und das Leben einer Jungfrau, was mir vollkommen entspricht, *ich bin sehr glücklich so wie ich jetzt bin.*«

Die Diva läßt ihre Befähigung zu unabhängigen Freuden erkennen: ihre Lust kommt aus dem Körper, der Kehle, den Höhlungen, die keiner im Publikum sehen kann. Sie bietet den unbehaglichen und antipatriarchalischen Anblick einer Frau, die ihren Körper ernstnimmt – ihn konzentriert, genießt und nährt.

◆ Dicksein ◆

Es wird vorausgesetzt, daß Sängerinnen dick sind. Der Körper muß groß sein, riesig. Der Körper muß überquellen, sich selbst peinlich werden, Maßlosigkeit anzeigen. Es gibt kulturelle und emotionale Affinitäten zwischen dicken Frauen und schwulen Männern – beiden ist es anvertraut, den Körper als Beschämung und Unterschiedlichkeit zu begreifen, den Körper, der ganz Mund ist, der nicht aufhören kann, etwas auszusagen, der auf allzu extreme Weise Bedeutungen setzt: den Körper als Indiz, daß etwas falsch gemacht worden ist.

Wir kümmern uns um die Körper von Sängerinnen, nicht nur um die Klänge, die diese Körper erzeugen. Die Met hat dafür gesorgt, daß Zinka Milanov ab- und Grace Moore zunahm. Zeitgenössische Musikjournalisten spielen indirekt auf den Umfang einer Sängerin durch Formulierungen wie »majestätische Erscheinung«, »kolossale Bühnenpräsenz«, »zu robust, um als Mimi überzeugen zu können« an. Und es gibt Theorien, seien sie auch sehr spekulativ, daß größere Körper einen kraftvolleren Klang erzeugen.

Verschiedene Gerichte sind nach Divas benannt: Pfirsich Melba, Truthahn Tetrazzini, Coupe Fremstad, Huhn à la Ponselle, L'Aile de Bresse Sutherland, Beignets Soufflés mit Sauce Callas. Manchmal schaffen Sängerinnen ihre eigenen Rezepte: Ich habe schon den »Primadonnacocktail« à la Galli-Curci hergestellt (ein Eßlöf-

135

fel starker Kaffee mit Milch, Zucker und Eis vermengt) – so kann ich mir vorstellen, daß ich mit der Galli-Curci in Verbindung bin oder daß ich sie in mich aufnehme. Wenn man Toast Melba ißt, verzehrt man ein Stück vom Leib der Melba, es ist ein Ritual der Kommunion mit der Diva. Aber der Toast befriedigt unseren Hunger auf Nellie Melba nicht. Als Gang bei einem Essen ist er nur ein kleiner neckischer Reiz.

Wir wollen die Sängerin verzehren; wir gehen in die Oper, um von der Stimme zu essen, uns Triller und Kavatinen munden zu lassen und das gelungene oder mißratene »Hojotoho«. Astrid Varnay hat die Metropolitan Opera mit einem Eintopfkessel verglichen – Rudolf Bing der Deckel, die Sänger und Sängerinnen das Fleisch, der Chor das Gemüse, der Dirigent das Feuer. Und die Farrar spricht vom kannibalistischen Drang des Publikums, eine Sängerin bereits von harter Arbeit durchgekocht serviert zu bekommen, ein Talent, »braungebraten und an den Rändern schön kross«.

Sängerinnen sind auch hungrige Geschöpfe – hungrig nach Ruhm, Geld, Glamour, künstlerischer Befriedigung. Maria Malibran bekannte in einem Liebesbrief an ihre große Vorgängerin Giuditta Pasta: »Wenn ich Dir nahe wäre, hättest Du weder Gesicht noch Körper, weil ich Dich ganz aufessen würde.« Die legendären Berichte von Schlemmereien nach der Vorstellung werden aufgewogen durch asketische Bilder – Geraldine Farrars Mutter flößt der Diva zwischen den Akten von *Madama Butterfly* löffelweise Bouillon ein; Mark Twains Tochter Olive Clemens, die Sängerin werden wollte, hat sich zu Tode gehungert. Das Singen, eine Sublimation, verzehrt bildlich den Körper der Sängerin, verwandelt sie in einen Geist.

Essen ist eine beherrschende Metapher für den Gang in die Oper wie für den Operngesang, weil Singen wie Zuhören alte, unbewußte Verbindungen mit dem Opfer haben. Wir betrachten die Diva als dick, weil *wir* die Hungrigen sind; wir wollen die Diva durch unsere gierigen, verletzlichen Ohren einschlingen. Und so projizieren wir auf den Körper der Diva ein Bild unserer eigenen kannibalistischen Oralität, ein Bild davon, wie grotesk uns die eigenen Begierden anmuten.

»Dick« bedeutet in der Ikonographie der Diva Präsenz, Autorität. Ich liebe die Stimme, doch wird nicht erwartet, daß ich dem Körper dahinter Aufmerksamkeit schenke, einem Körper mit fragwürdigen, sich verschiebenden Grenzen, einem Körper, der den meinen durch stimmliche Osmose absorbieren kann, einem Körper mit offenem Mund, aus dem Speichel sprüht, einem Mund, der mich verschlingen könnte wie der Walfisch Jona verschlang (Rossini beschrieb seine Schülerin, die Diva Marietta Alboni, als »Elefant, der eine Nachtigall verschluckt hat«); der Mund der Diva spricht offen ihre Wünsche aus, ihre Forderungen, und somit ist er ein infantiler Mund, er ist der Mund, von dem ich wünschte, es wäre meiner, während ich mit zusammengepreßten Lippen zuhöre, ein Husten unterdrückend.

◆ Divas und Krankheiten ◆

Divas fallen wie Schwule in die Kategorie des Kranken, Beschädigten, Irren. Man bringt die Diva in Verbindung mit der Krankheit, mit Verletzungen, die Beherrschung der Stimme verhindern; in kritischen Fällen muß sie sich operieren lassen. Paradoxerweise wird die erfolgreich erschallende Stimme ebenfalls als eine Art Krankheit gesehen – weil sie geheim ist, gnomisch, eine Ausnahme vom Naturgesetz, gerade indem sie eine Doktrin göttlich erfüllter Natur stützt. Die Diva bekräftigt Kosmologien und zerschlägt sie.

Selbstverstümmelung der Diva gehört zum Geschäft; *the show must go on.* Vor einer Aufführung nahm Maria Malibran eine Schere und schnitt die Blasen um ihren Mund weg. Geraldine Farrar sagte zu Carl Van Vechten, »vor jeder Vorstellung schnitte sie sich mit einem Messer auf und gebe sich dem Publikum hin«.

Es gibt bizarre Affinitäten zwischen der Diva und der anatomischen Zerlegung: Brigitta Banti, die 1806 starb, hinterließ ihren Kehlkopf in Spiritus der Stadt Bologna; Olive Fremstads Flügel schmückte ein halbierter menschlicher Kopf, in Alkohol eingelegt, damit sie ihren Schülern den Stimm- und Atmungsapparat erklären konnte.

137

Auch Nicht-Divas unterziehen sich diversen Operationen, aber im Falle der Diva hat der Prozeß, daß man in den Körper eindringt und seine geheimnisvollen Innenräume freilegt, mit ihrer Kunst zu tun: Eine Diva, die singt, führt ihrerseits eine Operation an sich selbst durch, enthüllt ihren Körper, exponiert ein zuinnerst liegendes Geheimnis. Und wir werden dieses Geheimnis entweder als Zeichen der Gesundheit auffassen und der Diva Beifall als einem Musterexemplar menschlicher Großartigkeit schenken, oder wir betrachten ihre Stimmkraft, ihre exponierte Spezialität, als etwas Abnormes – von dem wir trotzdem abhängig sind.

Die Galli-Curci verlor ihre Stimme und erlangte sie (wie unvollkommen auch immer) durch einen chirurgischen Eingriff wieder. Während der Operation sang sie ein Stückchen einer Partie aus dem *Barbiere di Siviglia*, um ihre Stimme zu testen. Wenn eine Diva singt, findet stets eine Operation statt: Ein Körper wird geöffnet.

Judy Garland ist in ihrem letzten Film – *I Could Go On Singing* – eifersüchtig auf die Aufmerksamkeit, die Opernsängerinnen von Ärzten zuteil wird. Als sie trotz dem Filmtitel nicht mehr weitersingen kann, zögert ihr einstiger Geliebter (gespielt von dem schwul wirkenden Dirk Bogarde), sie zu behandeln. Judy Garland meint, daß er sich glücklich schätzen würde, einen Opernstar zu heilen; sie erwähnt die Tebaldi und die Callas als Beispiele überlegener, klassischer Größe. Symbolisch teilen Ärzte und Schwule die mitfühlende Neugier darauf, was in der Kehle der Diva vor sich geht: Ärzte können der Diva helfen (auch wenn ihre Kehlkopfspiegel und anderen Werkzeuge die orale Privatheit der Diva zu schänden scheinen), während die schwulen Fans nur zu lauschen, zu applaudieren und die Sängerin in ihrer Bühnensüchtigkeit zu unterstützen vermögen.

Die Ikonographie der Diva stellt die erfolgreiche, prominente Frau (die Frau, die viel Geld bekommt und einen machtvollen Klang erzeugt) als eine kranke Anomalität dar – oder sie zeichnet ihr *Versagen* beim Hervorbringen von Tönen als Krankheit, als blutige Verfehlung. »Die Ligamente meiner Kehle bluteten heftig«, sagt Nellie Melba über ihre Stimme in der Krise. Die Stimmproduktion der Diva ist eine Szene der Krankheit, ein Vorgang, bei welchem der Körper unangepaßt, innerlich korrupt, untergründig und unterbro-

138

chen scheint. Singend durchbricht die Diva unsere Ideen von Gesundheit, weil das, was sie produziert, unnatürlich, andererseits aber auch – auf unheimliche Weise – wundervoll ist. Die singende Diva entblößt Innerlichkeit, das Innere eines Körpers und eines Ichs; wir mögen das Gefühl haben, daß diese Innenwelt, welche die Diva zeigt, ein Ort der Krankheit ist, aber wir lernen von ihrer wunderbaren Stimme, solche Opernmomente als Kostbarkeiten zu bewahren und zu suchen, wenn plötzlich die Innerlichkeit dem Äußerlichen den Rang abläuft, wenn eine innere, indirekte Perspektive die äußere Wahrheit überbietet. Die Stimme der Diva mag von Krankheit umschattet sein, aber ich lerne von ihr, meine eigene Zerrüttetheit zu verehren und die Augenblicke zu schätzen, da die Hysterie den Fluß der Erzählung unterbricht – wenn Bereiche wie die Homosexualität, die von der dominanten Kultur als »krank« inszeniert werden, zwingender scheinen als das Gesunde.

◆ Die Diva als das ganz Andere ◆

Die Diva wird dämonisiert: sie steht in Verbindung mit dem Anderen schlechthin, mit einer satanischen Trennung vom Ganzen, Reinen, maßvoll Gebändigten, Attraktiven. Ihr Mythos ist es, daß sie pervers ist, monströs, abnormal und häßlich. Wenn die Gestalt der Diva auch eng verbunden ist mit dem Bild der Königin und der Vorstellung weitervererbter Fortdauer imperialer Herrschaft, gelten Divas doch auch als subversive Figuren, die ein Imperium mit einer *roulade* oder einer arroganten Erwiderung ruinieren können. Mozarts Librettist Lorenzo da Ponte verdammt Brigitta Banti als »eine Schlange, eine Furie, eine Höllenteufelin, fähig zum Umsturz eines ganzen Reiches, nicht nur einer Theaterregie.«
Die Diva stürzt die Geschlechtsspezifik um, die der Welt zugrundeliegt, indem sie die Weiblichkeit gleichzeitig mächtig und künstlich erscheinen läßt, und wird deshalb gerne mit erderschütternden Katastrophen in Beziehung gesetzt. Als Mrs. Elizabeth Billington ihr Debüt in Neapel hatte, brach der Vesuv aus; die Neapolitaner schrieben der Diva die Schuld für die Katastrophe zu. Und zum Mythos

des Erdbebens von San Francisco gehört die Opernsängerin: Olive Fremstad sang an seinem Vorabend in San Francisco die Carmen; sie schenkte ihre Rosen den Verletzten. In dem Film *San Francisco* (1936, mit Jeanette Macdonald) bricht unser modernes Sodom wegen der lockeren Sitten in sich zusammen und wegen der zusehends opernstarken Stimme von Jeanette Macdonald. Sie desertiert aus dem Tanzpalast ins Opernhaus und legt so die geologischen Verwerfungen in der Klassenstruktur der Stadt bloß – Risse (Schwierigkeiten, zu sagen, was wir empfinden; Schwierigkeiten, die Heimlichkeit zu beenden) im kollektiven Körper des Publikums.

Schönheit und Größe der Stimme einer Diva beruhen – so will es die Ikonographie – auf ihrer eigenen Mißgestalt. Ihre Stimme ist wunderschön, weil sie selbst es nicht ist – und ihre Häßlichkeit wird als Zeichen moralischer und gesellschaftlicher Bedenklichkeit interpretiert. Wenn ich Biographien von Divas lese, kann ich die wiederholten Hinweise auf körperliche Defekte nicht ignorieren – beispielsweise die »von den Pocken schrecklich entstellten Züge« von Benedetta Pisaroni, die Zuschauer die Augen schließen ließen, »damit sie hören konnten, ohne zum Sehen verurteilt zu sein«. Das Publikum munkelte, Maria Malibran sei anatomisch gesehen keine Frau, sondern ein Androgyn, ein Hermaphrodit – eine abnormale Physis, die der magischen Gewalt ihrer Stimme entspräche.

Die Diva kann das schwule Selbst-Bewußtsein unterstützen, indem sie eine abnormale Figur ist, mit einer »häßlichen Gewohnheit, bei schwierigen Passagen die Hände gegen den Busen zu pressen« (Mrs. Billington); mit einem »im rechten Auge erkennbaren leichten Schielen« (Caterina Gabrielli); bereit zu sagen: »Ich liebe so sehr das Ungewöhnliche« (Jessye Norman); mit Sympathien für Abnormitäten (Marian Anderson »wollte gerne eine Ärztin sein, etwas Großes tun, wie Mißbildungen kurieren«); angebetet und verehrt, doch zu Beginn »ein kleines, häßliches, breitnasiges, schüchternes, unbeholfenes, zu klein geratenes Mädchen« (Jenny Lind)...

Die Diva mag Einwände gegen ihre Rolle als dämonisiertes Anderes erheben, als eine Kreatur, die man als »pervers, unvernünftig und aufrührerisch« bezeichnet, »unbezähmbar und boshaft« – wie Regina Mingotti von einem zornigen Impresario 1756

140

genannt wurde. Sie schlug in einer Broschüre zurück, in der sie ihm vorwarf, er gebrauche »weibliche Künste des Bettelns und Lamentierens, derer ich nicht bedarf«. Die Mingotti hat Protest eingelegt, aber die meisten Divas tun es nicht, weil ihr künstlerischer und finanzieller Erfolg sie rechtfertigt und ihre Abnormität in den Beweis der Überlegenheit verwandelt. Die Unbezähmbarkeit im Auftritt einer Diva trägt zu ihrer Kraft bei.

Will ich denn ein Erdbeben sein – eine ausbrechende Kraft anstatt eines verschlossenen Gewölbes? Vor *Act Up* war es nicht üblich, daß Schwule explodierten, wenn wir von einem stereotypen Stil männlich-schwuler Selbstdarstellung absehen (personifiziert etwa von Anthony, dem tänzelnden Stotterer in *Wiedersehen mit Brideshead*), einer Art Vulkanausbruch in Zeitlupe, einer Kraft, zerlegt in indirekte, im Vorab besiegte, widerstrebende Gesten.

Wenn ich einen Raum betrete (ein Wartezimmer, ein Restaurant, ein Theater, eine Straße), der vorwiegend hetero wirkt und in dem das Fehlen von Heterosexualität an mir plötzlich auffällig, sichtbar, lächerlich scheint, dann spüre ich, wie sich meine Muskeln unwillkürlich defensiv verkrampfen. Ich möchte sichergehen, daß mein Körper sich nicht zum Ausdruck bringt, nicht zufällig (durch Elastizität, Schwingung, Tänzeln, Leichtigkeit) von dieser mythischen, unstatthaften »Homosexualität« spricht. Und in solchen Momenten inmitten von Starre und Selbstauslöschung sehne ich mich danach, eine Diva zu sein, das Privileg zu besitzen, eine bebende, von fließender Tektonik durchzogene Erde zu sein.

◆ Divas und Dunkelheit ◆

Viele große Divas der letzten dreißig, vierzig Jahre waren Afroamerikanerinnen: Grace Bumbry, Martina Arroyo, Shirley Verrett, Leona Mitchell, Betty Allen, Mattiwilda Dobbs, Kathleen Battle, Leontyne Price, Jessye Norman. Und doch war bis vor kurzem die Oper ein rein weißes Unternehmen. Die meisten Opernhäuser untersagten es farbigen Frauen oder Männern, zu singen oder die Vorstellungen zu besuchen. Wenige Schwarze gingen in die Met,

141

auch wenn dort keine strikte Segregationsvorschrift herrschte, und keine Schwarzen sangen dort wichtige Rollen, bis Marian Anderson – die den Höhepunkt ihrer Karriere schon hinter sich hatte – 1955 als die Zigeunerin Ulrica in *Un Ballo in Maschera* debütierte. Rosalyn M. Storys kürzlich erschienene Studie *And So I Sing: African-American Divas of Opera and Concert* beschreibt detailliert die lange Geschichte der afroamerikanischen Frauen, die entweder nur durch Konzerte oder durch Opernauftritte in ausschließlich schwarzen Ensembles bekannt wurden.

In Jean-Jacques Beineix' Film *Diva* bricht die Diva, Wilhelmenia Wiggins Fernandez, eine farbige Amerikanerin, das traditionelle Bild von der weißen Diva auf und erinnert uns daran, daß die Diva – obwohl meist weiß – oft mit rassisch »Anderem«, mit Dunkelheit, Exotik, »Blut« in Verbindung gesetzt worden ist. Schon lange vor der Blüte der afroamerikanischen Diva in den letzten Jahren gebrauchte die Opernkultur Bilder von Dunkelheit, um die Diva zu dämonisieren. Farbe ist eine der wichtigsten Metaphern für die Qualität einer Stimme. Sängerinnen wird es beigebracht, den »weißen« Ton zu vermeiden und die Klänge abzudecken, zu verdunkeln. Rollen wie Carmen beruhen auf der Vorstellung vom »südlichen Blut« der Diva. Wenn Divas für Rollen wie Aida, Selika, Cio-Cio-San und Iris auf asiatisch oder afrikanisch geschminkt wurden, so drückte die Oper darin die dunkle Natur der Diva ebenso nachdrücklich aus wie sie durch diese ambivalente Maskerade die große Entfernung unterstrich, welche die weiße Diva von den farbigen Frauen trennte, die sie darstellte.

Die Stimme der schwarzen Opern- oder Konzertdiva stellte man sich so vor, als artikuliere sich hier direkt ihre Rasse: Kommentare sprachen von Marian Andersons »negroidem Klang«. Und die Zuhörer haben zu Metaphern von Dunkelheit und rassischem Wesen gegriffen, um den Reiz gewisser weiblicher Opernstimmen zu beschreiben, auch wenn die Sängerinnen weiß waren. Maria Malibran und Pauline Viardot wurden oft nicht-europäische Gesichtszüge nachgesagt: ein Freund der Malibran spekulierte über das »Negerblut« der Diva. Ein Journalist, der Adelina Patti als Kind schilderte, betont ihren »kleinen braunen Hals«, die »dunklen

Arme«, die sich um die »weißen kleinen Nacken« der Freundinnen schlingen; wegen ihrer dunklen Haut ist sie eine »geborene Vertreterin des spanischen Typs«. Italienische Herkunft an sich galt schon als Zeichen des Dunklen: Margherita de l'Épine wurde als »die dunkelhäutige Toskanerin« bezeichnet.

Die Diva bringt ihre stimmlichen Schätze in ferne Länder, auf Touren durch die Kolonien, und dort entdeckt sie unter den Kolonisierten eine Spiegelung ihrer gequälten Stimme. Der Biograph der Galli-Curci wechselt bei der Schilderung ihrer Reise durch Asien und Afrika zwischen Beschreibungen des »eingeborenen« Publikums und Diagnosen ihres Kehlkopfs, der in zunehmendem Maße den ärztlichen Spezialisten und der Erkrankung ausgeliefert scheint, als sei die Stimme der Diva, ausgesandt zur Zähmung und Beruhigung der Kolonisierten, selbst Objekt imperialer Kontrolle, mysteriösen Krankheiten und unkontrollierbaren Leidenschaften unterworfen. Die Galli-Curci war wie eine Missionarin, die es sich zum Ziel gesetzt hat, die Dunkelheit zu erobern, doch ihre Stimme – weiblich, verborgen, unergründlich – war eigentlich schon (in der Bildwelt des Imperialismus) auf seiten der Kolonisierten.

✦ Queens ✦

Ich habe mich selbst gekrönt – niemand krönte mich. In den Momenten größter Erhebung, tiefster Traurigkeit, engster Identifikation mit der Diva – den Augenblicken, da ich begreife: es wäre herrlich, über eine Bühne zu schreiten, die Schleppe eines langen Kleides hinter mir herschleifend – da kann es sein, daß das Wort »queen« mich überschwemmt, als Trost (»Ich bin eine Königin!«) und als Warnung (»Führ dich nicht auf wie eine Queen, denke nicht wie eine Queen«).

Nur ein Zeichen, ein Buchstabe, trennt *queer* und *queen*. Das »r« ist ein unvollständiges »n«.

Einige Divas, die als »Königinnen« bezeichnet wurden: die Patti war »Königin des Gesangs«; ein Brief mit der Adresse »Madame Galli-Curci, Königin des Gesangs, London« erreichte die Diva tatsächlich; Marian Anderson sang ihr historisches Konzert am Lincoln Memorial in Washington mit der »Würde einer dunkelhäutigen Königin«, meinte die *New York Post*; Kate Douglas Wiggin schrieb ein Gedicht auf Geraldine Farrar, das ausruft: »Rosenknospe, noch umhüllt vom Grün, / Im Singmädchengarten die Königin!« Hier bedeutet *queen* die führende Rolle in einer Mädchengemeinschaft – wie bei der Führerin einer Pfadfinderinnengruppe oder der umschwärmten »Königin« eines Schulabschlußballs.

Obwohl gekrönte Häupter sie feierten, gehörte die Diva des neunzehnten Jahrhunderts – wie die anderen Musiker auch – nicht eigentlich zur guten Gesellschaft. Eine seidene Schnur trennte sie bei privaten Veranstaltungen von den wohlhabenden Festgästen, die zu unterhalten man sie bezahlte. Noch besaß sie nicht uneingeschränkt alle bürgerlichen Rechte: Regierungen stuften sie gelegentlich als Prostituierte ein. Viele Schauspieler in Europa (im Musiktheater wie auf der Sprechbühne) vefielen einer ähnlichen Ausgrenzung. Frankreich gestand den Schauspielern ihre religiösen Rechte (Kommunion, Eheschließung, Begräbnis) erst im Jahre 1849 zu.

Und doch erscheint die Diva in herrscherlicher Maskerade. Königinnen und Divas verstehen einander. Die Diva glaubt – und dies mag nicht nur ein grandioser Selbstbetrug sein, sondern die Wahrheit –, daß sie und die Königin insgeheim dasselbe Schicksal teilen und sich augenzwinkernd verständigen können, einander heimlich zunickend.

Die Diva liebt Königinnen, denn wenn man vorgibt, eine Königin zu sein, ist dies ein Anlaß, den Körper von der Seele zu trennen, sich einer erhabenen und hieratischen Entfremdung zu überantworten; so zu tun, als sei man eine Königin, hilft der Diva auch, Figuren aus ihrer eigenen Vergangenheit nachzuahmen, die sie ignoriert oder mißhandelt haben mögen. Imitation ist eine Form von Trauer durch Identifikation: man imitiert, was man sich gerne erklären würde. Die Mutter der Diva ist einst mit gelassener, ozeanischer Distanz vorübergeglitten. Und so nimmt die Diva selbst diese Pose ein – so wie Christine Crawford in *Mommie Dearest* vor dem Spiegel so tut, als sei sie die grausame Joan Crawford und übe ihre Dankesworte bei Entgegennahme des Oscar. Die Tochter der

Diva Giulia Grisi schrieb: »Meine Mutter war fast hochmütig in ihren Bewegungen und hatte einen würdevollen Schritt, der zu ihrem Königinnenhaupt paßte« – hier sieht man das Gebaren der Diva mit dem Blick der Tochter und erkennt, daß die Diva wie eine Königin agiert, um jene imaginäre, unterwürfige Zeugin zu beeindrucken. Das Faktotum der Fremstad, Mary, beobachtet die Diva bei ihrem »Opfergang« auf die Bühne: Sie »marschierte mit dem ekstatischen, wie in eine andere Welt blickenden Ausdruck einer Königin daher, die zu ihrer Krönung geht. Olive Fremstad hatte sich nun so vollständig von der Realität abgeschnitten, daß es beängstigend war.« Die königliche Haltung der Diva erinnert an eine Wahnsinnige oder an Richard II. – sie scheint betäubte, eisesstarre Gleichgültigkeit gegenüber der Tatsachenwelt auszudrücken. Die Diva gibt vor, zu herrschen, und jeden Augenblick kann sich ihre Illusion zerschlagen. Sie ist eine Karnevalskönigin, Königin für einen Tag, eine normale Frau, die sich den aufwendigen Fummel eines Königinnenkostüms gönnt.

Ist das königliche Gebaren revolutionär, wenn Divas und Schwule es an den Tag legen? Oder ist die schwule Queen royalistisch? »Queen« ist ein Ausdruck des Vorwurfs und der Verhöhnung, weil er etwas gewollt oder hilflos Weibisches meint, und das männlich Weibische ist eine der am wenigsten akzeptablen Verhaltensformen in der westlichen Kultur. Aber das Wort »Queen« verspottet den Schwulen auch auf eine andere, leisere Art, weil es bedeuten soll, daß er eine Frau sein möchte und eine Königin und natürlich beides (tragikomische Figur!) nie erreichen wird.

Das Queen-Gebaren hat in der schwulen Kultur schon lange als Schutzwaffe gegen Beleidigung und Beschämung gedient: Die Queen tut, als sei sie über die Verachtung erhaben, weil man ihr so oft verächtlich begegnet. Eine Diva mag ebenfalls lange, ehe sie ein Star ist, wie ein Star auftreten, und ebenso lange, nachdem sie keiner mehr ist. Es isoliert einen gegen Schmerz, wenn man vorgibt, königlichen Status zu besitzen. Als sie wegen eines Streits mit der Operndirektion im Gefängnis gelandet ist, sagt die Diva Madeleine Guimard zu ihrer Zofe: »Tut nichts, ich habe an die Königin geschrieben, ich hätte einen neuen Frisurenstil entdeckt. Noch vor dem Abend sind wir frei.« Nur eine Diva kann sich die Freiheit so einfach erkaufen. Die Annahme, daß Modetips die Macht haben, Gefängnisstrafen zu annullieren, mag ganz im Stil von Oscar Wilde sein, doch Wilde selbst stand kein solches Mittel zur Verfügung, als er im Gefängnis war. Es ist subversiv – aber manchmal nutzlos –, die Künste der Mode, des Lebensstils, der Sprache und Geste zu behandeln, als seien sie monumental.

✦ Verkörperungen ✦

In der Divaprosa der Jahrhundertwende werden die Rollen manchmal kursiv gesetzt wie Titel: Maria Labia »sang *Mimi*, *Nedda*, *Santuzza* und *Marguerite*« und studierte »die Partien von *Tosca*, *Carmen* und *Marta* in ›Tiefland‹ ein, welch letztere Rolle sie zu der

NORINA, 1863   LUCIA, 1863

Die Patti lehnt es brüsk ab, von einer Rolle zur anderen ihre Gestik irgendwie zu ändern, und ihre Gleichgültigkeit allem Realismus gegenüber fasziniert uns.

146

ihren machte und achtzigmal sang.« Die Verkörperungen häufen sich auf, wie Eroberungen in einem Ballheft: Kirsten Flagstads hundertzweiundachtzig Vorstellungen als Isolde, ihre sieben als Serpolette in Planquettes *Les Cloches de Corneville*, ihre zwei als Rezia in Webers *Oberon*, ihre siebenundvierzig als Micaëla in *Carmen*. Die Diva ist wie der eingeschlossene Fan eine Sammlerin: Sie sammelt Rollen, Städte, lobende Kritiken.

Zwei Photographien von Adelina Patti – einmal als Norina in *Don Pasquale*, einmal als Lucia di Lammermoor – sind identisch: derselbe Gesichtsausdruck, der Kopf im selben Winkel gedreht, dieselbe Position des Körpers im Bildausschnitt. Nur die Kostüme sind verschieden. Die Patti lehnt es brüsk ab, von einer Rolle zur anderen ihre Gestik irgendwie zu ändern, und ihre Gleichgültigkeit allem Realismus gegenüber fasziniert uns. Sie versagt nicht vor ihrer Rolle, sie läßt sie hinter sich. Unsere Freude gilt der Unzulänglichkeit ihrer schauspielerischen Leistung, ihrer Indifferenz, ihrer willentlichen Ferne von der »Wahrheit«. Realismus ist unter der Würde der Patti, denn keine Diva hat es nötig, realistisch zu sein, um ihrem Ehrgeiz gerecht zu werden.

Es ist *camp* (und es heißt Bestätigung finden), wenn man Beifall dafür bekommt, daß man eine hochmütige Distanz zu der Rolle zeigt, die man einnehmen soll – wenn man belohnt wird, weil man nicht nachgibt, die eigenen hungrigen Wünsche nicht ändert, weil man sagt: »Kein Zutritt hier – Privateigentum!«, weil man bellt: »Ich bin der, der ich bin! Niemand stört die Ordnung meiner Gefühle!«

✦ Name und Überschwang ✦

Jede Diva, die ihre Rollen aufzählt, feuert eine Salve klingender ausländischer Namen ab, die das hauptsächliche Kulturdekor der Oper darstellen. Diese Listen haben den Reiz einer Collage – Stücke der Welt, ihres eigentlichen Ortes beraubt. Aber die ausgelöschten Geschichten hinter den Namen sind zum Fürchten. Rita Fornia »gab ihr Debüt in ›La Juive‹ als Eudoxia in Hamburg«. Rita

147

Fornia, *La Juive*, Eudoxia, Hamburg: diese vier Namen beschwören Geschichten und bringen sie zum Schweigen. Man stelle keine Fragen an die Namen in den Opern – man bewundere nur ihre Majestät, das Glitzern einer Verkörperung, das sich mit einer Stadt und einem Jahr verbindet – meine Azucena in Paris 1917, meine Leila in Buenos Aires 1975.

Divas verlieren ihre Namen und werden Titel: La Stupenda, Miss Sold-Out, The Queen of Staccato. Generell reicht es, vor den Namen der Diva den bestimmten Artikel zu stellen: aus Lina Cavalieri wird »Die Cavalieri«.

Überschwang: ein junger Mann sagt zu Clara Butt: »Madame Butt, Sie sind ein Gedicht!« Die hyperbolische Formulierung verbirgt die Herabminderung: Ist Madame Butt wirklich so großartig, oder macht der junge Mann auf seine eigene Bedeutungslosigkeit aufmerksam? Beschreibt die Bemerkung »Sie sind ein Gedicht« die Aura von Clara Butt, oder die verliebte, ästhetisch-enthusiastische, von der Diva regierte Welt des jungen Mannes?

Die überschwengliche Bemerkung des jungen Mannes ist affektiert: Er ergibt sich willig dem Enthusiasmus. Starke Gefühle zu zeigen, zu übertreiben, Launen zu folgen: Dieses Verhalten wird bei Frauen toleriert, bei Männern verachtet.

♦ Fieber und Polizei ♦

Ganze Städte erliegen der Ansteckung durch die Diva. San Francisco erleidet eine Patti-Epidemie. Flugblätter in London verkünden »Die Jenny-Lind-Manie«. London erkrankt am Galli-Curci-Fieber. In Schweden infiziert man sich während der Tour von Marian Anderson am Marian-Fieber.

Wenn ein Fieber ausbricht, ist die Polizei gefragt. Die Polizei kontrolliert die Menschenmassen am Bühneneingang von Covent Garden, wenn die Patti singt. (Die Menge, die sich versammelt, um Karten für eine Vorstellung mit Jenny Lind zu bekommen, heißt ein »Jenny-Lind-Auflauf«.) Haben Menschenmengen, die einer Sängerin huldigen, ein politisches Programm, sei es auch nur ein marginales und verborgenes? Gewiß deutet die Versammlung, die im Stonewall zu toben begann (gleich nachdem sich ein großer Menschenauflauf vor Campbells Beerdigungsinstitut gebildet hatte, um Judy Garland zu betrauern), darauf hin, daß sich Fans auch aus anderen Gründen versammeln können außer aus müßiger Neugier. Begeisterung und Zuneigung, insbesondere für Abwesende, sind potentiell gewalttätig, wenn auch nur selten revolutionär: Kein klares politisches Programm bewegt die Menge, die Henriette Sontag zu ihrem Hotel folgt und ihr ein Ständchen bringt.

Marian Andersons Mutter sagte zu ihr: »Denk dran, wo du auch bist und was du auch tust – jemand sieht dich immer.« Dieser Hinweis hatte eine scharfumrissene Bedeutung für das afroamerikanische Kind, das sich vor wachsamen, bedrohlichen, bewaffneten Beobachtern hüten mußte. Aber die Warnung gilt auch für die Künstlerin, die eine Identität auf der Erfahrung aufbaut, daß man sie beobachtet, und lernen muß, sich selbst zu überwachen.

Mächtige gesellschaftliche Institutionen horsten in unseren Körpern; die normative Kategorie – Mann, Frau, Normal – fährt mit ihren Krallen durch den Leib und inspiziert ihn, ob er Irrtümer enthält. Wir wollen unseren Kategorien entsprechen, tun es aber selten. Der Junge in *Tea and Sympathy* möchte wie ein Hetero-Mann gehen, er versucht, das zu lernen, er versucht, seinen schwulen Gang abzustellen. Aber er kriegt es nicht fertig. Das Fieber, das schmerzt und stützt, läßt sich nicht durch körperpolizeiliche Eingriffe vertreiben.

Diva ist eine spezifisch weibliche Rolle (eine Opernsängerin von großer Berühmtheit und Brillanz), aber auch eine elastische gesellschaftliche Institution, ein Rahmen für Emotionen, für ein bestimmtes Verhalten, eine Erwartung, einen Wunsch, der durch einen Körper hindurchgehen kann, welcher mit der Oper gar nichts zu tun hat, der die Wangen eines nicht-singenden, nicht-auftretenden Körpers erröten lassen kann, eines Körpers, der »privat« genannt wird, weil er nicht davon abhängig ist, daß man ihn sieht oder hört.

149

◆ Blumen, Sonette, Bravarufe ◆

Divas bekommen Blumen, obwohl Louise Homer behauptete: »Der Geruch von Blumen ist nicht gut für die Kehle des Soprans.« Blumen bilden eine Sprache, deren Artikulation mit militärischer Präzision choreographiert ist: »La bataille des fleurs« nannte die Gefährtin der Fremstad dieses Ritual. Der Tribut für Adelina Patti in der Albert Hall war eine acht Fuß hohe Konstellation gelber Chrysanthemen. »Wie die meisten Primadonnen«, so Leontyne Prices ergebener Chronist, hat diese »eine tiefe Liebe zu roten Rosen«. Wenn das Publikum ihr Blumen gibt, schenkt es der Diva Freude. Oder wirft der Fan etwa seine Blumen selbstsüchtigerweise – um sich am Abend der Vorstellung zu profilieren?

Offenbar war es im neunzehnten Jahrhundert üblich, Bewunderungssonette auf die Bühne zu werfen. Adelaide Phillipps wurde auf einer Italienreise nach einer Vorstellung mit Sonetten überschüttet. Eines wude am nächsten Tag in der Zeitung veröffentlicht: »Adelaide, tu canti!«

Die Diva zählt ihre Rosen und zählt, wie oft sie herausgerufen wird. Verschiedene Divas berichten, daß sie gelegentlich über fünfzigmal vor den Vorhang treten mußten. Die Diva mag mit gespielten oder genuinen Zeichen jenes Gefühls, das die Rolle prägte, herauskommen, um zu beweisen, daß die Verkörperung einer Rolle ihren Preis hat, daß sie dem Publikum treu gedient hat, daß sie wirklich gelitten hat und nicht nur als Maskerade. Ich liebe die Souveränität, den Antirealismus einer Wiederauferstehung der Diva – Gilda, Lucia, Carmen, Madame Butterfly, alles tote Frauen, die sich für den Applaus des Publikums wiederbeleben, weil die Diva so viel Ruhm geerntet hat, daß sie sich aus dem Grab erheben kann, um ihn einzuheimsen.

Das Werfen von Blumen auf die Bühne – wie das Niederlegen von Blumen auf ein Grab – kann die Hindernisse nicht überwinden, die einer realen Gegenwärtigkeit im Wege stehen. Das Blumengeschenk wird nie erwidert werden. Wie ein Fanbrief ist es ein Tribut an die Leere: eine Geste des gläubigen Vertrauens und der Verzweiflung. Eine Blume zu werfen will sagen: Ich bin eingesperrt.

(Denken sie an Jean Genets *Notre-Dame-des-Fleurs*.) Gewalt und Brutalität sind in Blumen begraben – manchmal kann die Schleuderkraft eines Buketts verletzen, insbesondere wenn der Blumenstrauß Juwelen versteckt. Der Fan, der mit Blumen nach der Diva wirft, ist eingeschlossen in die Sprache der Blumen – in die Lügen von Blüten und Düften.

Die Liebe zu den tiefroten Rosen kann die Diva nicht trösten. Niemand gewinnt »la bataille des fleurs«, weil diese Romantik es nicht bis zur Sprache und zur Erkenntnis bringt. Als Bezahlung für das rituelle Opfer, das die Diva dargebracht hat, türmen sich Blumen zu ihren Füßen wie die Leichen eines Gemetzels, und das Konfetti zerrissener Programme – Schneegestöber – fällt auf sie. Doch diese Fragmente (die abgeschnittenen Blumenknospen, die zerfetzten Seiten) können nicht befriedigen, weil der Kontext dieser Huldigung – die Liebe, die der schwule Fan über die Rampe wirft – unaussprechlich und innerlich bleibt.

Ich habe nie Rosen für eine Diva gekauft, und vielleicht bedeutet das, daß ich ein selbstsüchtiger Fan bin. Oder vielleicht sind diese Notizen hier meine Rosen: Blumen für eine imaginäre Diva, für die Diva-Identität, die ich wider alle Vernunft und wider mein Geschlecht anstrebe.

◆ Die Kunst des Zornes ◆

Es ist denkbar, daß Divas deshalb einander bekriegen, weil sie nicht die Macht haben, das patriarchalische System zu bekämpfen, das sie mit ein wenig Anerkennung und Unabhängigkeit abspeist. Aber diese Hypothese gesteht den Divas nicht genug Intelligenz und eigenen Willen zu und läßt das unberücksichtigt, was an ihren Rivalitäten so inspirierend ist. Die kämpfenden Divas erteilen uns Lektionen in der Kunst des Zornes: Wie man eine lastende Herrschaftsordnung bekämpft, indem man ein zähes Ich erfindet.

Lektion Eins. Nellie Melba sagt in Hörweite von Mary Garden nach ihrem gemeinsamen Konzert: »Was wäre das für ein furchtbares Konzert geworden, wenn ich nicht gekommen wäre!«

Lektion Zwei. Geraldine Farrar attackiert Mary Garden in ihrer Autobiographie mit folgendem lauwarmem Lob: »Ich bin sicher, es wird Mary Garden nichts ausmachen, wenn ich sage, daß mir ihre Carmen nicht gefallen hat, aber sie hatte ihre eigene Art und ein treues Publikum, und wahrscheinlich war es eine angenehme Abwechslung für sie nach der blassen Mélisande und dem rührenden kleinen Jongleur...«

Lektion Drei. Olive Fremstad greift Geraldine Farrar an, die ihre eigene, spezielle Garderobe an der Met hat, während die Fremstad sich einen Raum mit den anderen Primadonnen teilen muß: »Diese Künstlerinnen singen ja nur Kleinigkeiten wie Manon oder Nedda oder Marguerite – aber für die Fremstad und Isolde ist nichts zu gut!«

Unser soziales Ich – das Ich, das an die Ordnung und an die Bescheidenheit glaubt und daran, daß man in seinem eigenen Bereich bleiben soll, wo man hingehört – wird von dem befreienden Anblick einer Diva zerschlagen, die sich wider allen Anstand hinstellt, um für sich selbst zu kämpfen. Wenn ich von Divas lese, ergebe ich mich dem machtvollen Vorbild ihres rücksichtslosen Ehrgeizes; ich öffne mich ganz einer Geste oder einem verbalen Handstreichunternehmen, die ich nicht erwartet habe, auf die ich nicht zu hoffen wagte. Wenn ich die Szene verfolge, wie sich zwei Divas streiten, durchfährt ingeniöse Bosheit meinen Leib wie ein Blitz; die Szene erhitzt mir die Seele, als nähme ich, der zufällige Zeuge, an einem geheimen kultischen Zeremoniell teil.

Giftigkeit gilt als typisch schwuler Stil. Schlagfertige Infamien, Katzbalgereien und perfide Bonmots sind charakteristisch für Texte, die einen bestimmten schwulen Geschmack verkörpern: Oscar Wildes Stücke, die Romane von Ivy Compton-Burnett, George Cukors Film *The Women*. Diese Tonfälle finden sich nicht nur in »höherer« Kunst, sie tauchen auch in Travestieshows, in John-Waters-Filmen, im Argot der Bars auf. Witzchen, raffiniert pampige Antworten, Hohn und Spott sind Waffen, die nur streng begrenztes Terrain erobern können; die Früchte des Sieges einer Queen sind Kleinigkeiten, eine Garderobe ohne gesprungenen Spiegel oder ein Paar Cha-Cha-Schuhe.

Das *Erhabene* ist ein erregender Schub von Paranoia und Grandiosität für die geduldige, wachsame, unauffällige Seele des schwulen Fans. Plötzlich kippt das Subjekt-Objekt-Verhältnis um, plötzlich ist die private Welt öffentlich, der innere Monolog weithin
hörbar. Die Diva-Rivalitäten stülpen die Isolation der schwulen
Seele um und lassen eine Welt kleiner privater Gesten und Feind-
seligkeiten als etwas Soziales, Geselliges, Legitimes erscheinen.
Alle wissen, was du denkst, alle beobachten deine winzigen
Schachzüge, alle versuchen, deine Stimmung einzuschätzen. Alles
richtet sich nach deinen Reaktionen. Vor einem Augenblick noch
warst du ein Niemand, aber jetzt bist du die Diva, das Opfer einer
Verschwörung. Wenn also Gloria Swanson am Schluß von *Sunset
Boulevard* sagt: »Also, Mr. De Mille, ich bin bereit für meine Nah-
aufnahme«, dann spricht sie dem Gefühl von Diva-Rivalität aus
dem Herzen: Narzißmus, wahnhafte Göttlichkeit, läßt sie glauben,
daß sie für alle sichtbar ist.

Das Gegenteil der Rivalität sind die Posen zuckersüßer Gemeinsamkeit, wenn Divas ihrer triumphalen Größe schon so sicher sind,
daß sie nett zueinander sein können. Die Divas, die sich so zusam-
mentun, gehen davon aus, daß der Fanclub, den sie nun wechselsei-
tig bilden, von allgemeinstem Interesse ist. Leontyne Price sagt:
»Giulietta Simionato ... gehört absolut zu meinen Lieblingen. Die
Callas ist fabelhaft, und die Tebaldi und die Farrell auch. Von diesen Girls kann man sich reichlich alles holen, was man als Sängerin
nur will.« Die Formulierung »gehört absolut zu meinen Lieblingen«
läßt nicht die Price billig erscheinen, sie taucht den Leser in golde-
nes Licht und setzt eine Umkehrung in Gang: Die Worte von Divas
sind plötzlich eine leicht zugängliche, vertraute Tauschwährung.

Ob sie sich nun mit anderen Divas zusammenschließt oder sie
als Rivalinnen bekämpft, eine Diva ist nie allein: Ihre Einsamkeit
ist von Spiegelbildern bevölkert. In Cecil Beatons Photographie von
Marguerite D'Alvarez hat er ihr Gesicht verdreifacht, er zeigt uns
drei Bilder von Marguerite, die alle über den Bildrand hinausstar-
ren; sie sucht nach ihrem Selbst und findet es nie. Oder sie ist in
verschiedene Teile zerlegt, weil Cecil Beaton, der schwule Photograph, sie so sehr liebt. Bewunderung gebiert Wiederholung.

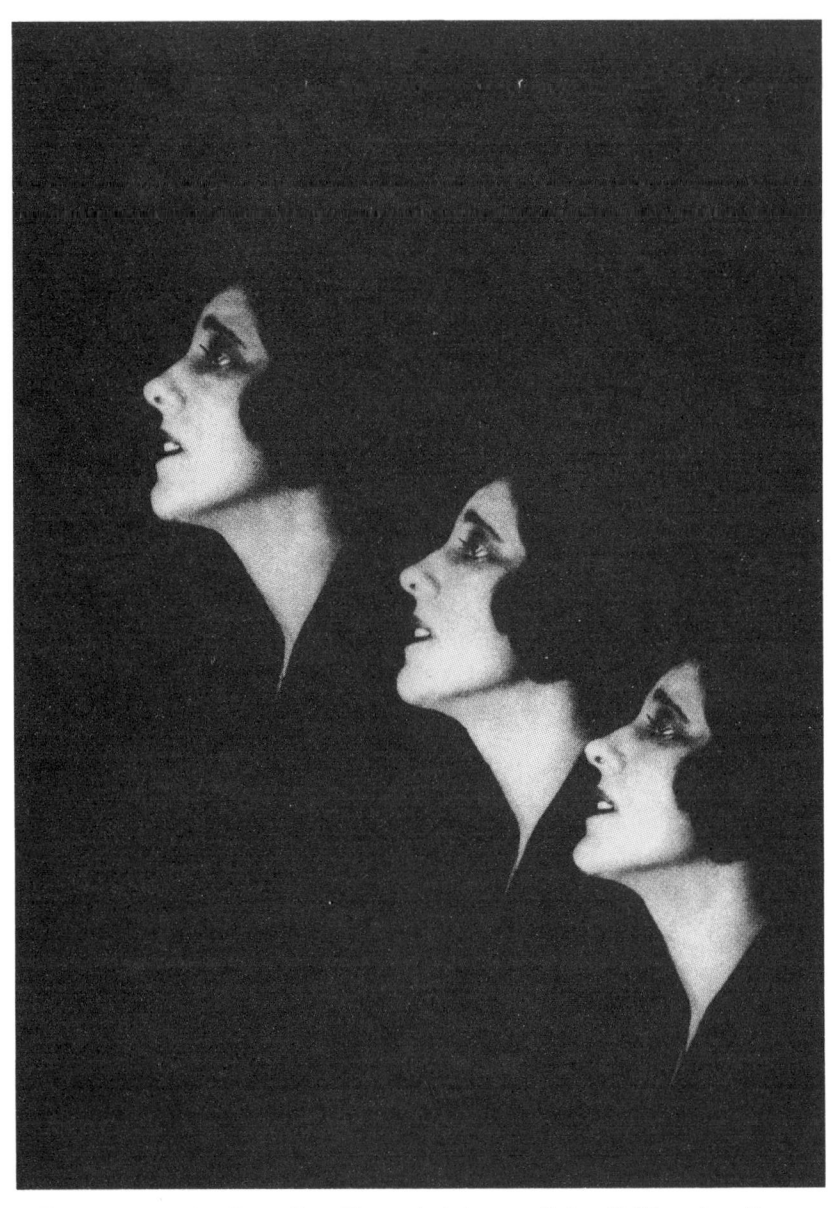

Eine Diva ist nie allein: Ihre Einsamkeit ist von Spiegelbildern bevölkert.

Schwule Verehrung produziert die Diva als gespaltene Persönlichkeit (Marguerites drei Gesichter) und verwandelt eine glückliche Dame in eine schizoide Träumerin. Oder braucht es drei Köpfe, damit ihre in sich selbst versunkene Monumentalität zum Ausdruck kommt? Die Photographie versucht, transzendent zu erscheinen, indem sie ein Heiligenbild oder eine Kamee nachahmt und indem sie den Körper – den problematischen Körper der Diva – in ein Schwarz hüllt, das die Figur verbirgt; aber präziser noch hält das Bild die Spaltungen, Höhenflüge und Erregungen fest, die eine schwule Seele erschüttern, wenn sie eine Diva verehrt.

Auf einem anderen Photo von Marguerite D'Alvarez, auf dem sie himmelwärts sieht, ist sie sichtlich gealtert, und ein frommer Blick nach oben hilft ihr, der Realität auszuweichen. Sie verehrt ein Kreuz

»Hilf meiner Karriere auf!«

155

und ist von Blumen umgeben, die ihre eigene duftige Vergänglich-keit und den Tribut des verliebten Photographen darstellen. Die Diva schaut nach oben, weil sie in Bilder von sich selbst versunken ist und ihren Höhepunkt schon hinter sich hat, es kräftigt das Kinn, wenn man es hochreckt, weshalb die Divas es so häufig heben, wenn sie singen oder wenn sie, sich vor dem Vorhang verneigend, alle Ecken eines Opernhauses in den Halbkreis eines einzigen Blickes zu bannen versuchen. Marguerite D'Alvarez sieht nach oben, weil sie ein Wunder braucht. »Hilf meiner Karriere auf!« könnte sie beten. Für den bisexuellen Carl Van Vechten, der das Photo aufgenommen hat, ist dieses Bild ein religiöse Droge. Er verehrt die zeitliche Verletzlichkeit der Diva – sie kann mit der Zeit spielen, ist aber auch ihr Opfer. Wie Dorian Gray hat die Diva eine besonders bewegende Beziehung zur Fiktion jener ewigen Jugend, die wir vielleicht alle gerne hätten, die aber Frauen und Schwule in der Vorstellung unserer Kultur besonders intensiv ersehnen.

✦ Camp ✦

Susan Sontag hat »Camp« definiert als den anarchischen Schock, den wir erleben, wenn wir Kunstprodukten begegnen, die ernst sein wollen und dabei scheitern. Aber nicht dieses Versagen des Gegenstands oder des Künstlers ist es, die das Produkt *campy* machen: Das Camp-Gefühl entsteht durch unsere eigene Freude, dieses Objekt entdeckt zu haben, von ihm angelockt worden zu sein. In der Erfahrung dieser Camp-Lust zergeht unsere Niedergeschlagenheit, und im Angesicht der Sinnleere von Kulturmonumenten erleben wir unsere eigene Macht, subalterne Gegenstände bis zum Rand mit Bedeutung zu füllen.

Wenn uns der Schauer der Camp-Erfahrung überkommt, das genießerische Entzücken, führen wir unseren privaten Airlift zur Rettung vergessener Kulturartefakte durch und befreien Fragmente, die als Geiseln der allgemeinen Gleichgültigkeit festgehalten worden sind. Niemand sonst hat zuvor für diese Geste, dieses Muster, diese Figur gelebt: Nur ich weiß, daß das sublim ist. Wordsworth beschreibt in *The Prelude* das Erlebnis, wie er die Alpen überquert und dabei nicht bemerkt (und erst anschließend feststellt), daß er eine große Erfahrung gemacht hat. Wenn ich Divas beobachte, wenn ich von einer Geste Dorothy Kirstens oder Leontyne Prices lese, habe ich das Gefühl, daß ich die Alpen überquert habe, daß ich Zeuge von etwas Ungeheurem, alle Grenzen Sprengendem geworden bin, daß aber niemand um mich her Bedeutsamkeit und Glanz dieses Geschehnisses begreift. Doch bin ich dankbar für das schweigende Desinteresse der Welt, für die völlige Privatheit, in der ich das Bild der Melba studieren darf, wie sie dem Dirigenten Cleofonte Campanini telegraphiert: »Entweder Alda oder ich«. Es ist sublimer und in stärkerem Maße »camp«, wenn man seine Freude nicht ausspricht und die kleine Geschichte später einmal rettet, wenn alle anderen sie verschmäht haben. Das Vergnügen, das mir die Divakunde bereitet (»Dieser Augenblick, diese Bemerkung, diese Szene ist nutzlos, und deshalb erhebe ich Anspruch darauf«) ist wie das Vergnügen, das mir ein verbotener erotischer Anblick macht. Ich isoliere das erotische Bild in meinem inneren Museum: Nie betritt die Zeit diese Galerie, deren Pinups niemand verändern oder zerstören kann.

◆ Divas und ihre Hunde ◆

Eine Photographie von Rosa Ponselle mit ihren Lieblingshunden wirbelt mich empor in den Himmel des Camp. Warum sie wohl mit ihnen vor der Kamera posiert hat? Um mir eine große Freude zu bereiten? Um zu beweisen, daß sie ganz normal und in unserer Wirklichkeit zuhause ist? Oder weil die Hunde ihre geliebten Gefährten sind, und sie den Fans ein akkurates Bild von ihrem Leben zeigen möchte?

Divas lieben Hunde, weil Divas aristokratisch empfinden und sich für reinrassige Zuchten interessieren – und Hunde verkörpern das unsägliche, hechelnde, feuchte Entzücken, das die Stimme der Diva uns schenkt. Mary Cushing beschreibt, wie sie dem Gesang ihrer geliebten Olive Fremstad lauscht: »Dann saß ich da in dem

Rosa Ponselle mit ihren Lieblingshunden

dunklen Saal, auf meinem Schoß die hechelnde Mimi, träumerisch die köstliche Fremdheit und Erregung dieser neuen Welt genießend.« Die verwirrende Syntax des Satzes läßt nicht erkennen, wer nun – Mary oder der Hund – »träumerisch genießt«.

Der Hund kann auch als böser Hausgeist der Diva erscheinen, der ihr verbotene, heulende, magische Stimm-Macht verleiht. Wie eine Inkarnation Draculas taucht ein Hund geheimnisvoll immer wieder in Mary Gardens Leben auf. Wenn sie von dem fürchterlichen Hundebiß ihrer Kindheit spricht, spielt die Garden symbolisch auf andere unaussprechliche Verletzungen an – Vergewaltigung, Inzest: »Mein weißes Seidenkleid war über und über voll Blut... Wenn ich daran denke, was geschehen wäre, wenn dieses entsetzliche Tier mich auch nur ein wenig tiefer gebissen hätte – am Hals... Er war, man verstehe, eifersüchtig, weil er dachte, ich käme ins Bett meiner Tante. Ich trage immer noch die Spuren seiner Zähne.« Jahre später, als die erwachsene Diva Mary Garden die Seiten eines Buches mit einer Nagelfeile aufschneidet, springt ein Hund hoch und treibt ihr die scharfe Feile ins Ohr: »Ein kleines Rinnsal Blut trat hervor, und ich stellte plötzlich fest, daß ich taub war.« Dies ist das zweite Mal, daß ein Hund beinahe die musikalische Existenz der Garden zerstört hätte.

Selbst wenn die Galli-Curci »ihre Lieblingskatze Dinorah in die Geheimnisse des Gesangs« einweiht, scheint diese Beziehung des Soprans zum Tier weniger die verwöhnte Vorliebe der Diva für Schoßtierchen zu erläutern als sie in ein dämonisches Licht zu setzen, sie als Zwitterexistenz (das Katzenweib) darzustellen und das Vergnügen des Fans herabzusetzen – das Zuhören wird als animalisch dargestellt. Die Diva ist eine zähe Spezies, ihr Schicksal ist das Überleben; die darwinistische Logik, die den größten Teil der Divaprosa umtreibt, bringt alles Vergnügen mit den »niedrigen Lebensformen« in Verbindung – mit dem Dunklen, Untergründigen, Unablässigen. Die zähe Diva, die nichts mehr losläßt, was sie hat, mag aristokratisch erscheinen, aber sie sabbert und heult. Blanche Marchesi beschreibt einen dramatischen Sopran im frühen, unentwickelten Stadium »wie ein neugeborener Neufundländer, tapsig, schwer, unbeholfen, formlos; man mag kaum glauben, daß er gehorsam und schön sein wird und sein Gleichgewicht findet, daß er leicht die hohen Töne erreicht und sich verhalten wird wie andere Stimmen.« Blanche Marchesi mag einen dramatischen Sopran mit einem Hund vergleichen, aber sie mißbilligt es, wenn die Lehrerin ihre Schülerinnen der »Hundehechel«-Übung unterwirft – bei der die junge Sopranistin wie ein Hund jappen muß, der vom Rennen außer Atem ist. Die Diva verbirgt ihre schwere, unbeholfene Animalität und lernt es, sich anständig aufzuführen; wenn sie ihre Stimme entwickelt, erhebt sie sich über das Tierreich, als könne die Karriere einer Frau die Evolution der Gattung nachvollziehen.

Nehmen wir zwei klassische Topoi: einmal Schwule und Pudel (beziehungsweise auch andere »weibische« Hunde; die definitive Geschichte von Schwulen und Hunden ist J. R. Ackerleys *My Dog Tulip*, obwohl Tulip ein deutscher Schäferhund ist) – andererseits junge Mädchen und Pferde (etwa der Elizabeth-Taylor-Film *National Velvet*): ein Interesse, das dem an Jungs vorausgeht. Was sagt das Vorurteil zu Lesbierinnen und Hunden? Was ist das bevorzugte Tier der Lesben? In *The Autobiography of Alice B. Toklas* beschreibt Gertrude Stein ihre eigene Affinität zu Tieren in komischer Form: »Gertrude Stein hatte immer schon kleine Schweinchen geschätzt und stets gesagt, im Alter würde sie dann die Hügel um Assisi auf und ab wandern mit einem schwarzen Schwein als Gesellschaft. Sie wandert nun über die Hügel des Ain mit einem großen weißen und einem kleinen schwarzen Hund...« Das Bild des Hundes demonstriert uns, daß homosexuelle Leidenschaften – die Perversität der Frauen, die Frauen lieben, der Männer, die Männer lieben – zur unteren Natur, zum bewußtlosen Blut gehören, und stumm sind, haustierhaft, untermenschlich.

◆ Die Kleider der Diva ◆

Ich habe nie Frauenkleider getragen – oder doch nur einmal, an Halloween – das Kostüm der Bösen Hexe, in peinlich spätem Alter. Ich gab eine sehr überzeugende Hexe ab, aber der schlichte Sergerock, der Hut, die poplige Bluse gefielen mir gar nicht. Einmal kam auf einer Weihnachtsparty ein Bekannter als Elisabeth Schwarzkopfs Marschallin – eine makellose Imitation, bis auf die haarige Brust. Ich bewunderte seine Perücke, sein Schönheitspflästerchen, sein Kleid.

Divaprosa widmet sich den Kleidern mehr als dem Timbre. Die große Toilette leiht der möglicherweise tierischen Stimme der Diva eine angemessene Umhüllung und verdeckt die weniger akzepta-

Clara Butt in ihrem »Traubenkleid« –
eine Frau, die nach eigenen Regeln lebt.

blen Aspekte der Frauenstimme: ihre Fähigkeit, uns zu öffnen, zu entblößen, zu erneuern; ihre unerbittliche Unabhängigkeit und Dreistigkeit. Die Roben der Diva sind kein Mittel heterosexueller Verführung: die Falten und exzentrischen Details des Kleides interessieren andere Frauen und schwule Männer – oder Männer, die sich für Frauenkleider interessieren, falls das eine von den Schwulen unterscheidbare Bevölkerungsgruppe ist.

Eine große Toilette rechtfertigt die Diva, indem sie ihren Glamour bestätigt, und es inspiriert den schwulen Fan, indem sie die Abhängigkeit der Geschlechtsrolle vom Kostüm demonstriert. Eine Frau ist eine Frau, und ein Mann ist ein Mann, aber doch nicht ganz – Kleider geben dem Geschlecht seine soziale Bedeutung.

Als ich Kathleen Battle bei einem Konzert hörte, trug sie ein sehr markantes, trägerloses Kleid, das griechisch wirkte (es sah aus wie eine korinthische Säule); die Schleppe nahm die halbe Bühne ein, und die Sorgfalt, derer es bedurfte, diese Schleppe zu bewegen, war ein üppiges, erwartetes Unterfangen, wie eine Zugabe.

Eine solche Toilette sichert den Status, sie bestätigt geheime Selbstwertphantasien. »Endlich war ich gekleidet, wie es meiner Begabung entsprach!« bemerkt Frances Alda zu dem Erlebnis, als sie ihr erstes großes Abendkleid trug. Doch für Divas, die weniger privilegiert sind als die Alda, dient das großartige Kleid als Camouflage und hilft ihnen, aristokratisch aufzutreten. Vor einem wichtigen Auftritt in der Town Hall brach sich Marian Anderson den Fuß; auf der Bühne mußte sie einen Gipsverband tragen. Ein Reporter bemerkte, daß die »fließenden Falten ihres weißen Gewands ihren Fuß im Gipsverband verbargen«. Ihr verborgener Gipsfuß läßt sie noch statuesker erscheinen.

Ein Kleid erlaubt es, auf spektakuläre Weise Stolz und Tollkühnheit zur Schau zu stellen: siehe Jessye Normans ohne die geringste Verlegenheit getragene opulente Roben. Die Kleider beweisen, daß Clara Butt eine Frau war, die nach ihren eigenen Regeln lebte: Sie gab ein Abschiedsfest für ein Lieblingskleid an dem Tag, da sie es zum zweihundertsten Male trug, und sie war für ihr Traubenkleid berühmt – bestickt mit künstlichen Trauben. Clara Butt mit ihrem Traubenkleid war sechs Fuß zwei Zoll groß.

Meine Phantasie: Die Umstände ändern sich, ich werde eine Diva und muß mir ein Kleid zulegen. Ich kann nicht wie eine Diva gehen, ich kann mich nicht kleiden wie eine Diva, aber weil ich bereits berühmt bin, kommt das Verkaufspersonal eilig gelaufen, wenn ich in einer Parfümwolke das Geschäft betrete (ich verwende Gardenia – das Parfüm, das den Namen von Mary Garden trägt) und sage: »Ich muß ein großes Konzert geben, bitte nehmen Sie Maß für ein Abendkleid«; ich brauche endlose Anproben und komme dann mit einer großen Schachtel mit einer riesigen Schleife aus dem Laden, wie Jean Harlow in *Red-Headed Woman*.

Divakleider erzählen Geschichten. Erzählungen entströmen den Nähten und den Turbanen und den dünnen vielfarbigen Fäden. Jeder Teil der Toilette oder der Coiffure enthält eine Anspielung auf eine bestimmte Epoche, Zeichen eines verschollenen Code (»Im zweiten Teil des Programms erschien Galli-Curci in einem paillettenbesetzten weißen Kleid, das Haar ein wenig gelockt, was auf das Directoire anspielte«). Und Kleider lassen Zweifel aufkommen – Zweifel, die der Fan Gordon M. Eby unterdrücken will: »Gewiß kann niemand, der Miss Bori in jener herrlichen Schöpfung aus rotem Samt und Goldspitze im ersten Akt ihrer *Traviata* oder in dem unglaublichen weißen Gartenkleid aus Tüll mit dem weitem Rock, den Blumengirlanden und Rüschen und dem breitausladenden Hut in der Wiederaufnehme von *Don Pasquale* 1935 gesehen hat, an ihrem makellosen Geschmack zweifeln.« Das Geheimnis, das die Toilette der Diva verbirgt, ist der Mangel an Geschmack – oder ein Übermaß an Geschmack: Geschmack, der sich in grotesker Unabhängigkeit von seinem Kontext gelöst hat.

Eigentlich sollte man dem, was die Diva trägt, ja gar keine Aufmerksamkeit schenken. Eigentlich soll man sich auf die Musik konzentrieren. Aber die Divas selbst sind in die Kunst der Maskerade verliebt, selbst wenn das bedeutet, die erhabeneren Freuden der Musik und des Dramas in den Hintergrund zu drängen. Die Lieblingsrollen von Lucrezia Bori waren Violetta und Manon, wegen der »Kostümmöglichkeiten«. Frances Aldas glorreicher Augenblick kam, als eine Königin zu ihr sagte: »Ich habe nie vergessen, wie wunderbar Sie sangen und was für ein herrliches Kleid Sie trugen

... Ich weiß noch, wie ich Sie fragte, wer es gemacht hat, und Sie sagten: Doucet. Jetzt will ich es Ihnen sagen: Ich bin am nächsten Tag zu Doucet gegangen und habe mir auch so eins bestellt.« Die Königin imitiert die Untertanin: Auf eine solche Umkehrung will die ganze *Queenliness* des Transvestiten und der Diva hinaus.

Alles, was ich noch von einem Janet-Baker-Konzert weiß, ist ihr gleißend stahlblaues Kleid. Alles, was ich noch von Hildegard Behrens' Tosca weiß, ist das Geräusch ihres Kostüms: Als sie über die Bühne ging, raschelten die zahlreichen Röcke und verkündeten die Autonomie des Kleides als eines Objekts der Sehnsucht, zeigten, wie man inmitten möglicher Beschämung und Schande elegant wirkt.

Die modischen Bedürfnisse der Diva sind zuhause dieselben wie auf der Bühne. Zuhause spült Rosa Ponselle das Geschirr in ihrem *La Traviata*-Kostüm (»abgeändert zum persönlichen Gebrauch«), die Ärmel hochgesteckt und »mit Seifenschaum bis zu den Ellbogen«. Der Puls des Fans geht schneller, wenn er sich die Ponselle beim Spülen in ihrem Violetta-Abendkleid vorstellt – das Bild ist albern (es enthüllt die Ponselle als grandios auftrumpfend, während sie vorgibt, bescheiden zu sein), und es ist erhebend. Ich wasche das Geschirr in Jeans oder kurzen Khakihosen, aber wenn die Diva die Oper zum persönlichen Gebrauch umfunktionieren kann, wenn sie sich die Oper ins Haus holen kann, dann kann ich vielleicht Diva-Manieriertheiten verwenden, um die Ratlosigkeit meines Privatlebens zu bewältigen.

◆ Divas zu Hause ◆

Die Ikonographie der Diva löscht den Unterschied zwischen Bühne und Zuhause aus. In drei Publicityphotos von Joan Hammond – als Aida, als Tosca und daheim – wirkt sie als Tosca am ehesten so, als ob sie zuhause wäre, auf dem »Daheim«-Photo steht sie ernst und ohne zu lächeln vor einer Studiokulisse. Was ist heimelig an der Auslöschung?

Das Heim der Diva, selbst eine Bühne, ist ein Tempel seiner Bewohnerin; es lehrt den Fan, daß das Leben zuhause so extra-

Oben: Joan Hammond als Aida
Oben rechts: Joan Hammond zu Hause
Rechts: Joan Hammond als Tosca

Sie wirkt als Tosca am ehesten so, als ob sie zuhause wäre.

vagant sein sollte wie eine Oper, daß der Privathaushalt keineswegs ein Ort ist, an dem wir uns mit einer bescheideneren Statur zu begnügen hätten. Zuhause – in dem Zuhause, wie es die Divamythologie schildert – wird die *grande dame* leutselig, entspannt sich und errichtet Gedenkstätten ihrer eigenen Größe. Das Heim der Diva unterliegt nicht dem Zwang, Szene repressiver Häuslichkeit oder Bastion traditioneller Weiblichkeit und Männlichkeit zu sein.

Rosa Ponselle, den größten Teil ihrer langen Lebenszeit nach dem Rückzug von der Bühne unverheiratet, besaß das Privileg, ihr »Zuhause« als Monument ihrer Triumphe, Geschmacksvorlieben und Rollen zu gestalten. In der Villa Pace genoß sie ein Leben, das »vereinbar mit der Großartigkeit ihres Ruhms und ihrer Persönlichkeit« war. Ihre Türklingel war mit einer Passage aus ihrer Markenzeichen-Arie »Pace, pace, mio Dio« graviert. Seltsamerweise schrieb Rosa Ponselle zu einer Photographie, die sie in steifer Haltung am oberen Absatz einer Treppe in der Villa Pace zeigt, den erläuternden Text: »Informelles Porträt, aufgenommen an meinem siebzigsten Geburtstag«. In einer Weise, die man kaum informell nennen kann, schreitet sie eine Treppe herab wie Katharine Hepburn in *Suddenly Last Summer* sprechend im Fahrstuhl herabgefahren kommt. Montgomery Clift (schwul oder bi?) wartet unten auf das Eintreffen der Hepburn wie in diesem Bild der Photograph am Fuß der Treppe auf Miss Ponselle wartet. Der Gang die Stufen hinab ist eine inszenierte Herablassung, ein Herunterschreiten aus der oberen Sphäre der Unsicherheit und der privaten Katastrophen ins Erdgeschoß der Bühnendisziplin, der Ostentation und königlichen Haltung.

Adelina Patti, deren Gatte sie »ma divine« nannte, hob den Unterschied zwischen Heim und Bühne auf, indem sie in ihrem walisischen Schloß ein kleines Theater errichten ließ, wo sie für Gäste auftreten konnte. Sie versuchte eine Haushalts-Traviata mit ihrem Butler als Alfredo. War sie indisponiert, ließ sie sich schweigend in einer blumenbekränzten Gondel über die Bühne ziehen, während die Gäste klatschten. Hier ein Beispiel für die Tischgespräche chez Patti:

166

Der Gang die Stufen hinab ist eine inszenierte Herablassung, ein
Herunterschreiten aus der oberen Sphäre der Ungewißheit und
der privaten Katastrophen in das Erdgeschoß der Bühnendisziplin, der
Ostentation und königlichen Haltung.

Gast I: »Ist sie heute abend nicht göttlich?«

Gast II: »Seien Sie still. Es gibt keine Worte, ihre Schönheit auszudrücken.«

Die Patti war nicht die einzige, die ihr Heim in einen Ort des Rituals und der Simulation königlicher Hofhaltung verwandelte. Mlle. Desmâtins schätzte es so sehr, Königinnen zu spielen, daß sie in ihrer eigenen Wohnung einen Thron aufstellen ließ.

Als sie nicht mehr öffentlich auftrat, trug Giuditta Pasta ein Kleid, das »eine höchst originelle Ansammlung verschiedener Fragmente« war. Mit ihrem Collagekleid, ihrer Flickentracht, dieser zigeunerisch-exzentrischen Mode, dieser Wahl des »Fragments« als Kleidung und Beruf ertrug sie ihr Schweigen.

♦ Stimmkrise ♦

Bei der Neigung der Divastimme, plötzlich zu versagen, fühlen sich Schwule ganz zu Hause. Die Diva sagt im Zusammenbruch: »Ich bin diskontinuierlich. Ich bin verletzbar. Ich kann das Martyrium der Auftritte und der Öffentlichkeit nicht mehr ertragen.« In der Krise lenkt die Stimme die Aufmerksamkeit auf ihre Schismen, erzählt ihre eigene Geschichte und zeigt dem Schwulen, daß Stimme oder Identität immer entzweigerissen, gebrochen, enteignet sind. Man besitzt seine Stimme nur, wenn man sie verliert. Man findet erst heraus, wer man ist, wenn man vom festen Boden des Gesangs vertrieben worden ist und vor Gefahr und Verfall steht. Denn wenn einer oder eine von den Unmöglichkeiten und Paradoxien zerrissen wird, als schwule Person zu sprechen, bietet die Stimmkrise ein tröstliches äußeres Zeichen, daß dieser Zustand weitere Verbreitung hat, öffentlich geworden ist.

Eine Stimmkrise kann ganz abrupt auftauchen, sogar von einem Augenblick zum anderen, wie der plötzliche Kindstod. Von Leontyne Price hören wir: »Plötzlich hatte sich die juwelenfunkelnde Stimme vollkommen aus der Kehle der Sopranistin entfernt, die auf dem höchsten Gipfel der Opernwelt stand.«

Stimmkrisen tauchen auf wie eine innerliche, physiologische

Furie, Stimme gegen Stimme, der Kehlkopf straft sich selbst für die Hybris seiner Exzesse, seine Hingabe an schwindelnde Höhen. Glaubt man Blanche Marchesi, hat der Ruhm den hysterischen Niedergang von Etelka Gerster verursacht: »Gersterkuchen, Gersterhüte, Gersterschirme waren Mode, und ihr Erfolg war so überwältigend, daß ihr sehr sensibles Nervensystem darunter litt.« Marchesi ist sich gewiß, daß ein angespanntes Nervsensystem zu Stimmstörungen führt. Zusammenbrüche von Sängerinnen führt sie auf Morgenbäder, schlechte Ausbildung oder maßlose Aufführung hin: »Wenn jemand von gewalttätigem Temperament ist, oder zu lustig, oder seit seiner Kindheit schreien durfte oder ein Lied in einem durch den Tunnel dröhnenden Eisenbahnzug brüllen«, dann wird die Stimme sicherlich krank, und die Symptome werden den Aphasien und Absenzen der Hysterie gleichen.

Die Diva darf singen, aber nicht zu lange; ihr wird die Macht zugestanden, sich mit einer Melodie in höchste Höhen zu erheben, doch nur unter gewissen Bedingungen, und wenn die Stimme versagt, dann zeigt sie uns, wie armselig und partiell ihr Triumph gewesen ist. Die Stimmkrise ist eine Form der Kommunikation. Sie sagt uns, daß die Oper eine Kunst der Unterbrechung, des Risses, der körperlichen Gefahr ist. Die Sängerin in der Stimmkrise ist für ihre Erhabenheit bestraft worden. Aber die Stimmkrise ist auch der Moment, da die schwulen Bedeutungen der Oper zu sprechen beginnen – da im Augenblick der Verletzlichkeit und des Zusammenbruchs die Diva den Beweis erbringt, daß das mühelose Singen eine Maskerade war und jetzt ihr angeknackstes, geschwächtes, mißtönendes Selbst unverhohlen zum Vorschein kommt.

Es ist verführerisch, die Stimmkrise der Diva als warnende Fabel mit einer Moral zu nehmen: »Merke: Ich sollte stumm bleiben – man sieht ja, was mit Christine Nilsson geschehen ist.« Oder die Diskontinuität der Divastimme läßt den Bruch selbst angenehm erscheinen. Selbst wenn ich singen will, möchte ich vielleicht auch stumm bleiben. Selbst wenn ich melodischen Wohlklang hervorbringen möchte, will ich vielleicht auch kreischen, den Wohlklang zerreißen, ihn ruinieren. Die Stimmkrise einer Diva ist anarchisch: Sie bedroht die Grundlagen der Oper. Und doch reizt uns die Oper ständig mit der immerwährenden Möglichkeit eines Zusammenbruchs der Diva.

Gewisse Opern aus der Ära nach dem Belcanto sind berühmt dafür, daß sie Stimmen ruinieren. Es ist plausibel, daß stimmzerstörerische Rollen die dargestellte Figur in einer psychosexuellen Krise zeigen und den Unterschied zwischen der Diva und ihrer Rolle verwischen – den Part einer zerquälten, hysterischen Frau zu singen zerstört folgerichtigerweise die Stimme der Diva. Blanche Marchesi berichtet, wie ein Spezialarzt zornig zu Richard Strauss sagt: »Ich habe ... allen meinen Klientinnen den Rat gegeben, nichts mehr von Ihrer Musik zu singen, bis Sie sie endlich für die menschliche Stimme schreiben.« Das Publikum ist erregt von der Gefahr, die hysterische oder extreme Rollen für die Stimme darstellen; die Oper verlangt die Erhaltung eines Gesangsinstruments, doch sie sprengt das begrenzte, gehorsame Selbst auf und führt Zuhörer und Darsteller fort vom Anstand des Maßes, hin zur Wut, selbst wenn die Stimme von der qualvollen Anstrengung, alles auszusprechen, zum Verstummen gebracht wird.

Eine gebrochene Stimme hat das private Weh des Ich, die Geschichte und den Defekt des Körpers, in die olympische Sangeskunst hineingetragen. Eine gebrochene Stimme *stellt bloß*, und was bloßgestellt wird, ist eine Traurigkeit – keine Fröhlichkeit, keine *gaiety* –, die dem Zuhörer gehören mag.

Man stelle sich den Zusammenbruch einer Opernstimme als eine Abwärtsbewegung vor und die Entwicklung einer Stimme als Aufwärtsbwegung. Man stelle sich vor, daß es nur zwei Richtungen gibt, in die ein Leben sich bewegen kann – hinauf/hinab, und daß ein Begehren sich nur ausdrücken oder unterdrücken läßt. Aber mit dieser Oben-Unten-Achse wird die Sexualität tyrannisiert: entweder hetero oder schwul, entweder männlich oder weiblich, entweder passiv oder aktiv, entweder jungfräulich oder eingeweiht, entweder Onanist oder nicht, entweder frigid oder scharf. Was wäre, wenn statt dessen das Begehren sich horizontal durch den Körper bewegte und eine Karriere sich nie hinauf oder hinunter bewegte, sondern schwebte, im Zickzack? Lillian Nordica gestand der Schumann-Heink: »Ich habe gestern abend nicht gut gesungen. Ich weiß es ... Meine großen Zeiten sind vorbei, Ernestine, ganz vorbei! Mit mir geht es hinunter, hinunter, hinunter – und mit Ihnen aufwärts, hinauf, hinauf.« Die Nordica stirbt an einer Lungenentzündung nach einem Schiffsunglück vor Java, und ihre Freundin überlegt: »Die arme Nordica, ihre Stunde hatte geschlagen. Und es war vielleicht das beste. Sie hätte die Enttäuschung nie ertragen, selbst kein großer Star mehr zu sein.«

Die Stimmkrise ist der physiologische Ausnahmezustand, eine Körperkatastrophe. Die Beliebtheit eines Filmstars mag aufgrund wechselnder Moden schwinden, aber Divas versagen aus organischen Gründen oder wegen Anfällen, Unfällen. Nach einem Sturz vom Pferd, dessen Auswirkungen sich am Ende als tödlich herausstellen sollten, schminkte Maria Malibran ihre blauen Flecken zu und sang vier Abende hintereinander. Bei einem Unfall ihrer Kutsche fiel Anna Maria Crouch der Garderobenkoffer, der ihre ganzen Theatersachen enthielt, auf den Hals, daß sie beinahe erstickte. Von da ab mußte sie ihre Rollen nach unten transponieren, und später war sie »innerlich derangiert«. Die Mythologie der Stimmkrise setzt innerliches Derangement mit stimmlicher Verwirrung in eins; die Diva, die nicht länger singen kann, ist wahnsinnig. Mrs. Catherine Tofts, eine Diva des frühen achtzehnten Jahrhunderts, wurde verrückt und glaubte, sie sei eine Königin. In »einem entlegenen Teil des Hauses« ging sie »in ihrer eingebildeten Würde« einher, in ihrem Opernkostüm, und sang: »I was born of royal race, / Yet must wander in disgrace.«

Die Diva Francesca Cuzzoni verlor im achtzehnten Jahrhundert die Stimme und beschloß ihre Tage als Knopfmacherin in Bologna. Es gibt schlimmere Schicksale als die Knopfmacherei, aber der Anblick vom ökonomischen Absturz der Cuzzoni, von ihrem Klassenabstieg, soll Furcht und Mitleid in uns wecken. Die schlimmsten Möglichkeiten, die sich Blanche Marchesi vorstellen kann – und die werden sich für die Frau mit der mißbrauchten Stimme erfüllen –, sind Operettenrollen und das Leben als Gesellschafterin einer Dame der Gesellschaft.

Obwohl die komplexesten Krisenmythen die weibliche Stimme betreffen, gibt es auch eine berühmte Geschichte von männlicher

Stimmkrise: Jean de Reszke, der so besessen von seiner Gesundheit war, daß er immer einen Kehlkopfspiegel mit sich führte, erlangte seine Stimme – nach zwanzig Jahren – auf dem Totenbett wieder. »Enfin j'ai retrouvé ma voix!« rief er und verbrachte die drei letzten Tage seines Lebens damit, liegend seine alten Rollen zu singen.

Die Stimmkrise ist eine Krisis der Stimme, aber in ihr verbirgt sich auch die Stimme der Krise. Sie ist, zeigt sich da, weniger eine Unterbrechung der Kunst der Diva, sondern vielmehr deren – sie selbst grausam verletzende – Verkündigung, daß die Unterbrechung schon immer ihr Thema und ihre Methode gewesen ist. Und in dieser Unterbrechung höre ich die (phantasierte) Natur der Homosexualität als eines Risses in der Bedeutung, im Zusammenhang, im kulturellen System, in stimmlicher Konsistenz. Homosexualität ist nicht wesentlich eine Unterbrechung, aber die Gesellschaft hat sie als Bruch und Schisma charakterisiert, und Schwule, die nach dem Bilde der Krise, der Notstandssituation (Gesundheitskrise bei schwulen Männern!) geformt werden, fangen vielleicht an, sich mit der Krisis zu identifizieren und die unterbrochene Stimme als unser Echo zu hören.

♦ Abschiede und Comebacks ♦

Bei ihren Abschiedsvorstellungen sprechen Divas zuweilen. Was sie sagen, ist banal. Und doch bricht der Klang, daß eine Diva eigene Worte spricht, den Opernvertrag und läßt etwas Unvorhergesehenes, Eigenartiges und Peinliches in die streng ritualisierte Welt des Openhauses ein. Emma Eames sagt nach einer Tosca zum Publikum der Met: »Ich möchte Ihnen sagen, daß dies das letzte Mal war, daß ich für Sie singen werde.« Beim Abschied von Berlin sagt Jenny Lind: »Ich danke Ihnen – nie, in meinem ganzen Leben nicht, werde ich das vergessen!« Nellie Melbas Adieu für ihr Covent-Garden-Publikum : »Das Lebewohl ist von allen Wörtern das traurigste, das schwierigste.« Olive Fremstad sagte bei ihrem Abschied einem schluchzenden Publikum: »Ich habe im ganzen

Leben noch keine Rede gehalten.« Als Geraldine Farrar als Zazà Abschied nahm, war die Met »in Tränen aufgelöst. Man konnte das Weinen in großen Wellen aufsteigen und die Bühne überfluten hören.« Die Gerryflappers insbesondere waren untröstlich. »Mit geröteten Augen und geschwollenen Näschen schniefften und weinten sie ganz offen und ohne Scham, weil die, die sie liebten, sie nicht länger anführen sollte.«

Margherita de l'Épine sang seit dem ersten Jahr ihrer Karriere (1692) Abschiedskonzerte und gab sie vierunddreißig Jahre lang. Die Patti sang zwanzig Jahre lang zum letzten Mal. Ab einem gewissen Punkt versetzten ihre Abschiede den Fans den Schock der temps retrouvé, in den sich das Entsetzen mischte, das eine danebengegangene Travestienummer auslöst. Die Schumann-Heink beschreibt den Grand-Guignol-Auftritt der Patti in ihren letzten Jahren: »Ich wünschte mir fast, ich hätte sie nicht mehr gesehen, weil es am Ende ihrer Karriere war. Die Tage ihres Gesangs waren gezählt, und als ich sie sah, war die letzte Zerreißprobe da... Die Reste ihrer Größe hingen ihr noch an. Man konnte sozusagen ihre Triumphe noch spüren, wie es bei den Großen immer ist... Sie war wie eine Puppe geschminkt, mit rotem Haar.«

Beim Comeback stemmt man sich gegen das Schweigen und die Schande an, man begibt sich aus einem einsamen, umgrenzten Raum in eine Weite völliger, der Verachtung entrückter Hingegebenheit und riskanter Selbstentblößung. Als die Cuzzoni schließlich wieder auftrat, gab sie vor der Vorstellung eine Erklärung heraus, in der sie betonte, daß nur eine dringende Geldverlegenheit Ursache ihrer Rückkehr war. Das Comeback und das Coming out sind einander ähnliche Exkursionen. Ein Fan stellte sich das Comeback von Henriette Sontag (er konnte leider keine Karten bekommen) vor als die Wiederkehr eines »Wunders der Bühne, für das laute Ovationen in meinen Kinderohren gehallt hatten und das nun, wie ein lange verborgener Schatz, wieder ans Tageslicht gehoben wurde, um gesehen, gehört und bewundert zu werden.« Die Szenen, welche die Diva wie eine Robe um sich gelegt hat, sind unwiederbringlich, sind Ur-Szenen. In jeglicher Inszenierung des Begehrens steckt das Gefühl der Wiederkehr, das Freud als »unheimlich«

bezeichnet hat: der lange verborgene Schatz (ein Körperteil, ein geliebter Mensch) taucht wieder im Bewußtsein auf. Wenn also ein Begehren zuerst bewußt wird, ist es tatsächlich ein wiederkehrendes. Wenn die Homosexualität zuerst auftritt, wenn sie ihr Debüt im Hirn und im Fleisch hat, dann ist das eigentlich ihr Comeback.

Wenn die Diva zu einem besonderen Auftritt wiederkommt, dann singt sie nicht unbedingt. Diese nicht-stimmlichen Comebacks sind anrührend, weil jedermann, jeder Schweigende, sich vorstellen kann, daß er einen derartigen Auftritt absolviert: Es braucht kein Talent, nur die Überzeugung von der eigenen Einzigartigkeit. Olive Fremstad ist stumm, als sie 1933 zum letzten Mal auf die Bühne der Met tritt, bei einer Gala für den Direktor Gatti-Casazza: »Natürlich sang sie nicht, aber als sie mit etwas unsicherer Eleganz über die Bretter ging, die einst ihren windeseiligen Schritt gespürt hatten, erhob sich das Publikum, wenn auch in der Begrüßung eine gewisse Traurigkeit, ein unendliches Bedauern lag. Die großen Zeiten waren unwiederbringlich dahin.«

Rosa Ponselle erlebte ein Comeback auf der Schallplatte, siebzehn Jahre nach ihrem letzten Opernauftritt, aber sie bestand darauf, daß die Aufnahmen in ihrer Villa Pace gemacht wurden. Weil dieses Comeback stattfand, ohne daß sie das Haus verließ, bleibt der ganze Vorgang paradox, unergründlich.

Ich blättere die *Times* durch, auf der Suche nach Ankündigungen von Comebacks. Leontyne Price kommt wieder! Elisabeth Söderström gibt noch ein Konzert! Kommt Anna Moffo noch einmal zurück? Ich überblättere die Meldungen über die neuen Divas mit ihren jungen Karrieren – Aprile Millo, Barbara Hendricks. Statt dessen durchwandere ich unruhig das Comebackterrain. Ich will wissen, wie es den Veteraninnen geht. Comebacks helfen mir auf unmerkliche Weise: Die vertraute, lange nicht gesehene Diva öffnet den Mund, und etwas Verlorenes, eine verlorene Befähigung für Niederlage und Katharsis, sagt: »Ich bin wieder da.«

174

Divas haben keine Angst, sich selbst zu loben. Divas reden wie Oscar Wilde. Oder Oscar Wilde sprach wie eine Diva. Die Diva dreht eine Formulierung um – ersetzt Kritik durch Lob, Verlegenheit durch Stolz, Schwanken durch Autorität, Schweigen durch Verkaufsstrategien. Ich sehne mich danach, diese Sprache zu imitieren, und sei es nur, um ein, zwei Sätze lang auch in dieser erhabenen Verachtung für die Wahrheit zu wohnen.

Wenige wagen es, den Gedanken zu fassen, daß die Diva vielleicht gar nicht sprechen kann, doch hieß es von Giuseppina Grassini, sie sei »schwerfällig und langweilig im Gespräch«.

Die Divasprache ist konzentriert, epigrammatisch. Wie viele Wörter muß ich verwenden, um dich zu überwinden, um meinen eigenen Willen durchzusetzen? Ist es möglich, meinen Zorn zu konzentrieren, mein Versagen zu einer elegant knappen Geste zu machen? Shirley Verrett erinnert sich an eine frühe *Carmen*-Aufführung (mit Shirley Verrett): »Es war herrlich – der Körper war wunderschön, und ich hatte eine wunderschöne Stimme.« Nellie Melba über sich selbst: »Ich bin die Melba. Ich werde singen, wann und wo ich will, und auf meine Art.« Das »Ich bin die Melba« der Melba ist eine Tautologie, vor der wir verstummen müssen; wir können auf das »der Körper war wunderschön« der Verrett nichts erwidern – auf ihre Fähigkeit, den eigenen Leib mit der Zange des definitiven Artikels anzufassen.

Mary Garden verfügt über eine unnachahmlich perfekte Divasprache: »Ich begann meine Karriere mit fünfzig Dollar pro Monat und beendete sie mit dreitausendfünfhundert pro Abend. Das heiße ich Spaß und Abenteuer.« Die sprechende Diva kann so überzeugend knapp sprechen, weil die Linie zwischen Anfang und Ende (frühe Demütigung – späterer Ruhm) so steil verläuft.

Die Divasprache, eine Sprache der Rechtfertigung und Selbstverteidigung, funktioniert nur deshalb, weil wir die Moral der Geschichte kennen. Die Diva hat immer recht. Und sie setzt voraus, daß wir ihre Interpretation eines Ereignisses teilen. Blanche Marchesi sagt einen Auftritt ab, eine Vertretung wird gerufen, aber dann entschließt sich die Marchesi doch anders und kommt – ihre Vertreterin ist bereits da und will demnächst auftreten. Aber die Marchesi besteht auf ihrem eigenen Auftritt (Scheiß auf die Vertretung!): »Sagen Sie Mr. Simpson, daß ich rechtzeitig auf der Bühne sein werde, daß es nicht den geringsten Grund gibt, weshalb ich nicht singen sollte, und daß ich es strikt und einfach ablehne, mich auf irgendeine Unterhaltung hierzu einzulassen, weil ich überhaupt nicht begreife, was er eigentlich will. Ich bin engagiert, ich bin hier, ich werde singen.«

Die Divasprache hilft der Diva, allen die Show zu stehlen, um dann mit einer rhetorischen Frage zu versichern, daß sie ihr ja von Anfang an gehört hat. Als bei einer Party jemand Donizettis *La Favorite* als »kitschig« bezeichnet, rennt Adelaide Phillipps ans Klavier, begleitet sich selbst bei einer der Arien und sagt: »Nennen Sie das kitschig?«

Die Divasprache ist eine Tricksprache (vorgetäuschte Noblesse, vorgetäuschte Bescheidenheit), aber sie ist vollkommen von der Wirksamkeit ihrer eigenen Gesten überzeugt – oder gibt es doch vor. Divas kennen viele Sprachen, Divas reisen um die Welt, so daß sie über Trivialitäten wie Nationalität oder Regel erhaben sind und verschiedene Sprachen zu einem komfortablen, aristokratischen, selbstzufriedenen Esperanto vermengen. »Un-be-*liev*-able!« ruft Wilhelmenia Wiggins Fernandez in *Diva* mehrmals, langsam und ohne dabei zu lächeln; ihr Englisch, gegenläufig zum Französischen des Films, drückt ihre Fremdheit gegenüber dem Land und der Kultur aus, wo sie sich gerade befindet. Die Diva ist wie andere internationale Stars eine Fremde, eine Vagabundin – es steht ihr frei, für ganze Kontinente eine herablassende Zuneigung oder Gleichgültigkeit zum Ausdruck zu bringen. Einem russischen Bewunderer ruft die Patti zu: »Ach, wie sehr ich Rußland mag!« Für die Patti sind Länder in repräsentativen Individuen konzentriert, so wie man einst die Königin von Frankreich einfach »France« genannt hat. Die amerikanische Diva Clara Louise Kellogg tastete sich unbeholfen durch fremde Sprachen: Für jede Rolle, behauptet sie, habe sie »eine klarere Schau gehabt, eine sicherere Auffassung, eine elastischere Methode, eine temperamentvollere (wie soll ich es auf

176

Englisch ausdrücken?) *attaque*.« Wir haben Glück, daß sie dem, was sie sagen will, nur so nahe gekommen ist, denn sie meint: *attack*. Attacke!

Divasprache beschränkt sich nicht auf die Opernkultur. Es handelt sich um einen schwulen Dialekt. Er ähnelt den Techniken des »Schattierens« (shade) und »Lesens« (reading), wie sie afroamerikanische und Latino-Transvestiten verwenden (Jennie Livingstons Film *Paris is Burning* dokumentiert das): eine Methode, bei der sich Macht, Vorrang, Unverwundbarkeit allein durch die Sprache ausdrücken lassen, indem man stark spricht, obwohl man schwach ist.

Divasprache ist ideal zum Versetzen von Ohrfeigen, Stichen, Hieben. Niemand kann auf ihre Angriffe etwas erwidern. Mathilde Marchesi sagte zu ihrer Protégée Nellie Melba nach deren Debüt in London: »Ma chère Nellie, wie kam denn das, daß du im Quartett zwei Noten vergessen hast?« Die kokette französische Formulierung *ma chère* kann die Tatsache nicht verbergen, daß die Marchesi ein unerbittlicher Feldwebel ist. Wer Divasprache einsetzt, kann so tun, als sei er verletzt, während er für alle Pfeile unverwundbar ist. Als ein Fan hinter der Bühne Olive Fremstad erzählte, seit er sie die Sieglinde habe singen hören, begreife er Wagner, erwiderte die Diva: »Wie schön für Sie, da haben Sie mehr Glück als ich – ich habe mein ganzes Leben diesem Studium gewidmet und weiß erst so wenig!« Die Fremstad verbirgt einen Knüppel unter ihrem frommen Sackleinengewand; sie benutzt den Satz eines Verehrers als Sprungbrett für ihre eigene, solo gesungene Kulissenkadenz von pikierter Aggressivität.

In Divasprache sagt die Fremstad über die Rolle der Brünnhilde: »Das ist das Ende. Weiter kann man nicht gehen.« Sie meint, daß *sie* so weit gegangen ist. Sie meint: Das war *ihr* Ende.

♦ ♦ ♦

Eine Aura extravaganten weiblichen Verhaltens hat sich um die Diva gebildet: diese Manierismen sind insgesamt so berühmt und einflußreich wie nur irgendein Meisterwerk des Opernrepertoires; ihr Einfluß reicht über die Grenzen der Opernkultur hinaus. Das

Benehmen der Diva (ob nun Männer oder Frauen es an den Tag legen; ob wir nun das Gefühl haben oder nicht, daß das Diva-Verhalten überhaupt zwischen Männern und Frauen unterscheidet), hat eine enorme Macht, die Probleme der Selbstdarstellung dramatisch zu formulieren. Man findet oder erfindet eine Identität nur, indem man sie inszeniert, sich über sie amüsiert, mit ihr spielt, sie »plaziert« – wie der Bauchredner seine Stimme plaziert und seiner Puppe witzige Bemerkungen in den Mund legt. Geraldine Farrar wagte es, zu Arturo Toscanini zu sagen: »Sie vergessen, Maestro: *Ich* bin hier der Star.« Man braucht kein Star zu sein, um es zu genießen, wie die Farrar mit einer einzigen eleganten Bewegung ihr Selbst wie raschelnde Röcke um sich zieht; wer nie eine Diva werden wird, egal, wieviele gesellschaftliche oder musikalische Revolutionen erfolgen mögen, wünscht sich vielleicht doch, die Farrar nachzuahmen, ihre Worte zu sagen: »Sie vergessen, Maestro: *Ich* bin hier der Star.« Keine einzelne Geste, kein Kleid, kein arrogantes Glissando der Selbstanpreisung wird die tatsächliche soziale Position verändern, die man einnimmt: Man ist in einer Klasse, einer Rasse, einem Geschlecht fixiert. Doch entspricht solchen Absoluta ein glühender Glaube an ein Zurückschlagen durch Selbst-Erfindung; die schwule Kultur hat die Kunst, eine Diva nachzumachen, perfektioniert, sie weiß, wie man innerlich so tut, als sei man göttlich – um die stigmatisierte Identität glauben zu lassen, daß sie willkommen ist, glaubhaft, daß sie verehrt wird.

Viertes Kapitel

Der Callaskult

Maria Callas, die Unsterbliche, starb am 16. September 1977. Ich habe einen Dokumentarfilm gesehen, auf dem Trauernde vor den Toren der Bestattungsfeier schluchzten; als der Leichenwagen wegfuhr, applaudierten untröstliche Fans dem sich entfernenden Leichnam und riefen »Brava Callas!« – das bittere Eingeständnis, daß sie nicht mehr auftreten wird, daß sie diesen Applaus nie hören wird, daß sie nach Applaus hungerte und starb, weil er ihr fehlte. Um Maria Callas trauern: Da beginnt das Kultglück.

Sie war, lange ehe sie starb, die Callas, doch wäre sie jetzt in etwas geringerem Maße die Callas, lebte sie noch. Der vorzeitige Tod hilft ihrer Legende und verbindet sie mit Themen, die immer die schwule Kultur überschattet haben: vorzeitiges Sterben, Flüchtigkeit, Einsamkeit.

Ich habe die Callas nie auftreten sehen. Ich bin eine Opernqueen der Nach-Callas-Epoche, ich schaue nur zurück. Ich muß gestehen, daß ich sie zu ihren Lebzeiten nur in ihrer Rolle als Geliebte von Onassis wahrnahm. Selbst jetzt habe ich keine besonders bedeutende Sammlung ihrer Platten oder einen überzeugenden Überblick über das Wissensgebiet »Callas«.

Wenn ich postum die Callas höre, fühle ich mich nekrophil – aber haben sich nicht auch andere Schwule schuldbewußt in Verschwundenes verliebt? Ein Dandy zu sein (ein nutzloses Ding!) heißt, Zeit und Geld zu verschwenden, und der Callasverehrer ist selbst etwas Verschwendetes, er langt mit seinen Gefühlen nirgends an.

179

Die Callas wurde in den fünfziger Jahren zum internationalen Star, zu einer Zeit, als die Schwulen – obwohl stumm und gut getarnt und auf der Suche nach Assimilation und Akzeptanz und nicht nach radikaler Action – eine reichhaltige Kultur entwickelten. Die Callas bleibt die Operndiva, die am engsten (wenn das auch unausgesprochen bleibt) mit den schwulen Fans in Verbindung gebracht wird. (Viele Autoren, die über die Callas geschrieben haben, sind schwul; buchstäblich keiner hat es für nötig gehalten, irgend etwas über die schwule Existenz zu sagen.) Obwohl die Oper eine Kunstform der Elite ist und die Fans der Callas gewöhnlich mindestens der Mittelschicht angehörten und meist weiß waren, zirkulierte ihr Bild auch außerhalb der Opernkultur im engeren Sinne.

Wenn ich die Callas verehre, bin ich dann ein Aasgeier? Eine Kritikerin des schwulen Callaskults ist Catherine Clément, die in *Opera, or the Undoing of Women* schreibt: »Schluß jetzt, Männer, Maul halten. Ihr laßt euch von ihr aushalten. Laßt diese Frau in Ruhe, deren Beruf es damals war, eure unterdrückten schwulen Phantasien mit Anmut zu tragen.« Die Callas, eine schon zuvor in der kulturellen Zirkulationssphäre gegenwärtige Ikone, kam nicht auf Ansinnen der Schwulen auf den Markt. Wenn ich sie anbete, berührt das die Frau nicht, die unter der Schale des Bildes schläft: Meine Liebe kann der toten Callas nichts schaden. Und doch will die homophobe Gesellschaft, daß ich meine Phantasien aufgebe. Die Forderung, ich solle meiner Verehrung entsagen, läuft darauf hinaus, daß es wünschenswert wäre, das auszulöschen, was mich schwul macht. Die Schwulen werden als verzichtbare Bevölkerungsgruppe betrachtet. Wenn wir der Callas lauschen, werden wir weniger verzichtbar; wir entdecken eine Funktion, ein Spiegelbild, eine Erhebung.

Man stelle sich vor, man habe eine Seele oder ein Inneres. Und man würde versuchen, die Gefühle von Erschöpfung oder Erhebung zu benennen, die dort begraben liegen. Ich nenne meine gehobenen Gefühle schwul. (Ist dieses Wort »schwul« eine Rüstung, eine Verkleidung, eine Uniform – ein Zug der Gegenwart, bedeutsam heute, morgen nutzlos?) Sie mögen ähnliche Gefühle haben, ohne schwul zu sein, oder lehnen es vielleicht ab, sich so zu bezeichnen, oder legen keinen Wert darauf, ihre Verehrung für die Callas und ihre Sexualität in Beziehung zueinander zu setzen. Aber aus politischen, ethischen, kämpferischen und unausweichlichen Gründen betrachte ich mein Interesse für die Callas als Teil meiner sexuellen und kulturellen Identität.

Es folgt ein Dutzend Versuche, den schwulen Kult um die Callas zu erklären. Aber es ist unmöglich, die Liebe einzufangen. Man kann als Kommentator nur wie ein in den Nachthimmel gerichteter Scheinwerfer bei einer Premiere vorgehen: für einen bestimmten Ort werben.

◆ 1 ◆

Fragen Sie einen Schwulen, einen fanatischen Callas-Verehrer, warum er die Callas liebt, und er sagt vielleicht: »weil sie die beste ist.« Wir brauchen es, daß wir das Beste lieben. (Entschuldigen Sie das »wir«. Ich sage »wir«, ohne den Umriß der Gruppe zu kennen. »Wir« gleichen einander nicht alle. Ich sage als Wunsch und Hypothese »wir«.) Man hat uns als den Abschaum betrachtet, und deshalb haben wir Geschmackshierarchien entwickelt, in denen – manchmal wider alle Vernunft – bestimmte Stars auf den Thron gehoben werden. Weil sie das Repertoire des Soprans so umfassend auf Schallplatte aufnahm, weil jeder Historiker und Journalist weiß, daß sie die Operngöttin ihrer Epoche war, und weil sich alle einig sind, daß sie das Repertoire durch die Wiederbelebung von vergessenen Zusammenhängen zwischen Gesang und Drama verwandelte – deshalb ist an unserer Liebe für die Callas nichts Außergewöhnliches. Wir tun so, als liebten wir sie aus rein musikalischen Gründen. Sie ist ein unproblematisches Objekt unserer Verehrung. Sie hat Snobappeal. Sie hat für die Firma Angel Aufnahmen gemacht. Welcher Opernliebhaber erkennte die Callas nicht an und verehrte sie nicht, trotz gewisser möglicher mürrischer Vorbehalte? Und doch lassen die Fehler ihrer Stimme der Callas-Vorliebe Raum für Auseinandersetzungen. Um den Wert der Callas unter Beweis zu stellen, tritt eine zerstreute, postume Claque hervor – eine Nation der Einsamen.

Es ist wunderbar, einer Königin zu huldigen, die so unangefochten ist, die unsere Verehrung so sehr verdient, zu einem kulturellen Phänomen (der Callasrevolution) beizutragen, das sich nicht in der Heimlichkeit, in the closet abspielt.

Luchino Visconti küßt auf einem Photo die Wange der Callas, die wegen des Make-up unnatürlich blaß ist; Leonard Bernstein ruft aus: »Die Callas? Die war reine Elektrizität.« Visconti und Bernstein liebten die Callas nicht nur, weil sie schwul waren, sondern weil diese Frau genial war; es fällt leicht und ist üblich, die Verbindung zwischen der künstlerischen Größe einer Frau und dem mitfühlenden Hingerissensein eines Schwulen zu bestreiten. Bernstein und Visconti hätten wahrscheinlich meine reduktionistische Koppelung von Callasverehrung und schwuler Identität zurückgewiesen. Sie liebten die Callas einfach deshalb, weil sie sublim war. Aber die Sublimität gilt in der Schwulenkultur besonders viel.

Eine Größe wie die der Callas fordert Wiederholung. Die Erscheinung des Kometen ist im Augenblick wieder verschwunden, es muß noch jemand anschließend herumstehen und sie rühmen, sich an sie erinnern, sie bestätigen. Die Callas braucht immer noch Verkünder. Selbst jetzt scheint sie nach einer Jury – aus Schwulen gebildet – zu verlangen, die sie für Nicht Schuldig erklären.

◆ 2 ◆

Ich verehre sie, weil sie Fehler gemacht hat und weil sie Ausdruckskraft höher zu schätzen schien als Schönheit. Wir glauben nicht mehr an die Natur, aber die Callas vertrat die Wirkung des Naturhaften gegen den Anschein von Ordnung und bot eine annehmbare, verdauliche Anarchie, eine Folge von Klängen am Rande des Chaos – aber als Genuß. Hier lag die Gefahr, die Verlockung: Sie war vollkommen durcheinander *und* sie war eine Göttin.

182

Wie ihr Idol Audrey Hepburn verkörperte die Callas eine Stilisierung des Gebarens und der Gesten à la Oscar Wilde – als wären die Tiefen langweilig und fatal und als täte es wohl, an der Oberfläche zu schweben.

Ihre Stimme ließ auf lange Versuche schließen, das Inakzeptable zu domestizieren. Der Schallplattenproduzent Walter Legge bemerkte, daß sie sich in ihrer gedämpften mittleren Stimmlage anhöre, als sänge sie in eine Flasche. (Manchmal habe ich in ihrer Mittellage das Gefühl, ich mache eine Reise durch ihre Nebenhöhlen.) Wenn man die halberstickte Stimme der Callas genoß, erklärte man seine Affinität mit verborgenen Dingen.

Ihre Stimme schlug dramatischen Vorteil aus der Annahme des Zuhörers, daß die Oper ihren planmäßigen Gang nehmen würde. Sie lauerte den Hörern auf. In Mexico City im Jahre 1950 entrollte sie ohne Vorwarnung ein hohes Es und drängte Tenor und Chor am Ende der Triumphszene in *Aida* in den Hintergrund. Wenn auch ihr mittelmäßiger Partner, der Tenor Kurt Baum, wütend war, liebte das Publikum ihre unerwartete Dominanz. Klassische Musik mag von den Ausführenden Unterwürfigkeit verlangen, aber mit ihrem Es kündigte die Callas den Dienst auf.

Das obere Register der Callas schwankte – mit »Wacklern«. Im Lauf der Zeit entglitten die Schwankungen immer mehr der Kontrolle. Anläßlich einer *Aida* 1955 schrieb John Ardoin über ihr »wackliges Hohes C, zwischen dessen Schwankungen die ganze ägyptische Armee hindurchmarschieren könnte«. Zu starkes Wackeln mag sich unanständig anhören, schizoid, aber für die Fans der Callas war diese Unanständigkeit erträglich und dankenswert. Solche Einbrüche machten sie zur sympathischen Figur, zum stimmlichen Underdog. Manche Töne wurden, zu sehr forciert, zu Stahl; und wenn wir das Stählerne hörten, sympathisierten wir mit ihrer Not. Das Stählerne, das Schwankende verkündeten eine Notsituation; wir liebten die Fehler, weil sie autobiographisch wirkten, weil sie ohne Plan und List die bloße Wunde eines Herzens nachzeichneten. Und wenn die Töne schwankten, scharf und rauh zu werden drohten, dann gab diese Möglichkeit des Scheiterns ihren Fans eine Funktion. Der unfehlbare Auftritt braucht kein Publikum.

Die unattraktiven Laute der Callas zwangen ihre Hörer, den Unterschied zwischen Schön und Grotesk von neuem zu bedenken, und sprachen direkt zu den Schwulen, die als Zuschauer wie Produzenten sich oft des schauerromantischen Genres bedient haben.

Vom Standpukt der Homophobie aus ist die Seele des Schwulen ein Spukhaus voll verrotteter Kammern und Treppen, die ins Nichts führen. Kann ein schwules Interieur schön sein? Oder ist es bestenfalls plüschig?

Mit unvergleichlicher Technik (ich würde es als eine Form von souveräner Gleichgültigkeit bezeichnen, wenn nicht ein solcher Willensakt im Spiele wäre) verbarg sie ihre Defekte und zügelte ihr unkonventionelles, dunkel spiegelndes Timbre. In der 1961 in Paris entstandenen Aufnahme von Thomas' »Je suis Titania« hält sie eine schwierige hohe Note die volle Länge aus, obwohl der Ton unangenehm ist; sie starrt ungerührt der Häßlichkeit ins Gesicht und fordert sie heraus, es doch zu versuchen und ihr die gute Stimmung zu verderben. In ihrer *Manon Lescaut* 1957 oder ihrer *Tosca* 1964 geht sie die problematischen hohen Noten mit einer solchen Kontrolle von Phrasierung, Rhythmus, Portamento und Ansatz an, daß wir uns zufriedengeben und ihr verzeihen und glauben, die kläglichen Züge eines solchen Tones spiegelten *unsere* gierigen Forderungen an die Sängerin wider – und wir fragen uns: »Wie würdest denn *du* mit einem solchen Ton fertig?«

Während der rauhen hohen Note sind wir der Callas näher. Wir sind ihre Freunde. Sie scheint uns aufgrund eines Irrtums anzuflehen: »Die Kunst ist eine Strafe, und ich bin verletzlich. Seid ihr je öffentlich entblößt, aufgerissen worden? Versucht doch, eine Parallele in eurem Leben für diesen beinahe nicht mehr hinnehmbaren Ton zu finden, der das Publikum gleich ans Zischen bringen wird.«

♦ 3 ♦

Wir lieben die Callas, weil sie ihren Körper völlig umgestaltet hat. In drei Jahren ist sie von neunundsiebzig Kilo auf vierundfünfzig abgesunken und hat sich vom häßlichen Entlein in eine Glamourqueen verwandelt. Körper lassen sich nicht immer abändern, aber die Selbstrevision der Callas läßt uns – wie eine Geschlechtsumwandlung – an die Kraft des bloßen Wunsches glauben.

185

Karrieren mit schwuler Jüngerschaft haben oft ihre Momente des Bruchs und der Neuerfindung: Momente, da der Körper oder die Persönlichkeit des Stars einer radikalen Verwandlung unterworfen wird und das einstige Selbst als bloße Fabrikation zeigt. Der schwule Fan, geschult an der Lücke zwischen öffentlichem Auftreten und privatem Gefühl, mag sich weniger mit dem neuerworbenen Glamour der Callas identifizieren als mit ihrer früheren Unansehnlichkeit – oder mit dem Bruch zwischen beiden. Die Callas revidierte ihr Image zweimal: einmal, als sie so stark abnahm, und dann, als sie ihre Stimme verlor. Ihr Körper war eine Belastung, die sich umgestalten ließ; ihre Stimme war ein wertvoller Besitz, den zu bewahren nicht in ihrer Macht stand. (Selbst als die Callas noch eine Stimme hatte, schien sie immer im Begriff, sie zu verlieren, und insofern war eine schwule Interpretation ihrer Karriere von Anfang an möglich.)

Wir kennen und verehren den Unterschied zwischen den zwei Körpern der Königin: einmal die dickliche, unbeholfene Callas in Athen vor ihrem Ruhm; dann die verschlankte Callas mit blondgefärbtem Haar für Viscontis Produktion der *Vestale*; die Callas in ägyptischem Fummel – als Königin Hatschepsut gekleidet – beim Imperial Ball 1957 im Waldorf Astoria. Die Callas im Phantasiekostüm war eines der Wunder der fünfziger Jahre, denn wie ihr Idol Audrey Hepburn verkörperte sie eine Stilisierung des Gebarens und der Gesten à la Oscar Wilde – als wären die Tiefen langweilig und fatal und als tue es wohl, an der Oberfläche zu schweben. Der typische Hepburn-Filmplot verfolgt Audreys Wandlung vom neckischen Jungmädchenkobold zur strahlenden Schönheit: in *Sabrina*, *Funny Face* oder *My Fair Lady* hat niemand eine Ahnung, wie umwerfend schön die Hepburn ist, bis ein Couturier sie in die Finger bekommt. Aber während Audrey Hepburn dazu geboren schien, schön zu sein, hatte die Callas eine angestrengte, verletzte Beziehung zu ihrer Schönheit. Was sie nicht tragen konnte, als sie dick war, trug sie trotzig, als sie dünn geworden war. Und sie machte keinen scharfen Unterschied zwischen Kunst und Kostüm. »Ich will, daß meine Kunst die vollkommenste ist«, schrieb sie an ihren Mann; »ich will auch, daß das, was ich trage, das Hübscheste ist, was es überhaupt gibt.« Auf dem Gipfel ihrer Schönheit sieht sie rachsüchtig aus: Sie wird die Leute für ihre frühere Gleichgültigkeit bezahlen lassen.

Ihre Opernauftritte schienen real; ihr wirkliches Leben schien opernhaft. Seit Oscar Wilde ist diese Verwirrung und Verwechslung von Maske und Wahrheit grundlegend für die schwule Kultur. Selbst im Privatleben (wenn wir die sorgfältig geplanten Szenen auf dem Flugplatz, im Maxim, bei der Schneiderin Madame Biki noch »privat« nennen wollen) schminkte sie ihre Augen im Medeastil; lange schwarze Striche wie eine Kleopatra unserer Zeit. Der exzessive Gebrauch solcher Lidstriche bewies, daß sie ihr eigenes Image beherrschte, daß ihr Gesicht eine Tafel war, der sie ihr Leben einbeschrieb, und daß Weiblichkeit eine Menge Arbeit machte. Der Mühen Lohn? Einer grausamen Welt ins Gesicht schleudern zu können: »Ich hab's euch doch gesagt«. Der radikale Gewichtsverlust der Callas und ihre melodramatischen Strategien in Mode- und Kosmetikfragen ließen ihre Lebensgeschichte tragisch wirken: Sie schien trotz ihres Ruhms und Reichtums ein Opfer des Geschlechtsrollensystems.

Die »Audrey Hepburn«-Persona der Callas – die makellos gestylte Dame der Gesellschaft – war besonders *camp*, wenn man sie vor dem Hintergrund ihrer Fehde mit der Mutter Evangelia Callas sieht, die ein skandalöses Stückchen Enthüllungsliteratur verfaßte: *Meine Tochter Maria Callas*. (Evangelias eigene Exzesse werden in *Sisters*, den Bekenntnissen von Marias Schwester Jackie Callas, ausgebreitet.) Mrs. Callas machte ihre Anstellung im Juweliergeschäft von Jolie Gabor (Mutter von Zsa Zsa und Eva) öffentlich, um Maria zu demütigen, weil die sich weigerte, ihr mehr Geld zu schicken. Maria schrieb ihrer Mutter: »Komm mit deinen Problemen nicht zu uns. Ich habe für mein Geld arbeiten müssen, und du bist jung genug, um ebenfalls zu arbeiten. Wenn du nicht genügend verdienen kannst, um davon zu leben, kannst du aus dem Fenster springen oder ins Wasser gehen.« Kein gewöhnliches Mädel: Die Callas hatte die Stirn, mit ihrer Mutter zu brechen *und* in phantastischen Kleidern auf die Straße zu gehen.

Die Königin Callas schlüpfte aus der Verpuppung als dicke Diva aus; eine andere mythische Entwicklungslinie war die Verwandlung der wurzellosen Maria, einer Frau ohne Nation, in eine Griechin, die sich zutiefst mit ihrer Heimat identifizierte. Ihre Apotheose war die Norma, die sie im Theater von Epidauros sang; manche meinen, ihre Stimme habe ein charakteristisch griechisches Timbre gehabt. Als Griechin war die Callas eine Außenseiterin an der Scala, in Covent Garden, an der Opéra in Paris, an der Met – alles Terrain, das sie eroberte. Der Außenseiter, der ein bestimmtes Feld betritt und allen Widerstand besiegt, ist eine reizvolle Figur, und nicht nur für Schwule. Als Maria Anna Cecilia Sophia Kalogeropoulos geboren, soll – so stellte man sich das vor – Maria Callas ein authentisches, exotisches, griechisches Wesen in sich verborgen haben, was dann die notorische Affäre mit Aristoteles Onassis erklärte und ihr den Status einer Göttin verlieh – ebenso wie ihr Übergewicht und ihre ärmlichen Anfänge etwas »Wirkliches« (ein Stigma, eine Wunde) unter dem Jetset-Glitzern betonten.

♦ 4 ♦

Wir lieben die Callas, weil sie ihre Stimme disziplinierte. Disziplin ist an sich schon ein Teil der Schwulenkultur: Bodybuilding, Gewichtheben, S/M – Orgien der Kontrolle und Selbstmeisterung. Die Callas reinigte ihre Stimme mit peinlichster, inspirierender Gründlichkeit und disziplinierte ihre Phrasen mit ebensolcher Strenge wie ihre Bediensteten. Sie gab ihren Hausangestellten eine höchst autoritäre Liste von Verhaltensregeln: »Wenn Sie von uns gerufen werden, dann erscheinen Sie sofort und zwar stets makellos gekleidet«; »Man wird niemals Nein zu etwas sagen, wozu man aufgefordert wird, und damit entfällt auch der ganze Unsinn mit ›Ja, Sir‹, ›Ja, Ma'am‹«; »Alle, die Haushälterin eingeschlossen, werden ihre eigenen Kleider waschen und bügeln, insbesondere intime Kleidungsstücke.« Zuhause und auf der Bühne befahl die Callas.

Die Callas war ein Profi, eine Perfektionistin: pünktlich bei den Proben, bereit, eine Arie immer wieder und noch einmal zu singen, bis es stimmte. Die musikalische Präzision rechtfertigte ihre Capricen und bewies ihren Kritikern, daß sie sich strikt kontrolliert verhielt, ohne Exzeß, ohne Nachsichtigkeit gegen sich selbst. Sie sprach gerne von ihren Stimmübungen und von verschiedenen Lehrern und Mentoren. Von Tullio Serafin sagte sie: »Ich fürchte, er ist der letzte dieser Art von Maestri« Sie liebt das Wort »maestri« und die Vorstellung von Meisterschaft. Wenn die Callas jede einzelne Note in einer schwierigen Koloratur aus *Lucia di Lammermoor* oder *Norma* gibt (ein andere Sängerin wäre nicht so gründlich oder sänge nicht so sauber) oder wenn sie mein lauschendes Ohr daran erinnert, daß es einen großen Unterschied zwischen Achtelnoten und Triolen gibt oder zwischen einem ganzen und einem Halbtonschritt, dann steht mir der Mund offen beim Erlebnis dieser Präzision; es macht mir klar, wie schwielig ihre Füße sein müssen, nachdem sie barfuß so weit zum Gipfel der Großartigkeit emporgestiegen ist.

Maria Callas war wie Joan Crawford als Mildred Pierce das Modell einer Karrierefrau, die nur deshalb erfolgreich ist, weil sie über gnadenlosen Ehrgeiz verfügt und ihre Fähigkeit, eine gute Tochter und eine gute Mutter zu sein, aufgegeben hat. Man kann jedoch den Aspekt von Selbstpeinigung bei der Laufbahn der Callas auch genießen und die implizit antifeministische Moral von der Geschicht' ablehnen, indem man Maria Callas als Beweis dafür nimmt, daß Rollen sich umkehren lassen, daß man sich sein Schicksal aussuchen kann (ob es nun tatsächlich möglich ist, die materiellen Voraussetzungen unseres Lebens zu verändern oder nicht). Die Geschichte der Callas, eine Sage, läßt uns an die Macht des persönlichen Phantasierens glauben. Ähnlich glauben wir, daß die Entscheidung, schwul zu sein, selbst um den Preis des Martyriums, ein explosiver Akt ist, der private Lebensläufe und öffentliche Systeme umwandeln kann.

Die Callas schwor auf die Axiome: *Studiere den Text einer Oper, und du wirst verstehen, wie du den einzelnen Ton färben oder die Phrase formen mußt. Gib jedem Ton den Wert und das Gewicht, die ihm gehören, und du wirst alle Mysterien der Partitur enthüllen.* Jeder musikalische Moment, den die Perfektion der Callas prägt, durchschauert uns mit seinem sublimen Klang (»Ich danke Gott, daß ich lebe und diese Phrase aus dem *Barbiere* so akkurat gesungen hören darf«) und seinem Masochismus (»Sie hat so viel geopfert, um diese Perfektion zu erlangen – möge auch ich durch die Gnade Gottes lernen, erhabenen Gebrauch von meinen angeborenen oder erworbenen Masochismen zu machen«).

Wir lieben sie, weil sie uns auf dem Wege ihrer souveränen Disziplin so viele Manieriertheiten oktroyiert – mit einer so hohen Kontrolle, daß eine Phrase immer, in jedem Augenblick, etwas *bedeuten* kann. Diese Kontrolle machte sie zur Verkörperung der Sprachmöglichkeit, der Fähigkeit, schmerzhafte und erhellende Wahrheiten auszusprechen und diese Wahrheiten in ein Medium einzuhüllen, das die Botschaften solcherart schattenhaft und unbewußt transportiert. Die Musik verbirgt diese Argumentation in ihrem Gleiten, ihrem Voranschreiten. Wir sehen Musik als bloße Ausdruckskunst – doch wenn sich solche »Expressivität« ereignet, dann wird gewöhnlich etwas Besonderes zum Ausdruck gebracht.

Manchmal klingt ihr Gesang wie Weinen. Es ist, als entspringe das Leid der Disziplin, Musik zu machen, und der Disziplin, eine Frau herzustellen.

◆ 5 ◆

Sie ist unwiederbringlich, und deshalb will ich sie zurückbringen. Sie ging, ehe die Welt sie mit ausreichender Verehrung umgeben konnte. Flüchtigkeit und Verschwinden: die schwulen Literaturen der Moderne sind besessen vom Begehren, unsterblich zu sein und sich gegen die Grenzen des Augenblicks zu stemmen. Die schwule Galionsfigur Blanche DuBois summte: »Finden Sie nicht auch diese langen verregneten Nachmittage in New Orleans so herrlich, wenn eine Stunde nicht nur eine Stunde ist – sondern ein kleines Stückchen Ewigkeit, das einem in die Hände geweht wird...?«

Die Callas sang in der Ära von *Sunset Boulevard*: In ihrer Legende wurde sie zu einer Norma Desmond, die nicht sehr viel Realität zu ertragen vermochte und von unmöglichen Comebacks träumte. Nachdem ihr Verhältnis mit Onassis begonnen hatte, hatte sie eine Stimmkrise und zog sich zurück von der Bühne, um dann wieder zurückzukommen. Sie brach in der Pariser Oper nach dem dritten

Die meiste Zeit bleibt der Raum dem Wissen und der Erinnerung
verschlossen.

191

Akt von *Norma* zusammen, sang noch eine *Tosca* in London und trat dann nie wieder in einer Oper auf. Sie machte noch einige Studioaufnahmen, doch waren die Ergebnisse für eine Veröffentlichung ungenügend. Sie unterrichtete an der Juilliard School 1971 und 1972 Meisterkurse. Ich liebe das Bild der Callas an der Juilliard School in schwarzem Hosenanzug und mit nüchterner Brille, weil ich es gerne sehe, wie eine Göttin praktisch wird und eine Funktion erfüllt – ich liebe es, zuzuschauen, wie die Majestät in strengem Schwarz auf die Erde niedersteigt, die Majestät, die eine Brille braucht, die nach der Mode des Jahres 1971 gekleidet ist (die für niemanden schmeichelhaft war). Sie kehrte mit di Stefano 1973-1974 für eine Welttournee mit Duoabenden auf die Bühne zurück; eine Stimmruine, sagen Ohrenzeugen. Wer früher einmal *jemand war*, der bewohnt später, wenn seine Glanzzeit vorbei ist, eine mythische Landschaft. Das ist nicht mein Fall: Ich war, wie die meisten Fans, nie jemand. Die beiden Kategorien – einst jemand gewesen, nie jemand gewesen – haben viel gemeinsam. Und so besuchte ich die Avenue Georges Mandel in Paris, wo die Callas bis zu ihrem Tode einsam wohnte, ich wollte diese stumme Nachbarschaft sehen. Ich wollte die Photographie überprüfen, die ich so oft angestarrt hatte: ein häufig nachgedruckter Schnappschuß von der Callas, wie sie die Vorhänge eines großen Fensters öffnet oder schließt, das aussieht, als ließe es nie Licht in den Raum; ein Bild einer Seele, die in eine Rolle eingeschlossen ist und den Ausweg nicht weiß. Zeffirellis Verfilmung von *La Traviata* – eine Elegie für die Callas, eine Hommage an sie, ein Gedenken an ihre verschollene Stimme – zeigt uns Violettas Wohnung zuerst von außen. Wir sehen Violettas Fenster – es ist genau wie das der Callas! Dieses hohe, hochmütige Fenster ist das Zeichen einer Großartigkeit und einer Krankheit – einer Schwindsucht –, die für immer verschlossen sind. Denkt an die Räume, die uns versperrt sind. Denkt an die Räume – unsere Räume –, die wir nie benannt haben. Die Stimme ist ein Raum: er öffnet sich einen Augenblick lang in einer großen Opernkarriere. Aber die meiste Zeit bleibt der Raum dem Wissen und der Erinnerung verschlossen.

Auf dem Umschlag der neuaufgelegten Aufnahmen der Callas sind Photographien der Sängerin nach ihrem Rückzug von der

Opernbühne zu sehen, um die Tragödie der Frau hervorzuheben, die ihre eigene Stimme überlebte. Sie lächelt, strahlend in schlichtem Kleid, mit Perlohrringen. Aber wir wissen es besser. Wir wissen, daß sie elend ist. Wir wissen, daß die Platte in der Hülle die Spur ihrer Vergangenheit aufbewahrt; Callas und ihre legendäre Stimme haben sich getrennt voneinander. Schwule haben ihre eigene Stummheit kompensiert durch den Genuß an der ironischen oder tragischen Verwandlung von Macht in Leid. Tiefe Stürze kosten wir gerne aus. Erhabenheit wird zu Entwürdigung, und unser Interesse ist erregt – nicht weil wir sadistische Voyeure sind, sondern weil wir es gern sehen, wenn ein Ruf zusammenbricht – wenn die Vorstellung von »Ruf« überhaupt zerfällt.

◆ 6 ◆

Wenn wir die Callas bewundern, weil sie eine Revolution in der Praxis der Opernaufführung herbeigeführt hat, weil sie fast vergessene Opern von Bellini und Donizetti gesungen hat, als wären es tragische Stücke von unverminderter Macht, dann bewundern wir sie dafür, daß sie den engen Opernraum geöffnet hat, die geschlossene Zone eines Genres, das uns niemals einzulassen und seinen Sinn nie preiszugeben schien. Und doch hat ironischerweise ihre Wiederbelebung mißachteter Belcanto-Opern insgesamt nur unterstrichen, daß die Oper eine todgeweihte Kunstform scheint.

Erneuerer wie Peter Sellars betonen den Anachronismus der Oper und verwandeln so die Crux in eine Stärke. Das Anachronistische gehörte zu jenen Aspekten der Oper, die sie vor langer Zeit der Aneignung durch die Schwulen geöffnet haben; die Oper klang erst dann *campy* (und deshalb einem schwulen Auditorium verfügbar), als sie eine altmodische Kunstform geworden war – gesungen in fremden Sprachen, mit unwahrscheinlichen, verworrenen Handlungen. Die anscheinende Distanz der Oper zum zeitgenössischen Leben machte sie zum Refugium für Schwule – Kreationen moderner Sexualsystematik, die aber von der Gesellschaft weder anerkannt noch an einen eindeutigen Ort gelassen wurden.

Die Oper hat keinen hohen Wirklichkeitsgrad. Aber die schwule Sexualität ist überhaupt nie im Bezirk der Realität zugelassen worden. Und so können sich Schwule an eine Kunst halten, die das »Genuine« nicht respektiert.

Oberflächlich betrachtet nahm Maria Callas der Oper ihren *Camp*-Aspekt, indem sie sie glaubwürdig und lebendig werden ließ. Trotzdem schenkte sie durch die Einführung der Wahrheit in die Oper – in die Kunst des Falschen – dem schwulen Fan eine Dissonanz, die seiner eigenen zu entsprechen wußte. Indem sie der Lucia, der Norma oder der Elvira Plausibilität lieh, brach die Callas die beiläufige Selbstzufriedenheit des Opernbesuchers auf; ihre Stimme und ihre Präsenz, Arsenale von *Tiefe*, verwirrten in der Berührung mit Musik, die oberflächlich geworden war, die Wahrnehmungsperspektiven der Zuschauer. Obwohl es als Sakrileg erschiene, wenn man die musikalisch zwingenden Schöpfungen der Callas als *Camp* bezeichnete, führte sie dieselbe Umkehrung durch, die im *Camp* stattfindet: sie zerbrach den Code, der die toten von den lebenden Kunstwerken trennt. Rasch zwischen dem Gestern und dem Heute hin- und herzuschneiden ist ein Effekt, den wir anderswo als *Camp* erkennen würden. Die Callas hat *Lucia di Lammermoor* nicht dadurch im Sinne einer *Camp*-Ästhetik präsentiert, daß sie die Oper verspottet hätte (*Lucia di Lammermoor* ist allzuleicht zu verspotten), sondern indem sie sie ernst nahm. Indem sie diese Oper wiederbelebte, stellte sie unsere Annahme in Frage, daß die Geschichte linear fortschreitet, daß es einen Unterschied zwischen Vergangenheit und Gegenwart gibt und daß die moderne Realität real ist.

♦ 7 ♦

Wir lieben sie, weil sich in ihr stimmliche Vielfältigkeit und Heterogenität verkörpert haben. Sie hatte drei Stimmen: Brusttöne wie ein Alt, ein widersprüchliches, wolkiges, aber wunderbares mittleres Register und eine durchdringend hohe Stimme, rasch und sicher in den Koloraturen, aber oft metallisch. Eine Kollegin sagte, die

Callas habe dreihundert Stimmen. Die Callas, ein Chamäleon, betrat und verließ ihre Register wie in raschen Kostümwechseln.

Aber diese Vielfältigkeit trug ihr oft Kritik ein. Wenn sie die Brücke zwischen den Stimmen überquerte, konnte sie die Brücke nicht verschwinden lassen. Wir hörten häufig die Überbrückung, und so schien ihre Stimme wie ein kubistisches Bild, das nur aus Winkeln besteht, die sich nicht zu einem rasch deutbaren Ganzen zusammenschließen – vereinzelt ein Auge, eine Nase, eine Braue.

Wie *The Three Faces of Eve* war die stimmlich gespaltene Persönlichkeit der Callas ein der Zeit angemessenes Bild dessen, was die Gesellschaft für die wahre Natur der Frau hielt – ihre Wandelbarkeit und ihre an Circe erinnernde Verwandlungsgewalt. Und Schwule konnten sich mit diesem Bild einer in Teile zerbrochenen Frau identifizieren: Die geteilte Stimme der Callas schien die Inkohärenz der schwulen Seele zu spiegeln.

Die Callas wurde berühmt dafür, daß sie im Abstand von nur drei Tagen am Teatro La Fenice *Die Walküre* und *I Puritani* sang und ihre Rolle in den *Puritani* in einer Woche einstudierte. In einer Kehle versöhnte sie zwei Stimmtypen – den dramatischen Sopran und die lyrische Koloraturstimme. Selbst ihre Rivalin Renata Tebaldi gab den freudigen Schock zu, den man empfand, wenn man die schwere Stimme der Callas im leichten Repertoire hörte. Daß die Callas nach ihrem Triumph als dramatischer Sopran Belcanto-Rollen übernahm, war eine Provokation für die Ordnung der festgelegten Stimmkategorien mit ihrer eingebauten Geschlechtsrollendifferenz. Kritiker haben die Callas als Reinkarnation einer Art von Sängerin beschrieben, wie sie im Goldenen Zeitalter der Oper blühte – einer Sängerin, die alle Register und Stile umfangen konnte. Wir bewundern die Callas, weil sie moderne Maßstäbe überschreitet und dadurch der Absurdität überführt. Kein Ton, den sie singt, bleibt genau derselbe; sie ändert ihre Stimmlichkeit *im* Ton, als wolle sie sagen: »Fangt mich doch, benennt mich doch, probiert nur, ob ihr mich in eure Klassifikationen sperren könnt!«

Jeder Körper ist ein Bürgerkrieg. Die Callas sang diesen Krieg.

Die meisten Sängerinnen vom Kaliber der Callas verbergen die Registersprünge. Die Callas konnte es nicht. Der nackte Bruch zeigt sie als zwar genial, aber auch ein wenig grotesk – entzückend setzte sie sich selbst in Verlegenheit, indem sie nicht in der Lage war, in dieser winzigen Kleinigkeit die Kontrolle zu erlangen, die für den Belcanto entscheidend ist. Der Bruch zwischen den Registern ist der Moment, in dem die Stimme sich als noch unentschieden erweist. Man vergleiche ihre Lucia von 1953 und die aus dem Jahre 1959: obwohl der Ton in der späteren Version dunkler ist, ist der Registerbruch gemildert, und so wandert ihre Stimme ohne Peinlichkeiten hinauf und hinab – wir hören eine bereits gemäßigte Callas, eine Callas, die bald aufhören wird.

Die Callas holte dramatisch und deutlich hörbar Atem, als schnappe sie nach Luft. Sie verwandelte die Notwendigkeit, Luft zu schöpfen, in eine Gelegenheit dramatischen Ausdrucks. Aber das Keuchen enthüllte auch den Preis der Melodie: die Phrasen mußten irgendwoher aus ihrem Körper kommen, aus einer unbekannten Erzader, wo die Macht schläft. Das Keuchen ist wie das Preisschildchen am teuren Kleid der Arie.

Ein Wort wie »schwul« klingt grobschlächtig, und die Callas hätte es nicht gebilligt. Aber ich glaube, sie hätte diese Aufgabe gebilligt, der ich mich hier unterziehe: die Niedergeschlagenheit und die Trauer zu enthüllen, die im Lauschen begraben liegen.

✦ 8 ✦

Ich verehre die Callas, weil sie so häufig Wut zum Ausdruck bringt – einen Zorn, der seine eigene Belohnung und seine eigene Begründung ist, der keine äußerliche Rechtfertigung sucht, der nichts behauptet außer der Lust des Ausdrucks, des Gefühls, der Darstellung: *Warum man mir Unrecht getan hat.* Die Diva wird zum Tribunal und bringt nicht nur zum Ausdruck, was *sie* empfindet, sondern was das Universum wegen ihrer Not empfinden *sollte*. Jede große von der Callas gesungene Phrase der Eifersucht und der rasenden Wut wird zu einem Befehl: »Universum, höre! Universum, gehorche! Universum, nimm meinen Standpunkt ein!« Und wir haben auch Bilder für die Neigung ihrer Stimme, Zorn auszustrah-

196

len; man denke an die Callas als Medea oder Tosca – wie sie das Messer in der Hand hat, wie ihre Augen Funken sprühen, wie ihr geschminkter Mund nur noch ein schmaler Strich der Rage ist. (Wie auf dem »Tigerinnen«-Photo, aufgenommen hinter der Bühne in Chicago, als Gerichtsbeamte ihr eine Vorladung zuzustellen versuchten.)

Manchmal aber singt sie wie ein unschuldiges Kind. John Ardoin nennt diesen Klang ihre »Kleinmädchenstimme«. Sie dämpft den Ton, läßt ihn fast dünn und brav klingen, hält die Kraft zurück. Sie benutzt diese gezügelte Stimme, um Jungfrauen wie Amina zu geben oder in einer Rolle wie Butterfly oder Lucia den Unterschied zwischen Schulmädchenfrömmigkeit und mörderischer Reife zu markieren. Indem sie tut, als sei sie naiv, porträtiert sie eigentlich ihre Distanz zur Naivität. Dieses liebe Stimmchen hebt nur um so mehr die Wut hervor, die sie viel häufiger und überzeugender zum Ausdruck bringt. (Manchmal vermittelt die Kleinmädchenstimme nicht Unschuldigkeit, sondern eine gespenstische Leere.)

Schwule identifizieren sich vielleicht deshalb gerne mit Demonstrationen weiblicher Wut und Willkür, weil ein solches Benehmen so entschieden die Grenzen des akzeptablen Geschlechtsrollenverhaltens überschreitet; Beispiele maskuliner Macht sind unangenehm und deprimierend (in ihnen spiegelt sich patriarchalische Herrschaft), aber Ausbrüche weiblicher Macht lassen eine Welt erscheinen, die dabei ist, sich radikal umzukehren. Ihre rachsüchtigen Ausbrüche schenken uns Mut und inspirieren uns bei unserem Bemühen, offen und nicht verschlossen zu leben, gelassen und nicht ausgelöscht, menschlich und nicht pervers.

Ich genieße ihre brüsken Abgänge, ihre Terminkündigungen, die Skandale, die bei solchen Ausbrüchen folgen – bei Ausbrüchen, die nichts mit Musik zu tun haben, sondern aus ihrem Stimmapparat hervorzubrechen scheinen, aus ihren plötzlich aufblitzenden Brusttönen, ihrer sengenden, wie Feuerwerk prasselnden Diktion (dieses gerollte »r« und die kämpferischen Dentale und die schmalen, nasalen, ovalen Vokale: das signalisiert Rache, Mord und die Herrschaft des Wunsches, zum rührenden, aber beneidenswerten Extrem gesteigert).

197

Sie kämpfte mit Direktoren und Dirigenten – eine Fehde mit Serafin, weil er *La Traviata* mit einem anderen Sopran aufgenommen hatte, mit Antonietta Stella; Schlachten mit Rudolf Bing; die Absage in Edinburgh; die denkwürdige Episode, als sie drohte, einem feindlichen Operndirektor ein bronzenes Tintenfaß auf den Kopf zu schmettern, und dann – ihr Mann gab an, sie wiege an die achtzig Kilo – ihr Knie in den Bauch des Antagonisten schnellen ließ. Doch der berühmteste Akt des Ungehorsams war ihr großer Streik in Rom. Obwohl sie krank war, ließ sie sich dazu überreden, eine angesetzte Galavorstellung von *Norma* zu singen; die Oper in Rom hatte keinen Ersatz engagiert, und der italienische Präsident saß im Publikum. Die Callas sang den ersten Akt, war aber nicht gut bei Stimme. Als sie sich weigerte, im zweiten Akt aufzutreten, flehte die Direktion, sie solle ihren Text wenigstens sprechen. Sie blieb hart und verließ das Opernhaus durch eine Unterführung, wie das Phantom der Oper: »Scandalo!«

Man kann einen nichtautorisierten Mitschnitt dieses gescheiterten ersten Akts kaufen (ich habe der Versuchung widerstanden): Ich nehme an, diese Platte zirkuliert vorwiegend unter schwulen Fans, die – wie ich – die Aura einer Frau lieben, die trotzig aus der Restriktion ihrer Rolle hinausmarschiert, den Präsidenten vor den Kopf stößt und die Gesundheit ihrer Kehle über die Regeln eines Opernhauses stellt.

Zu dem dann folgenden Aufruhr sagte die Callas mit der ihr eigenen unnachahmlichen Rhetorik leidenschaftlich beschränkter Selbstverteidigung: »Es gab einen Prozeß. Wir haben zweimal gekämpft, und ich habe zweimal gewonnen. Ich habe niemanden getäuscht. Das tue ich nie. Ich bin eine sehr einfache Frau, und ich bin eine sehr moralische Frau. Ich will nicht sagen, daß ich behaupte, ich sei eine ›gute Frau‹, wie man so sagt, das müssen andere beurteilen, aber ich bin eine moralische Frau in dem Sinne, daß ich klar sehe, was recht und unrecht für mich ist, und das verwechsele ich nicht und dem weiche ich nicht aus.«

In meiner Verehrung für die Callas liegt Bewunderung für Zusammenbruch und Widerstand, Streik und Flucht und hartnäckigen Kampf.

Wegen des Duells Tebaldi-Callas ist es keine neutrale oder friedliche Erfahrung, wenn man sich die Callas erwählt. Das bedeutet, daß man Partei ergreift und Sympathie und sanfte Gefühle in sich abtötet.

Die Callas nannte die Tebaldi ihre »liebe Kollegin und Freundin«, aber Renata, die sich nicht in der Lage sah, die Breite von Marias Repertoire entsprechend zu kontern, verließ schließlich die Scala. »Rivalinnen habe ich keine«, behauptete die Callas. Schließlich umarmten sich die beiden Frauen 1968 hinter der Bühne nach einer Met-Premiere der Tebaldi in *Adriana Lecouvreur* (Maria hatte sich da bereits zurückgezogen).

Selbst auf Schallplatten scheint die Callas absolute Hingabe zu fordern, nicht neutrale Toleranz; um die Callas zu genießen, muß man die Qualitäten der Tebaldi verwerfen und sich die Callas als Leitstern erwählen. Obwohl die Callas oft Gott demütig für ihr Glück dankte, als interessiere Gott sich für die Karriere der Callas, muß ihr Fan aller Anständigkeit entsagen und sich der Lust des Parteienkampfes in die Arme werfen. Die Callasclaque ist ein Untergrundorden, wie ein revolutionärer Kader, wie die kommunistische Partei oder die Mattachine Society.

Fetischist, der ich bin, konzentriere ich meine ganze Scham in dem Wort »Callas«. Es ist mir peinlich, den Namen so auszusprechen, wie sie und die sie verehrende Menge es taten – mit dem massiven »a«, CAH-LAHSS, wobei keine Silbe auf Kosten der anderen zu sehr betont werden darf, und beide Silben sich von allen anderen auf der Welt klar unterscheiden. Wenn ich »Callas« sage, füllt sich mein Mund mit einem üppigen Geschmack. »Callas«, ein seltsamer, erfundener Name, ist interessanterweise beinahe ein Anagramm von »Casals«, dem Namen des spanischen Cellisten, der sich standhaft weigerte, nach Francos Machtergreifung noch in Spanien zu spielen, und während Kennedys Regierung im Weißen Haus konzertierte. Pablo Casals stellt den Interpreten als Heiligen dar; die Callas war auch eine Art Heilige, aber eine mit umgestellten Lettern. Drehen wir das Wort »Callas« von innen nach außen: Fans in der Scala, die »Callas, Callas, Callas, Callas« riefen, stellten fest, daß ihr rhythmischer Schrei sich zu einem »sCalla, sCalla, sCalla, sCalla« verwandelte, als sei die Callas Gefäß wie Inhalt.

Wenn man sich entschließt, die Callas zu lieben, fällt man unter eine Kategorie: Callasfan. Es ist eine sanfte, süße, träumerische Mitgliedschaft: Ich kann den ganzen Tag lang das Photo der Callas anschauen, das sie im äußeren Leben zeigt, mit Schleier, weißen Handschuhen, Perlenkette ... Ihre unendlich traurigen Augen sind länger geschminkt, ihre Ohren sind groß, ihre Miene ist arrogant und elegant, ihre königliche Roheit existiert getrennt von der musikalischen Autorität, die in ihrer Begabung, ihrer Arbeit, ihrer Intelligenz ruht ... In die Liebe zur Callas ist die Angst eingebaut, man würde ihr nicht gerecht, könne ihr nie gerecht werden; der Versuch, die eigene Liebe zur Callas zu erklären, ist bloß Schwindel, ist eine Übertretung.

◆ 10 ◆

Divas treten hervor – wenn sie singen, wenn sie aus der Lehrzeit ins Rampenlicht treten, haben sie immer wieder ihr Coming Out. Aber die Callas zelebrierte das ihre stimmlich mit einzigartiger Verve zu einem Zeitpunkt, da das Coming Out für einen Schwulen nahezu ein Ding der Unmöglichkeit war. Selbst in der Zwangsjacke des Operngesangs – die Callas gebrauchte für die erste Phase des Erlernens einer neuen Rolle die Bezeichnung »hinein in die Zwangsjacke« – schien sie eine geheime Schande und eine dementsprechende Macht zu entblößen. Sie war berühmt dafür, daß sie Phrasen einer Opernarie im Kontext einer speziellen außermusikalischen Situation einsetzte: daß sie mit einer gesungenen Todesdrohung auf die Loge des Scala-Direktors Antonio Ghiringhelli zielte, oder in Dallas die Medea mit einer Rage gab, die unmittelbar Rudolf Bing zu gelten schien, der soeben ihren Vertrag mit der Met gekündigt hatte.

Ihr einzigartig gefühlsbetonter Stil findet eine Parallele in der »Method«-Technik, die im Film der USA in den fünfziger Jahren bei den Schauspielern beliebt war (Marlon Brando, James Dean, Montgomery Clift, Marilyn Monroe). Die »Method«-Schauspielerei ist ein Stil der Heimlichkeit und ihres Zusammenbruchs: Der Schauspieler färbt seine Rolle mit privaten, unaussprechlichen Nöten. Und doch beweisen die großen Anstrengungen bei dieser Technik – das Stammeln und Stöhnen und Stottern – die Stabilität der Mauern, die das noch nicht artikulierte Selbst umschließen. Der Darsteller muß keuchen, seufzen, weinen, um die scharfbewachte Grenze zwischen Privatem und Öffentlichem zu durchbrechen. Die Callas lehrte uns den Ekel vor der getarnten Existenz. Wer konnte noch, hatte er einmal die Callas gehört, die Heimlichkeit der *Closet*-Existenz tolerieren? Und doch sehnen wir uns angesichts ihres am Ende gebrochenen Mutes wieder nach den heimlichen Zeiten. Vielleicht wünschen wir uns einen Augenblick lang, wieder in den Schrank zu treten.

◆ 11 ◆

Es ist leicht zu begreifen, weshalb die Callas den Transvestiten in mir, die *drag queen*, reizt – weil die Callas in Bewegung (hier verlasse ich mich auf das Filmmaterial) den Anblick einer planvollen Geschmeidigkeit bietet, die man ewig imitieren könnte, ohne ihr je gleichzukommen: lange Arme, Hände, die langsam zu den Schultern gleiten, um donnernden Applaus entgegenzunehmen, eine große Nase und archaische Augen, das Haar gewöhnlich in einem umfänglichen Chignon aufgetürmt, manchmal aber offen und zuweilen enganliegend wie Audrey Hepburns *rive gauche*-Pagenschnitt in *Funny Face*. Jede Frisur verwandelt die Züge der Callas, so daß es schwierig ist, einen Begriff davon zu haben, wie sie eigentlich aussieht. Ich will die Gesten der Callas nicht stehlen, nachahmen oder verzerren. Aber ich beobachte sie, und ich habe das Gefühl, daß sie *mich* beobachtet; ihre gierige Manipulation des Raumes um ihren Körper herum zieht mich hinein in ein intensives Lebensgefühl, auch wenn ich am Tage ihres Begräbnisses (20. September 1977) meinen neunzehnten Geburtstag beging und noch nie von Maria Callas gehört hatte, deren Stimme und Bild dann postum ihre Gobelins um mich drapieren würden.

Ihre Sprechstimme war eigenartig; es klang immer, als würde sie irgendein Mißverständnis richtigstellen, oder sie ging völlig indirekt vor und simulierte eine Haltung, von der sie niemand zu überzeugen vermochte. Ihr Englisch war affektiert und voll seltsam illogischer Sätze. In einem Interview sagte sie: »Jedesmal, wenn mich ein Taxifahrer erkennt, bin ich erstaunt. Es irritiert mich. Wissen Sie, ich gehe nicht viel aus. Ich zeige mich nicht. Ich lebe zurückgezogen. Ich bin wild. Sehr wild.«

Nur die Banalitäten eines ganz außergewöhnlichen Menschen wie der Callas haben die Macht, im Betrachter die schwindelerregende Freude der Identifikation auszulösen, um die es mir hier geht. Rilke wollte, daß ihn die Engel hören. Er wußte, daß sie ihn nicht hören, ihm nicht antworten würden. Jede traurige moderne Seele will eine Antwort aus der Leere; die Callas ist eine von den Figuren, von der sich die Schwulen in letzter Zeit Antwort und Bestätigung erhofft haben. Was soll bestätigt werden? Die Härte des Lebens und die Macht des Gefühlsausdrucks, uns das harte Leben zu erleichtern oder uns die Illusion einer Unterstützung zu geben.

Gegen Ende ihres kurzen Lebens bat sie Tito Gobbi, sie doch zu einem Eis einzuladen. Sie bildete sich ein, die Welt habe sie ganz im Stich gelassen. Das Motto von Charles Ludlams *Galas*: »Nur meine Hunde werden mich nicht verraten.«

♦ 12 ♦

Auf einem Photo schlingt Visconti die Arme eng um die Callas und küßt sie auf die Wange – es sieht aus wie ein fester, echter Kuß –, und sie lächelt, geschmeichelt und dankbar, daß sie geküßt wird; Zeffirelli, teiggesichtig, fürsorglich, küßt die Callas, und sie lächelt strahlend, sie kennt die Grenzen dieses Kusses; Leonard Bernstein hält die Hand der Callas und betrachtet sie aufmerksam, und sie scheinen im Spiel hin und her zu schaukeln und auszuprobieren, ob ihre Körper äquivalent sind; hager und ohne Hemd führt Paso-

Die Callas und
Visconti

Die Frau imitiert
den schwulen
Mann, der schwule
Mann imitiert die
Frau.

Pasolini und die Callas

lini Regie und gibt der Callas als Medea Anweisungen, und sie lauscht aufmerksam und hält gehorsam die Hände ans Gesicht. Diese Photographien bezeugen eine spezielle historische Konfiguration: Der Schwule verehrt die theatralische Frau, und die Frau antwortet heiter *(gaily)*, die Frau imitiert den schwulen Mann, der schwule Mann imitiert die Frau, der Schwule führt Regie und lauscht und bewundert sie, der Mann und die Frau arbeiten zusammen, sind Kollaborateure.

Wenn ich über die Callas nachdenke, bin ich wie Molina, der schwule Schaufensterdekorateur in Manuel Puigs *Der Kuß der Spinnenfrau*, der seinen Zellengenossen und sich selbst tröstet, indem er die Handlungen von Filmen nacherzählt. Einer der Filme, die er so rezitiert, ist ein Nazi-Propagandastreifen. Aber Molina begreift die unheimliche Ideologie des Films nicht. Ihm erscheint er als ein wundervoll romantisches Abenteuer. Seine Liebe zu den Stars macht ihn blind für politische Krisensituationen.

Natürlich habe ich wegen meines imaginären romantischen Abenteuers mit der Stimme der Callas ein schlechtes Gewissen. Aber ich weiß nicht, wem diese Verehrung eigentlich schaden sollte. Gewiß nicht der Callas. Schadet sie Ihnen? Ich denke mir, daß Sie ähnliche Gefühle kennen, daß auch Sie Ihre Liebe einem undeutlich funkelnden, fernen Stern am Kulturfirmament schenken, dem Glanz eines Stars, der es Ihnen niemals auch nur mit einem Blick lohnen wird, und wenn Sie Ihr ganzes Leben in geduldiger, ernsthafter, fruchtloser Anbetung verbracht hätten.

Visconti sagte von der Callas, sie sei »ein monströses Phänomen« gewesen. »Nahezu eine Krankheit – die Art von Schauspielerin, die für alle Zeiten dahin ist.« Ist die Callas in der Schwulenkultur die Verkörperung von »Homosexualität« als der Monstrosität, die wir sind und verabscheuen und verehren? Nein, die Callas war keine Krankheit. Sie war die Zuflucht, wo eine verbotene Sexualität, eine verbotene Entfremdung von der Männlichkeit die Schwingen breiten konnte! Wenn ich der Callas lausche, gewinne ich Raum. Wenn das Bewußtsein, wie es Geschlechtsrolle und Sexualität bestimmen, gewisse Grenzen hat, so besitzt eine Stimme wie die der Callas die Macht, den geschlossenen Raum des Inneren in eine Unermeßlichkeit zu verwandeln: Sie verleiht die Illusion, daß auf der anderen Seite des Spiegels die Perspektive sich endlos erstreckt und daß man überall da, wo man auf Grenzlinien zu stoßen erwartet, Fortführungen findet.

Ich habe vom Schwulsein gesprochen, als wüßte ich, was das ist. Ich weiß es nicht. Es ist eine Fata Morgana.

Das Schwulsein gehört nicht zu meinem tiefsten, unerschütterlichen Wesen. Tatsächlich lausche ich *auf* das Schwule und *in seine Richtung*. Ich nähere mich ihm wie einem Fluchtpunkt, oder so, wie man versucht, einem Stimmklang zu antworten, der in einer riesenhaften Stille versinkt.

Walter Legge, der viele der legendären Plattenaufnahmen der Callas herausgebracht hat, sah ihr einmal in den Mund und bemerkte, dieser habe die Form einer gotischen Kathedrale. In meinen Tagträumen schaue ich der Callas in den Mund, um die hohen Türme ihres Gaumensegels ragen zu sehen – wie das ferne Christminster vor dem Helden von Thomas Hardys *Jude the Obscure* erscheint, der den Horizont betrachtet, aber nie die phantasierte Stadt erreichen wird, die dort leuchtet.

Fünftes Kapitel

Die Kehle der Diva, oder:
Wie man singt

◆ Peinlichkeit ◆

Ich fing an, Opern anzuhören, weil mir das zuckende Vibrato einer professionellen Opernstimme peinlich war. Es erfüllte mich mit einem etwas unheimlichen Unbehagen, das ich nun Vergnügen nenne. Aber in diesen fernen Tagen nannte ich es nicht so. Ich versuchte nicht, Carmen, Don José oder Escamillo nachzuahmen. Ich versuchte nicht, den Raum mit herrlichem Stimmklang zu erfüllen. Tatsächlich wand ich mich vor Verlegenheit, kauerte mich zusammen und schwor mir schweigend: »In der Beschämung werde ich das Paradies finden.«

◆ Vorgestellte Innerlichkeit ◆

Ich kann nicht singen. Wenn ich singen könnte, würde ich dies nicht schreiben. Ich würde die Selbstkontrolle der Singenden nicht bewundern. Noch müßte ich mir das Innere des Körpers der Sängerin vorstellen: Kehle, Glottis, Resonanzkörper, Maske. Das Gesicht des Sängers wird als Maske bezeichnet, als könne eine Stimme niemals die Wahrheit sagen.

Ich warne die Sänger: Ich beschreibe nicht akkurat eure Erfahrungen. Meine Aufgabe ist banaler. Ich erzähle Mythen und Anekdoten aus vergessenen Handbüchern nach. Die Suche begann in

206

einem riesigen Bücherschuppen: Ich fand ein vom Regenwasser welliges Exemplar von Millie Ryans *What Every Singer Should Know*, und obwohl die Autorin mahnend vermerkt, daß »der Gesang keine Kunst ist, die man durch Bücher oder Lehrbriefe vermitteln kann«, versuchte ich ihn so zu erlernen und bin gescheitert und bin insgeheim froh, daß ich gescheitert bin, denn wenn es mir gelungen wäre, der Stimme ihr Geheimnis zu nehmen, bliebe mir keine Gottheit mehr.

In der Metaphysik des Westens besitzt das gesprochene oder gesungene Wort eine größere Autorität als das geschriebene. Stimme verleiht Präsenz – ein Mythos, der immer noch zwingend wirkt, obwohl wir es mittlerweile besser wissen sollten: Wir glauben, daß niemand eine Stimme stehlen kann, daß keine zwei Stimmen genau gleich sind, daß es den Körper erlösen wird, wenn man eine Stimme findet, und daß jeder singen kann. Diese Überzeugung, daß der Besitz einer Stimme bedeutet, man verfüge über eine Identität, ist ein Kulturmythos – ebenso wie Sexualität zur Menschennatur gehört, aber auch ein Mythos ist.

Die Physiologie des Operngesangs ist ein Schwarm von Metaphern; wenn wir eine Oper hören, lauschen wir nicht nur dem Libretto und der Musik, sondern einer Geschichte, die vom Körper erzählt, und der Geschichte einer Reise: der Reise, auf die sich »Stimme« aufmacht, der Wanderung vom Verborgenen in die Welt hinaus. Diese Sage, so tief in die Oper eingebettet, daß wir sie nicht bemerken, ist auch die Geschichte von der Sexualität. Wie der Atem durch die Kehle in die Luft ringsumher emporfährt, so verliert unsere unbezeichnete, ungeformte Seele ihre imaginäre Unschuld und wird fürs Leben mit einem Geschlecht und einer Sexualität gezeichnet.

Wir sind es gewohnt, die Stimme als einen historisch lokalisierten Diskurs zu betrachten. Aber die Stimme erhebt und erniedrigt uns so gewaltsam wie die Sexualität. Die Stimme ist ein System, das dem der Sexualität ebenbürtig ist – das ebensoviel Strafgewalt austeilt und Lust schenkt; ebenso wählerisch, ebenso unentrinnbar.

Mit Operngesang meine ich die klassisch ausgebildete Stimme. Sie ist von der Alltagsrede weit entfernt; sie ist kunstvoll geschickt;

sie müht sich um Präzision des Tons und gehorcht dem Buchstaben des Gesetzes; sie stellt einen Inhalt nach außen; sie verbietet Fehler. Ich kann keine Definition der Opernstimme geben, die Monteverdi und Wagner, Lieder und Oratorien, Bach und Berg umfaßt. Aber man erkennt eine Opernstimme. Deanna Durbin hatte eine. Tito Gobbi auch. Conchita Supervia hatte sie. Die Studentin in dem Haus die Straße runter, die für ein Vorsingen im Gesangverein übt und peinlich massiv artikuliert, will eine haben. Die Opernstimme gibt Urbanität vor, ist aber insgeheim voll erregter Betonung, riesenhaft, überschwenglich, sie singt die eigenen Mühen, das Studium: Sie ruft: »Ein hoher Preis wurde bezahlt!« Sie meinen vielleicht, daß die Opernstimme sich wie ein Papagei anhört oder eine Lokomotive oder wie guter Geschmack oder Frömmigkeit oder Feigheit oder Gehorsam – Züge, die wir nicht zu schätzen wissen. Oder Sie teilen die Ansicht, daß die Opernstimme die furiose, »Ich!« singende Schockwelle eines Körpers ist, der Abschwächung und Kompromiß ablehnt.

Dieser Schock, diese Opernstimme, ist das Geräusch der Sexualität des neunzehnten Jahrhunderts. Von allen Varietäten des Sexuellen ist die Homosexualität wohl am stärksten immer noch der Taxonomie verfallen, dem rigiden System, und deshalb die perverseste und »sexuellste« – die Homosexualität gehört zu den wenigen Überlebenden jener phantastischen Schattenwelt von Perversionen, die niemand mehr ernst nimmt, wie etwa Fetischismus, Exhibitionismus oder Nymphomanie. (Die Heterosexualität ist ebenfalls eine Kategorie in einem solchen System, wenn wir auch öfters glauben, sie überschreite alle Systemgrenzen.) Theorien, wie man eine Gesangsstimme hervorbringt, spielen gelegentlich indirekt auf »Homosexualität« an – diese Reise, Exotik, Leichenhalle, diese Sodom- und Times-Square-Landschaft, Pathologie und Kur. Selbst wenn man nicht schwul ist, lebt man Tür an Tür mit der Homosexualität und kann nicht beweisen, daß das eigene Grundstück schon vor HOMO endet, zwei Silben, die ich oft und aggressiv singe, um ihnen die Aura des Makels wie mit einem Exorzismus zu nehmen: Homohomohomo!

◆ Kehle ◆

Die Kehle ist für Schwule ein Problem und eine Lust: Sie ist der Ort der Fellatio. Nicht jeder wählt diesen Akt: Das Schwulsein hängt nicht vom Oralsex ab, die Heterosexualität schließt ihn ebenfalls ein. Aber die Sexualität – als ein symbolisches System des Ausgleichs, der Maßnahmen und Gegenmaßnahmen, der Ausbalancierung verschiedener Instanzen – hat die Kehle als einen Platz bestimmt, der schwulen Männern gebührt und gehört.

Die Kehle der Operntunte ist passiv und stumm, wenn sie zuhört; die Kehle der Sängerin ist Königin. Aber der Akt des intensiven, geerdeten Lauschens zerstört den Mythos, daß wir genau bestimmen könnten, wo eine Emotion oder eine Erfahrung beginnt. Ich bin kein Sänger, aber ich habe eine Kehle, und ich gebrauche sie, um die Oper zu verehren und aufzuessen, um ihr Fragen zu stellen, damit sie mich aufißt.

Man hört einer Opernstimme zu (oder man singt im Opernton), und damit hat die eigene Kehle Anteil an jener größeren, historischen Kehle, der Urkehle, der Kehle der Königin, der Kehle am Himmel, im Himmel, im Kopf, zuinnerst. Homosexualität ist eine Form des Gesangs. Ich kann nicht schwul sein, ich kann das Schwule nur singen, verstreuen. Ich kann nicht an seine Türe klopfen und Einlaß verlangen, weil es kein Ort ist, keine feste Lokalität. Statt dessen besteht es aus einer Million Schnittpunkte – oder es ist eine Trennlinie, eine Membran, wie die Kehle, die das atmende Körperinnere von der chaotischen Außenwelt trennt.

Die Sängerin und der Homosexuelle scheinen jeweils ein geschlossenes Triebkabinett zu sein. Aber der singende Körper und jener, der sich homosexuell nennt, sind nicht so hermetisch versiegelt, wie wir meinen. Und nicht so frei. Es sind Sammelalben, angefüllt mit Fetzen ererbter Verbote; Seite um Seite voller Schmerz.

209

◆ Handbücher ◆

Von der Stimme weiß ich nur, was ich gelesen habe: ein paar bizarre Bücher, meist aus dem neunzehnten und zwanzigsten Jahrhundert, die geschrieben wurden, um die Kunst des Singens zu lehren. Diese Handbücher kodifizieren und kontrollieren die Stimme und stellen sie sich als Freund und als Feind vor, als Seelengrund und als Falltür in Unterwelten.

Wie Benimmführer stecken Stimmbildungsbücher voller Sozialgeschichte. Sie wollen »Kultur« verbreiten, zivilisierend wirken und geheime Techniken vor dem Verschwinden bewahren. Besitzen diese Handbücher eine musikalische Legitimität? Lilli Lehmann und Enrico Caruso haben solche Leitfäden geschrieben, ebenso ein berühmter Kastrat – Piero Francesco Tosi im Jahre 1723. Und trotzdem traue ich diesen Texten nicht recht zu, daß sie berichten, was wirklich in einem singenden Menschen vor sich geht.

Wie Traktate gegen die Masturbation diktieren diese Handbücher, auf welchen Wegen sich Energie und Lust durch den Körper zu bewegen haben; sie sind eifrig bedacht, das Verhalten gesetzlich zu regeln und Fehler zu verurteilen; sie helfen mir dabei, mir die Larynx als ein spezifisches Trauerpotential vorzustellen, nur dem Menschen eigen, das frei sein möchte und paradoxerweise seine Befreiung in einer Kunst der Einschließung sucht.

Wie viele literarische Texte (empfindsame Romane, Erotica, Thriller), ermahnt und formt ein Stimmbildungshandbuch die Körper der Leser. Und das Handbuch bemüht sich am meisten um den Nicht-Sänger, den Amateur, den Zuschauer. Welcher begabte Sänger hat es denn tatsächlich nötig, *How to Sing* zu studieren? Nur der Versager wendet sich an die Lehrbücher. Stimmlehren zielen auf den Aspiranten, der nie Sänger sein wird und ein Bestimmungsbuch für das Unerreichbare braucht.

◆ Singen/Sprechen ◆

Die Oper betont den Widerspruch, die Distanz zwischen Sprechen und Singen. Gibt es einen physiologischen Unterschied? Manche Handbücher meinen, der Gesang sei lediglich ein intensiviertes Sprechen, aber die Diva Maria Jeritza warnte: »So viele Mädchen scheinen nicht zu begreifen, daß die Sprechstimme tatsächlich der Feind der Singstimme ist.« (Die Jeritza warnt nur die Mädchen, aber ich nehme an, die Jungs sollten hier auch gut aufpassen.)

Wenn man ein Geheimnis ausspricht, verliert man es; es wird öffentlich. Aber wenn man das Geheimnis singt, gelingt es einem auf magische Weise, seine Privatheit zu wahren, denn der Gesang ist eine Barrikade aus Codierung.

◆ Coming out ◆

Gutes Singen besteht darin, daß man die Tür der Kehle öffnet, damit das geheime Gut herauskommen kann. Enrico Caruso betont: »Die Kehle ist die Tür, durch die die Stimme hindurch muß«, und diese Türe muß geöffnet bleiben, damit der Atem sich nicht andere Wege sucht – moralisch dubiose Umwege. Viele Autoren betonen, daß der Verbindungsgang zu den Resonanzräumen der menschlichen Stimme geöffnet bleiben muß, als ginge es beim Gesang hauptsächlich um Aufrichtigkeit und die Bereitschaft zum Bekenntnis. Die Tür der Kehle muß geöffnet bleiben, aber niemand darf ahnen, daß es eine solche Türe gibt. Wer zu viel von seiner Kehle weiß, wird verstummen.

Schwule haben ihr Vertrauen in das Coming out gesetzt, einen Prozeß der öffentlichen Verlautbarung. Im Coming out definieren wir die Stimme als Offenheit, Selbsterkenntnis, Klarheit. Und trotzdem endet das Geheimnis nicht, wenn das Coming out beginnt.

◆ Der Belcanto, der Kastrat und der
Kehlkopfspiegel ◆

1854 erfand der Sänger und Gesangslehrer Manuel Garcia d. J. (Bruder der beiden Divas Maria Malibran und Pauline Viardot) das Laryngoskop, den Kehlkopfspiegel. Garcia war nicht der allererste Pionier auf diesem Gebiet. Im achtzehnten Jahrhundert hatte der Wissenschaftler Antoine Ferrein die *cordes vocales* durch Experimente an der Larynx einer Leiche entdeckt. Doch der unerschrockene Garcia experimentierte an sich selbst. Auf der Suche nach der Ursache einer Brechung seiner Stimme bastelte er ein Werkzeug, unter anderem aus einem zahnärztlichen Mundspiegel, und spähte damit in den eigenen Hals, um seine Glottis zu betrachten.

Mit meinem imaginären Laryngoskop, meinem Spiegel, schaue ich in die schwule Kehle, um den Schaden zu inspizieren.

Die Wirkung des Laryngoskops mag begrenzt gewesen sein, aber seine Erfindung fiel mit dem Aufstieg der wissenschaftlichen Stimmschulungsmethoden und dem Niedergang der Kastraten zusammen, die um 1800 allmählich verschwanden. (Im achtzehnten Jahrhundert wurden in Italien jährlich bis zu viertausend Knaben kastriert.) Mit dem Hingang des Kastraten tauchte jedoch eine unklare Angst auf, die Gesangskunst sei im Niedergang begriffen. Diese Verfallsängste schlugen sich in einem Namen nieder: *bel canto*. Das heißt wörtlich »schöner Gesang« und impliziert die Befürchtung, daß diese Schönheit dahinschwindet.

Dem Musikwissenschaftler Philip A. Duey zufolge setzte sich der Begriff *bel canto* erst durch, als die Ära, die er bezeichnete, zu Ende gegangen war. Mit ungenauerer Bedeutung war diese Formulierung zwar schon seit Jahrhunderten gebraucht worden, aber der gegenwärtige präzisere Bezug setzte sich erst in den sechziger Jahren des neunzehnten Jahrhunderts in Italien durch und wurde in den Achtzigern in anderen Ländern übernommen; diese Bedeutung erschien erst nach 1900 in den Wörterbüchern.

So scheint es, daß »Belcanto« (als ein rückwärtsblickender Diskurs, eine Form der Nostalgie) in den sechziger Jahren des 18. Jahrhunderts auftauchte. Noch ein anderer Begriff wurde in diesem

Jahrzehnt geprägt – im Jahre 1869, um genau zu sein: »homosexuell«. Stellen wir uns einen Augenblick lang vor, daß das kein Zufall ist, und betrachten wir Belcanto und Homosexualität als parallele Erscheinungen. Homosexualität und Belcanto sind nicht dasselbe, aber sie standen in verwandten Kontexten: Sie erschienen verpackt in Diskurse von Kontrolle und Heilung. Es gab Stimmbildungslehrbücher schon lange bevor Belcanto und Homosexualität begrifflich fixiert wurden, aber der Wunsch, die Stimme wissenschaftlich zu beschreiben und Degenerationen der Gesangskunst zu kurieren, wurde nach 1860 vehement und brachte um die Jahrhundertwende und in den ersten Jahrzehnten unseres Jahrhunderts eine Flut von Beratungsliteratur hervor, darunter Julius Eduard Meyers Werk *A Treatise on the Origin of a Destructive Element in the Female Voice as Viewed from the Register Standpoint* (1895), Clara Kathleen Rogers' *My Voice and I* (1910), Charles Emersons *Psycho-Vox* (1915) und Nellie Melbas *Melba Method* (1926). Handbücher dieser Epoche stellen Theorie und Praxis der »Stimmkultur« dar – die Übung und Befreiung der natürlichen Stimme.

Man beachte die Affinität der Stimmkultur zur Psychoanalyse. Beide Systeme gehen davon aus, daß es verborgenes Material zum Ausdruck zu bringen gilt, daß Geheimnisse zu bekennen sind. Und beide Diskurse nehmen die Kastration ernst: Die Stimmkultur will die skandalöse Stimmfülle des Castrato wiedergewinnen, während die Analyse in der Kastrationsangst die Grundlegung von Identität sieht – die Kastration als Starrolle in der endlosen Oper der Psyche.

Die Opernkultur hat immer von einem verlorenen Goldenen Zeitalter des Gesangs phantasiert; dementsprechend ist es ein zentrales Anliegen der Gesangslehrbücher, einen *cantabile*-Stil gegen Degeneration und neumodische Untugenden zu verteidigen. Francesco Lamperti schrieb 1864, es sei »eine traurige, doch unbestreitbare Wahrheit, daß sich der Gesang heute in einem Zustand bedauernswerter Dekadenz befindet«. (Ein Jahrhundert zuvor betrachtete der Kastrat Tosi die Oper als Niedergang vom »männlichen« Kirchenstil zu einer »theatralisch-weibischen Manier«.) Stimmbildner sehnen sich nach verschollenen Ruhmeszeiten, aber keiner wagt zu sagen: »Ich will den Kastraten wieder!«

◆ Ein Blick in den Stimmapparat ◆

Man kann nicht umhin festzustellen, daß der beunruhigend ge-
schlechtslose Stimmapparat mit einer femininen Aura umgeben
worden ist. Und es fällt schwer, zu entscheiden, was man mit dieser Information anfangen soll.

Ein Hauptgrund, weshalb die Stimme als etwas Weibliches
erscheint, liegt darin, daß die Organe, die sie hervorbringen, dem
Blick verborgen bleiben. Ein Handbuch aus dem Jahre 1909
bemerkt, daß der männliche Gesangspädagoge »ein Instrument
unterrichten muß, das für niemanden sichtbar ist außer für einen
Spezialisten, und niemals berührt werden kann«.

»Wenn ich nur die Stimmritze sehen könnte!« rief Manuel Garcia anscheinend aus, als er kurz vor der Erfindung des Kehl-
kopfspiegels stand. Moderne medizinische Photographien der singenden Larynx und Glottis zeigen uns, was Garcia hätte sehen
können: eine lippenumschlossene Öffnung. Stimmtheoretiker
beschreiben die Larynx als »labial« – das beruht auf der optischen
Analogie und auf der Assoziation zwischen Frauen und unsichtbaren Dingen.

Jean Blanchet nannte 1756 die Glottis »eine horizontale Spalte,
die in zwei Lippen endet«. Robert Lawrence Weer bezeichnete 1948
die Stimmbänder als »zwei dicke Membranen«, »zwei Lippen«,
»kleine Klappen«. Aber das sind Beschreibungen von außen. Wie
fühlt sich das von innen an? Der Sopran Maria Jeritza verglich ange-
strengtes Singen mit einem »starken Gummiband, das bis zu seiner
vollen Länge gedehnt ist«: Göttliche Jeritza! Dank dir für eine präzise Beschreibung der Annäherung des Orgasmus.

Obwohl die Stimme als Doppel der Vagina beschrieben worden
ist, kann die listige Larynx männliche und weibliche Merkmale verkörpern – oder keines von beiden. Manche Lehrbücher lassen die
Larynx wie ein Überbleibsel einer ausgestorbenen, flexiblen,
geschlechtslosen Spezies erscheinen. 1739 hat Johann Mattheson
die Glottis als ein »Zünglein« beschrieben, wie die Öffnung »einer
kleinen Gießkanne«. Andere Handbuchautoren beschreiben die
Epiglottis als Efeublatt oder stellen sich die Glottis vor als umge-

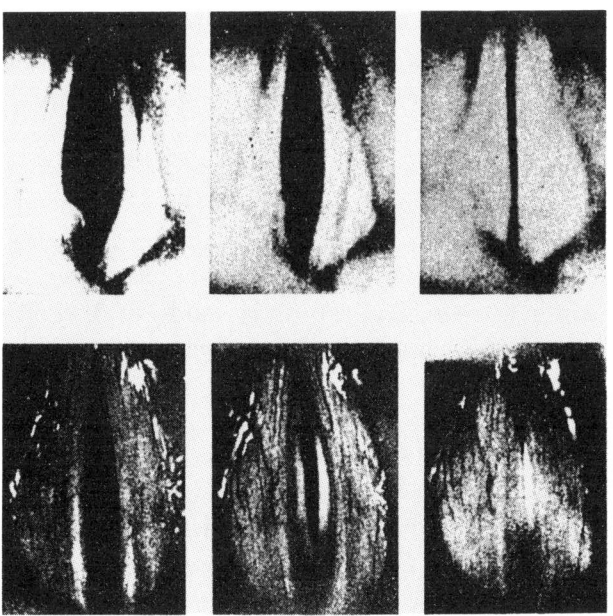

»Wenn ich nur die Stimmritze sehen könnte!«

ben von »Ringschild-« und »Schildpyramidenmuskeln«, die sich ausdehnen oder erschlaffen können, als seien die Glottis oder die Epiglottis (wer kann sich den Unterschied merken?) aufwendig inszenierte Alternativen zu unseren langweiligen Genitalien, unseren vom Schleim alter Geschichten überzogenen Genitalien, die so eingesperrt sind in die Vergangenheit, daß sie uns Freiheit nur versprechen können, wenn wir für sie eine völlig neue Geschichte verfassen würden.

◆ Bestrafung der Kehle ◆

Stimmkultur liebt, schützt und bewahrt die Kehle, doch sie bestraft auch die rebellische Kehle, wenn sie Nein zur genitalen Tyrannis sagt.

215

Im Namen der Kunst schlitzten sich griechische Tragöden hinten die Kehle auf, um die Stimmproduktion zu steigern. Die Diva Florence Easton bemerkte in den zwanziger Jahren: »Für ein Omelett gehen eben Eier zu Bruch«, und für die große Oper müssen notwendigerweise »Stimmen gebrochen« werden. Die Oper gibt vor, die gebrochene Stimme nicht zu schätzen, aber auf der symbolischen Ebene hängt sie ab von ihr. Die wissenschaftliche Erforschung der Möglichkeiten, die Stummen das Sprechen zu lehren (Stimmgabeltests an Helen Keller), verdeutlichten die Lautproduktion und die Larynxbewegungen von Opernsängern.

Wenn es schon keine Verletzung gibt, müssen zumindest Kopf und Kehle der Singenden verschwinden. Emmy Destinn sagte in den zwanziger Jahren: »Wenn ich singe, fühle ich mich, als hätte ich keine Kehle.« Jene Sängerin, die in Millie Ryans Lehrbuch aus dem Jahre 1910 *What Every Singer Should Know* photographiert worden ist, hat ihre Lektion gelernt, denn sie besitzt weder Kehle noch Kopf: Das Bild endet unter den Schultern, der Kopf ist grob abgeschnitten – als wäre die Pose kompromittierend und die Köpfung sichere eine diskrete Anonymität. Ohne Kopf scheint sie reine Leiblichkeit, ohne Bewußtsein und Transzendenz. Als Therapie gegen Nervosität soll die Sängerin sich jeden Morgen vor das offene Fenster stellen, tief atmen und sich den Busen und den Brustkorb streicheln; sie erinnert mich an Freuds Dora, einen in der Tat legendären Fall von Nervosität – eine junge Frau, deren sexuelles Begehren sich der Kontrolle entzog, sich den Frauen zuwandte und der Kehle, so daß Freud versuchte, ihre Begierden wieder zur Vagina hinunter zu verlagern, da er annahm, dort habe die Normalität ihren Ort, und eine Bewegung fort von der Heterosexualität müsse eine Bewegung fort von den Genitalien sein.

Es ist allgemein bekannt, daß die Genitalien stets mythologisiert werden, aber niemand erwähnt die Ideologien, die sich in unserer Kehle drängen, die sich um unsere Techniken des Singens und Sprechens bilden. Wir haben kein Vokabular für das, was die Kehle weiß und erleidet – vielleicht, weil sie sich hütet, von sich selbst zu sprechen.

216

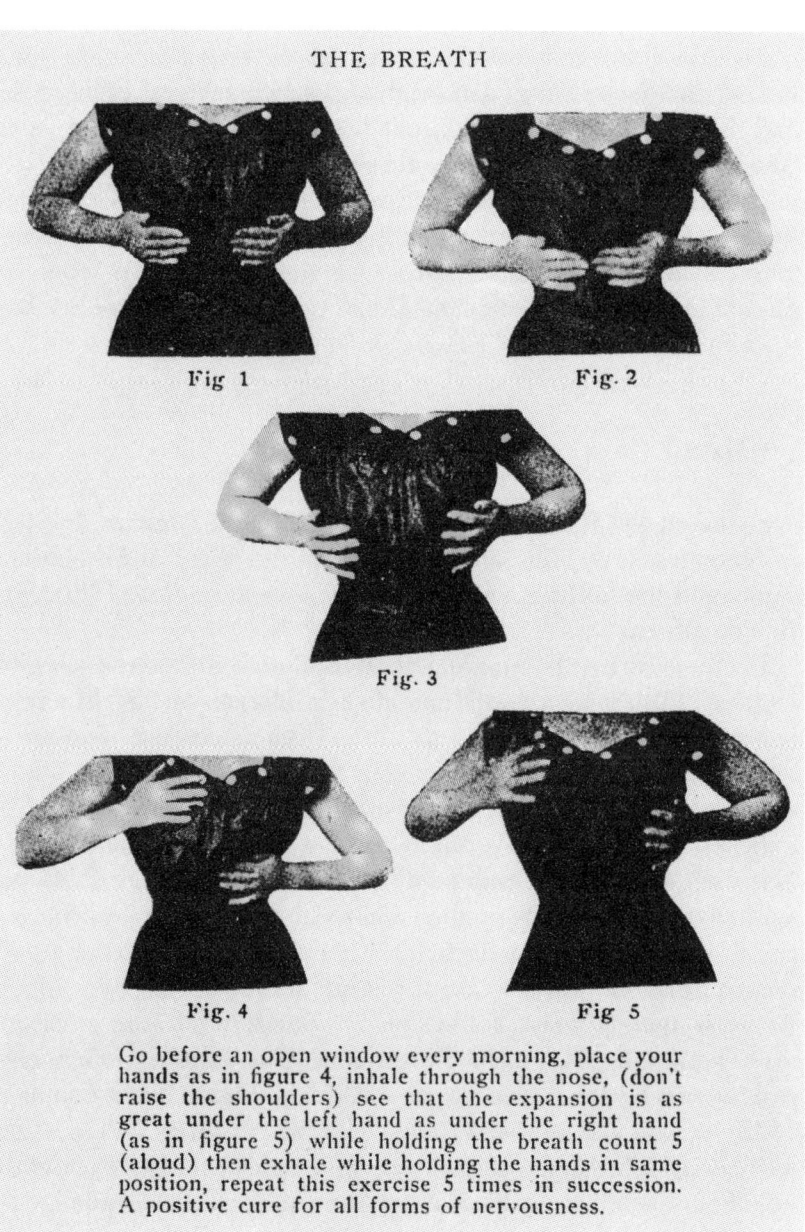

Fig 1   Fig. 2

Fig. 3

Fig. 4   Fig 5

Go before an open window every morning, place your
hands as in figure 4, inhale through the nose, (don't
raise the shoulders) see that the expansion is as
great under the left hand as under the right hand
(as in figure 5) while holding the breath count 5
(aloud) then exhale while holding the hands in same
position, repeat this exercise 5 times in succession.
A positive cure for all forms of nervousness.

Ohne Kopf scheint sie reine Leiblichkeit, ohne Bewußtsein und
Transzendenz.

Aus den Handbüchern erfahre ich, daß die singende Kehle feminin ist, daß dieser Sang dazu neigt, abzuschweifen und zu brechen, und daß die Stimme die Fähigkeit besitzt, sich quecksilbrig jeder Geschlechtszuschreibung zu entziehen. Und so identifiziere ich mich, obwohl ich selbst keine Stimme habe, mit der Kehle. Ich liebe es, sie zu meiner Heimat zu machen, ein Stündchen die Genitalien sich selbst zu überlassen und statt dessen den feuchten Stimmraum zwischen meinem Mund und meiner Lunge zu bewohnen.

◆ Mund ◆

Vor kurzem war ich in einem Konzert von Jessye Norman. Ich saß in der ersten Reihe. Ich sah in ihren geöffneten Mund und bestaunte seine Selbstenthüllung, seinen Umfang, seine furchtlose Fähigkeit, sich zu öffnen.

In einem zerfledderten alten Stimmbildungsleitfaden beschreibt Herbert Witherspoon den Mund als Sexualorgan mit leicht erregbarem »erektilem Gewebe«, als einen Organismus mit »fast zahllosen Nerven«; insofern »ist es kein Wunder, daß dort sehr leicht etwas schiefgehen kann«. Beim Singen geht *immer* etwas schief.

Ist es unnatürlich, den Mund zu öffnen? Der Komponist Jules Massenet sagte zu der Sopranistin Alice Verlet bei einer Probe zu seiner Oper *Manon*: »Sie haben den idealen Mund für eine Sängerin! Er öffnet sich ganz natürlich!« Aber zu weit darf sich der Mund nicht öffnen. Sir Charles Santley sagt: Damit die Lippen »ihres Amtes walten« können, sollte sich der Mund »nicht weiter öffnen, als es notwendig ist, um eine Fingerspitze einzuführen« – nicht einmal bis zum Knöchel. Was für strenge Regeln! Isaac Nathan schlägt 1823 vor, die »hübschen Münder« der Sängerinnen sollten »sich weit genug dehnen, um einen Freund einzulassen«. Der Freund ist kein Penis, sondern ein Finger: der Mund möge sich weit genug öffnen, daß »man bequem den kleinen Finger« zwischen die Zähne führen kann, schreibt Johann Adam Hiller 1774. Andere Instrumente – ein Löffel, ein Holzspatel – können die Stelle des Fingers einnehmen. Lawrence Weer erinnert sich an seine erste Lektion in »Zungenkontrolle«: Er wurde angewiesen, seine Zunge mit einem Löffel niederzudrücken und dabei Tonleitern zu singen. Der Mund des Singenden umfaßt ein imaginäres Objekt – lutscht es, umgibt es. Das Objekt, das beim Gesang gelutscht wrd, ist der Raum, die Luft, die Leere, die Hoffnung: die weiche Vorbedingung für den Klang.

Die Stimme ist als etwas Weibliches beschrieben worden, aber es ist ebenso richtig, daß sich die Stimme der Kategorisierung entzieht. Die Singenden schweifen ab, weichen ab. Die Stimme beginnt im Keller des Körpers, in einer Zone, der niemand einen Namen zu geben oder Autorität zu verleihen wagt; und der Sänger schickt die Stimme (oder die Stimme den Sänger) anderswohin, an einen Ort außerhalb unserer Erfahrung, an einen Rand, den ich nicht beschreiben oder irgendwelchen Regeln unterwerfen möchte – ich will nur sagen: Dort möchte ich leben. Gesang ist eine Bewegung, die nie lange genug erstarrt, daß wir sie ergreifen könnten. Sobald wir den Gesangsaugenblick bemerken können, ist er fort.

Die Stimme entzieht sich schweigend den Kategorien, die wir an sie herantragen. Die Stimme ist bereit, sich wie vom Bauchredner irgendwohin »werfen« zu lassen, ihren Ursprung zu verhüllen, sich aus der Geschlechtlichkeit und aus den Geschlechtsrollen hinaus auf den Sand eines neutralen, zeichenfreien Strandes zu schleudern.

◆ Falsettprobleme ◆

Die Falsettstimme scheint zutiefst pervers: ein Geräusch aus der Schaubude, ein Freakgesang – das Falsett ist die Stelle, an der die Stimme *falsch* wird. Und doch gehorcht das Falsett dem Paradigma aller Stimmproduktion. Das Falsett ist ein Umweg, und der Gesang erlegt dem normalen, neutralen Luftstrom stets Umwege auf.

Singen Sie Falsett! Jetzt. (Sind Sie allein, während Sie dies lesen?) Füllen Sie den Raum mit einem reinen, täuschenden Klang, und fragen Sie sich dann, was Sie soeben getan haben. Dann bringen Sie den Klang auf natürliche Weise hervor, aus der Brust. Welchen der beiden Töne, Brust- oder Kopfstimme, wollen Sie die Nachbarn hören lassen?

Singen ist etwas potentiell Peinliches. Und das Falsett gehört zu den beschämendsten Gesangsmöglichkeiten. Mit dem Falsett begeht man eine unnatürliche Handlung. Aber niemand ist rund um die Uhr unnatürlich – ich bin es nur nebenberuflich, ich bin eine Stunde lang nachts unnatürlich, aber den Rest der Zeit natürlich. Nehmen Sie einen Augenblick lang an, daß die Homosexualität wie das Falsett nicht eine Identität ist, sondern ein nützliches Vergnügen mit schlechtem Ruf: Tun Sie so, als sei es eine Technik, eine beiläufige Strategie – eine Möglichkeit, einer anstrengenden Stimmsituation zu entrinnen.

Die geregelte Stimmproduktion war mit dem Falsett nie richtig glücklich: einem Klang von Geheimnis, Unnatur, Abwesenheit. Isaac Nathan nannte es 1823 die »vierte Stimme« (vierte Dimension, viertes Geschlecht ...): »Es ist eine Art Bauchrednerei ... eine innerliche und unterdrückte Qualität des Tones, der die Illusion verschafft, man höre ihn aus weiter Ferne.« Antoine Bailleux mahnt im Jahre 1760, daß eine Stimme direkt aus der Brust hervorgehen muß, »so daß sie nicht auf dem Wege in den Kopf oder in die Nase durch Dämpfung zum Falsett entartet«. Niemand wagt es, Anspruch auf das Falsett zu erheben und von diesem hohen, schönen, gereizten Klang zu sagen: »Das gehört mir!«

Das Falsett gehört zur Geschichte des Weibischen – einer fesselnden Saga, die noch geschrieben werden muß. Lange, ehe irgend jemand wußte, was ein Homosexueller ist, wußten ganze Kulturen, wie man Männer verspottet, die unkonventionell hoch singen. Plutarch höhnte über »weibisches musikalisches Geschwätz, leeren Schall ohne Wesen«; Johannes von Salisbury tadelte »weibische Affektiertheit, Ziererei in Tönen und Sätzen«; St. Raynard bestand darauf, »daß es Männern geziemt, mit männlicher Stimme zu singen und nicht auf weibliche Weise, mit trillernden Tönen, oder wie man es allgemein nennt, mit falscher Stimme, um Theatergeilheit nachzuahmen.« In den achtziger Jahren des vorigen Jahrhunderts, nach der Geburt der Homosexualität, beschrieb ein englischer Arzt

220

das Falsett als eine Technik, bei der die beiden Stimmbänder »mit solcher Gewalt in ihrem hinteren Abschnitt« gegeneinanderpressen, »daß ihre Bewegung gegenseitig blockiert wird«; während die Brusttöne »aus der natürlichen Öffnung der Larynx« hervorgehen, dringt das Falsett aus einer »künstlich verringerten Öffnung, bei welcher der Spalt nach und nach enger wird, bis nichts mehr vibrieren kann«. Das Falsett ist eine schlechte Nachricht für die Zivilisation; das Falsett ist Niedergang und Fall.

Obwohl das Falsett stets denunziert und mit Degeneration, Umweg, Künstlichkei in Verbindung gebracht wurde, galt es lange doch als nützlich; der Kastrat Tosi spricht von der künstlichen Stimmlage als von etwas, das »brauchbar« ist, insbesondere, wenn die Kunst es verhüllt. Wenn ein moderner Gesangspädagoge wie Franklin D. Lawson 1944 im Falsett eine Gefahr sah, die zu einem »weißen«, »schrillen«, »weibischen« Klang beim männlichen Erwachsenen führt und zu einem »farblosen, pfeifenden Heulen« bei der Frau, sieht der Castrato andererseits einen Schatz darin, den ein kennerischer Meister heben kann: »Viele Meister lassen ihre Schüler den *Contr'Alto* singen, da sie nicht wissen, wie sie ihnen zum *Falsetto* verhelfen sollen oder die Mühe scheuen, es zu finden.« Ein Klang, der gleichzeitig falsch und nützlich ist, kann dem Sänger, der sich auf ihn verläßt, Lob oder Verdammung eintragen.

Das Falsett ist keine Sünde; die Sünde liegt darin, unverhohlen ins Falsett auszubrechen. Konsequentes Falsett kann wie souveräner Transvestismus die Illusion von Wahrheit vermitteln. 1782, als ein »Sopranist« – ein unkastrierter Mann, der Falsett sang – versehentlich in seine reale und robuste Tenorstimme rutschte, bemerkte Johann Samuel Petri, daß »meine ganze Freude an seinem wunderbaren Sopran vollkommen zerstört war«: ein »widerlich rauher« Ton hatte die Stimmaskerade unterbrochen und die Zuhörer daran erinnert, daß der Sänger ein *Er* war.

Ich habe immer Angst vor dem Falsett gehabt: Stimme des Schwarzen Manns in der Kindheit, Stimme der unbekümmerten Schwuchtel, Stimme des Schreckens und des Verlustes und der Kastration; schwebende Stimme, verschwindende Stimme. Mit einer Grimasse erinnere ich mich an diesen Popfreak Tiny Tim mit seiner Ukulele und – »Tiptoe Through the Tulips« – seiner schrillen Stimme.

✦ Pubertät ✦

Der Beginn der Pubertät: ruiniert er oder verankert er die Stimme? Zerstört die Pubertät dein Leben, oder beginnt es in diesem Moment?

Die Kastration friert die Knabenstimme ein, ehe die Pubertät sie zerstören kann. Aber selbst für die Unkastrierten ist die Pubertät ein Augenblick der Wahrheit. Als die Pubertät zuschlug, beging Caruso beinahe Selbstmord (ein Schullehrer hatte sein präpubertäres Trillern profitabel machen wollen); aber ein freundlicher Bariton rettete ihn, indem er ihm half, seine neue Stimme zu finden. In der Pubertät explodiert das Wirkliche: Akne, Adamsapfel, Sperma, Brüste, Blut.

Die Diva Ernestine Schumann-Heink redet den Mädchen zu, ihre Studien aufzuschieben, bis ihre »körperliche Entwicklung« abgeschlossen ist, und Isaac Nathan warnt Jungen davor, während der »Mutation« zu singen. Erst nach der Pubertät kann man als Sänger oder Sängerin die Stimme »festlegen« und erkennen, wo die Bruststimme endet und die Kopfstimme beginnt; erst dann kann man beim Gesang die unvereinbaren Symbolwerte von Kopf und Brust ausbalancieren. Der Meister muß beobachtend warten, bis die Pubertät im Körper der Schüler anlangt und ihnen dann beibringen, wie man die Stimme von einer Region mit sexueller Affinität in die andere »gehen läßt«.

Die Pubertät kann die Chorknabenstimme töten, aber in den meisten Fällen fängt der Gesang nach der Pubertät an, und so wirft diese ihren furchtbaren, zauberischen Schatten über alle nachfolgenden Stimmleistungen.

◆ Die Register ◆

Sind stimmliche Register eine Naturtatsache oder eine Erfindung der Stimmkultur? (Es ist nicht klar, ob ein Register eine Zone der Möglichkeit oder des Verbots darstellt.) Manche Handbücher sagen, es gebe fünf Register. Oder eines. Oder keines. Manche sagen, Männer hätten zwei Register und Frauen drei – oder: jede sangbare Note sei ihr eigenes Register.

Es scheint drei Körperzonen zu geben, in denen Resonanz klingt: Brust, Kehle und Kopf. Mit ansteigender Tonhöhe steigt die Stimme von einem Register ins nächste auf. Je weiter entfernt von der Brust, desto höher und falscher wird der Ton, und desto mehr muß man sich bemühen, ihn natürlich zu singen. Nach Domenico Cerone (1613) ist »die Bruststimme jene, die am richtigsten und natürlichsten ist.«

Der Bruch zwischen den Registern – phantasievoll »il ponticello«, das Brücklein, genannt – ist der Punkt innerhalb einer Stimme, wo die Aufspaltung zwischen Männlichem und Weiblichem geschieht. Das Unvermögen, diesen Geschlechtsbruch zu verdecken, ist für die Kunst der »natürlichen« Stimmproduktion fatal. Der im Belcanto geschulte Sänger wird solche Ausbrüche vermeiden, indem er die Registerbrüche verhüllt und elegant über sie hinweggeht. Die Grenzlinie zwischen den Registern läßt sich wie die zwischen den Hautfarben, den Geschlechtern oder zwischen Hetero/Homo nur überschreiten, wenn der Grenzgänger vorgibt, daß gar keine solche Übertretung stattgefunden hat. Mit dem Coming out lösen die Schwulen seismische Erschütterungen im Abgrenzungssystem aus – so wie im Gesang durch den offenen Registerbruch die Rißlinien in einem Körper offenbar werden, der vorgegeben hat, ausschließlich männlich oder ausschließlich weiblich zu sein. (Oder bestätigen wir nichtsahnend im Coming out die gespaltene Welt?)

223

◆ Degenerierter Gesang ◆

Die Stimmkultur vergißt, daß sie von der Künstlichkeit abhängig ist, wenn sie das »Natürliche« überschätzt. Die meisten Theoretiker der Stimmbildung würden sich wohl William James Henderson anschließen, der 1906 schrieb, daß »Gesang nichts weiter ist als Natur unter intensiver Kultivierung«. Solange der Gesang jedoch als natürlich betrachtet wird, werden gewisse Stimmtechniken als degeneriert gelten, und »Degeneration« ist der Schlachtruf jener Rhetorik, mit der im neunzehnten Jahrhundert der »Homosexuelle« als pathologische Identität geschaffen wurde.

Der Homosexuelle als degenerierter Typus: Ich akzeptiere dieses entwürdigende Bild und verkörpere es, weil es keinen Ausweg aus dem Klischee gibt außer dem, es in sich aufzunehmen, es ironisch zu kritisieren, indem man es sich anzieht. Man hat mir ohnehin das Kostüm der Degeneration verordnet, ich kann mich nicht weigern. Also sage ich: Le dégénéré, c'est moi.

A. A. Pattou hat in seinem Werk *The Voice as an Instrument*(1878) wissenschaftliche Methoden zu bieten, um »die Defekte einer unnatürlichen Stimme« zu entfernen. Ein großer Feind unklarer Artikulation, will Pattou die Kehle reformieren, die Larynx unter Kontrolle bringen und »alle Fehler oder Laster, welche die menschliche Stimme befallen«, auslöschen. Er legt sogar seine eigene Fallgeschichte vor: Aus Unkenntnis hygienischer Erfordernisse sang er falsch und litt an einer Halsentzündung, die zu »geistiger Depression und allgemeinem Mißtrauen gegen die Gesellschaft und all ihren Besitz« führte. Sir Charles Santleys Stimmbildungshandbuch endet ebenfalls mit einem Geständnis: Er bekam seine Halsentzündung, weil er in Räumen sang, die mit importierten Blumen geschmückt waren (darunter die homoerotische Hyazinthe).

Der Diskurs der Degeneration im neunzehnten Jahrhundert war außerdem antisemitisch und rassistisch. Ich nahm früh Antisemitismus in mich auf: Kein Wunder, daß mich anfangs peinliche Verlegenheit überflutete, wenn ich die Klangfülle von Opernmusik hörte. Ich fürchtete den Ruf des Kantors, ich fürchtete die expressiven Gesten der Juden, die ihre ganzen Körper nach außen zu kehren schienen – Sündenböcke, Hysteriker, sprechend und immerzu sprechend. Ich erinnere mich an die schlechten Manieren der Kinder in der Hebräischen Schule und an meine Angst, es könne der Eindruck entstehen, daß ich sie mochte. (Zu einem Jungen, einem geschwätzigen, speichelnden, attraktiven Gör, sagte der Lehrer, er habe »Munddurchfall«.) Glaubte ich als Kind, die Oper sei eine jüdische Kunst und ich, der ich die Oper gern hatte, würde in meine eigene Jüdischkeit eintreten – die ererbte, unheilbare, strafbare?

Man vermeide übermäßiges Vibrato. Mozart kritisiert das Vibrato eines Sängers als »der Natur zuwider«. Der Widerstand gegen das Vibrato erreichte einen Höhepunkt im neunzehnten Jahrhundert (aber ebenso tat dies das Vibrato); der amerikanische Laryngologe Holbrook Curtis bemerkte 1909, daß das Vibrato beliebt bei den »romanischen Rassen« ist, aber von den Angelsachsen verworfen wird. Ich bin kein Romane, ich bin Jude, und ich liebe es, zu hören, wie ein Ton schwankt und außer Kontrolle gerät, zittert und bebt, daß es scheinen will, als wären unsere Tage säuberlicher Ruhe vorüber... Auch der Triller hat als widernatürlich oder zumindest weibisch gegolten: der Stimmpädagoge Francis Charles Maria de Rialp meint, daß der Triller zwar »sehr en vogue« bei männlichen Sängern des neunzehnten Jahrhunderts war, daß man seinen Gebrauch jedoch auf die weibliche Stimme beschränken sollte. Jeder affektierte Zug beim Gesang wird in der Regel als Symptom des »Degenerierten« kritisiert: Isaac Nathan warnt 1823 vor dem Lispeln, dem gedehnten, schleppenden Tonfall und davor, die Worte so zu artikulieren, »daß der Sänger vor Anstrengung zu Boden zu sinken scheint«.

Man vermeide unattraktive Gesten. Lilli Lehmann sagt: »Gesichter, die ständig grinsen oder ein Fischmaul zeigen, sind widerlich und falsch.« Das Fischmaul kennen Sie doch. Alle Sänger sehen als Singende bizarr aus, wenn sie sich nicht strikt unter Kontrolle haben, und diese Möglichkeit, grotesk zu wirken, ist unendlich reizvoll, wenn man (wie ich) sich dazu entschließt, eine stereotyp groteske Rollenzuweisung nicht abzulehnen, sondern sie sich – jetzt gerade – zu eigen zu machen. Viele Handbücher empfehlen das Singen vor dem Spiegel, um Fischmäuligkeit zu vermeiden. Die Castrati mußten jeden Morgen beim Üben eine Stunde lang in den Spiegel schauen; Tosi sagt dem Sänger, daß die Spiegelübungen ihm helfen werden, das konvulsive Grimassieren zu vermeiden. Der Sänger, der in den Spiegel schaut und für seine Karriere übt, nimmt eine zweifelhafte, illegitime, stigmatisierte Haltung ein: die des Narziß.

Ich kannte das Jüdische vom Blick in den Spiegel und aus den Redensarten meiner Familie. Ich kannte die Homosexualität an Zeichen, die kein Spiegel einfing. Und doch übte ich für die Homosexualität wie für eine Premiere; langsam prägte ich mir die Noten ein. Und ich erinnere mich, wie ich in den großen Wandspiegel im Badezimmer sah und nicht wußte, ob mein Körper eine optische Täuschung war oder nicht.

• Spekulationen zur Ökonomie der Stimme •

Die Kategorien »Psyche« und »Stimme« bezeichnen nicht einfach, was natürlicherweise geschieht, sie schreiben mahnend vor, was geschehen sollte. Die wichtigste Voraussetzung, die für die Stimme gemacht wird, ist es, daß sie sich aufwärts bewegt – hydraulisch, transzendent. Wie die Libido drängt die Stimme hinaus.

Die Stimme will reinigen und transzendieren; Homosexualität ist der Schmutz, den der Gesang (ein Putzmittel) wegscheuern muß. In diesem Sinne sind Stimme und Homosexualität Gegner: die Stimme entwickelt sich aufwärts, die Homosexualität geht hinab – die Stimme ist transzendent, die Homosexualität geerdet.

In seiner Atmung ist der singende Körper entweder frugal oder verschwenderisch. Die Stimme geht durch einen Körper hindurch wie ein Toxin, ein Purgativ; um die Qualität einer Stimme beurteilen zu können, müssen wir uns fragen: »Hat sie alle Giftstoffe herausgespült?« Denn die Stimme ist eine Essenz, zu glühend, um sie aufzubewahren; sie verfliegt durch alle Türen, die offenstehen. Das Falsett ist der Atem, der den falschen Ausgang aus dem Körper gewählt hat.

Aber es ist nicht recht, dem Falsett die ganze Schuld aufzubürden. Denn es ist etwas in sich Suspektes am Gang des Atems von der Lunge in die Larynx zur Maske; etwas grundsätzlich zur Abweichung und zum Irrtum Neigendes liegt im Drang der Luft, den Körper zu verlassen. Zwar hat das Falsett die deutlichste Nähe zur Homosexualität, aber alle Formen der Opernstimme sind pervers. Innerhalb der Logik des Gesangs ist die Luft, die zu einer abweichenden Bestimmung gelockt wird, ebenso pervers wie jene, die sich zur richtigen Öffnung bewegt. Resonanz *ist* Perversion.

Wie ein Aderlaß ist das Singen eine drastische Kur, die das innere Gleichgewicht wiederherstellt. John Gothard eröffnet seine *Thoughts on Singing; with Hints on the Elements of Effect and the Cultivation of Taste*(1848) mit der Fallgeschichte eines Neurasthenikers, der unter »fortwährendem Seufzen« litt und geheilt wurde, als er sich mit jungen Männern anfreundete, die einen Gesangverein bildeten. Mit ähnlichem Optimismus versichert Millie Ryan, daß »es kein Tonikum für die Nerven gibt, das der Stimmkultur vergleichbar wäre«. Singen hält den Körper, die Seele und den moralischen Apparat in Form. Vor Beginn des Unterrichts ist der Sänger verkrampft und nervös; nachher entspannt er sich.

Aber diese Entspannung findet formelhaft statt – die Gesten des Sängers sind vorgefertigt, und sie sind deshalb so herrlich, weil sie sich so leicht nachahmen lassen. Yvette Guilbert bietet in *How to Sing a Song* Anhaltspunkte, wie man bestimmte Posen einnimmt, und sie druckt Photographien ihres eigenen Gesichts mit diversen dramatischen, komischen und pathetischen Mienen ab, die an H. W. Diamonds Aufnahmen viktorianischer Irrenhausinsassinnen erinnern. Sie nennt ihre verschiedenen Gesichtsausdrücke etwa: Ekstase, Neutrale Liebenswürdigkeit, Moralischer Schmerz, Heiterkeit, Grau, Rot, Lila und Zinnober. Wenn ich die Guilbert imitiere und mein Gesicht »heiter«, »grau« oder »neutral liebenswürdig« werden lasse, habe ich dann neue Sehnsüchte eingeführt oder die alten neu inszeniert? Vielleicht werden alte Begierden, wenn man sie nachmacht, zu neuen; vielleicht gibt es keine neuen Wünsche, und wir können nur mit Phantasie und Witz die alten von neuem bewohnen.

Die Stimmhandbücher ermuntern den Leser kaum dazu, die eigene Identiät neu zu erfinden. Im Gegenteil – sie ketten den Sänger an die biedere Familienmoral: 1839 schreibt H. W. Day, daß

227

»der Gesang eine läuternde Wirkung auf die moralischen Empfindungen hat«, und Lowell Mason bemerkt 1847, daß das Singen »gesellschaftliche Ordnung und Glück in einer Familie« bewirkt. Eine gute Stimme entsteht in einer Kindheitsumgebung, die frei von Belastungen ist, in einer Familie, wo die »natürliche Stimme« gewohnheitsmäßig benutzt wird und wo die Möglichkeit besteht, gute Musik zu hören. (Ich habe gute Musik gehört. Aber ich habe nie gelernt, wie man die natürliche Stimme gebraucht. Ich frage mich, ob die natürliche Stimme nicht überhaupt eine repressive Fiktion ist, die uns unter Kontrolle halten soll.) Wenn eine Stimme lieblich und erfolgreich singt, wiederholt sie die gesunden Kindheitsszenen, die ihr zugrunde liegen, und wenn die Stimme unbeholfen zwischen den Registern schwankt oder falsch singt, offenbart sie eine umwölkte, unnatürliche Vergangenheit.

Wie jedes Buch mit Verhaltensanweisungen – ob für Renaissancehöflinge bestimmt oder für den modernen Teenager – instruiert uns das Handbuch des Gesangs, wie man sich eine Klassenposition sichert, wie man »vulgäre und zweifelhafte Gesellschaft meidet« und Kultiviertheit signalisiert. Die Stimme, die Klang produziert, verwandelt damit Begehren in Geld. Und singende Körper werden bewundert dafür, daß sie ganz oben anlangen: in der Arie, in der Gesellschaft. Hohe Töne sind teuer: Benedetto Marcello schrieb 1720, je höher ein Kastrat singe, »desto höher ist sein Preis und desto größer sein Ruf«.

Für den Sänger beginnt der Reichtum mit Knausrigkeit und dem Vermeiden von Verschwendung, und so muß der Sänger, der Gold in der Kehle haben möchte, lernen, mit seinem Vorrat hauszuhalten und wie eine sparsame Hausfrau oder ein Buchhalter »den korrekten Umgang mit der vibrierenden Luftsäule« erlernen, die von den Stimmbändern zum Mund reicht. Der Sänger muß laut Johann Mattheson (1739) die eingeatmete Luft »nicht auf einmal und nicht zu großzügig« wieder von sich lassen, »sondern sparsam, nach und nach, sie mit Vorsicht zurückhaltend und bewahrend.« Caruso rät dem Sänger, eine ähnliche Ökonomie mit Bezug auf seine ganze Karriere zu befolgen: der Sänger sollte die Leistung seiner Stimme ebenso begrenzen »wie die Verausgabungen seines Geldbeutels«.

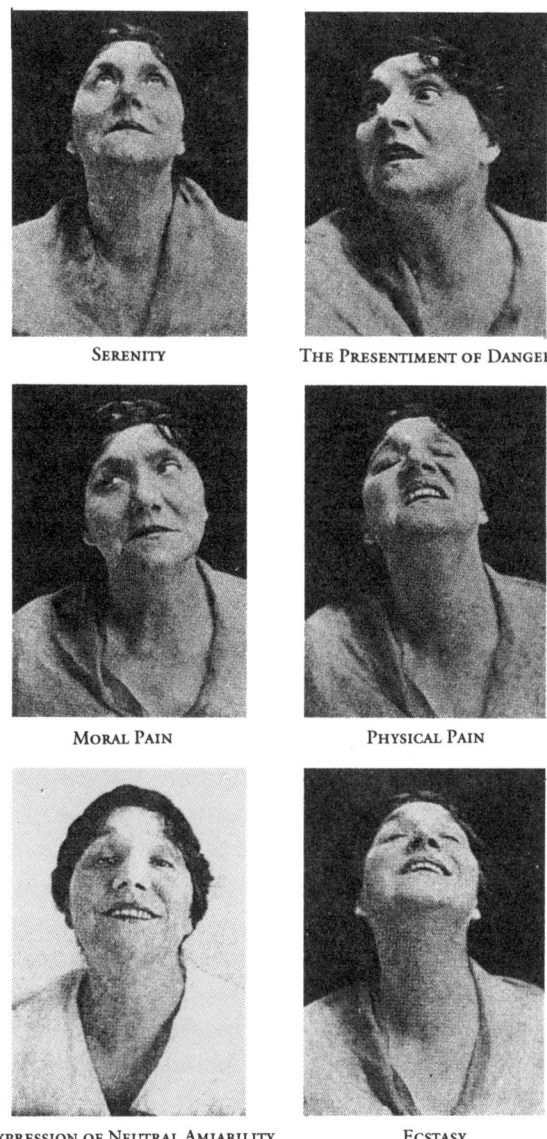

SERENITY

THE PRESENTIMENT OF DANGER

MORAL PAIN

PHYSICAL PAIN

EXPRESSION OF NEUTRAL AMIABILITY
NOTHING IN THE EYES—
NOTHING IN THE MOUTH

ECSTASY

Wenn ich die Guilbert imitiere und mein Gesicht »heiter«, »grau« oder »neutral liebenswürdig« werden lasse, habe ich dann neue Sehnsüchte eingeführt oder die alten neu inszeniert?

Geld sparen, Luft sparen – vorsichtige Klugheiten der Homosexualität, der Stimme. Homosexualität und Stimme sind Ökonomien der Verausgabung, stets besorgt um das, was schief gehen könnte oder was bereits schiefgegangen ist, eifrig dabei, das Strömen der vitalen Substanz zu kontrollieren. Der Körper, den man »homosexuell« nennt, ist ein Ort, wo das sexuelle System stottert, abschweift, leckt; wo ein Buchhaltungsfehler (eine verschwendete Summe) ans Licht kommt; wo der sparsam geführte Haushalt zusammenbricht. Weil Freud eine Verbindung von Paranoia, Homosexualität und Analität formulierte und damit großen Einfluß hatte, nehmen wir oft an, daß die Homosexualität entweder eine Erotik der promiskuitiven Verschwendung ist oder andererseits eine Erotik des vorsichtigen, sammelnden Zurückhaltens von Aufgespartem.

Bei der Ausbildung von Sängern wird das Verhalten des gesamten Körpers – nicht lediglich der Stimme – einer strafenden Sparsamkeit unterworfen. Das Singen erfordert Reinheit von Kopf bis Fuß. Gesangslehrer haben schon immer zu sexueller Abstinenz und maßvoller Nahrung geraten; Aristoteles fragt in den *Problemata*: »Warum verdirbt es die Stimme, wenn man nach Essen ruft?« Im zwanzigsten Jahrhundert hat Millie Ryan Dörrpflaumen für die stimmliche Gesundheit empfohlen; Herbert Witherspoon ermuntert den Sänger zum Gebrauch von Laxativen und betont, daß »die Schleimhaut von Pharynx und Mund wertvolle Indizien bietet und oft klar erkennen läßt, welche Probleme drunten vorliegen.« Eine Stimme zeigt also an, inwieweit das Ausscheidungssystem ihres Körpers funktioniert. Natürlich beschreibt die Stimme nicht nur das System, sondern verwandelt das System in Empfindungen und Töne, die wir arglos und ohne vorherige Analyse in uns aufnehmen. Wir erzittern, wenn wir eine Stimme hören, und was wir hören und lieben lernen, ist eine Theorie des Körpers. Ich, der ich keine Melodie singen kann, bin in dieser Ökonomie von Stimmproduktion mit ebensolcher Sicherheit gefangen, als wäre ich Sänger.

»Rote Linien bezeichnen die Stimmempfindungen von Sopranen und Tenören«, schreibt Lilli Lehmann in *How to Sing*. Man sehe sich das Diagramm der Lehmann an, das den Sänger darstellt: da

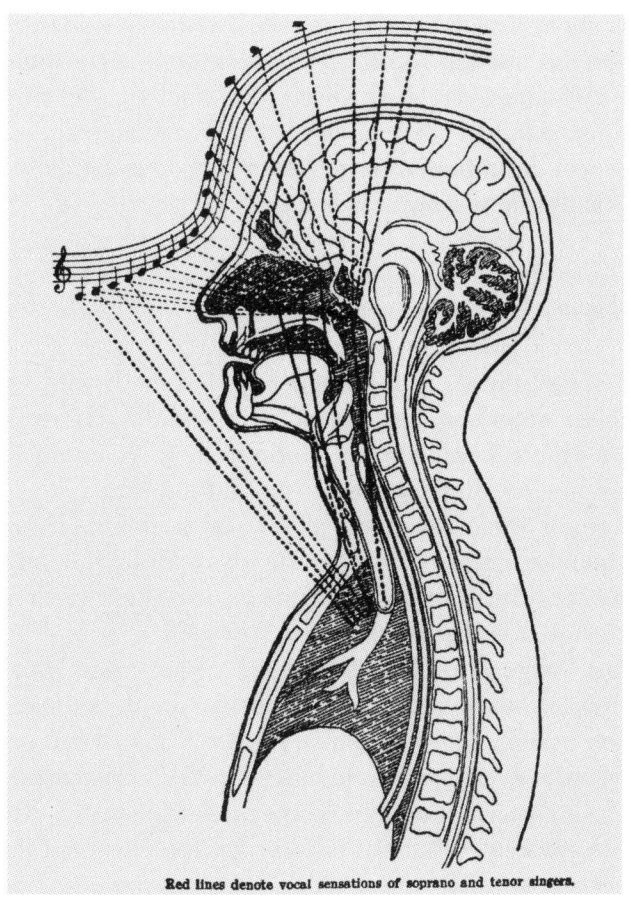

Red lines denote vocal sensations of soprano and tenor singers.

Ich, der ich keine Melodie singen kann, bin in dieser
Ökonomie von Stimmproduktion mit ebensolcher Sicherheit
gefangen, als wäre ich Sänger.

ist er ein Knochenschreck, ein Skelett, ein Überlebender, von allen
Details der Identität befreit. Ohne Haar, ohne Haut, ohne
Geschichte. Lilli Lehmanns Anatomielektion sieht aus wie das Ich
vor allen Kategorien – das Subjekt, das darauf wartet, einen Namen
zu erhalten. (Ist dieser Sänger männlich? Ist es eine Sängerin? Tut
das etwas zur Sache, da doch Soprane und Tenöre laut Lilli Lehmann dieselben Empfindungen verspüren?) Dieser kahle Sänger ist

231

ein trübseliges Modell für einen neuen Entwurf von Identität, aber ich nehme ihn mir als Vorbild. Eine Kraft geht aus seinem Mund hervor – ein »Ich«, das so elastisch, durchsichtig und zusammenhängend ist wie die Seifenblase, die der Junge auf Chardins Gemälde seit Jahrhunderten geblasen hat, eine Seifenblase, die kein Betrachter je platzen lassen kann.

✦ Coda mit Bedauern (I) ✦

Ich wollte, daß dieses Kapitel von Freude erhellt wird. Aber die Handbücher sprechen nur selten von Freude. Hingerissenheit scheint in einem Leitfaden zur Stimmbildung so wenig Raum zu haben wie in einer Reparaturanleitung für ein Auto.

Es ist eine Freude zu singen, aber es ist auch eine Disziplin; es ist sexy, homosexuell zu sein, aber auch eine Beschränkung (innerhalb einer illegitimen Identität). Freie Rede ist eine Fiktion – wenn ich ein Selbst zum Ausdruck bringe, presse ich es gewaltsam aus mir heraus (expressiv – wie in *espresso*). Stimme und Homosexualität stellen her, was kein Körper, sich selbst überlassen, würde hervorbringen wollen. Und so produziert mein Körper Homosexualität – singt sie, drückt sie aus. Ich habe keine Wahl. Homosexualität ist die spezielle Musik, die mein Körper macht. Und im Rückblick autorisiere ich die Aufführung dieser großen Oper mit dem Titel »Homosexualität«, ich verzeihe ihre Dissonanzen und ihre altmodischen sentimentalen Schlüsse, ich lasse die krausen Arien (die Sodomie-Cabaletta, die Degenerationscavatine, die Oralszene, das Duett Aktiv-Passiv) ungehemmt aus meinem Munde trällern. Die Kultur hat die »Homosexualität« als schmutziges X definiert. Das Wort, das wir nicht sagen wollen. Das Wort, das wir mit Blut an die Türen schreiben. Als Antwort, als Gegenschlag, als Auflehnung umarme ich das X, ich schließe meinen Körper an den Strom des X an, ich betreibe X wie ein Handwerk, wie einen Glauben, ich entdecke die schönen, kaum hörbaren Obertöne von X, das die Welt immer für einen Alptraum gehalten hat. Ich bin X, ich werde immer X sein, die Welt kann mich nicht von X befreien, die Welt kann X nicht aus meinem Körper reißen, ich werde X überall hinschreiben, wo X ausgelöscht worden ist.

Jede unautorisierte Sexualität ist ein X. Heterosexualität kann auch ein X werden, wenn sie sich nur anstrengt.

Die Sexualität, ob nun Homo- oder Heterosexualität, tritt nicht nur einmal auf, in jenem Moment der Enthüllung und Verkündigung, den wir Coming out nennen. Unser Körper ist in einem fortwährenden Coming out begriffen. Jedesmal ist es das erste Mal. Jeder Auftritt ist ein Debüt. Jede Erregung ist eine Wiederholung der ersten Erregung. Jedesmal, wenn man spricht, ist es ein Coming out. Jedesmal, wenn die Luft ihren Weg aufwärts von der Lunge über die Larynx zur Maske sucht, jedesmal, wenn der Körper diese alte transzendente Nummer abspielt, ist es ein Coming out. Du *bist* das OUT, in das hinein die Sexualität kommt. Coming out ist eine Möglichkeit, eine zusammenhängende Geschichte über die eigene Sexualität zu erzählen; es hat politische Wunder bewirkt, und es ist ein moralischer und psychologischer Reinigungsprozeß. Aber das Coming out ist nur eine Version der Stimmwerdung, die der Sexualität zugrunde liegt.

Ich habe mich dafür entschieden, Sexualität laut werden zu lassen (obwohl viele Bereiche von Sexualität – darunter meine eigene – stumm bleiben, nicht auszudrücken, allen Kategorien und Phrasen Widerstand entgegensetzend). Und selbst wenn ich mich nicht dafür entschieden hätte, mich nicht zum Coming out entschlossen hätte, würde ich doch immer schon die entsprechenden Laute von mir geben, denn die Sexualität (wie wir sie kennen) hat immer eine Stimme, ist unauslöschlich Stimme, »lautet« ihrer Struktur nach.

Singen wir unsere Sexualitäten oder singen sie uns? Senden wir Sex wie einen Ton in die Luft aus, oder sendet der Sex *uns* in den Luftraum, treibt er uns in die Wiederholungen und Travestien, die wir »das Begehren« nennen?

Der Umweg des Atems durch den Körper, mit dem eine Stimme erzeugt wird, ist kaum eine Vergnügungsreise. Bei folgenden Vorgängen handelt es sich um langsame, brutale, mühevolle Prozesse, so mühevoll und einander so ähnlich, daß ich ihre Namen auf verschiedene, parallele Zeilen setzen will:

eine Stimme formen;
eine Sexualität artikulieren.

◆ Coda mit Bedauern (II) ◆

Ich habe alte, vergessene Leitfäden benutzt als Wege in die Kehle, die nie mir gehören wird – die singende Kehle. Es ist eine zwecklose Suche. Die Kehle der Königin findet man nicht in einem Buch. Man lernt nicht singen nach Lilli Lehmanns *How to Sing* – wenn man auch, sofern man bereits singen kann, aus ihrem Handbuch wertvolle Hinweise beziehen mag. Ich erinnere mich, wie ich damals versuchte, den Koitus aus Monographien über menschliche Sexualität zu erlernen und Diagramme der vier elementaren Positionen studierte: Mann oben, Frau oben, Mann und Frau auf der Seite liegend, von hinten. Ich habe versucht, die Regeln von Football und Baseball in der *Encyclopaedia Britannica* zu studieren, damit ich beim Schulsport nicht ganz dumm dastehe. An einem wolkigen Tag Mitte der sechziger Jahre schlug ich »Kinos« in den Gelben Seiten nach und schrieb mir eine Liste mit Namen und Telephonnummern von Lichtspielhäusern in mein erstes Adreßbuch (rot, Taschenformat, mit einem Randalphabet). Ich schrieb »Burbank Theater« auf und die Telephonnummer des Burbank Theater dazu (die ich nie wählen sollte), allein deshalb, weil dort vor kurzem der Stummfilm *Wings* gezeigt worden war oder in Kürze gezeigt werden würde. Ich wußte, daß mir die Kinoliste nichts bringen würde. Aber ich wollte diese Liste anlegen. Ich setzte damals großes Vertrauen in das Auflisten von Informationen.

Ich habe immer mit trockenen Methoden nach dem Magischen gesucht – in Gebrauchsanweisungen, Enzyklopädien, Adreßbüchern. In den Traum versunken, daß die Liebe aus geborgten Zaubersprüchen aufsteigen könnte, habe ich die Formeln eines Do-It-Yourself-Hexenhandbuchs studiert. Aber die Handbücher lehren nichts. Gesang läßt sich nicht in Regeln fassen. Ich habe an den falschen Orten nach Gegenwärtigkeit gesucht.

Sechstes Kapitel

Die unaussprechliche Vermählung von Text und Musik

◆ Ehe ◆

Soll ich durch die Tür für MEN oder durch die für WOMEN gehen?
Soll ich meine Ekstase in Musik oder in Worten suchen? Ich betrete
den Raum der Musik: Ein Streichquartett unterhält sich, ich stehe
vor den vulkanischen Vokalen eines basso profondo. Ich fliehe; dort
gehöre ich nicht hin. Im Raum der Worte, des Textes, stehe ich vor
der Totenstarre der Bedeutungen. Auch da gehöre ich nicht hin. Ich
träume von einem ungeteilten Raum (wo an den Türen keine binäre
Symbolik *Women* und *Men* trennt, W und M, das M ein umgestülp-
tes W), und so wende ich mich der Oper zu, die ein doppeltes Vergnügen verspricht und eine Heilung für den Riß durch die Seele.
Private Zustände – der meine ist die Homosexualität – spiegeln sich
in Kulturmonumenten. Neugierig, weshalb die Schwulenkultur so
starke Züge von Oper trägt und warum manche Schwule die Oper
lieben, stelle ich fest, daß der »eigenartigste« Zug der Oper ihre
gespaltene Grundlage ist, ihre Vermählung von Text und Musik.

Es ist nicht besonders schwul, ein Wort wie »Vermählung« zu gebrauchen, und doch finde ich die Vermählung, die Ehe anziehend.
Ich will sie nicht als rückständig oder nutzlos abschaffen. Meine Eltern waren einmal verheiratet, und jetzt trage ich zum ironischen Andenken an sie einen Ehering. Meine Vermählung mit einem Mann ist
nie förmlich und feierlich bekräftigt worden, aber ich nenne das trotzdem so, ich glaube immer noch an Paare und Gegensätzlichkeiten.

Wenn ich einer Oper zuhöre, verkleide ich mich innerlich als das Geschlechtsrollensystem, als die Ehelichkeit in Person; ich werde zu Braut und Bräutigam; ich nehme das ganze System in mich auf, weil ich davon träume, ich könnte es so zerreiben und neu zusammensetzen – so, wie ein Tenor seine Männlichkeit ganz zu Stimme macht und sie dadurch unvertraut werden läßt. Die Oper kann im wirklichen Leben nichts verändern, aber sie verändert unsere Phantasien, und ich kann keine Trennungslinie zwischen privaten Sehnsüchten und öffentlichen Zuständen ziehen, zwischen der Oper im Kopf und der blutenden Welt.

Text. Musik. Im Englischen gibt es eine alliterative Affinität zwischen *words* und *woman* und zwischen *music* und *man*, während im Italienischen *parole* sich zu *padre* stellt und *musica* zu *madre* paßt. Wir wissen, daß Text und Musik in ein System von Geschlechtsspezifik gehören – es ist ja ein Gemeinplatz, daß die Sprache maskulin ist und die Musik feminin. Die Oper verkündet dieses Ordungsschema – und hilft uns, es zu vergessen. Beim Zuhören vergessen wir den Unterschied von Text und Musik, Männlich und Weiblich, weil die Oper eine Bastardform ist, ein Zwitter, und die Unterscheidungen verwischt.

Text und Musik sind nie säuberlich zu trennen. Gesprochene Sprache hat auch ihre Tonhöhe und ihren Rhythmus; wenn ein Sänger Vokalisierungsübungen betreibt, ertönen Vokale (Ah! Oh!), die einen Sinn zu haben scheinen und fast als Wörter durchgehen. Außerdem enthält – obwohl wir gewöhnlich die Musik als etwas Abstraktes betrachten – die westliche Tonalität verborgene Narrationen: die Sequenzen »absoluter« Musik erzählen Geschichten von Verführung und Hingabe, Männlich und Weiblich, Kraft und Schwäche, Hinauszögern und Höhepunkt. Die Geschichten ertönen am Rand der Sprache – wir könnten sie beinahe in Worte übersetzen, obwohl die Musik als autonom gilt, als nicht zu paraphrasieren. In der Oper aber müssen wir vergessen, daß Text und Musik einander nicht strikt ausschließen. *Wir wollen, daß die Grenze zwischen Musik und Text existiert, damit die Oper diese Grenze in einem Akt scheinbarer Übertretung auslöschen kann.*

Die Oper mag eine heterosexuelle Heirat imitieren (der Text als

236

Mann, die Musik als Frau), aber weil die Dichter und Komponisten gewöhnlich Männer waren, fällt es schwer, sich vorzustellen, daß die Musik wirklich eine Frau oder die in der Oper geschlossene Ehe wirklich heterosexuell ist. Wenn Text und Musik das Geschlecht der Schöpfer und nicht der Ausführenden annehmen, dann sind beide in einer Oper, bei der Komponist und Librettist zusammengearbeitet haben, ähnlich. Diese homoerotischen Implikationen der männlichen Hochzeit in der Oper finde ich verblüffend. Ich stelle die Hypothese auf, daß die hypnotische Faszination, welche die Oper auf das moderne schwule Publikum ausübt, in irgendeiner Beziehung zu dem erotischen Ineinander von Text und Musik (zwei konträren Symbolsystemen mit geschlechtsspezifischen Zuschreibungen) stehen muß. Ich bin ein Opernfan, weil ich mir die Sopranstimme ersehne, aber ich könnte auch meine schwule Fan-Begeisterung auf das Wesen der Oper zurückführen, die Text und Musik zusammenbringt und getrennt hält – immer beides zugleich.

Die Aufgabe der Oper ist es, Text und Musik wieder zusammenzusetzen, die abgespaltenen Hälften eines einstmals ganzen Einzelkörpers. Wir glauben ja nicht mehr an Kohärenz: Die Vorstellung eines einheitlichen Körpers scheint tyrannisch, ein lastender Zwang. Wir ziehen es vor, davon auszugehen, daß alles Fleisch symbolisch aufgesplittert und fragmentiert ist. Und doch spüre ich, der ich im Schatten der Oper lebe, gelegentlich *eine Sehnsucht nach dem Ganzen – und eine gleichzeitige Sehnsucht nach der Fragmentierung*, eine in sich gegensätzliche Bewegung meiner Wünsche, die mich getrieben hat, ein Buch aus lauter Fragmenten zu schreiben, die insgeheim wünschen, ein unauflöslich vermähltes Ganzes zu bilden.

◆ Was mit Orpheus geschah ◆

In Ovids *Metamorphosen* wendet sich Orpheus nach dem Verlust Eurydikes homosexuellen Freuden zu, und die Mänaden, zornig über die Zurückweisung ihrer verliebten Annäherung, reißen ihn in Stücke. Die Mänaden schreien: »Seht den da, der uns verachtet!« und schleudern einen Stab nach seinem singenden Mund, als wären

237

sein Gesang und seine Homosexualität eins. Einige der frühesten Opern nehmen Orpheus zum Helden und als Symbol der neuen Kunstform überhaupt, aber diese Neuinszenierungen des Mythos lassen seine Zerstückelung und seine Homosexualität aus. Damit die Oper sich als Genre etablieren und ihre herrscherliche, fest fundierte Gestalt annehmen kann, muß sie aus dem Gedächtnis unserer Kultur tilgen, was Orpheus mit Knaben in Thrakien getrieben hat und was infolgedessen mit seinem Körper geschehen ist.

In zwei der ersten Opern, die beide *Euridice* heißen (zwei Komponisten, Jacopo Peri und Giulio Caccini, vertonten dasselbe Gedicht von Ottavio Rinuccini), errettet Orpheus Eurydike aus der Unterwelt. Und in der ersten großen Oper, dem *Orfeo* von Monteverdi (1607), läßt der Komponist die wütenden Mänaden fort – dafür steigt Apoll vom Himmel herab, um ein Duett mit seinem Sohn Orpheus zu singen. Apoll versucht, einen Mann aus Orpheus zu machen, der Vater wirft dem Sohne weibische Nachgiebigkeit den eigenen Gefühlen gegenüber vor. Ihr Duett hätte seine ersten Hörer davon überzeugen können, daß dieses neue Genre des *dramma per musica* die männliche Fragmentierung kurieren, das weiche männliche Innere härten, Vater und Sohn in eins setzen, Himmel und Erde verbinden und die in der Brust des Zuhörers kochenden Widersprüche ausbalancieren würde.

Opern sind Werke der Trauer: Sie unterziehen sich immer wieder einer Aufgabe, die beim ersten Male unbewältigt blieb. Sie wiederholen Orpheus' Anstrengungen, in die andere Welt hinüberzugelangen und Eurydike zu retten; in jeder Oper sucht die Sprache ihre Schattenbraut in der Musik, und die Musik will über die Lethe setzen, um ihr Echo in der Sprache zu finden. Beide Unternehmungen scheitern, und so stimmt uns die Oper melancholisch. Diese traurigen Fahrten, bei denen man nach verlorenen Geliebten auszieht, erinnern mich an die Erklärung, die Aristophanes in Platons *Gastmahl* für Homo- und Heterosexualität gibt: Jeder Mann und jede Frau, verirrte Hälften eines einstigen Ganzen, suchen die Ergänzungshälfte, von der sie in einer Urzeit vor ihrer jetzigen Existenz getrennt wurden. Niemand glaubt an diesen Mythos. Aber er erklärt die Oper, an die auch niemand glaubt. Er erklärt, weshalb

Text und Musik, einst vereint, jetzt getrennt, ihr früheres Glück widerzuerlangen suchen, indem sie durch die Hölle der Oper einer unauflöslichen Umarmung zustreben. Aber diese erneute Vereinigung ist ein Traum – Orpheus kann Eurydike nicht retten, und der Text kann nie die Musik so eng an sich ziehen, daß wir die Unterschiedlichkeit beider ganz vergessen. Die Oper gelangt nicht zu der Kohärenz, die sie sucht. Dieses Scheitern macht die Oper schwul, denn unsere Kultur hat der Homosexualität (wie der Weiblichkeit) als Zustand Verlust, Vergessen und Fragmentierung zugewiesen. Ich meine damit nicht, daß Schwule an Amnesie leiden oder emotional verkrüppelt sind; ich meine, daß der Diskurs der Homosexualität das schwule Begehren als *opernhaft oder orphisch* definiert hat. Wir sind angeblich von der Idee besessen, die Grenze zu überschreiten und verirrte Wesen in der Unterwelt zu umarmen, zu umklammern, Bräute oder Bräutigame, die wir nie finden werden.

Immer auf dem Wege hinab in die Hölle, um Wichsklubs herumstreifend, am Rande des Grabs stolpernd: Das homophobe Vorurteil stellt mich weit weg von der Fortpflanzung und den Szenen des Ursprungs und verlegt mein Liebesleben in den Schatten des Kopierautomaten, wo jeder Lover ein unscharfes Doppel dessen ist, was ich nicht besitzen oder verkörpern kann. Ich bin angeblich ein Klon, ich besitze nie die Originalität, immer nur die Wiederholung, das Remake, die Nachauflage. Um diesen Mythen etwas entgegenzusetzen, formuliere ich »Homosexualität« insgesamt als Hafen der Ausfahrt, des Aufbruchs, als Ursprung und Urszene. Ich bin nicht Vater, aber ich könnte ein Vater sein, und ohnedies ist die Vaterschaft nicht der einzige Weg, um zu diesem heiligen Bezirk der Ursprünge zu gelangen. Wenn ich die Geschichte meines Lebens zur »Homosexualität« zurückverfolge, setze ich mein Vertrauen in eine Welt, wo Sexualität Erstaunen und Ehrfurcht hervorruft, weil sie den Schlüssel zum Anfang enthält. Nun will ich zurückgehen und sehen, wie die Oper begonnen hat, auch wenn die Fakten geheimnisvoll verhüllt bleiben. Je geheimnisvoller eine Szene, desto schwuler erscheint sie mir, und desto stärker wird mein Wunsch, zu sehen, ob Sexualität (die immer Homo- ebenso wie Heterosexualität einschließt) Teil der Geschichte war.

◆ Geburt der Oper ◆

Das Überraschende ist, daß die Oper einen Anfang hat. Sie war keine ausbrechende Naturgewalt, sie war eine Erfindung. Sie nahm Material aus vielen Quellen in sich auf und kristallisierte sich in den letzten Jahren des sechzehnten Jahrhunderts in Italien ganz heraus. Einer ihrer provozierenden Züge war die Phantasie einer Vereinigung von Text und Musik nach ihrem langen Teilungsschlaf. Die Wirklichkeit des antiken griechischen Dramas und der Musik jener Zeit ist nicht genau zu rekonstruieren, doch ist es wahrscheinlich, daß die Rollen von Musiker und Dichter sich überschnitten, und daß die Tragödien gesungen wurden. Einige der Begründer der Oper wollten sich dieses hypothetischen griechischen Dramas erinnern und es wiederherstellen – als sei es ein Männerkörper, nunmehr traurig verstümmelt.

Obwohl Laura Guidiccioni, eine Frau, zwei Pastorales schrieb, die Vorläufer der Oper waren, verlegen quellenkritische Studien die Geburt der Oper in ein Haus von Vätern, die sogenannte Camerata in Florenz. Der Musikhistoriker Claude V. Palisca räumt ein, daß die Camerata nicht »formell eingetragen oder organisiert« war und daß »Camerata« nur eine generische Bezeichnung für »eine Gruppe von Leuten, die zusammen wohnen und Gespräche führen« war. Früher war es einfach, den Ursprung der Oper der Camerata zuzuweisen, aber nun ist die historische Forschung darauf gekommen, daß es tatsächlich zwei Cameratas gegeben hat, daß andere Entwicklungen im italienischen Theater in Richtung Oper führten und daß zu dem Zeitpunkt, als die Oper tatsächlich erfunden wurde, Bardis Camerata im Niedergang begriffen war. Und doch ist ihre Geschichte faszinierend. Selbst wenn es die Camerata nie gegeben hätte, hätte man sie erfinden müssen. Ich brauche die Camerata; ich muß diesen ersten Augenblick der Oper tagträumen, verschwommen und absolut. Sie glauben mir gewiß viel eher, daß die Homosexualität Würde, Kraft und zentrale Bedeutung hat, wenn ich Ihnen sage, daß die schwulen Fans sich nicht einfach parasitisch an die Oper angehängt und ihr Wesen korrumpiert haben (als sei die Oper ein Kind, das schwule Fans angeblich zur Homosexualität »bekehrt« haben), sondern daß die Oper von Anfang an schwul war.

Was war die Camerata, und was war ihr Traum? Die florentinische Camerata war in den achtziger und neunziger Jahren des sechzehnten Jahrhunderts eine Gruppe von Gelehrten und Musikern, die sich für die altgriechische Musiktheorie interessierten; ein Mitglied schreibt, es seien Aristokraten gewesen, »gewohnt«, ihre Zeit zusammen »in ehrbarer Unterhaltung, mit herrlichem Gesang und rühmenswerten Diskussionen« zu verbringen. Die Camerata bereitete junge Männer auf die Universität vor; die Camerata, eine »wundervolle« Akademie, »hielt das Laster und jegliche Art des Glücksspiels ferne«. (Ich kann es nicht beweisen, und doch glaube ich, daß bei den Versammlungen der Camerata kein Unterschied zwischen intellektueller und sexueller Intimität gemacht wurde, daß kein Gesetz regelte, was Männer *in camera* taten, keine Strafe auf erotische Freuden stand, wenn die Mitglieder ins alte Griechenland zurückstarrten und Orpheus' Körper sammelten.) Die Camerata versuchte, ihren Traum von der Wiedererweckung des alten griechischen Brauches gesungener Tragödien durch die Erfindung des Rezitativs zu erfüllen (*stile recitativo* oder *stile rappresentativo*); ohne dies wäre die Oper nicht geboren worden. Den *stile recitativo* hat man beschrieben als »eine Harmonie, die jene des gewöhnlichen Sprechens übertrifft, doch so weit hinter der Melodie des Gesangs zurückbleibt, daß sie eine eigene Zwischenform darstellt«: Zwischen Gesang und Rede ist das Rezitativ ein Stil des Grenzbereichs.

Erinnerungen von Mitgliedern der Camerata und von Beobachtern schildern die Vereinigung als eine mittlerweile gespaltene und zerstreute Körperschaft, die von den Überlebenden neugebildet werden müßte. Der Mäzen der Camerata, Giovanni Bardi, erinnert sich nach ihrer Auflösung an die untergegangene Akademie, in einem Brief an den Komponisten Caccini: »Ich sammele, eine um die andere, die zahllosen Diskussionen über Musik, die wir zusammen geführt haben ... zu etwas, was ich als kleinen Blumenstrauß von den Feldern Eures Genius betrachten möchte. Ich werde es solcherart tun, daß Ihr sie mit einem Blick erfassen und sie begreifen und betrachten könnt, als seien sie ein einheitlicher und wohlproportionierter Körper.« Bardi sammelt, eines nach dem anderen, die Stücke der zerstreuten Körperschaft, der Camerata, damit Caccini sie mit einem Blick erfassen kann – mit dem Blick des Orpheus, dem Blick, der zusammenfügt und trennt. Die Oper wacht mitten in der Nacht auf und schreit: »Einst war ich ganz!«

Damit die Oper einen »einheitlichen und wohlproportionierten Körper« hat, einen soliden, originalen Körper, nicht eine Kopie oder einen zweitbesten Ersatz, muß jemand sie zusammensetzen. Im Jahre 1634, schon eine beträchtliche Zeit nach dem Ursprungsaugenblick, beschreibt Bardis Sohn Pietro den mythischen Moment der Zeugung der Oper: »Vincenzo Galilei, der Vater des Astronomen unserer Gegenwart, war ... der erste, der uns Gesang im *stile rappresentativo* hören ließ, in welch mühseligem Unterfangen, welches damals als fast närrisch galt, er insonderheit von meinem Vater ermuntert und unterstützt wurde, der sich ganze Nächte lang plagte und sich große Kosten um dieser edlen Entdeckung willen auflud...« Die Oper wurde *in der Nacht* geboren. Nächtliche Mühen: Waren diese Männer wie Dr. Frankenstein – Grabräuber, die einen Körper aus Teilen zusammenfügten? Diese Väter arbeiteten zusammen, ohne die Hilfe von Müttern. Der jüngere Bardi sagt, Giulio Caccini habe im *stile rappresentativo* »gänzlich durch die Unterweisung meines Vaters« zu singen begonnen. Diese Männer treten in gegenseitigen Wettbewerb, ahmen einander nach und bleiben sich tief verpflichtet (»Caccini und Peri waren Signor Ottavio sehr zu Dank verpflichtet«): die Arbeit, die Oper zu erfinden und sich ihrer Ursprünge zu erinnern, versammelt die Männer in intimer Gemeinsamkeit. Die Oper überschreitet die Grenze der Generationen und die Grenzen der Formen: Die Oper ist ein Geheimnis, das *in camera* angefertigt wird, und die Mühe der Erinnerungsarbeit, die aufgewandt werden muß, um den Ursprungsmoment der Oper wiederaufstehen zu lassen, zieht diesen Moment (und das Genre insgesamt) sogleich wieder in Zweifel.

Die Oper könnte von sich sagen: »Ich bin ein einzigartiges Genre. Ich existiere in einer eigenen Welt«, wenn ihre Worte (von der Musik unterstützt) die Hörer mit der Gewalt von Blitzen träfen. Um den Hörer zu inspirieren, muß der Text klar verständlich sein: die frühe Oper zielte mit ihren Effekten auf ein Publikum, das keinen inneren Anteil nahm und die Worte nur verstand, wenn sie klar artikuliert und von keinem Kontrapunkt behindert wurden. Wenn man zuließ, daß die Instrumentalbegleitung die Worte des Textes verwischte, war dies ein »neuer Reiz«, der »die Seele in die Irre führen« würde, fort vom Text, und den Hörer schwächen. Die »übermäßigen Köstlichkeiten« der Musik konnten betäuben und verweiblichen, und so war es die Aufgabe der Worte, den Sinn durchzusetzen und die Männlichkeit des Zuhörers zu stabilisieren.

Die Oper wurde mit dem Erstaunen des ersten Publikums geboren: man stelle sich den ersten Fan vor, das ursprüngliche begeisterte Erröten, die allererste ekstatische Reaktion auf die Oper! Als *Dafne*, die erste Oper der westlichen Welt (Handlung von Rinuccini, Musik von Peri) »privat in einem kleinen Raum gesungen wurde«, da war der jüngere Bardi, damals ein Kind, »sprachlos vor Erstaunen«, wie er sich später erinnert. Hier haben wir die Empfindungen aller späteren Opernzuhörer: Sprachlosigkeit, Schweigen. Und der Lauschende muß sich gegen den Sog des Verstummens anstemmen, um das Wunderbare zu artikulieren, wie ich es versuche; der Fan muß gegen Entgeisterung und Erstarrung angehen, um eine Freude zu beschreiben und wiederzugewinnen, die sonst erstickte. Bardi schreibt: »Es leben nunmehr nur noch wenige, die sich der Musik jener Zeiten erinnern«; schon kurz nach der Geburt der Oper scheinen ihre Freuden von wesentlicher Flüchtigkeit.

Von der ersten Aufführung der *Dafne*, der allerersten Oper, berichtet der Augenzeuge Marco da Gagliano: »Das Vergnügen und Erstaunen, das dieses neue Schauspiel in den Seelen der Zuhörer hervorrief, läßt sich nicht ausdrücken...« Niemand wagt es, auszudrücken, was die Oper dem Körper widerfahren läßt. Schweigen umgibt wie eine Aura bis zum heutigen Tag die Oper zu Ehren jener ersten freudigen und waghalsigen Szene, der ersten *Dafne*, des ersten staunenden Augenblicks; der Hörer ist wie Dafne erstarrt im Versuch zu sprechen, im Versuch, die Geschichte der Verstümmelung zu erzählen, die Geschichte des Tabus, sich umzuschauen.

Ist die Oper eine Aufführungskunst – fluktuierend, improvisatorisch – oder eine Kunst von Gnaden der Autorität ihres Schöpfers, bei der es um Eigentum und Dauerhaftigkeit geht? Da die hinreißendsten Sänger häufig Frauen und Castrati waren, unterminierte die Betonung der jeweiligen Aufführung die Männlichkeit der Oper. Jacopo Peri würdigt in seinem Vorwort zu *Euridice* (1601) die Sängerin Vittoria Archilei: Sie »hat stets meine Komposition ihres Gesanges würdig erscheinen lassen«, schreibt er – was impliziert, daß eine Sängerin in der Aufführung des Werkes die Macht hat, eine Komposition durchzusetzen oder scheitern zu lassen. Sie schmückt die Oper mit »jenen vielfältigen Zügen der Eleganz und Anmut, die nicht niedergeschrieben werden können oder, schriebe man sie doch auf, nicht aus der Schrift zu lernen sind«: Die Improvisationen der Frau lassen die männliche Schrift hinter sich – gehen über den Punkt hinaus, da Peri bei der Veröffentlichung von *Euridice* versucht, die Oper von der Aufführung in den Druck zu holen und so zu beweisen, daß sie von einem Vater herstammt. Bis zur Drucklegung hat die Oper – oder diese bestimmte erste Oper, *Euridice*, von der es so viele Kopien und Rivalinnen gibt – keinen Ursprung und keine Identität, die verifizierbar wären, sondern hängt ganz von der weiblichen Künstlerin bei der Aufführung ab.

Die Oper tut immer, als sei sie niedergelegt, unveränderlich und unsterblich – als habe sie den Status, die Absolutheit eines Gesetzes. Aber glauben Sie ihr solche Schliche nicht! Die Oper ist ein idealer, unerreichbarer Zustand, auf den Gazeschleier der Kultur projiziert wie das Land Oz über den Feldern der Mohnblumen. Die Oper erschöpft mich genauso, wie mich die Heterosexualität immer ermüdete, wenn ich sie zu simulieren versuchte; es schien, als ströme langsam alle Luft aus dem Universum heraus und als wäre ich die undichte Stelle im Reifen. Bis zum heutigen Tag werde ich mürrisch und lethargisch, wenn ich mir die utopische Aufgabe der Oper vorzustellen suche, Text und Musik zu vereinen, als müßte ich mit der Handfläche einen Berg verschieben.

Ich habe nicht durch das Ohr empfangen, aber das »Ich« in mir, das Subjekt, strömt aus dem Ohr hervor: Ich komme als Seele, als Sexualwesen zum Vorschein, indem ich erkläre: »Ich habe diese Musik gehört, ich habe diese Worte gehört, ich habe beide im selben Augenblick gehört.«

Wenn nun die beiden nicht gleichzeitig gegenwärtig wären? Wenn nun bei der Hochzeitsszene der Oper ein Teil des Paars fehlte?

Zwei der ersten Opern, Peris *Euridice* und Caccinis *Euridice*, wurden zu Ehren von Maria de' Medici verfaßt, die Heinrich IV. heiratete, den König von Frankreich. Aber er erschien nicht zur Hochzeit; er schickte einen Stellvertreter. Wenn ich höre, daß bei diesem wichtigen historischen Ereignis der Bräutigam fehlte, bei dieser Vermählung, da die erste Oper, von der sich Musik und Text erhalten haben, aufgeführt wurde – dann wird mir klar, daß die Oper nicht das heitere Hochzeitsvergnügen von Worten und Klängen ist, sondern eine defizitäre Vermählung, bei welcher der Mann nur ein abwesendes Symbol ist, nicht ein gegenwärtiger, atmender Körper.

Auch das Ohr ist ein Ort der Abwesenheit und des Verlustes gewesen – ein schuldbeladenes Organ, ein Symbol verlorener Männlichkeit und unverdienter Herrschaft der Musik. Die Opernkultur wirft dem Ohr vor, es liebe Musik mehr als Worte. Wenn die Männlichkeit der Oper von der Souveränität des Textes abhängt, dann stürzt das Ohr durch Begünstigung der Musik die Opernmännlichkeit.

Die Tradition, daß die Ohrenlust als hassenswert gilt, als »Kitzeln« verdammt wird, ist schon sehr alt. Platon sagt im *Staat*, daß es den Hörer weibisch macht, der Musik zu lauschen, daß die Musik durch den »Trichter der Ohren« sich in die Seele des Mannes ergießt und daß der hohe Geist des männlichen Zuhörers »wie Eisen erweicht wird«; nach längerer Hingabe an das Lauschen »schmilzt und verflüssigt sich« der Mann, und die Musik schneidet wie ein Dolch »die Sehnen seiner Seele« heraus. Augustinus gestand, daß das Zuhören verweiblichte, wenn dem Zuhörer mehr an der Stimme gelegen war als am Liede. Der Heilige hatte Schuldgefühle, wenn er sich »stärker durch die Stimme als durch das Liedchen bewegt« fühlte, und bei solchen Anlässen wünschte er sich, »die Musik lieber gar nicht gehört zu haben«. Der Kritiker John Brown behauptete in seiner bizarren *Dissertation* von 1763, daß die Oper nur dann männlich ist, wenn die Worte und die Musik zusammenarbeiten, doch wenn sie getrennt, »unnatürlich voneinander entfernet« werden, durch »falsche Künstlichkeiten«, dann wird die Oper zum »kraftlosen Amüsement der Kammer«, der Heimlichkeit: »languid Amusement of the Closet«.

Um Kraftlosigkeit und Verweiblichung zu vermeiden, muß der Zuhörer sich auf den Text konzentrieren, und die Oper selbst hat Sorge zu tragen, daß die Worte Herr bleiben. Bardi von der Camerata glaubte, daß der »Text edler ist denn der Kontrapunkt«, und so »widerte es ihn an«, wenn er Sänger hören mußte, denen es gleichgültig war, ob man »irgend etwas von ihren Worte verstand«. besonders mißfiel ihm ein »elender Bursche«, dem so viel am Applaus gelegen war, daß er »die Zeilen brach, ja in der Tat sie in Stücke zerschlug«. Dieser eitle, honigsüße Sänger leistet sich Gewalttätigkeiten wider das phallische Wort, das Bardi intakt sehen möchte.

Das Ohr und der Castrato hatten, so dachte man, eine besondere Affinität, da der Kastrat dem Ohr zu Gefallen sang und der Worte nicht achtete. Mißachtung der Sprache, beschädigte Genitalien – diese Defekte machten den Kastraten zu einer Ansteckungsgefahr, der mit seiner »entmännlichenden Stimme« Schwächlichkeit verbreitete. Der Kastrat improvisierte und ornamentierte die Musik, setzte eine Arie an die Stelle einer anderen, ignorierte das Prinzip der dramatischen Wahrscheinlichkeit und zerbrach die unsichtbare vierte Wand der Bühne, die das künstlerische Personal vom Publikum trennt. Graf Algarotti verdammt in seinem berühmten *Essay über die Oper* aus dem Jahre 1755 die Gesangsvirtuosen wegen ihrer »monströsen Umkehrung aller Verhältnisse«; diese Kreaturen »übertreiben, verwirren und entstellen alles und jegliches« und »pervertieren zu ganz verschiedenem Sinn und Anschein alles, was die Arie eigentlich beabsichtigt«, weil sie »in ihrer Muttersprache nicht wohlunterrichtet sind«. Algarotti klagt alle Sänger, nicht nur die Kastraten, dieser Verfehlungen an, aber die Sünden wider den Sinn waren wesentlich Sünden des Castrato.

Im Lauf der Jahrhunderte haben Opernkritiker immer wieder den Sängern vorgeworfen, sie entstellten die Sprache zum Zwecke möglichst virtuoser stimmlicher Darbietungen, und sie haben den Komponisten vorgehalten, sie opferten den Launen der Sänger. Die Opernkultur befürchtet, der Gesang könne ein Vergnügen bereiten, *das von der Sprache abgelöst ist.* Warum diese Angst? Weil reine Musik das Ohr kitzelt, und weil es weibisch ist, das Entzücken des Ohres ernst zu nehmen.

◆ Spiele der Macht ◆

Die Oper hält daran fest, daß ihre Vermählung von Text und Musik hierarchisch stattfindet, daß der Text über die Musik herrscht, und doch gehört es zum Reiz der Oper, daß sie diese Herrschaft stürzt und enthüllt, daß Musik und Sprache nicht in zwei Körpern wohnen, einem männlichen und einem weiblichen, sondern in ein und demselben Zuhörer gedeihen. Die Opernhochzeit verlockt zu einem autoerotischen Zustand: einer Trance im lauschenden Körper, wie Onanie, Selbstversenkung, Tagtraum. Zuhörer lieben es, wenn die Oper die Sprache entthront oder tötet; der Königsmörder bei diesen Anlässen ist das revolutionäre, sein Vergnügen suchende, penetrierte, gekitzelte Ohr. Die Operntheorie sagt uns, der Text meistere die Musik, aber wir wissen insgeheim in unseren Herzen um die Überlegenheit der Musik, und diese Zerstörung von Sprache, dieser Umsturz der Hierarchie, macht die Oper zum angemessenen Gegenstand enthusiastischer Zuneigung der Dissidenten, die sich der Geschlechtsrollenordnung nicht fügen.

Bei der Geburt der Oper war die Musik untergeordnet, die Dienerin des Textes, aber die Musik stahl sich rasch die Macht zurück. Bemerkenswert ist die gegen das »Weibische« gerichtete Rhetorik jener Theoretiker, die wollen, daß die Sprache an der Macht bleibt. Graf Algarotti bezeichnet im achtzehnten Jahrhundert das musikalische Element in der Oper als »weibisch und abstoßend«, als einen »despotischen Souverän« – der Komponist »sollte aber in einer untergeordneten Stellung sein« und die Musik »die Magd der Dichtung«. Wenn die Musik allmächtig wird, dann »kehren sich die Worte um und wenden sich nunmehr sich selber zu«, eine Bewegung, »die dem natürlichen Prozeß der Sprache und der Leidenschaften zuwider« ist. Die Musik ermuntert die Worte, sich wie Sodomiten zu verhalten – die »natürlichen« Quellen der Freude und des Sinns zu verkehren. Benedetto Marcello ärgert sich in seiner Satire aus dem Jahre 1720 *Il Teatro alla Moda* darüber, daß die Komponisten »moderne Verwirrung« in der Sprache schaffen, indem sie die Interpunktion ignorieren und Wörter in der Mitte zerlegen. Diese Degradierung der Sprache drängt diese in die Weiblichkeit ab, weg vom Männlichen, denn (wenn wir uns hier auf John Dryden verlassen) das Rezitativ, das die Sprache hörbar macht, ist männlich, und die Arie oder das »Liedsame Teil«, das dazu dient, »dem Gehör zu schmeicheln, und weniger unseren Verstand zu befriedigen«, und das die Wörter umstellt und sich nicht um ihre Unversehrtheit schert, ist weiblich.

Mir ist der Verstand ganz gleich; ich will nur von dem »Liedsamen Teil« erfreut werden. Mich kümmern die Worte einer Oper nur insofern, als die Musik sie mit ihren Girlanden umwunden hat. Ich liebe den Text »Ma il viso mio su lui risplenderà« aus Boitos Libretto für Verdis *Falstaff*, weil die Musik ihn angerührt hat. In der Angel-Aufnahme dieser Oper aus dem Jahre 1957 läßt Elisabeth Schwarzkopf die Wörter »ma« und »il« ineinandergleiten; ich liebe es, zu hören, wie Wörter ihre separate Eigenheit verlieren und zu einem flüssigen Amalgam werden. Selbst in diesem schweigenden Zimmer sind für mich die Konjunktion »ma« und das Pronomen »il« noch mit Musik gesättigt, wie das Straßenpflaster nach einem glühenden Tag noch die Hitze speichert. Die Wörter »Ma il viso mio su lui risplenderà« haben im Mund eines Soprans gewohnt, und so leuchtet Musik aus ihren wenig eindrucksvollen, schlichten Silben.

Würden Sie es der Musik vorwerfen, daß sie die Worte verwischt? Libretti sind etwas so Mythisches, Vages, daß die Verwischung legitim scheint. Und selbst da, wo die Worte unsere Aufmerksamkeit verdienen, trägt ihr Verschwinden zu dem eigenartigen Vergnügen bei, das uns die Oper bereitet. Ich liebe das erhabene Wort, das die Musik seiner Bedeutung beraubt, oder das banale Wort, das nie eine hatte. Wenn die Vokale und Konsonanten keinen Sinn ergeben, stellen sie auch keine Forderungen und konfrontieren uns mit keiner entsetzenerregenden, normativen Besonderheit.

Im Terzett Tenor/Bariton/Sopran aus der zweiten Szene des ersten Aktes von Verdis und Piaves *Ernani* (einer Oper, die einen literarischen Ursprung in Victor Hugos *Hernani* hat, obwohl heute nur wenige Hugo Verdi vorziehen würden), singen die drei Stimmen gleichzeitig verschiedene Texte auf dieselbe Melodie, so daß man, wenn man kein fugal strukturiertes Ohr hat, nicht alle drei jeweiligen Wörter gleichzeitig wahrnehmen wird – man hört einer Stimme zu und dann einer anderen. In einer Oper wie dem *Falstaff* von Verdi und Boito kann der Zuhörer Schlüsselwörter aus dem Gesang der Ensembleszenen heraushören, aber in *Ernani* überfluten die Sänger das Ohr mit zu vielem auf einmal, und der Zuhörer muß sich den Wunsch versagen, etwas zu verstehen.

Gelegentlich treten einzelne Wörter aus den Kämpfen von Duetten, Terzetten, Quartetten oder Chören heraus, und ob ich sie nun verstehe oder nicht – ich mache mich zu ihrem Advokaten. In der Kavatine des ersten Aktes, auf der RCA-Aufnahme von *Ernani* aus dem Jahre 1968, legt der Tenor Carlo Bergonzi unendliches Gefühl in das Wort »che« (»il primo palpito d'amor *che* mi beò«), ein Wort, das die Syntax zusammenleimt, aber in sich nichts weiter andeutet. Ich genieße dieses »che« wegen seiner Bedeutungslosigkeit, und weil Bergonzi es so stark färbt. Indem er es betont, dringt Bergonzi tief ins Bindegewebe der Sprache ein und verkündet »Sprache« als Objekt einer unerlaubten Liebe. (Bergonzi ist mein *che*; ich kann Bergonzi nicht vergessen – wie er in elegantem Anzug und fülligen mittleren Jahren bei einer Meisterklasse marmorne Töne in die Sprague Hall entsandte, Bergonzi, die Verkörperung einer verschollenen Kunst, Bergonzi, der Herzog des Belcanto, Bergonzi, in Paris geboren, Bergonzi, der auf Reisen um die Welt überall nobel und geschmackvoll »che« sang...)

Wenn Leontyne Price bei ihrer Interpretation der berühmten Kavatine »Ernani, involami« auf bestimmte Silben spezielle Betonungen legt, sie besonders billigt, dann antworte ich darauf mit gespannterem, privaterem Lauschen; ich höre ohne Ansehen von Struktur und Ziel. Ich muß wählen, welche Silben ich lieben will. Ich suche mir das »vi« in »vivere« aus, das »vo« in »involami« und vor allem anderen das endlose Spiel mit der Phrase »un Eden di delizia«, die sich immer und immer wiederholt, so daß all die verschiedenen »d«, von Vokalen umgeben, zu einem Wald ohne Ausblick und Mittelpunkt werden, einem Eden des Entzückens, einem Eden des Buchstabens D, ohne Landkarte, ohne den Sinn und den Zweck, mit denen ein Zuhörer ja nur bestraft würde, der gar nicht will, daß irgend etwas Besonderes geschieht, der nur Glanz und Implikation und kein einziges zu laut oder bedeutungsvoll gesprochenes Wort möchte. In ihrer Cabaletta wähle ich »gem« in dem Wort »gemma«, weil es schwierig ist, »gem« mit einem tiefen F zu artikulieren, und weil sie das nobel macht; und ich wähle die zweite Silbe des Namens ihres Geliebten, »Er-NA-ni«, sowie die Silben »dugiar« in der Phrase »è supplizio l'indugiar«, weil sie so hastig auf ihnen aufkommt. Ich liebe es, wenn unvermeidliche Zusammenziehungen die Scheidewände zwischen einzelnen Wörtern zerstören, so daß Vokale zusammenstoßen und sich neu formen und aus »vola, o tempo, al core amante« ein »volao TEM poal CO rea MAN TE« wird. Die geschwinde Musik der Cabaletta beschädigt Wörter, und gibt ihnen glänzende neue Körper.

Eine Phrase, die der Sopran im Terzett singt, ist wunderbar, weil ich die Worte nicht verstehen kann. Sie singt »non conosce«, aber der Tenor unterbricht sie und der Baß verdeckt sie ganz. Und selbst wenn sie »cadrò al vostro piè« allein singt, kann ich die einzelnen Silben nicht hören. Leontyne Price hat keine Wahl; sie muß den Text von sich schleudern. Wer könnte »cadrò al vostro piè« in so hoher Tonlage, bei so raschem Tempo, gegen ein so lautes Orchester artikulieren?

Die Homosexualität kehrt den Sinn um, lenkt ihn von seinem Ziel ab; so lautet der böse Mythos. Ich erliege diesem Mythos in sentimentalen Momenten. Wenn ich *Ernani* lausche, bin ich dem Text

250

des Librettos pervers dankbar, denn hätte die Oper keine Worte, gäbe es keinen Sinn, den der Mund der Singenden verzerren könnte.

◆ Die Liebesaffäre von Komponist und Dichter ◆

Ich habe das Hinscheiden der Sprache und den Triumph der Musik betont, aber der ideale (und in gewisser Weise homoerotische) Zustand der Oper ist eine Vermählung beider Qualitäten. In einer Oper sagen Text und Musik »Ich liebe dich« zueinander. Richard Strauss schrieb seinem Librettisten Hugo von Hofmannsthal: »...alles, was ich Ihnen in Worten sagen könnte, (wäre) banal im Vergleich zu dem, was ich Ihnen als Komponist Ihrer herrlichen Dichtungen schon in Tönen gesagt habe«; und W. H. Auden meinte: »Die Verse, die der Librettist schreibt, sind nicht für das Publikum bestimmt, sondern stellen eigentlich einen privaten Brief an den Komponisten dar.«

Wenn Männer zusammenarbeiten, in der Physik oder in der Poesie, der Musik oder Mathematik, glauben sie oft, sie betrieben das Wunder der Zeugung zusammen, homoerotisch. (Hofmannsthal warnte Strauss: »Jedes Auseinanderkommen zwischen uns, oder jedes Nichtzusammenkommen ist ja ein wahres Unglück..., eine blutende Wunde oder bleibende Krüppelhaftigkeit unseres gemeinsamen Kindes.«) Jede Oper ist eine Paarung; nicht eine Affäre des tatsächlichen Fleisches, aber eine abstrakte Liebesbeziehung von Text und Musik.

Ängste und Verzückungen umgeben die Arbeit von Dichter und Komponist, diesen »freundlichen Verkehr« (wie Graf Algarotti schreibt). Allerdings gewöhnlich nicht unbedingt besonders freundlich – wenn zwei Männer zusammenkommen, versuchen sie, klarzustellen, wer die obere Position hat. Die Opernkultur sieht die Kollaboration als eine Bühne der Tyrannis: Giuseppe Salvadori betrachtet 1691 Komponisten als »Männer mit Macht, deren Textänderungen Widerstand leisten zu wollen sinnlos ist«, und Gluck reformierte die Oper, indem er darauf bestand (in seinem Vorwort zur *Alceste*, 1769), daß die Musik sich auf »ihr wahres Amt, der

251

Dichtung zu dienen«, zu beschränken habe. Doch kann die Tyrannei auch eine Art Liebe sein – S/M, Dienst, Sodomie: unscharfe Bezeichnungen dafür, daß Männer sich unterwerfen, sich selbst umkehren. In E. T. A. Hoffmanns Erzählung »Der Dichter und der Komponist« lehnt es der Dichter ab, ein Libretto zu schreiben, denn es ist »ja ganz erschrecklich, daß ihn oft unsere schönsten Verse unbarmherzig wegstreicht und unsere herrlichsten Worte oft durch Verkehren und Umwenden mißhandelt, ja im Gesange ersäufet.« *Verkehren*: Die Musik wendet die Sprache um, pervertiert sie, treibt Sodomie mit ihr.

Wenn Text und Musik beide maskulin sind, könnte es unnatürlich sein, wenn ein Teil dem anderen diente – in einer Kultur, die mit homophobem Schauer die Untergrabung des maskulinen Primats fürchtet und die Männer verachtet, die eine »untere« Rolle übernehmen. Wagners Lösung für das Problem männlicher Indienstnahme, das Problem, den Komponisten wie den Librettisten in der »oberen« Position zu belassen, bestand darin, selbst Text *und* Musik zu produzieren und die Schöpfung von Opern in einen göttlich autoerotischen Akt zu verwandeln. Wagner wünschte sich eigentlich, daß Dichter und Musiker getrennte Körper seien, zwei Männer, welche die Kraft hätten, »in der Liebe ihr Vermögen zur höchsten Macht« zu erregen; aber in seiner eigenen Epoche konnte sich Wagner eine solche erfolgreiche Zusammenarbeit nicht vorstellen. So übernahm er die gesamte Arbeit. Er schrieb das Libretto und komponierte die Musik. Indem er die Oper alleine verfertigte, Text und Musik in einen einzigen Blutkreislauf auflöste, hoffte Wagner in das Fruchtwasser einer patriotischen Mystik hinabzutauchen. Er ist der Jekyll and Hyde der Operngeschichte; wie die Oper selbst wurde Wagner »von *zwei* künstlerischen Gewalten gedrängt, denen er nicht widerstehen kann«. Indem er der Oper die Diagnose stellt, beschreibt er unwillkürlich seine eigene Geschlechtskrise. Er nahm das Text-Musik-Schisma persönlich, aber er tat auch so, als sei es das einzige Problem der europäischen Kultur und der ästhetischen Geschichte. Er löste das Dilemma, indem er die Oper verkörperlichte, indem er in die Oper hineinstieg wie in einen Bodysuit.

Mich interessiert Wagners endlose Suche nach Mannheit nicht. Der Träumer glaubte, die Oper sei das Reich des Männlichen! Wagner meinte, Beethoven hätte, indem er in den letzten Satz der Neunten Symphonie auch Worte aufnahm, die Hand nach einem »brüderlichen Prometheus« ausgestreckt; da er nach dem Musikdrama suchte, dem Kunstwerk der Zukunft, »mußte (er) sich (selbst) aufmachen, das Land der Menschen der Zukunft erst zu entdecken.« Die Furcht vor der Homosexualität und das Begehren, in ihr zu versinken, sind oft ununterscheidbare Impulse.

Wagner verabscheute den goldenen Kommandostab der Musik. Er haßte es, daß Komponisten ihre Textbuchdichter so schmerzlichen Qualen unterwarfen und allzugerne die launische Kehlengelenkigkeit der Sänger bedienten; er konnte die »nackte, ohrgefällige, absolut melodische Melodie« Rossinis nicht ertragen, eine narkotisierende Melodie, die »in die Ohren gleitet – man weiß nicht warum«. Solch ohrenkitzelnde Musik war offensichtlich weibisch. Deshalb fand Wagner sie beklagenswert. Obwohl er sich vor allem Weibischen fürchtete, borgte er sich die Sprache weiblicher Reproduktion für die Formulierung seines ästhetischen Programms, das so göttlich verordnet erschien. Er benutzte Metaphern der Befruchtung, doch mit einem Unterschied: Verkehr und Geburt fanden im männlichen Körper statt. Musik mag ein »Gebären« sein und Text »Fortpflanzung« und Oper die Hochzeit des zeugenden Gedankens der Dichtung mit der endlosen Gebärfähigkeit der Musik, aber können wir die Opernhochzeit als heterosexuell bezeichnen, wenn sich all ihre Rituale im Körper eines Mannes abspielen?

Sören Kierkegaard benutzte wie Wagner den Riß zwischen Text und Musik als Metapher für seine eigene existentielle Situation: in seinem philosophischen Traktat in Romanform *Entweder – Oder* (1843) stellte er das ungestillte Verlangen dar, das einen Mann des Wortes befallen hat: über die Grenze in das unerreichbare Märchenland der Musik zu gelangen. Der Erzähler liebt die Oper mehr, wenn er draußen auf dem Korridor des Opernhauses steht, als wenn er ein gewöhnliches, auf seinem Platz sitzendes Mitglied des Publikums ist: »Ich lehne mich gegen die Wand, die mich vom Saal trennt, und dann ist der Eindruck am stärksten: Es ist eine Welt für sich, von mir getrennt; ich kann nichts sehen, aber ich bin nahe genug, um zu hören, und doch so unendlich weit entfernt.« Der Hörer lehnt sich immer gegen die Trennwand. Die Wand wird nie weichen. Wenn Musik oder Sprache je die sie beide trennende Grenze überschritten, würde die Oper ihren Reiz verlieren. Wir Dissidenten der Geschlechtsordnung erliegen diesem Charme, weil wir getrennt *sind*, und in einem Zeitalter der Homophobie hören wir gerne unsere Schismen gesungen, öffentlich zurückgespielt, damit unser »Zustand« nicht länger privat erscheint, damit wir die Wand zwischen öffentlichem und privatem Bereich aushöhlen können und uns vorstellen, unsere Körper seien die Bühnen welterschütternder Vorfälle.

◆ Die Implikation und ihre Feinde ◆

Verbotene Sexualität bleibt unklar und verschwommen, weil sie Entdeckung und Bestrafung fürchtet. Historisch ist Musik als ein Mysterium, ein Miasma definiert worden, vage, eher mit Implikationen arbeitend als explizit vorgehend. So haben wir uns in der Musik versteckt – in der Musik ist ein Coming Out möglich, ohne daß man sich wirklich offenbart, dort kann man sich ohne ein Wort enthüllen. Schwule identifizieren sich mit dem Schattenhaften, weil man einen Schatten nicht gerichtlich verfolgen kann.

Oscar Wilde, der in einer Zeit sich herauskristallisierender homosexueller Identität schrieb, gebrauchte »Musik« als Evokation einer erotischen Suggestivität, die uns im nachhinein schwul erscheint. In »Der Kritiker als Künstler« stellte er fest, daß Musik im Hörer die Illusion »furchtbarer Erfahrungen« erzeugen kann, sowie »schrecklicher Freuden oder wildromantischer Liebesgefühle«, selbst wenn der Hörer »ein völlig alltägliches Leben« gehabt zu haben scheint. In Wildes Roman *Das Bildnis des Dorian Gray* wecken Lord Henry Wottons »melodische Worte, gesprochen in melodischem Tonfall« in dem unerfahrenen Dorian die Homoerotik, weil sie sich jedem expliziten Sinn entzieht. Wilde mag die Verehrung für das Mysterium Musik von seinem Mentor Walter

Pater gelernt haben, der in *Die Renaissance* schrieb, daß es »immerfort die Aspiration« jeglicher Kunst »ist, den Zustand der Musik zu erlangen«. Meinte Pater damit, daß alle Kunst danach strebt, gesungen zu werden, daß die »Aspiration« der Kunst als Atem durch den Körper gehen will? Und warum gebraucht er den Ausdruck »Zustand«? Ein »Zustand« läßt an eine Krankheit denken, eine prekäre Verfassung (wie Homosexualität oder Hysterie), die sich der ahnungslosen Seele eines Tages bemächtigt, zum Guten oder Bösen.

Wilde und Pater gebrauchten den Begriff »Musik«, um eine Homosexualität zum Ausdruck zu bringen, die sie nicht klar in Worte fassen durften; sie liebten, was sie nicht sagen konnten. Autoren wie Max Nordau und Friedrich Nietzsche andererseits sahen die Verbindung von Musik und der »Eigenartigkeit« ringsum, doch begrüßten sie das aufziehende, »eigenartige« Schwule nicht – sie versuchten, es zurückzudämmen. Nordau kritisiert in *Entartung* Wagner wegen einer der Oper wesentlichen Qualität: ihrer doppelten Abhängigkeit von Text und Musik – und geht dabei davon aus, daß die Oper als Zwitterform stets einen moralischen Makel hat. Die degenerierten Ästheten, die »Entarteten«, sind nicht mit *einem* künstlerischen Medium zufrieden, sie wollen Worte und Musik zugleich. »Mondsüchtig« und »nachtwandlerisch« sieht man sie »die festesten Grenzen« einer Form »überschreiten« und die Kunst in einen primitiven Zustand zurückdrängen; sie lieben Wagners Musik, weil sie ein Opiat ist, »ein heißes, nervlich erregendes Tonbad«, das »weder normalen Fischen noch normalen Vögeln nützen kann.«

Auch Nietzsche verabscheute Wagners Opern wegen des Reizes, den sie auf jene mondsüchtigen Abnormen, schlafwandlerischen Schwulen und perversen Fische ausübten. Obwohl er Wagner in *Die Geburt der Tragödie* feiert, behandelt er ihn später wie das Subjekt einer Fallgeschichte: einen kranken und femininen Hysteriker. Nietzsche schreibt *Der Fall Wagner*, um »Partei zu nehmen gegen alles Kranke an mir, eingerechnet Wagner«, einen Ansteckungsstoff, der krank macht, was er berührt. Nietzsche zufolge ist Wagners Einsatz der Instrumente so verführerisch, daß er hinreicht,

»selbst noch die Eingeweide <zu überreden> (sie *öffnen* die Tore, mit Händel zu reden)«; es scheint eine Ironie, daß Nietzsche sich eine anale Metapher bei dem schwulen Händel ausborgt, um Wagner vom Standpunkt der Homophobie aus zu kritisieren. Wagner ist eine Ansteckung, die den jungen Zuhörern die Nervenkraft raubt: »Sehen Sie doch diese Jünglinge erstarrt, blaß, atemlos! Das sind Wagnerianer: Das versteht nichts von Musik – und trotzdem wird Wagner über sie Herr.« Nietzsches doppelte Bewegung, mit der er zuerst für Wagner wirbt und ihn dann bekämpft, hat die Logik von Homoerotik (Ich liebe es, was Wagner mit mir macht) und Homophobie (Ich hasse es, was Wagner mit mir macht). Die homophoben Energien in der westlichen Kultur hassen die Oper für das, was sie am besten beherrscht: die Unterscheidung zwischen Text und Musik zu verwischen. Homoerotische Energien genießen diese Konfusion. Der ihn hin- und herreißende Kampf im Herzen Nietzsches zwischen der Liebe zu Wagner und dem Haß gegen ihn ist symptomatisch für die Faszination, die das neunzehnte Jahrhundert für Bereiche widersprüchlicher Empfindung fühlt, die es ebenfalls als degeneriert, als entartet verdammen wird.

Nietzsche hat einiges Homoerotische zur Oper zu sagen, selbst abgesehen von seiner unruhigen Beziehung zu Wagner. Nach Nietzsche bringt die Heirat von Apoll und Dionysos, nicht die von Mann und Frau, die Tragödie und die Oper hervor. Er stellt zwei Götterleiber, zwei Männer, an den Ursprung der Oper – die Oszillation zwischen zwei männlichen Prinzipien (beide sexy, beide prähistorisch) erzeugt die Oper. Man muß sich Apoll und Dionysos nackt vorstellen, um diese Geschichte vom Anfang der Oper würdigen zu können.

Obwohl Nietzsches Schema auf einem Alternieren einander entgegengesetzter göttlich männlicher Prinzipien beruht, zieht er die Musik der Sprache vor. Musik hat größeres metaphysisches Prestige. Weil Musik ein unmittelbares Abbild des Willens selbst sei, keine Nachahmung, kritisiert Nietzsche die Begründer der Oper, weil sie den Worten mehr Macht als der Musik geben wollten: die Männer der florentinischen Camerata waren Gecken, die sich mit »zerstreuungssüchtiger Üppigkeit« dem »Traume, jetzt wieder in die paradiesischen Anfänge der Menschheit hinabgestiegen zu sein«, hingaben. Von Anbeginn hat die Oper – wie Orpheus – zurückgeschaut, zurück in eine rätselhafte Vergangenheit; Nordau hielt diese sehnsüchtige Suche nach den Ursprüngen für an sich degeneriert (der »Versuch, an den Anfang zurückzukehren« ist »eine Eigenheit der Entartung«), aber ich genieße die Gewalt von Wort und Musik, bei ihrer Verbindung den Hörer weit in die Vergangenheit zurückzuwirbeln.

⬥ Das Ende der Oper (I) ⬥

Wenn ich friedlich sterbe, möchte ich eine Opernplatte im Zimmer spielen hören. Oder vielleicht kann ich mir als letzte Extravaganz eine lebendige Sängerin leisten, eine Gesangsstudentin, eine Sängerin, die sich für das Sterben interessiert. Wahrscheinlich wird mich der Schmerz zu sehr ablenken. Aber sentimentalerweise stelle ich mir vor, daß sich die Oper gut für jegliches Ende eignet, für alle Schlüsse – wegen ihrer Szenen von Tod und Aufbruch, und weil der Gesang den Körper so überschwenglich und endgültig benutzt, daß ich beim Verlassen meines Körpers daran erinnert werden möchte: Ich habe ihn selbst damals, als ich in ihm lebte, nie ganz genutzt.

Der Traum der Oper von einer Vermählung gelingt nur selten; Text und Musik hängen nur hie und da wirklich zusammen. Und doch habe ich das Gefühl, daß ich die Oper ermorde, wenn ich die Musik *gegen die Worte* genieße. Oder zumindest eine Autopsie vornehme, eine Elegie aufführe: Ich spähe in die Leiche der Oper hinein, ich bin traurig und voll kalter Neugier, mit meinen Handschuhen, Instrumenten und Formeln.

Das Ende der Oper tritt jetzt ein: in meinem Moment aufmerksamen, melancholischen Lauschens. Wenn ich eine Phrase einer altmodischen, kostbaren Opernaufnahme anhöre (einen Moment aus dem Liebesduett zwischen Maddalena und Andrea im ersten Akt von Giordanos *Andrea Chénier*, gesungen von Beniamino Gigli und Maria Caniglia), dann scheinen die ehrgeizigen Träume und Utopien der Oper in meinem Ohr zu enden, weil die Aufnahme krat-

zig ist und aus den vierziger Jahren, weil die abgegriffenen, un-
übersetzten Worte nichts mit dem modernen Leben zu tun haben
und weil die Musik meine Reaktion auf sie nicht umfangen kann –
noch meine Reaktion sich auf die Höhe der Musik erheben. Und
die Worte bleiben weit zurück.

◆ Das Ende der Homosexualität ◆

Vor langer Zeit wollten die Begründer der Oper (meine imaginäre
Camerata), daß Musik und Text zusammenhängen sollten, und sie
wollten auch den deutlich umrissenen Zusammenhang des Körpers.
Seht, wie die Grenze des Fleisches verschwimmt – wo wir uns die
Linie des Körpers fest und scharf wünschen, besteht sie aus einem
Morsecode von Punkten und Strichen. Ich lausche der Oper mit
ihren Träumen von Ganzheit und Wiedervereinigung, um so zu tun,
als habe mein Körper eine Grenze nach außen. Aber ist nicht die
Oper eine tote Form, und bin ich nicht selbst dem Absterben
geweiht, wenn sie mir so kostbar ist? Im Hingang der Oper höre ich
Echos eines anderen Endes: Die »Homosexualität« wird obsolet,
aus unseren Handbüchern und Führern verschwindet dieser herrliche, bewegende Begriff »Homosexualität«, eine begrenzte Kategorie, die ich immer noch bewohne.
    Lebwohl, Homosexualität. Du hast die Welt verlassen, ehe wir
dich überzeugend definiert haben, und doch sind manche von uns
immer noch von deinen Spuren geprägt, und wir werden uns nicht
zurechtfinden, bis wir dich ganz umfassen und erzählen können.
    Entropie: Ich lebe in einem System – Oper, Homosexualität – das
schon zum Stillstand gekommen ist, wie die einst wunderbare Jahr-
marktsbudenwelt mit all ihren Spiegeln und Achterbahnen in dem
B-Movie *Carnival of Souls*. Die großen Vergnügungszelte OPER und
HOMOSEXUALITÄT haben geschlossen, wenn sich auch ihre Rie-
senräder noch drehen und immer noch eine Ladung verwirrter Pas-
sagiere im Kreis schwenken.

◆ Das Ende der Oper (II) ◆

Strauss' letzte Oper *Capriccio* (1942), im Schatten des Dritten Reiches komponiert, scheint das fast allerletzte Stadium des langen Endes der Oper zu bezeichnen. *Capriccio* stellt die Frage, welche die Erfindung der Oper inspiriert hat: Was kommt zuerst, die Worte oder die Musik? Der Hörer muß wählen. Und Strauss lädt uns dazu ein, diese Wahl zu verweigern und die eigenartige Antwort zu geben: »Ich wähle die Uneindeutigkeit.«

Die Heldin ist Madeleine, die Gräfin. »Madeleine, Madeleine!« sagt sie zu sich im Spiegel. Der Name läßt an Prousts Madeleine denken und an eine von Proust abgeleitete Poetik des nachsinnenden Geschmacks und der Kennerschaft. Als Marcel den Geschmack der Madeleine spürte, überschwemmten ihn Empfindungen und Erinnerungen; wenn wir Madeleine singen hören, wenn wir ihr Timbre schmecken, erinnern wir uns der Geschichte der Oper. Und wenn ich die Oper schmecke, wenn ich die federleichte Phrase einer Arie höre, erinnere ich mich an die Geschichte der Homosexualität: es kommt alles wieder, die Sodomieprozesse, die Geheimhaltung, das Vorübergehen, die Unsichtbarkeit, die drängenden, schillernden Augenblicke, da man davon sprach.

Mein Körper fragt sich: *Worte oder Musik, was kommt zuerst?* Das ist eine Frage, von der Homo- und Heterosexualität abhängen. Es ist die Frage der Oper. Und es ist diese Frage, die die fragile Handlung der Oper *Capriccio* in Gang hält. Madeleine muß sich zwischen zwei Männern entscheiden, die Text und Musik repräsentieren: einem Komponisten und einem Dichter. Der Dichter, ein Bariton, rezitiert ein Liebessonett, und dann singt es der Komponist, ein Tenor, und die Gräfin muß sich zwischen der gesprochenen und der gesungenen Version entscheiden. Welche würden Sie wählen? Die gesungene natürlich. Wir wissen, daß die Musik gewinnen muß, teilweise schon deshalb, weil die höhere Stimme uns mit größerem Feuer und stärkerer Vibration ins Ohr dringt. Wir dürfen am Ende der Oper hören, wie Madeleine das Sonett vor sich hin singt, so daß wir erleben, wie die Worte vom tiefen Bariton zum hohen Tenor zum höchsten Sopran aufsteigen, eine Transzendierung, eine Aufwärtsbewegung in Höhe und Reinheit des Klangs, vom tiefen maskulinen Schlamm in den femininen Äther. Was lernen wir daraus? Alle Worte wollen naturgemäß immer höher klingen; die Aspiration aller Worte zielt unausweichlich auf den Zustand der Sopranstimme.

In der Schlußszene schaut die Gräfin Madeleine in den Spiegel und versucht, sich zwischen den Männern zu entscheiden. Sie sind nicht auf der Bühne, sind vergessen, überflüssig. Wir haben emotional nichts mit ihnen zu schaffen. Uns geht es nur um Madeleine, die bei dem Versuch, ihr Herz zu erforschen, die Oper zu ihrem melodischen Höhepunkt bringt. An der Oberfläche der Handlung erscheint die Auseinandersetzung von Text und Musik als männliche Rivalität. Aber es geht tatsächlich darum, was Madeleine empfindet oder was der Zuhörer empfindet, und »der Zuhörer« ist immer eine Frau oder eine *femme*, immer unterwürfig, doch insgeheim Schiedsrichter des gesamten Opernsystems.

Elisabeth Schwarzkopf, die Königin des Texts, berühmt für die akribische Aufmerksamkeit, die sie der Vermählung von Worten und Musik schenkt, singt in der ersten vollständigen Aufnahme der Oper den Part der Gräfin. Ihrem Mann, dem Plattenproduzenten Walter Legge, wird meist zumindest ein Teil des Verdienstes an ihrer akkuraten Behandlung des Textes zugeschrieben, als würden sich Worte und Musik am erfolgreichsten in der Kehle der *Gattin* Elisabeth Schwarzkopf vermählen. Als Madeleine rekapituliert die Schwarzkopf die lange erotische Rivalität zwischen Worten und Musik, die diese Oper nostalgisch noch einmal zum Gegenstand macht (nur um wieder zu dem Schluß zu kommen, daß sie sich nicht entscheiden läßt, und sie für immer aufzuheben); Madeleine schließt (Elisabeth Schwarzkopf schließt), daß jede Wahl banal wäre, und geht ohne Entscheidung ab. Ihr herrlicher Auftritt läßt uns den Streit der Rivalen vollkommen vergessen. Die weibliche oder weibische Kehle (Castrato, Tenor, Sopran) hat eine zwingendere Wirkung als die Logik der Frage nach Text oder Musik, und so verschwinden Dichter und Komponist, und es steht nur die Primadonna im Rampenlicht.

◆ Heilige ◆

Text und Musik begründen eine männliche Rivalität, weil Männer während der ganzen Geschichte dieser Form die Opern geschrieben und komponiert haben. (Wir gehen davon aus, daß diese Männer nicht schwul waren, weil wir bereit sind, die Kategorie Heterosexualität pauschal in die Vergangenheit zu exportieren – nicht die der Homosexualität): Aber was geschieht, wenn das Libretto von einer Lesbierin ist, und der Komponist ist schwul? Wenn westliche Kultur Musik mit Weiblichkeit und Text mit Männlichkeit in Verbindung bringt, dann ist die Kollaboration von Virgil Thomson und Gertrude Stein für *Four Saints in Three Acts* (1933) und *The Mother of Us All* (1947) eine Umkehrung dieses grobschlächtigen Paradigmas, die eine Frau den »maskulinen« Bereich der Sprache regieren läßt. Die Worte von Gertrude Stein brechen die traditionelle Spaltung auf. Und ich glaube, daß auch die Oper immer versucht hat, das zu tun, wenn auch unter dem Deckmantel unserer Unbewußtheit. (Nur wenige Männer würden zugeben, daß sie in die Oper gehen, um sich ihrer Maskulinität zu entledigen.) Die paradoxerweise *musikalische* Sprache von Gertrude Stein löst das Problem »Text oder Musik«: Sie erreicht, was die Begründer und Reformatoren der Oper wollten – den Primat der Sprache über die sie vertonende Musik.

Ich stelle Gertrude Stein hier ans Ende, weil sie mir hilft, einen Platz in der fremden Welt der Oper zu finden. Ich kann die »Heiligen« in *Four Saints in Three Acts* verwenden, um meine eigene eingeschlossene Liebe zur Oper zu beschreiben. Selbst wenn man die Oper nicht liebt, mag man sich eingeschlossen fühlen. Man mag diesen eigenartigen Zustand *(this queer condition)* erleben – durchaus heilig, durchaus streng, den Thomson die innere Fröhlichkeit *(inner gayety* – mit anspielungsvoller Schreibweise) genannt hat. *Gayety* oder *queerness* ereignen sich in Institutionen, Systemen, Gesetzen – und in der Phantasie.

Ein wiederholter Refrain in *Four Saints* ist die knappe Frage: »Who settles a private life?« *Four Saints* von Gertrude Stein überschreitet die Grenzlinie zwischen Privat und Öffentlich und läßt

261

mich spüren, daß ich zwar von der Opernherrschaft getrennt bin, aber in meiner Privatheit, in meinem indirekten Verhältnis zur Oper, auch *in* ihr bin, ebenso wie ich mich *in* der Institution der Ehe befinde, auch wenn ich legal außerhalb ihrer stehe. (Emily Dickinson wußte, daß das Bewußtseinsinnere »voller Oper« ist und daß man nicht in die Oper gehen muß, um Operngefühle zu haben oder am symbolischen System der Oper teilzunehmen.) *Four Saints* deutet an, daß eine einsame Seele, ein Eingeschlossener, als verheiratet betrachtet werden kann und daß die Oper die Hochzeitszeremonie für zwei Teile der lauschenden Seele ist; der Heilige ist Gertrude Steins Symbol für jenes Individuum, das Innerliches und Äußeres ausbalanciert, das in der Isolation des Klosters lebt, aber auch verheiratet ist (mit Gott, mit der privaten Zurückgezogenheit, mit anderen Heiligen). *Four Saints* stiehlt die traditionelle Figur des Heiligen für eigenartige Zwecke und erinnert uns daran, daß der Heilige wie der frühe, prämoderne Schwule eine Ausnahme darstellt, dessen exzentrische Natur erst spätere Generationen verstehen.

Virgil Thomsons Thema für die Oper sollten »die innere Fröhlichkeit und die Stärke von Leben, die einem nicht-materiellen Ziel geweiht sind«, sein. Was ist »inner gayety«? Lebe ich, der ich *gay* bin, in der Struktur von *gayness* eingeschlossen, oder baue ich meine eigene Sexualität von einem neuen Anbeginn auf, ohne Regulierung und Terror? Das Libretto von Gertrude Stein spielt mit dem Wort »in«, das reich an schwuler Nebenbedeutung ist: »Saint Teresa in in in Lynn«, schreibt sie, so daß ich mich frage, ob die heilige Theresa in der Stadt Lynn ist oder sich in der Innerlichkeit schlechthin befindet, oder ob Lynn eine andere Frau ist, in der die heilige Theresa augenblicklich ist... Wenn ich *in* bin, bin ich dann geschlossen, versperrt, in die Heimlichkeit gebannt? Oder bewege ich mich hin zu einem Zustand, wo ich miteingeschlossen werde, einem Zustand der Akzeptanz und Offenheit? *Four Saints in Three Acts* führte eine bedeutende Miteinschließung durch: Virgil Thomson bestand darauf, daß die Oper nur mit afroamerikanischen Sängern besetzt wird, weil er ihre »Klarheit der Artikulation« schätzte und möglicherweise auch, weil er eine Subversion der reinen Weiße von Oper und kanonischer Heiligkeit wollte. Die afroamerikanische Sängerin, welche die Heilige spielt, ist der Rolle auch nicht vollkommen angemessen, ist nicht ganz komfortabel in sie eingepaßt. Und es haben auch nicht alle Heiligen im Bezirk einer einzigen Oper Platz. *Four Saints* in *Three Acts* – was geschieht mit dem vierten, dem Heiligen ohne Akt?

Ich umkreise das Wort »in«, weil ich der Oper ein paar unverblümte Fragen stellen möchte. Bin ich der Oper nur äußerlich, ein bloßer Eindringling? Verzerre ich notwendigerweise den Sinn der Oper, indem ich meine spezifisch historische Schwulheit in das majestätische Innere der Oper schleppe? *Four Saints* ist eine Oper, in der man zählt (sie zählt ihre Heiligen und ihre Akte und fragt wiederholt: »How many saints are there in it?«), und ich verwende nun das Thema des Zählens, um die Frage zu stellen: Bin ich – der schwule Fan – jemand, der »zählt«, bedeute ich etwas, passe ich in das Kloster der Oper, gibt es in der monolithischen Institution Oper einen Raum für meine schwule Reaktion? Die Akte, die das Libretto von Gertrude Stein obsessiv zählt, sind Akte einer Oper, Akte der Heiligkeit und Sexualakte. Wenn es mehr Heilige (4) gibt als Akte (3), dann gehen die Heiligen möglicherweise nicht in ihrem Rahmen auf, Subjekte gehen nicht auf in ihren Repräsentationen, Schwule nicht in den Sexualakten, die uns als schwul definieren, und ein Hörerlebnis geht über die Oper hinaus, die sein Anlaß gewesen ist.

Gertrude Stein schrieb ihr Libretto ohne Figuren: nur eine Collage von Sätzen. Um es sangbar zu machen, mußte Thomson Rollen erfinden, darunter eine »Commère« und einen »Compère« – Mutter Erzählerin und Vater Erzähler, die das abstrakte Drama innerer Einsamkeit in eine Familiengeschichte verwandeln. Aber ich glaube nicht, daß die Rollen von Commère und Compère den schwulen Hang der Oper ausgleichen. Commère und Compère haben die Ehe nur pro forma geschlossen: als Stellvertreter von Gertrude Stein und Thomson beaufsichtigen sie die Oper von einem schwulen Thron herab.

Thomson war leidenschaftlich an der Oper als Vermählung interessiert. Er schrieb, daß »heutzutage Dichtung und Musik getrennt

263

leben«, aber er wollte sie wieder zusammenwohnen sehen. Und er sagt, daß eine Phrase in »Old Folks at Home« dem Text gut entspricht, denn »die Elemente sind gepaart, sie wohnen nicht nur zusammen.« Aber bei Gertrude Stein und Thomson handelt es sich um einen *mariage blanc*: getrennte Schlafzimmer. Seine volkstümliche Musikidiomatik sorgt dafür, daß sich ihre Wörter benehmen, daß sie etwas mitteilen, eine Geschichte direkt erzählen, aber das erotische Schweifen ihrer Sprache kontrolliert es nicht.

Wenn wir uns zwischen Worten und Musik zu entscheiden hätten, würden wir beides wählen. So stimmt man opernbewußt ab. Das zweite Libretto von Gertrude Stein, *The Mother of Us All*, erzählt die Geschichte von Susan B. Anthony, die dafür arbeitete, den Frauen das Wahlrecht zu verschaffen; Thema der Oper ist die Wahl, die Stimmabgabe, die Autonomie. Kann ich mir die Sexualität selbst wählen, und kann ich die Geschichten wählen, welche die Welt um mich her von der Sexualität erzählen wird? Gertrude Stein schreibt: »I must choose I do choose, men and women women and men I do choose. I must choose colored or white white or colored I must choose...« Gertrude Stein hüpft zwischen Gegensätzen hin und her, genau wie die Oper, denn die Oper behütet den Hörer davor, zwischen Worten und Musik wählen zu müssen: Die Oper erotisiert den Augenblick vor dieser Wahl, den unentschiedenen Moment des Exils, auf dem Korridor, vor den Türen, an denen M oder W steht. Die Oper läßt das Schwindelgefühl andauern: Wieder stehen wir unschlüssig vor den wohlbekannt beschrifteten Türen und erinnern uns, wie begeistert frei wir uns fühlten, als wir uns noch nicht den eigenen schmalen Pfad durch die sexuelle Welt ausgesucht hatten, als uns noch gar niemand mit der Idee vertraut gemacht hatte, daß es Pfade geben kann.

Ich liebe die Oper, weil sie nie (um aus Gertrude Steins Libretto zu zitieren) ein »Einmal und nie wieder« oder »Eins nach dem anderen« ist. Ich wende mich der Oper zu, weil sie die Struktur der Vermählung enthält. Ich glaube nicht an Eheschließungen, wie sie auf Standesämtern und in Synagogen stattfinden, aber ich glaube an die Ehe als Phantasie. Ich beanspruche »Hochzeit« für den Hörer, dessen Inneres von der doppelten Artikulation der Oper –

Worte/Musik — entzweigerissen wird und der die Naht wieder zunähen möchte.

Ich habe zu viel von Vermählung geschrieben, nicht genug von Einsamkeit. Es ist unmöglich, Opernmusik zu hören, ohne an Einsamkeit zu denken, aber ich weiche dem Thema aus, weil ich Angst vor dem Phantom des »einsamen Homosexuellen« habe.

◆ Traum ◆

Letzte Nacht träumte mir, daß ich in einer Oper auftrat. Wie samten war das Theater! Wie unübertrefflich diese Herausforderung! Oder vielleicht war es ein Bühnenstück, das hie und da Musik erforderte. Eine Phrase insbesondere machte mir Angst: ein Sprung von einem Diskant-D zu einem noch höheren G. Ich fragte mich, woher ich die Energie nehmen wollte, diese Phrase bis in die letzte Reihe des Theaters dringen zu lassen.

Ich habe früher oft von Hochzeiten geträumt — ragende Hochzeitskuchen und Zuckermandeln, in imitierte Spitze gewickelt als Geschenkchen für die Gäste. Jetzt träume ich von der Oper.

Siebtes Kapitel

Ein kurzer Führer zu schwulen Opernaugenblicken

Das Lauschen spricht.
– Roland Barthes

Drei dunkle Wintermonate lang studierte ich Opernpartituren und ließ mir das Wasser im Munde zusammenlaufen, während ich Dur und Moll betrachtete: Die Materialien, aus denen Sänger Gesang hervorzaubern. Wie ich die *Carmen*-Partitur hochhielt, tat ich, als sei ich die Callas oder vielleicht auch nur eine langweilige, sich selbst überschätzende Sängerin, die sich vor einem Spiegel im Korridor spreizt, ein Niemand, der für eine unmögliche Rolle übt.

Hier lege ich eine Reihe von Proben, Gefühlen, Rettungen vor – verfaßt in dem schmalen Raum zwischen der Partitur und der Stereoanlage. Ein Album von Impressionen. Achtundzwanzig Opernhöhepunkte, von mir als Bauchredner mit eigenartigem Tonfall wiedergegeben, *queerly*. Was beweisen diese Nachahmungen? Nur daß ich gelauscht habe. Auf meine eigenartige Weise.

Ich folge bei dieser Mini-Enzyklopädie dem Vorbild bescheidener Kompendien wie des Handbuchs *The Story of a Hundred Operas* von 1913, das Zusammenfassungen von vergessenen Opern wie Hérolds *Zampa*, Leoncavallos *Zazà* und Paderewskis *Manru* enthält. Solche Führer lassen Einzelheiten weg und verwirren die ohnehin nicht bruchlosen Handlungen. Der Autor von *The Story of a Hundred Operas* gibt zu: »Etwas mußte dem praktischen Format geopfert werden, das so geschickt in die Handtasche von Madame paßt und im Jackett des gnädigen Herrn kaum aufträgt.«

Ich habe die Objektivität geopfert. Statt dessen biete ich das Gegenteil von Objektivität: Überschwang, Rückhaltlosigkeit, Naivität. Bei der Nacherzählung dieser Arien und Phrasen hoffe ich, das *Lauschen*, diesen Märchenprinzen oder diese Märchenprinzessin, von dem Zauberbann der Stummheit zu erlösen.

◆ 1 ◆ Große Auftritte

Auftritt der Butterfly

Wenn ich Puccinis *Madama Butterfly* (1904) höre, nehme ich unwillkürlich teil an der Geschichte des rassistischen Imperialismus. Und trotzdem gibt es Momente, da sich diese Oper gegen den eigenen furchtbaren Handlungsrahmen kehrt; das Schmalz der Musik überwältigt mich, und ich vergesse meine Zurückhaltung. Wenn Butterfly auftritt, treibe ich von meinem fixen Standpunkt ab; die Schlinge der Geschlechtsrolle lockert sich, und ich beginne zu atmen.

Der amerikanische Lieutenant Pinkerton, in Nagasaki stationiert, hat sich eine Braut gekauft, Butterfly, die nun gleich auftreten wird und nach der ich verlange: Ich habe eine Eintrittskarte gekauft und warte nun mit dem geilen Pinkerton darauf, daß die gekaufte auratische Präsenz erscheint. Aber ehe Butterfly die Szene betritt, intonieren ihre Gefährtinnen in der Kulisse ein sinnloses, angenehmes »Ah«, und auf einer Gouache von Harfentönen singt Butterfly in der Kulisse »Aspetta!« (»Warte!«) Weil ich meine Ekstase durch den Klang und nicht durch den Anblick erlange, will ich Butterfly gar nicht sehen; ich möchte, daß sie in der Kulisse bleibt, umgeben von einem Orchester, das ihre unmittelbar bevorstehende Blüten- und Meereshaftigkeit so gründlich nachgeahmt hat, daß ich Pinkerton keinerlei Aufmerksamkeit mehr schenke.

Oder gefällt der Auftritt Butterflys dem Pinkerton im Hörer? Nein. Ich kann *getrennt* von seinen Wertungen lauschen. Ich spende

Pinkertons imperialistischem System keinen Beifall – ich applaudiere den Emotionen, die Butterflys Stimme freisetzt, Emotionen, denen kein Wort im Libretto gerecht wird. Ich erhebe mich über den gierigen Pinkerton (»Dieser Narr begreift Butterfly nicht«) und identifiziere mich mit der exponierten Lage der Diva. Ich erlebe das Heraustreten, den Auftritt als Aufgaben für die Macht, *serenamente* ausgeführt: Die Diva muß ein geschmackvolles Rubato einsetzen und sich vulgärer Effekte enthalten. Sie soll wie fünfzehn Jahre alt wirken. Sie ist unglaublich mitleiderregend. Dieses Mitleidspathos ist das großartigste Instrument in der Trickkiste der Schauspielerei. Später wird sie dann gewaltig, gewaltsam singen, aber jetzt muß sie seufzen und ein hohes Des diminuendo verhallen lassen (die Callas kann's nicht).

Die Oper tötet, was sie liebt. Wie Butterfly werde ich sterben, wenn ich die Oper betrete, also warte ich unruhig am Rande, um den Moment meines Auftritts zu verlängern und nie zu vollenden. Ich sehne mich danach, außerhalb des Rahmens der Oper zu bleiben, immun gegen ihre gefährlichen Reize, aber ich spüre auch die verführerische Kraft der Erzählung: Ich will in die Geschichte hinein und ich will, daß die Handlung sich fortsetzt.

Es ist schade, daß Butterfly ihre Freundinnen verläßt und den Kulissenhügel besteigt, um zu Puccinis (und unserer) Vorstellung von einem Höhepunkt zu kommen. Wieviel besser wäre es, wenn Butterfly nie zum Höhepunkt gelangt wäre, nie in die Höhe gegangen! Aber dann verlören wir das Vergnügen der Oper, wir fänden nie Klänge, die unserem eigenen Bedauern (einer trompe-l'œil-Kulisse im Hintergrund) entsprechen, daß wir in die Pubertät kommen mußten. Wenn sich Heterosexualität als üppig und trügerisch enthüllt, zerbirst das Libretto und es spricht ein Schattenwissen: Indem ich den Auftritt Butterflys mehr liebe als ihren Tod, indem ich einen Augenblick isoliere, der allzuschnell vorbeigeht, indem ich ihren Auftritt auf der Victrola meiner Phantasie immer wieder abspiele, kann ich Butterfly als Botin der Uneindeutigkeit des Geschlechts hören. Wenn ich sentimental und endlos lausche, wenn ich nie aus dieser Phase des ersten Auftritts hinauswachse, kann ich einer anderen Butterfly die Sprache leihen.

Toscas Auftritt

Toscas Auftritt hilft mir zu sagen: »Ich bin am Leben.«

Bis zu diesem Punkt waren die Klänge in Puccinis *Tosca* (1900) männlich – die Arie des Mario (»Recondita armonia«), das Gemurmel des Mesners, die Angst des vor den Häschern fliehenden Angelotti – , und so bin ich froh, wenn die göttliche Tosca ihr erstes »Mario!« hinter der Bühne singt. Erhabene Gegenwärtigkeiten wie Butterfly beginnen in der Kulisse zu singen, um zu betonen, daß unsere Lust an ihnen auditiv ist, daß wir nicht einen Körper begehren, sondern eine Stimme. Der Sichtbarkeit näherrückend, ruft die Diva »Mario! Mario! Mario!«, als sei es Marios Identität, die wir enthüllen und verifizieren müßten, da es doch tatsächlich die ihre ist – und unsere.

Wenn Mario Tosca die Tür öffnet, sagte er »Hier bin ich« (»Son qui«) und hält den Ton ohne Orchester so lange aus, wie er will: Jussi Bjoerling wärmt diese Silbe mit einem Zittern an, das fast die eintretende Diva übertrumpft. Und dann ertönt das Tosca-Motiv, eine Melodie, die Toscas geheime Verletzbarkeit symbolisiert. Weil ich innerlich auf das Motiv der Tosca damit reagiere, daß ich meine eigenen Anomalitäten und Sentimentalitäten aufschließe, scheint ihr Motiv aus *meinem* Herzen hervorzugehen, *meine* Liebe für die Diva zu artikulieren, die soeben die Bühne betreten hat, und – mit alberner orchestraler Färbung – meine hoffnungslose Identifikation mit Tosca auszudrücken. Wenn Tosca auftritt, kehrt Tosca wieder: Liebesobjekte können nie zum ersten Mal auftauchen, sie können nur zurückkehren und eine Vorgeschichte hinter sich herziehen. Als die Callas 1965 wieder als Tosca an der Met auftrat, stand auf den Transparenten vor dem Opernhaus WELCOME HOME, CALLAS, und auf dem Transparent in der Phantasie des Hörers steht WILLKOMMEN DAHEIM, TOSCA, wann immer Tosca die Bühne betritt, wann immer das Eigenartige, das bis jetzt Unausgesprochene sprechen will und dazu die Oper benutzt.

Das schmalzige Orchester, das ihren Auftritt begleitet, besteht nicht darauf, daß ich Partei ergreife, daß ich mich ausschließlich mit Mann oder Frau, Komponist oder Sängerin identifiziere. Meine

losgelassenen Emotionen schwimmen dem inspirierenden Objekt
entgegen und vereinigen sich mit ihm, und so kann ich nicht genau
sagen, wohin mich die Musik eigentlich stellt. Ich würde Tosca ohne
die Hilfe dieses Motivs nicht anbeten wollen: es bezeichnet sie als
Gegenstand der Verehrung, ehe noch die Diva gesungen hat, um sich
meine Liebe zu verdienen. Ich bin Tosca, weil mein Körper die
Vibrationen des mitfühlenden Orchesters enthält und weil mein Nervensystem, das ihr As-Dur-Parfüm liebt, Toscaempfindungen als
unbewußten Reflex produziert. Der Schauer, Tosca *immer wie zum
ersten Mal* wahrzunehmen, ist das Spiel, so zu tun, als gäbe es keine
Grenzen mehr, und zu sagen: »Mich kann keine Geschlechtsrolle
festhalten«, obwohl mein Körper, durch den Toscas Motiv wie Blut
kreist, Grenzen hat, Limitationen, Beschränkungsparagraphen.

Elisabeths Auftritt

Ich nehme am System der Heterosexualität nicht teil, und trotzdem
verehre ich seine schematischen und künstlichen Repräsentationen. Augenblicke hoher Heterosexualität, wie Elisabeths Auftritt in Wagners *Tannhäuser* (1845), erlösen indirekt meine lebens-
lange Abneigung für maskuline Aktivitäten und Gefühle. Wenn ich
Elisabeths »Dich, teure Halle« anhöre, habe ich das unerklärliche
Gefühl – und Unerklärbarkeit ist der ganze Charme der Oper – ,
daß ich wieder elf Jahre alt bin und zusehe, wie die Mutter meines
besten Freundes Crêpes macht, die sie »französische Pfann-a-
kuchen« nannte. (Ich nehme an, sie war Ausländerin.)
  Elisabeth kommt auf die Bühne gelaufen, in die Sängerhalle, um
dort die Ankunft des geliebten Tannhäuser abzuwarten. Wenn sie
Leonie Rysanek ist, verdeckt der Applaus ihre ersten Töne. Seltsam, wie erregt Elisabeth auf einen Raum reagiert. Sie kommt erst
einen Takt, ehe sie zu singen beginnt, auf der Bühne an – ein gefährlich improvisierter Auftritt in letzter Minute. Wenn nun ihr Kleid
an einem Nagel in der Kulisse hängenbliebe?
  Sie grüßt die Sängerhalle, weil ihre Stimme sie erfüllt. (Liebe
Stimme, ich habe dich vermißt! Als Tannhäuser fort war, konnte ich
dir nichts vorsingen, weil es Frauen nicht gestattet ist, sich selbst

anzusprechen – aber nun, da er wieder da ist, habe ich doch eine Entschuldigung, die Halle meines Körpers mit Schwingungen zu erfüllen.)

Elisabeth tritt als Cheerleader für die Heterosexualität auf. Ihre Freude ist *camp*, weil sie alles plausible Maß überschreitet; ist Tannhäuser diese Überschwenglichkeit wert? Und doch wird in dem traurigen Mollteil ihrer Arie, wo sie ihren Zweifeln Ausdruck gibt, die Stimme der Rysanek fast flach und leer, als ließe sie sich absichtlich vom Wagen der Fröhlichkeit fallen, als wäre sie so verwirrt, daß sie den Anschein nicht mehr aufrechterhalten könne. Ihre düstere Intonation bestätigt mir meine Neigung, von der Heterosexualität abzuweichen, von der erlaubten Leidenschaft abzuschweifen.

Sie wird mit dem abschließenden »Halle« zu einem triumphalen hohen H aufsteigen: die Rysanek verbringt mit diesem Ton so viel Zeit, daß das Orchester sie fast verliert. Der Moment hat etwas Eigenartiges, weil ihre Freude höher ist denn alle Vernunft und weil sie einen Platz in einem unerbittlichen und strafenden Sexualsystem haben will. Aber begehrt sie Tannhäuser wirklich? Sie wendet sich nicht an den abwesenden Geliebten, sondern an ihre vibrierende Larynx und die elektrisierten Fans. Wenn sie »Dich, teure Halle« singt, gibt die Diva vor, daß wir, ihre Zuhörer, das höchste Ziel ihrer Seele sind. Und ich denke, diesem »Dich, teure Halle« lauschend, an das Unerklärbare und an Geschlechtlichkeit und an meinen Entschluß damals, lieber zuhause Musik zu hören als mit dem Ehemann der Pfann-a-kuchen-Spezialistin wandern zu gehen (sie machte Crêpes, er führte das Pfadfinderfähnlein an), einen Weg entlang, wo giftiger Lacksumach wuchs.

Otellos Auftritt

Die Phrasen, mit denen Sopranrollen auftreten, verschaffen mir die gesegnete Illusion, daß meine schwulsten Sehnsüchte authentisch sind, legitim und tiefverwurzelt. Wenn aber Männer auftreten, erlebe ich eine andere Art von Entzücken: Ich erlebe Männlichkeit als eine Maske – ein Kostüm, das bei bestimmten Anlässen ganz herrlich wirkt, aber kaum ein Glaubensartikel.

In Verdis vorletzter Oper *Otello* (1887) genieße ich den Auftritt des Otello, der die Paradoxien männlicher Erscheinung einfängt. Er kommt mit einer stentorisch laut gesungenen Phrase herein, um zu beweisen, daß er immer noch singen und Verdi immer noch komponieren kann. Der Chor denkt, Otello sei ertrunken. Aber dann rufen plötzlich alle: »E salvo!« Sein Schiff ist gerettet!

Ich bin gerettet! Ich kann die Rückkehr des Herrschers, des breitschultrigen Helden, des Tenors erleben! Man hört das Diminuendo der Streicher, willig und servil, dann verstummen sie. Otello hat den Kai erstiegen und kann nun Atem schöpfen und auf die Bühne kommen, wann er will.

Schweigen umgibt den männlichen Ausruf. Bis jetzt habe ich Menschenmassen gehört, Donner und Blitz, Befürchtungen. Jetzt höre ich den Puls eines einzelnen Mannes, der seine Stärke über die Grenze hinaus in unkonventionelle Identitäten drängt. Otello verkündet im Wesentlichen: »Ich bin ein Mann« – beziehungsweise »Ich bin noch immer ein Mann.« Die Stimmkräfte des Tenors beweisen Otellos Fähigkeit zu herrschen und befriedigen die Phantasien des Chors. Warum beten, daß Otello gerettet werden möge, wenn dann nicht ein Mann von massiver Wärme auf der Bühne erscheint?

Wenn Butterfly, Tosca und Elisabeth auftreten, überwältigt eine komplexe, eingeschmuggelte Erfahrung von Andersgeschlechtlichkeit meinen Körper mit einer Aura von Blumen, Verletzbarkeit und Risiko, aber wenn Otello erscheint, höre ich die inszenierte, tragische Natur des Männlichen – sie schwillt an, sie schluchzt, maßlos und rührend wie eine untergegangene Zivilisation. Otello sentimentalisiert die Männlichkeit nicht, aber er macht aus ihr eine Darbietung, einen Test. Man stelle sich die Seele des Tenors vor, die sich vor dem Scheitern fürchtet, die sich sehnt, wie ein Monolith zu wirken, ein Speer, etwas ganz Neues. Extreme dramatische und stimmliche Gefahren verbergen sich in dieser Phrase. Wenn Plácido Domingo den Otello singt, höre ich, wie er seine lyrische Stimme, die eines netten Kerls, extrem streckt, um's einmal im Ernst mit dieser brutalen *Little Caesar*-Rolle zu versuchen und sich so der Welt ins Herz zu singen. James McCrackens Stimme versagte einmal bei diesem Part, und er kehrte erst nach Jahren des Exils in der Rolle des Otello an die Met zurück.

Das Orchester und die Menge kooperieren mit Otello, indem sie verstummen, ehe er singt: »Esultate!« Sie tun, als lauschten sie ihm in ehrfurchtsvoller Stille, aber tatsächlich haben sie ihn im Stich gelassen, er bleibt draußen stehen, mag er an Unterkühlung zugrunde gehen. Bricht er zusammen? Nein – das letzte Wort seines Auftritts ist »L'uragano«, das ist der »Sturm«, dem er eben entronnen ist, aber es nimmt auch den »Beifallssturm« vorweg, den ihm gierige Fans bereiten werden, wenn der Vorhang sich senkt, und das donnernde »Evviva!« des jubelnden Chores.

Wenn ich »Esultate!« höre, applaudiere ich innerlich, indem ich einen einzigen, langsamen Schauder empfinde, einen harmlosen elektrischen Schlag, als hätte mein kleiner Finger eine Steckdose gestreift. Während Otello hereinkommt, sonne ich mich in einem Schauspiel, das nicht vorherzusehen war, einer Enthüllung, die schon vorüber ist (sie dauert nur zwölf Takte), sobald ich recht begriffen habe, daß sie begonnen hat. Ich kann mich in Otellos Phrase nicht einrichten, sie ist zu kurz, fast so flüchtig wie das »Mario!« der Tosca. In dieser Phrase bei seinem Auftritt ist etwas anwesend, das ich höre, das ich für immer und ewig umklammern könnte, aber dann ist es fort.

Beim Singen des »Esultate!« gestatten sich die Tenöre hysterische Exzesse und Exzentrizitäten. Von den totemischen Befehlen des Dirigenten befreit, öffnet Jon Vickers seine Vokale bis hin zu einer Wärme des Klangs, die schon fremdartig ist – besonders das »-te«, das er »-ta« ausspricht. Er schiebt sich den Text zurecht für die Besonderheiten seines Mundes – er stellt seine königliche Macht zur Schau, so zu singen, wie er will. Vickers verzerrt seine Vokale am meisten im letzten Wort der Phrase: Er singt das »ga« von »L'ura*ga*no«, als stürze sein ganzer Körper ein. Und der wenig subtile, aber mitreißende Mario del Monaco trompetet das »go« in »L'or*go*glio« und schluchzt im »gloria«.

Eine öffentliche Figur, fatal dazu neigend, sein Herz auszuschütten, spricht Otello einen Dialekt von Charakterfehlern und Phlegma, in dem ich eine Tonfarbe höre, die zu niemandem sonst gehören könnte – nur Vickers, nur del Monaco; ich höre das Wesen des Mannes, das Irreduzible an ihm. In den Vokalen von Vickers höre ich 1968; ich höre die Kluft zwischen meinen eigenen Hörerlebnissen und dem Schweigen, in das ich diese Sätze der Suche und der Bitte gieße.

Otello geht unmittelbar nach seinerm »Esultate!«-Auftritt ab; er ist nervös, leidend, er kann es nicht ertragen, länger auf der Bühne zu bleiben. Unser Applaus ermüdet ihn. Mit unseren »Evivva«-Rufen haben wir ihn von der Männlichkeit fortgelockt, wie ein dem Sturm vorauseilender Windstoß eine Wetterfahne aus dem Norden dreht, den sie bisher anzeigte.

◆ 2 ◆ Fröhlichkeit

Juliettes Walzer

Ich tanze im Walzerschritt die Seite hinunter und versuche, den Blümchenton der Galli-Curci nachzuahmen, den mechanischen, ätherischen Herzschlag ihres jungfräulichen Gesangs...

Die Beziehung des sexuellen Begehrens zum Glück scheint mir fraglich, und doch bin ich gezwungen, »gay« zu sagen und das muntere Korkenknallen, die Fröhlichkeit dieses Wortes zu hören. Das Wörterbuch sagt: »GAY deutet eine frohe Munterkeit oder Lebhaftigkeit der Stimmung an, die sich offen zeigt.« Was sich offen zeigt, ist trügerisch; manchmal zeigt sich lediglich *der Wunsch, etwas zu zeigen.*

Opernfiguren zeigen sich offen. Juliette zum Beispiel in Gounods *Roméo et Juliette* (1867) stürmt auf das für sie ausgerichtete Fest, ihre Coming-Out-Party, den Ball der Capulets, mit einem kecken: »Écoutez!« Alle mal herhören! In dem Walzer, mit dem sie sich dann produziert, einer »fröhlichen« Melodie, steckt eine geheime Melancholie. Ist Juliette eine jungfräuliche Debütantin oder die Botin der Sterblichkeit? Was ist am Ende »fröhlich« an einer Paarung?

Auf ein sinnloses »Ah!« (Ich öffne mich jetzt!) singt sie eine brillante chromatische Tonleiter abwärts, und doch zeigt sie sich durch ihr Diminuendo, durch den Übergang von Freiheit zu striktem Tempo, von der Cadenza in die Eröffnungsmelodie des Walzers als wohlerzogen und elegant, als eine anständige Sopranistin: »Ich weiß, wie ich mein großes, lautes ›Ah!‹ der Freude und Eigenwilligkeit in die gesellschaftliche Welt einpasse, die Welt des Walzers, des Duetts, der Familienpflichten und der Heterosexualität (ein Grab).«

Die Arie ist ihre libidinöse Unabhängigkeitserklärung, wie Susan Haywards *I Want to Live!* Aber Juliette drückt auch große Zweifel aus. Sie hängt an die erste Note jeden Takts eine kleine Verzierung an, und läßt dann los. So stotternd nimmt sie eben doch noch nicht teil an der Welt der Ballsaalfröhlichkeit und des geregelten Verkehrs: mit ihren Ziernoten distanziert sie sich von den Taktschlägen, die sich trotzdem ihre Stimme unterwerfen.

Ich habe Cecilia Gasdia bei ihrem Debüt an der Met die Juliette singen hören. Ihr »Je veux vivre« – schmal, zögernd, kontrolliert – suchte mich dort, wo ich saß, in der vorletzten Reihe im oberen Rang. Ich dachte mir, sie litte unter Lampenfieber und hielt mifühlend den Atem während ihrer Phrasen an, damit sie nicht abstürzte.

Juliette glaubt, daß sie durch das Singen ihr geheimes Selbst für sich behalten kann und es nicht achtlos an die Menge zu verströmen braucht. Namenlos für Roméo, will sie diesen Tag ihres gesellschaftlichen Debüts für immer im Herzen bewahren »comme un trésor«, wie einen Schatz. Aber indem sie einen Walzer singt, fordert sie Roméos Antwort heraus, und indem sie eine so ostentative Glanznummer singt, liefert sie ihren Stimmschatz dem Hörer aus. Die Arie, von ihrem dramatischen Kontext losgerissen und frei dahintreibend, auf Platten immer wieder abgespielt, hat die Diva ebenso in Bann geschlagen, wie sie die Zuhörer fesselt. Auf einer Aufnahme von »Je veux vivre« aus dem Jahre 1917 (von F- nach G-Dur transponiert, das macht sich besser) vermeidet Amelita Galli-Curci alle Konsonanten und gleitet mit einem so souveränen Portamento von einer Note zur anderen, wie sie es sich schuldig ist. Mit dem letzten hohen D, elf Sekunden lang ausgehalten, erweist sie sich als Stratosphärenstürmerin: Ich halte mein Leben elf

Sekunden lang an, um mich in ihre abnorme, athletische Physiologie zu versenken, in ihr D. Sie schenkt uns ihr kostbarstes Juwel (»Lauscht meinem hohen D!«), aber sie behält es auch zurück, denn indem sie uns in Ehrfurcht versetzt, bleibt sie doch auch die mächtige Besitzerin ihrer Kehle.

Die Callas schafft bei ihrer Aufnahme von »Je veux vivre« die Tonleitern, aber wir hören den Kampf, die masochistische Mühe. Wenn die Callas in Harmonien, die Schmerzlichkeit andeuten, murmelt »Laisse-moi sommeiller« (»Laß mich schlafen«), dann weiß ich, daß ich die Diva gefangensetze, wenn ich ihr allzu genau zuhöre.

Ich spiele immer wieder das »Je veux vivre« der Galli-Curci, weil ich gerne an eine Lebenskraft glauben möchte, einen *élan vital*, ein mädchenhaftes Phänomen, das ich mir ausborgen könnte. Ihre unschuldige, vor dem Fall gesungene Koloratur träufelt wie Saccharose in meine Adern. Und ich frage nicht, neben wessen Grab ich stehe.

Violettas »Sempre libera«

Eine traurige, kranke Frau singt, sie wolle »scherzend von Freude zu Freude eilen«, »immer frei ... immer fröhlich ...«: Verdis Violetta Valéry, die Kameliendame, aus *La Traviata* (1853). Schwindsüchtig schleudert sie eine rasche, glänzende Cabaletta aus sich heraus, um am Ende des ersten Aktes das Publikum in Erstaunen zu versetzen. Die Koloraturen waren aus der Mode gekommen; Verdi ließ sie für diesen einen Moment in *La Traviata* wiederauferstehen – die Koloratur ist nicht länger eine natürliche Gabe der Sopranistin, sondern Zeichen einer Rückfälligkeit, ein Talent, in das sie sich flüchtet, wenn sie mit dem Rücken zur Wand steht. Die Koloratur ist Violettas Problem, ihre letzte Möglichkeit, ein Zeichen, daß sie den bourgeoisen Sexualarrangements abgeschworen hat und in eine soziale Außenseiterstellung zurückgekehrt ist. Wenn sie die freie Liebe proklamiert und *gay* wird (»Gioir!«), zwingen diese Befreiungsentschlüsse sie zu archaischen Prozeduren, bei denen Luft durch ihren Körper gepreßt wird – virtuose Techniken, deren Belohnung die Liebe des Publikums ist.

Die panische Logik, die heutzutage Aids umschließt und gestern die Tuberkulose und die Syphilis umschloß, sperrt Violetta in einen Widerspruch. Indem sie dem Vergnügen lebt, begeht sie Selbstmord. Die Koloraturen werden sie töten, doch uns entzücken sie. Und obwohl auch sie ihr Vergnügen an den Kurtisanengenüssen hat, wird der Sopran doch mit jeder Wiederholung des fröhlichen, aber schwerfälligen Hauptmotivs stets schmerzlicher, die Taktschläge fallen dumpfer, als wäre diese Cabaletta ein Totentanz.

Bei einer Aufführung in der Scala im Jahre 1955 klingt das »Sempre libera« der Callas überlegt und absichtsvoll wie bei einem Mädchen, das entschlossen ist, eine Überdosis Schlaftabletten zu schlucken. Sie sagt, daß sie von Freude zu Freude eilen will (»Sempre libera degg'io folleggiare di gioia in gioia«), und ihre Melodie landet auf der Blüte des Taktschlags, saugt sie aus und springt wieder weg. Sie hebt sich zum hohen C, gleitet hinab und setzt – angestrengt – die bewußt fröhliche Melodie fort. Das Hinabgleiten und die Langsamkeit überzeugen uns davon, daß hier ihre Krankheit sichtbar wird, daß sie es sich nicht länger leisten kann, munter zu leben. Ha, ha, ha! Niemand glaubt einem Operngelächter: häßlich, hohl. Hinter der Bühne bringt Alfredo ihr ein Ständchen, aber sie wiederholt ihre Cabaletta und kehrt ins Serail der Koloratur zurück.

Ihre Initialen sind V. V.: das V von Verdi, Vortex, Virtuosität, Veilchen – von Venus wie in *venereal disease* (Geschlechtskrankheit); von *voice*. (Sie hat bei der Silbe »vor« von »vortici« begonnen, sich zu verströmen und sich zu entblößen.) In »Sempre libera« warnt Violetta: Verliere dich im Strudel meiner Stimme, und du wirst an Schwindsucht sterben. Die Arie lieben wir um ihrer selbst willen, den Sopran, die Rolle, die Diva lieben wir, weil sich diese Stimme von Alfredo und der geordneten Häuslichkeit abwendet und uns mit Koloraturen vollpumpt: tödlichen Genüssen. Es bringt sie um, zu singen; es tötet uns, zuzuhören. Sie ist ansteckend. Bei Violetta holen wir uns den Opernbazillus.

Ich habe »Sempre libera« zuerst in einer Plattenbücherei gehört: um 20.45, im Herbst 1980. Das abendliche Schließen der Bücherei stand kurz bevor. Ich konnte nicht bleiben, um den zweiten Akt zu hören. Der Sopran: Anna Moffo, die Aufnahme von 1961.

Draußen goß das Mondlicht sein eigenes »Sempre libera« herab, von der Farbe eines Silberstifts. Nichts Fröhliches an diesem »Sempre libera«, wenn ich es auch als Eingangstor zu einer Zukunft nahm, die *gay* sein sollte.

◆ 3 ◆ Rache

Donna Elviras »Ah! Chi mi dice mai«

Ich widmete meinen einundzwanzigsten Winter Mozarts *Don Giovanni* (1787) und der Suche nach einem Freund. In meinem Collegezimmer lauschte ich wieder und wieder dem »Ah! Chi mi dice mai« der Donna Elvira: ich wollte, daß der Junge nebenan es durch die dünne Wand zwischen unseren Zimmern hören sollte, wenn er schlief und lernte.

Die achtlos im Stich gelassene Donna Elvira will Don Giovanni das Herz aus der Brust reißen. Aber sie schaufelt nur ihren eigenen Stimmschlamm zutage. Das meiste Sediment (oder Gold) holt sie aus dem Wort »cavare« heraus: Ausgraben. Rachegelüste schädigen die Kehle, ehe sie ihr erträumtes Ziel erreichen, den Wüstling: Wer »Rache!« singt, wird dazu verurteilt sein, deren Spur in der eigenen Kehle zu entdecken. Kiri Te Kanawa schnurrt – wie ein vibrierendes Weinglas – die Silbe »tor« des Wortes »torna« (»zurückkehrt«). Sie rollt das »r« und findet einen gedämpften, verdeckten Ton für das lange B: das gerollte »r« der erzwungenen Keuschheit, das gerollte »r« der Frau, die Mittelpunkt einer Racheoper sein möchte, aber zu einer bizarren, komischen, austauschbaren Figur wird, der opera seria entlaufen – nur eine von Don Giovannis vielen sexuellen Eroberungen.

Die Kirchgängerin Donna Elvira hat die Dreistigkeit und das Selbstvertrauen, sich direkt den B-Dur-Akkord hinunterzustürzen, wenn sie singt »Ah! se ritrovo l'empio« (»Ah! Finde ich den Verräter – «) In diesem Herabstieg ist nichts Widersprüchliches. Sie sagt: »Ich liefere euch den Schlüssel, den ihr wollt, ich lote mutig die Tiefe meiner Erniedrigung aus.« Ich liebe Donna Elvira wegen ihrer

278

Selbstgerechtigkeit – diese aufrechte, verklemmte Frau, die eine danebengegangene und illegitime Liebesaffäre in einer wohlanständigen, verzeihlichen Tonart zum Ausdruck bringt. Und dann zeigt sie in der nächsten Phrase ihre Fähigkeit – tapferes Schneiderlein, das Riesen erschlägt – , ganze Oktaven zu springen: »vo' farne orrendo scempio!« (»... will ich seinen Körper zerstückeln!«).

Die schwule Rache: Sich mit verratenen Frauen zu identifizieren, erotische Unmöglichkeiten zu ersehnen. Donna Elvira drückt diese eigenartige Rache nicht als sich verzehrende lyrische Note aus, sondern als legalistisches Selbstvertrauen: Ich sitze im Mittelpunkt eines sexuellen Diskurses, weil mich ein Wüstling verlassen hat.

In meinen »Ah! chi mi dice mai«-Tagen befürchtete ich, meine Liebesgeschichte mit dem Jungen nebenan könne jeden Augenblick enden, und ich würde zu Donna Elvira werden und auf der Straße weinen und schreien. Nur die, die man verlassen hat, haben das Recht, von ihren gemeinen Geliebten zu sprechen, und so legte ich den Diskurs, dem ich angehören wollte (»Zwei Männer begegnen sich«), wie eine kleinere Schachtel in die größere des mit stärkerer Autorität ausgestatteten Diskurses »Die verratene Frau«. Um zu mir selbst von der »Begegnung zweier Männer« sprechen zu können, trat ich ein in das stimmliche Bewußtsein einer Frau, die deshalb dreist von ihrem Liebesleben singen kann, weil sie verlassen worden ist.

Das »O don fatale« der Prinzessin Eboli

Die Liebesgeschichte brach nicht ab, aber den Diskurs von der Liebe verratener Frauen behielt ich bei und schritt von der Elvira zur Eboli voran.

Die Prinzessin Eboli in Verdis *Don Carlos* (1867/1884) verflucht ihre eigene Schönheit und vertraut darauf, daß wir sie trotzdem schön finden werden, und weiß – mit der Zuversicht des Mezzosoprans, des Underdogs, daß wir nicht sagen werden: »Laß es, Eboli, du siehst nicht gut aus.« Sie benutzt die Arie, um eine neue Art zu entwickeln, eine alte Wunde zu betrachten, und um uns von der entscheidenden Bedeutung dieser Wunde für die ganze Welt zu überzeugen. Ich nenne ihre Schreie nach Rache »eigenartig«, *queer*, weil sie ihren stimmlichen Triumph feiert, indem sie zu sich selbst als zu einer ungeheuerlichen Feindin spricht und ein »Du« in der Festung des »Ich« findet.

Plötzlich erinnert sich die Verrückte wieder an den lyrischen Ton: Sie erklärt sostenuto ihre Loyalität zu ihrer Rivalin, der Königin. Die Eboli verbirgt alte Jahrgänge sapphischen Wohlklangs im Keller ihres wütenden Körpers, als habe sie eine Vorgeschichte von süßer Zärtlichkeit, ehe der erotische Zufall und sein Verhängnis sie dann zu ihren Verwünschungen verurteilte. Reuig schwört die Eboli, sie wolle sich und ihre Schande in einem Kloster vergraben. Die Arie hätte mit diesem Ausdruck gewandelter Stimmung schließen können: *Ergib dich der Königin und rede dir ein, daß prächtige Sopranherrscherinnen dir naturgemäß so überlegen sind, daß du deinen ausgestoßenen Körper tief vor ihnen neigen mußt.* Aber die eherne Eboli nimmt den Kampf wieder auf. Sie erinnert sich rasch an Carlos, der am nächsten Tag sterben soll. Entsetzt schwört sie, mit einem vom Orchester erzwungenen hohen Ges, ihn zu retten! Und diese Volte schenkt ihr eine unruhige masochistische Freude: Bei dem Hamburger Konzert der Callas 1962, das man als Video erwerben kann, leuchtet das Gesicht der Diva auf, als sie »la speme m'arride« singt (»Die Hoffnung lächelt mir«), und sie hebt die Arme zu ihrem Busen und umarmt sich selbst, als sei sie die allesvernichtende Himmelskaiserin und zugleich deren unterwürfigstes Opfer. (Nachdem die Callas »O don fatale« gesungen hat, kommt eine Frau mit einem Blumenstrauß auf die Bühne und hält die Hand der Callas einige Sekunden zu lange fest.) Die Sinnesänderung der Eboli – *campy*, verrückt – erinnert uns daran, daß die Eboli vielleicht lesbisch ist, die Königin liebt und das von dieser über sie verhängte Urteil genießt. Die Zeit ist schon um, aber die wahnwitzige Eboli wiederholt »un dì mi resta« (»ein Tag noch bleibt mir«), blind wie Violetta in »sempre libera«. Dies sind Frauen, die am Ende düsterer Akte rufen, daß noch viel, viel Zeit bleibt zur erotischen Rechtfertigung.

Das »O don fatale« der Eboli hebt die Unterordnung des Mezzosoprans unter den Sopran auf: die Frau mit der tiefen Stimme sticht die andere aus. Entschlossen zum Opfer »Ich werde für immer in ein Kloster gehen, wie es Königin Elisabeth befohlen hat«) und zur masochistischen Selbstlosigkeit (»Ich werde Carlos mit dem einen mir noch bleibenden Tag retten, und dafür wird mir der Himmel lächeln«), eilt die Eboli von der Bühne – in dem (vom Applaus gestärkten) Vertrauen, daß Verdis Oper um sie als Mittelpunkt kreist. Aber Elisabeths nüchterne, philosophische Arie »Tu che le vanità«, der Höhepunkt des letzten Aktes, wird den Sieg der Eboli zunichte machen. Wie narzißtisch und bruststimmig erscheint die Eboli im nachhinein, wenn wir uns auf die Höhen von Elisabeths Sopran emporheben! Die Eboli steht – *queerly* – außerhalb des Bezirks der läßlichen Leidenschaft, obwohl sie singt, als sei das Gesetz auf ihrer Seite.

Rigolettos und Gildas »Sì, vendetta«

In der zehnten Klasse beobachtete ich, wie ein Drogentyp sich im Sportunterricht auszog, und ich phantasierte verstohlen, ich würde meine neugierige Hand über seine reifen Schenkel streifen lassen, während er auf dem Boden des Umkleideraums flach auf dem Rücken lag (Ich würde ihn experimentell, nicht erotisch berühren): Diese Epiphanie unterscheidet sich nicht von dem, was Gilda – wenn ich darüber nachdenke – in einer Menge von Männern empfindet, im Palast des Herzogs von Mantua, dessen Intrigen sie töten werden, doch nicht bevor sie lernt, sich auszudrücken.

Männerstimmen füllen den Herzogshof, bis die hilflose, entwürdigte Gilda, die entführte Tochter des Buckligen, zu singen beginnt. Ihr Sopran und meine Sehnsucht nach ihrer Stimme lassen die Maschinerie der Rache stocken, das Mühlrad des Fluches, das Verdis *Rigoletto* (1851) antreibt.

Mit einer Leierkastenmelodie, verstärkt von chthonischen Triolen, ruft der bucklige Rigoletto nach Rache (»vendetta«), und dann wiederholt Gilda – sie hat keine Wahl – die Phrase ihres Vaters. So scheint das, was ihre Stimme singt, vorprogrammiert – die Äußerungen eines lyrischen Zombiesoprans. Und doch widerspricht Gilda der Absicht ihres Vaters: Sie benutzt seine Melodie, um nach Milde zu verlangen, nicht nach Rache.

Ja, ich bin ein listenreicher schwuler Voyeur, und im Inneren meiner erotischen Phantasie, das mit Bildern von nackten Männern und von Frauen in der Gegenwart von Männern übersät ist, bin ich Gilda, meine Stimme ist ein Gerichtsvollzieher, der stiehlt, was ihm nicht gehören kann. Wenn man wie vom Gehorsam betäubt singt, wird dies nur dann herrlich sein, wenn die eigene Stimme hoch genug ist, denn dann steigt man immer höher, unbesiegbar überlegen, über die Männer hinauf, die man nachahmt, und niemand wird mehr die Meditationen dort droben stören.

Anna Moffo verwendet in der Aufnahme von 1964, bei der Solti dirigiert, ein subtiles Rubato, um den Widerstand Gildas auszudrücken: Sie scheint zu sagen: »Beuge dich nur, brich nicht, wenn der Sturm des Patriarchats dich bedrängt.« Ihre beunruhigten Triolen halten den Takt auf, und doch wird sie immer pünktlich fertig, sie bleibt nie hinter dem Toben der Rache zurück. Die Moffo ist in rasender Eile und zerstört dabei fast das Spiel des Sinnes; sie spielt mit bei der Glut dieses Racheplanes, aber sie hält sich auch zurück, indem sie ihre Worte nur halb verständlich werden läßt.

Der »eigenartigste« Moment: Gilda kommt mit einem crescendo auf der Silbe »te« (in »perdonate«) zu einer kräftigen eigenen Formulierung des Rachemotivs – lauter diesmal, mit einem hohen B, das die Moffo mit erstaunlicher Reinheit und Direktheit singt: Die Außenseiterin führt endlich den Umzug an, bei dem sie sonst ausgeschlossen war. Gilda spricht zu Gilda und will dabei nicht belauscht werden. Sie folgt ihrem Vater, doch denkt sie an den Herzog. Sie macht der Rachemusik des Vaters das Echo, fordert aber das Gegenteil. Sie benimmt sich wie eine gute Tochter, aber sie ist es nicht.

Sie beendet das Duett unisono mit ihrem Vater: Inzest, als »Nähe« verkleidet. Sie nimmt seine Wunde in sich auf, leckt sie, identifiziert sich mit ihr.

Ich habe diese Rachemusik unzählige Male gehört – meist achtgebend auf die widerwillige, doch rhythmische Kollaboration der Moffo/Gilda, die mit ihren Tönen kaum rechtzeitig ankommt, als hätte Gilda ihre Stimme schrumpfen lassen, damit sie in den krummen Plan des Vaters paßt, und als hätte diese Anpassung, dieser

Selbstverrat über das ganze Ensemble ein unhörbares *Seufzen* gebreitet. Ich lausche auf Gildas Stimme in dem Duett, weil ich lernen möchte, meine Seele so zu beugen wie Gilda die Linie ihrer Melodie: ich will lernen, wie man sich unterwürfig neigt und vorgibt, sich zu fügen. Wenn ich Gilda imitiere und eine heitere, durchdringende Sopranstimme gebrauche, wird niemand meine Wünsche hindern.

Wie grobschlächtig und männlich und äußerlich fühle ich mich, wenn Gildas Stimme in mein Zimmer dringt! Meine Männlichkeit scheint ein schwerfälliger, narbiger Mond an einem Himmel zarter, beneidenswerter Sterne namens Gilda, Lichtsplitterchen, Gilda-Punkte in der Nacht, die schockiert sind, zu erfahren, was ich denke, während ich ihren zögernden Emanationen lausche... Wenn ich mich in eine pornographisch-puerile Melancholie versenke, schände ich dann die Stimmen, die ich liebe?

◆ 4 ◆ Heitere Gelassenheit

Das »Dove sono« der Gräfin

Ich habe die Gelassenheit entdeckt, nachdem die Jahre der Rache endeten. Mit Sicherheit, in Sicherheit schwul, auf Dauer schwul, kehrte ich zu den C-Dur-Frauen zurück: Doch jetzt erinnere ich mich inmitten meines solid schwulen Lebens mit stürmischer Nostalgie daran, daß eine Geigerin, die ich einmal geliebt habe, Mozarts Phrasen als »kristallen« bezeichnete – was bedeutete, daß ich, der sie begleitete und dem sie den Spitznamen »Moose« gab, der »Elch«, nicht aus Kristall war, sondern aus Erde, Schlamm oder Ruß; bis zum heutigen Tag beschwören Mozarts erhaben kühle Phrasen für mich ein Reich von Frauen herauf, die wie Botticelli-Figuren reiner Umriß sind, ohne weiche Masse und ohne Inneres. Wenn ich diesen mozartischen Frauen lausche, den Mozart-Phrasen, die stets – metaphorisch gesprochen – Frauen sind, höre ich, wie die Homosexualität (oder meine verschmutzte Seele) abfällt wie Schlacke, als wäre es Sinn und Zweck der Opernheiterkeit, mich von meinem Schwulsein zu reinigen, die Welt zu befreien davon. Aber insgeheim kehrt es wieder, unter dem Mantel jener Phrasen, welche die Gräfin singt, geben diese auch vollkommene Gelassenheit vor und mag das sublime »Dove sono« aus Mozarts *Le Nozze di Figaro* (1786) sich auch damit abgefunden haben, in einem von C, E und G bezeichneten Bereich zu wohnen – einem Bezirk von C-Dur, dem Schlüssel zu allen Versprechen und zur Totenbahre.

Ich nehme die Gräfin, während sie singt, in meinen Körper auf – oder sie späht singend in mein Inneres; sie stellt mich bloß. Und so bringe ich meine introspektiven Augenblicke in Verbindung mit dem Stimmklang einer voll heiterer Gelassenheit laut denkenden Frau.

Ich dachte, diese Oper sei ein göttlicher Scherz, doch wenn der zweite Akt mit der traurigen Nachdenklichkeit der Gräfin in »Porgi, amor« beginnt, entdecke ich mit einem Mal meinen Punkt tragischer Identifikation: die allzu sensible Frau, der keine Zurücksetzung entgeht und die den kathedralenweiten Seelenumfang hat, ihren eigenen Zustand leidenschaftslos zu betrachten, während sie ihn erduldet. Sie singt von ihrem Leben, als sei es schon vorüber, und erzeugt dabei die Illusion des musikalischen Naturalismus: die Textur der soeben stattfindenden Selbsterforschung.

Und nach dem ersten Teil von »Dove sono« wiederholt sie die sublime Melodie, die zu beschreiben ich vermeiden will; wiederholt sie mit einer bewegenden Veränderung. Beim ersten Mal teilt eine Pause die Phrase (»Dove sono« – Pause – »i bei momenti«), doch beim zweiten Mal füllt die Gräfin diese Pausenlücke aus. Ich denke zuerst, daß die Gräfin *ein einziger, nie sich verändernder Zustand* ist, doch wenn ihre Arie sich ändert, erkenne ich, daß ich sie unterschätzt habe – und ebenso meine eigene Bereitschaft, einer Melodie, die einst ein Gefängnis war, mit einer Liaison zu verzeihen.

Im letzten, allegro gesungenen Teil der Arie ruft die Gräfin (ich paraphrasiere den Text): »Ich habe immer noch Zeit, die Welt zu ändern!« Die furiose, trillernde Sopranstimme hat durch das Medikament der heiteren Augenblicke ihrer Arie nun die Kraft erworben, um ihren Mann zu kämpfen, und auch die moralische Autorität, ihn anzuklagen, und muß nicht mehr der Metaphysik von Vergangenheit und Gegenwart nachsinnen.

Aber ich habe noch nicht die ununterbrochene Süße erklärt, mit der sich Elisabeth Schwarzkopf ohne Hast durch die zentrale Melodie bewegt. Und werde ich es je tun? Ist es möglich, das zu beschreiben, was ich liebe? »Dove sono«, keine Bravourarie, gibt die Sängerin doch der Demütigung preis, wenn sie unsauberen Geschmack beweist. Sie muß Treue zeigen – zur Melodie, zum C-Dur, zu einer Nostalgie, der es erlaubt ist, zu sprechen, weil sie gebildet ist, vergesellschaftet.

Die Gräfin sehnt sich traurig nach den schönen Augenblicken (»i bei momenti«) ihrer frühen Ehe; lauschend sehne ich mich nach den schönen Augenblicken dieser Sopranarie (als sei sie bereits vorüber), und ich bedaure die Kluft zwischen der Wiedergabe durch den modernen Sopran und der Mozartarie selbst, die in jeder Aufführung ein bittersüßer Besuch an einem Ort des verschollenen Ursprungs ist. Und so erinnere ich mich an meine eigene trauernde Trennung von Situationen, die nun für mich untergegangen sind (und die ich nie leiden konnte) – »Ein Junge lernt ein Mädchen kennen«, »Die Ehefrau vergibt dem Gatten«: Ich bin plötzlich zerrissen durch *meine* Trennung von der Gräfin, von diesem Modell (wer wagte die Nachahmung?) einer Frau, die das Martyrium der Geschlechtsrolle standhaft erträgt.

Lauschen wir, wie die Gräfin mit süßer Stimme von Geschehnissen singt, die für gewöhnlich Zorn erregen, und lernen wir, den Mutationen der Geschichte, den Einbrüchen in das häusliche Glück zu verzeihen. Hören wir der Gräfin zu und lernen wir, die eigene Niedergeschlagenheit zu sublimieren. Die Gräfin führt uns eine klassische Mozartnummer vor, wenn sie singt: sie zeigt den Trick der Inspiration. Sie trinkt Realität in sich ein – schlechte Luft – und verwandelt sie.

Normas »Casta diva«

Ich liebe es, von dieser Arie als von *der* »Casta diva« zu sprechen und so ihren unangefochtenen Status im Sopranrepertoire anzuerkennen: In der »Casta diva« aus Bellinis *Norma* (1831) wird Norma gelassen – im Sinne einer parallelen Formulierung zu »sie wird wahnsinnig«. Sie setzt sich selbst um der Gemeinschaft willen unter massive Beruhigungsmittel.

Wenn Norma auf der Bühne erscheint – einer der großen *Camp*-Auftritte des Musiktheaters – , den Kopf »umschlungen von einem Kranz aus Verbenen«, um sich schauend wie »inspiriert« (nervös wegen ihrer Arie), weiß niemand von den anderen Druiden und Druidinnen, die zum Krieg gegen Rom aufrufen, daß Norma sie verraten hat, indem sie mit dem römischen Prokonsul geschlafen und zwei illegitime Kinder geboren hat.

Norma ist gekommen, um Gelassenheit zu predigen. Mit ihrem Coming Out will sie den Druiden und Druidinnen eine Gesangslektion erteilen.

»Ihr aufrührerischen Stimmen, wie wagt ihr es, meine inspirierten Worte anzuzweifeln!« Sie spricht von sich selbst in der dritten Person – »alla veggente Norma«. Norma ist heute ein recht gewöhnlicher Name, der nicht mehr wie in den Tagen von Norma Shearer exotischen Glamour besitzt, aber die Callas spricht ihn mit großartiger Stimmgeste aus: Norrr-mah! Norrr-mah versinkt in Trance. Wie ein Beruhigungsmittel tritt die Gelassenheit in ihren Blutkreislauf ein. Wir Druiden im Publikum müssen friedliche Stimmerzeugung lernen. Zeig uns, Norma, wie wir Muskeln lockern können, die sich zu einem lebenslänglichen Kampf gegen das Begehren verkrampft haben!

Für Norma gleicht wie für die Gräfin Almaviva die stimmliche Heiterkeit erotische Trauer oder Katastrophe aus. Um ihren römischen Geliebten zu retten, muß Norma Frieden schaffen; sie muß Gelassenheit lehren, muß diese wie verhüllende Propaganda unter ihren Zuhörern verbreiten. Norma ist nicht keusch, »casta«, und doch muß sie ihre Arie mit sublimer Gelassenheit singen und Keuschheit simulieren. Sie muß den Lügendetektor täuschen. Und wenn wir Fehler entdecken – verhauene Passagen, verfehlte Noten, mangelnde Flüssigkeit, dann *haben wir Norma bei der Lüge ertappt.* Siehe den Fall Renata Scotto, die an der Met als Norma versagte und gnadenlos ausgebuht wurde.

Wie »Dove sono« zeigt uns »Casta diva« eine Frau, die ihr eigenes Inneres erforscht: mitgehörte Introspektion. Aber im Fall der

Norma erinnern uns Zuschauer auf der Bühne daran, daß selbst in einer Menschenmenge die Sängerin eine Narzißtin in Trance ist, die zu sich selbst spricht, nicht zu anderen: »Lunare Doppelgängerin, mein anderes Selbst, mach mich keusch, ungerührt von der Sexualität. Laß mich voll Ruhe meinen Glanz gleichermaßen über das Opernhaus und die wilde Prärie ergießen.« Die Callas läßt alle Farbe aus dem Worte »vel« (Schleier), als entschleiere sie sich wie die Mondgöttin, durchsuche ihr eigenes Stimminstrument nach versteckten Waffen, finde keine.

Norma herrscht über eine weibliche Gemeinschaft aus Divas, Monden und Dienerinnen. Priesterinnen helfen Norma beim rituellen Schneiden der Misteln, ehe »Casta diva« beginnt, und Norma verehrt ihre Rivalin, den Mezzosopran Adalgisa; im letzten ihrer üppigen, langen Duette schwören die beiden Frauen einander ewige Freundschaft. Wenn Norma die Lehrerin Adalgisas und der Druidinnen ist (Fach Stimmliches Wohlverhalten), dann muß sie selbst eine Schulrektorin haben, eine Vorgesetzte. So wendet sie sich an die Mondgöttin wie an eine Stimmbildnerin, eine Muse, eine größere Diva, zu der Norma in »Casta diva« indirekt betet: »Gib mir die Kraft, diese schwierige Oper zu singen.«

Normas Darbietung ist wie das Mistelschneiden ein Ritus, der illegitimes erotisches Verhalten sublimiert und verdeckt. In der heiter-gelassenen Arie kanalisiert die Sängerin Luft durch ihren Körper, um eine sozial wünschenswerte Wirkung zu erzielen. Um die Gerichtsprobe »Casta diva« zu bestehen, muß die Diva den Gesang ganz mühelos erscheinen lassen. Aber die Rolle der Norma ist außerordentlich schwierig. Sopranistinnen legen sich in einem späten Stadium ihrer Karriere – vielleicht immer noch vorschnell – den göttlichen Mantel der Norma um. Und so ist »Casta diva« der Test für die Norma-Aspirantin, ein Aufstieg in eine Helle, wo die Flügel vielleicht schmelzen werden.

Norma singt heiter, um im Publikum einen momentanen Waffenstillstand durchzusetzen. Aber wir können der Diva diesen Aufschub nicht gewähren, weil sogar ihre Bitte darum in das unerbittliche System des Gesanges gehört. Wir werden ihr Gebet nur wiederum als Anlaß für weitere Kritik und Verdammnis nehmen –

noch ein Punkt, an dem die Diva einen Fehler machen und unseren Zorn rechtfertigen könnte.

Das Ritual ist es, das die Selbstversunkenheit des Gemurmels und Geschreis von Schamanen oder Sängerinnen in eine öffentliche, legato vorgebrachte Äußerung verwandelt. Norma ist zum Besten der Gesellschaft narzißtisch – weil ihre Introspektion einem gesellschaftlichen Zweck dient, ist es ihr gestattet, ihre Gedanken heiter auszudrücken. Sie besteht die Prüfung; niemand entdeckt ihr geheimes *déshabillé*.

Wie Norma will ich »gelassen werden«, will mich in eine lange, flüssige melodische Linie zurückziehen, zum Besten der Schwulen, ohne Wolke, ohne Schleier. Aber ich bin nicht die erwählte Priesterin; ein Tremolo stört die Linie meiner Melodik.

⋄ 5 ⋄ Serenade und Verführung

Graf Almavivas »Ecco ridente«

Mit der Niederschrift dieser Meditationen bringe ich der Oper selbst eine Serenade dar, ein kleines Ständchen: »Oper, kalte Geliebte, öffne dich meiner Interpretation und meiner zärtlichen Zuneigung.«

In Rossinis *Il Barbiere di Siviglia* (1816) bringt Graf Almaviva der in einem Palazzo eingeschlossenen Rosina ein Ständchen dar. Sie ist noch nicht erschienen. Er will sie verführen, und so muß seine Stimme glänzen. Der Graf, ein lyrischer Tenor, überzeugt uns davon, daß Männlichkeit eine Liebkosung ist und keine Armee – daß wir bis zu diesem Augenblick die wesentliche Freundlichkeit und Aufrichtigkeit des Männlichen nicht begriffen haben. Daß ein Tenor im Gegensatz zum Bariton mit den geheimen Wünschen einer Frau sympathisiert, weil seine Stimme wie die der Frau in der Höhe schwebt; daß ein Tenor etwas Jungfräuliches und Beispielloses zu enthüllen hat.

Warum singt der Graf? Weil er von einem Liebespfeil verwundet ist. Seine Wunde nimmt die Form einer Koloratur an, einer Cadenza mit der Bezeichnung »a piacere«: Der Tenor darf sein eigenes Vergnügen suchen. Und doch umreißen seine ostentativen, den Text-Sinn anhaltenden Wiederholungen eine Liebesverletzung, eine klaffende Sankt-Sebastians-Wunde, die in Verbindung mit der gefährlich anti-männlichen Höhe seiner Stimme steht. Er singt hoch und er singt schnell, weil er von den Pfeilen der Liebe durchbohrt worden ist: »Oh, istante d'amore! Felice momento!« *Glücklicher Augenblick des Gesangs! Augenblick des Trällerns ohne Ziel und Zögern!*

Ein gegenwärtiger, bebender Mann öffnet den Mund zur Anrufung einer Frau. Aber die Frau taucht nicht auf, und im nachhinein wirkt die Arie schwul: Die Frau erscheint nicht in Person, aber in seinem Timbre. Er singt um des Vergnügens am Gesang willen, für keine Frau, weil er sich gerne lang im Lande der Wunden aufhält.

Tito Schipas Timbre läßt mich die Männlichkeit in optimistischem Licht sehen: Seine zurückhaltende Interpretation dieser Serenade vermeidet alle Schmierigkeit. Er fügt Zierate hinzu. Das stille Orchester läßt ihm Zeit, ein wenig zu zögern. Und dann – es ist unvorhersehbar – springt Schipa eine Oktave hoch, zu einem hohen B bei dem Wort »speme«. Die Zeit und das Orchester halten inne für diesen Sprung.

Welche poetologische und politische Bedeutung hat das Rubato eines Mannes? Nimmt ein Mann sich Freiheiten beim Singen einer Phrase heraus, singt er »a piacere« – dehnt er dann damit die Wandung seiner maskulinen Identität, oder wird er zum Don Juan, der das Tempo belästigt und die Musik verführen will, so wie er sich bei den Frauen alle Freiheiten herausnimmt? Maskuline Identitäten tun in der Regel, als seien sie undurchdringlich, doch Schipas Männlichkeit fluktuiert, wenn er das Zeitvolumen einer Phrase verschiebt, wenn er vibriert, wenn er seine Stimme so hoch ansetzt, daß er sich damit fast als Ausnahme qualifiziert. Und doch ist nichts Anomales an seinem Klang, er ist kein Freak. Wir erwarten diese Ausnahmezustände, die uns erschauern lassen, von den lyrischen Tenören.

Die Glut des Grafen ist nicht militant – eine Stimme ohne Knochen, ohne Hammer. Er stellt die Männlichkeit des »Ecco!« dar –

der Ankündigung, der Überraschung. Was den Grafen und das Publikum im Sturm erobert, ist nicht das Erscheinen Rosinas – sie kommt gar nicht und lauscht dem Ständchen nicht. Wir sind vielmehr überrascht von diesem neuen Klang, so *dolce*, der hier in die Geschichte eintritt – dem Klang einer anderen Männlichkeit, die als heterosexuell durchgeht, sich aber auch zur Schau stellt und dem Rallentando, dem Zweifel, der Unschlüssigkeit verfällt – dem Zittern eines Rubato, das den Mann von der Diktatur eines strikten Tempos erlöst. Der Graf versucht, Rosina zu wecken. Statt dessen weckt er in mir (und in anderen Hörern?) eine optimistische Zuversicht: Ich wußte gar nicht, daß sich Männer so anhören können, ich wußte nicht, daß sich Männlichkeit auf diese Weise selbst enthüllen kann!

»Ecco ridente« führt das neue Geräusch männlicher Eitelkeit, männlicher Hingerissenheit ein: Hier ist es einem Mann erstmals gestattet, daß er sich aufgeregt anhört. An Orten außerhalb des Opernhauses könnte dieser Tonfall zu einer Tragödie führen: Mal eine gründliche Abreibung für den Schwulen.

Der Morgen dämmert. Jetzt wohnen wir im Land des stereotypen Vorurteils. In Tito Schipas Interpretation von »Ecco ridente« höre ich die Hoffnung, daß man sich emotional mit einem netten, aufrichtigen Mann identifizieren könnte. Der beredte Graf öffnet sein Herz. Werde ich mein Fenster öffnen? Ich erbarme mich entweder des Tenors, der seine Serenade singt, oder ich habe das Gefühl (zum ersten Mal in meinem Leben?), daß die Männlichkeit meine Hilfe und meine Antwort will, daß Männlichkeit mich einschließt und mir winkt.

Werthers »Pourquoi me réveiller«

Werther hat dicke, melancholische Eier. Sein »Pourquoi me réveiller« – aus Massenets *Werther* (1892) ist ein hydraulischer Prozeß: Er singt, um Dampf abzulassen, weil er Schmerz empfindet und eine Entladung braucht.

Ich identifiziere mich mit Werthers Traurigkeit, aber nicht mit seinem unerbittlichen Begehren, zu einem Höhepunkt zu gelangen.

Ich sehe einen von der Leidenschaft unversehens überfallenen Werther, der nicht mehr weiter kann, der keinen Schluß findet. Ich will einen todeslosen Werther, der Charlotte nicht drängt, mit ihm gegen ihren Willen zu schlafen. Lauschend sage ich: *Werther, wenn du mit mir durchgehst, rette ich dich vom Würgegriff des Gesangs.*

Goethes Werther lehrte Europa eine neue, modisch attraktiv zerspaltene Männlichkeit: den Diskurs des sensiblen Mannes, der männlich war, weil er hysterisch seine Wunden entblößte. Ein berechnender Poseur, will Massenets Werther, daß Charlotte ihn bemitleidet, daß sie das Ausmaß seiner Liebesglut ermessen kann. Darbietungen von Verletzlichkeit verdienen sich sexuelle Entlohnungen. Seine Arie der Selbstenthüllung, sein Anfall, funktioniert als erotische Erpressung und nötigt eine verheiratete Frau zu einem Kuß.

In der Arie singt er seine Lunge an: »Pourqoui me réveiller, ô souffle du Printemps?« (»Warum mich wecken, o Hauch des Frühlings?«) Die Geysirkraft des Gesangs straft seinen Todeswunsch Lügen; oder aber ihn irritiert das Unwillkürliche, Instinktive des Singens. *Ich singe wieder, und will doch eigentlich sterben! Atem des Frühlings, warum weckst du mich auf, warum dringst du in mich ein? Melodie Massenets, warum nimmst du mich in Besitz?*

Das Publikum setzt sich mit erneuter Konzentration auf, wenn die Arie – das bekannteste Stück aus dem *Werther* – beginnt; dieser Zephyr der Inspiration weckt uns wie die Rückkehr des Frühlings den unwilligen Werther. Drei Minuten lang dürfen wir uns ohne Unterbrechung an der Kehle des Sängers freuen. Nur die Stimmlinie ist hier das Thema: nur die Fähigkeit, Atem zuzumessen.

Die zweite Strophe der Arie enthüllt, daß Werther sich selbst betrachtet und den Anblick der eigenen vorgestellten Einstigkeit bedauert. Ein Reisender wird morgen in das Tal kommen und sich nach Werthers einstigem Glanz umschauen und keine Spur davon mehr finden. Dieser Reisende ist der Opernbesucher: Der Zuhörer, der »Pourqoui me réveiller« liebt, verschafft Werther postume Befriedigung, indem er ihn als eine Art Ozymandias anerkennt, ein riesiges steinernes Denkmal von touristischem Interesse. Werther liebt es aber, davon zu träumen, daß sein Körper zu anonymem Staub wird.

Tito Schipa bringt mich mit dem Wort »gloire« um. Ich bin nicht Charlotte, aber Werthers Arie verführt mich mit einem Prinzip, an das ich früher nie geglaubt habe: Plötzlich vertraue ich dem Mann, der zurückschaut, der um den Frühling trauert, dem Mann mit einer nostalgischen *idée fixe*.

Leidende männliche Stimmen sind etwas Ungewöhnliches und widersprechen der patriarchalen Erfahrung – so falle ich ebenso wie Charlotte auf seine Inszenierung herein. Wie Charlotte erliege ich Werther, weil er es wagt, die Grenze zu überschreiten und sich so weit in den Bereich des Weibischen und der Selbstentblößung hineinzubegeben. Wider besseres Wissen genieße ich das folgende Liebesduett, das Werther Charlotte aufzwingt – er drängt sie, ihn zu küssen, obwohl sie »pitié« singt, habt Mitleid, »je vous implore«, ich flehe Euch an, nehmt endlich die Hand da weg! Das Unisono bedeutet in der Oper Einigkeit und Einwilligung, aber Werther zwingt Charlotte die Tonleiter hinauf zu ihrem gemeinsamen orgastischen »Ah!« Er erklärt, daß seine Liebe ein göttliches Prinzip sei (»le mot divin«), obwohl sie ruft: »Rette mich, Herr!« (»Défendez-moi, Seigneur!«). Aber der einzige Gott im Hause ist Massenet, der bestimmt, daß Mann und Frau dieselbe leidenschaftliche Phrase in denselben Tonhöhen singen müssen. Ich habe kein Mitleid mehr mit Werther, der sich nun über Charlotte ganz und gar »ergossen« hat. Er hat seine Leidenschaft verströmt, mir sind die klebrigen Spuren peinlich. Und doch habe ich Nachsicht, weil Werthers Männlichkeit zu so melodischer Stimme geworden ist. Die hohen Töne überzeugen mich, daß der Tenor genug gelitten hat, um meine Liebe zu verdienen.

Ich habe es nie erlebt, daß sich ein Mann in der Öffentlichkeit so benimmt wie Werther in »Pourquoi me réveiller«. Man stelle sich vor, daß ein Mann im Fahrstuhl ausbricht: »Hören Sie sich meine Wunde an!« Die anderen Fahrgäste sind peinlich berührt, angenehm erregt, entsetzt. Ich rechne mich zu den angenehm Erregten.

Dalilas »Mon cœur s'ouvre à ta voix«

Gewöhnlich bringen Männer den Frauen ein Ständchen, aber in Saint-Saëns' *Samson et Dalila* (1877) singt Dalila die Serenade. Ihre große Arie »Mon cœur s'ouvre à ta voix« rühmt die Macht von Samsons Stimme, sie, Dalila, die Singende, zu öffnen. Aber Dalila öffnet mich: eine Vergewaltigung, die mir nicht als mein Ruin erscheint.

Wie öffnet sie mich? Durch den Hinabstieg. Wenn die Melodie dieses Mezzosoprans langsam zu einem tiefen C hinuntersteigt, dehnt sich mein Körper aus, um ihre Bodenlosigkeit in sich aufzunehmen. Was sagt sie zu Samson, während sie hinabsteigt? Es ist keine Erzählung. Nur reine Bitte: die Art von Ausruf (wie »Ich komme!«), die eine schon unmittelbar bevorstehende Lust ankündigt, obwohl sie vorgibt, eine Antwort zu erwarten, auf eine Erwiderung abzuzielen. Dalila bittet um Samsons Körper, doch indem sie die Tiefen der Tessitura einer Frau auslotet, erklärt sie ihre eigenen seltsamen Bindungen und Selbstgenügsamkeiten. Wenn sie die Zärtlichkeitsphrase (»tendresse«) und die Trunkenheitsphrase (»ivresse«) singt – man muß sich mit diesen ohnmächtigen Bezeichnungen für Freuden, die ich nicht besser einzufangen vermag, begnügen –, wird ihr alleiniger Körper eine Brücke, die mehr Meilen überspannt, als zwei kopulierende Körper zurücklegen können. Die stimmlich generöse Rita Gorr holt mitten in der Trunkenheitsphrase Atem, um ein sedimentiertes C zu finden, das die »ivresse« verkörpern kann, die sie von Samson haben will. Wenn Dalila das Legato meistert, wenn sie die Luft zurückhält, um diese Phrase zu singen, wenn sie chromatisch, listig und unausweichlich zu einem tiefen C hinabzusteigen vermag, welches wie eine natürliche Tiefe wirkt, wie ein im Schlaf Sterben, dann verdient sie es, Subjekt und Objekt zu sein, den Mann zu übertreffen; nur Dalila könnte Dalila mit solch narkotischer Tiefe willkommen heißen.

Ich habe diese Arie – für Trompete transkribiert – in der fünften Klasse gespielt. Als ich »Mon cœur« ohne irgendein Interesse an seiner Geschichte trötete, wußte ich nicht, daß ich einen Sirenensang spielte. So hängt die Melodielinie von ihrem harmonischen und operndramatischen Kontext ab und verströmt nicht an sich irgendein erotisches Parfüm.

Mein Herz öffnet sich *deiner* Stimme, sagt Dalila, aber wer kann an diese Trennung von »Ich« und »Du« glauben, wenn er einmal »Mon Cœur« durchschwommen hat? Diese Arie ist schwul, weil ihre Liebesszene sich im Körper des Mezzosoprans und in dem des Zuhörers vollzieht – nicht zwischen Samson und Dalila. Dalila bittet um Sex und um eine Antwort, aber der Mezzosopran will lediglich ein Solo. »Mon cœur« ist der Lieblingsmoment des Stimmlüstlings: Die Arie treibt das Drama unseres Interesses an Dalila als der Königin der Öffnung voran, als der Stimme, welche die verschlossenen Orte der Geschichte öffnet.

◆ 6 ◆ Duette

Sophie und Octavian: Das Rosengeschenk

In Richard Strauss' *Rosenkavalier* (1911) überreicht Octavian, ein als Mann kostümierter Mezzosopran (eine Rolle, die zu übernehmen sich Mary Garden weigerte, wegen der lesbischen Implikationen des Parts), dem Sopran Sophie eine silberne Rose, und die beiden Frauen besiegeln ihre augenblickliche Verliebtheit mit einem Duett. Von dieser Musik berauscht, überschätze ich die Leidenschaft und frage nicht nach ihrem Namen.

Als die silberne Rose auftaucht, verliebt sich Sophie in eine andere Frau. Dieser lesbische Moment hängt von Rosen ab, die der Benennung und Erklärung trotzen *(a rose is a rose is a rose)*. Duette sprechen gewöhnlich von der Ziffer *zwei*, aber Gertrude Steins kryptischer Satz deutet an, daß eine Rose eine dritte Kategorie einführt, ein drittes Geschlecht in das zweizinkige Geschlechtsrollensystem einsetzt. Die silberne Rose – wie die Oper selbst – ist aufgeladen mit unsäglicher, die Chronologie zum Stocken bringender Liebe, weil im späten neunzehnten Jahrhundert eine Verbindung entstand *zwischen dem Eingriff in die ordentliche Abfolge der Zeit und dem Eingriff in die Geschlechtsordnung.*

Wenn man das Geschlecht verwirrt, verwirrt man die Zeit; wenn man die Androgynität hinnimmt, dann nimmt man den Abgrund hin.

Einstein, Freud, Bergson und Proust haben die Zeit auseinandergenommen. Sie haben demonstriert, daß die Vergangenheit der Gegenwart nicht vorausgeht, daß die beiden Zustände einander erschaffen. Und das Schwulsein, als Sensibilität, als Begriff und als Subkultur, hat von diesen radikalen Unterminierungen der linearen Zeit profitiert. In solchen »abnormalen« und metaphysisch exzeptionellen Zuständen wie der Homosexualität verliert das Geschlecht das naive Vertrauen, und die Realität zieht ihre Ansprüche zurück. Die eigenartigste, schwulste Gabe der Oper ist ihre Fähigkeit, die Zeit zu verkrümmen, sie zu zerdehnen, Inseln – augenblickliche, nie endende – heiliger oder göttlicher Dauer zu schaffen.

Als Octavian eintritt, weiß Sophie, daß die Zeit sich bald verformen wird, und deshalb ruft sie: »Das ist ja so schön, so schön!« Sophie spricht für den Zuhörer. »Das ist so schön!« seufze ich, wenn ich die Erregung des Soprans höre und die Explosion des Orchesters, die Octavians Ankunft ankündigt. Die Musik provoziert mein Hochgefühl und kommentiert es zugleich; diese stimmliche und musikalische Klimax rechtfertigt meine Hingabe an Ohnmacht und Vergessen. Wenn ich den Duft dieser Rose rieche (wenn ich höre, wie die Schwarzkopf als Sophie 1947 das Wort »Paradies« singt), werde ich rätselhaft, werde ich unüberschreitbar. Der Hörer mag sich fragen: Wer bin ich, und was ist mein Geschlecht, wenn dieses Strömen von Stimme mich als Empfänger auserwählt?

Sophies und Octavians Text vereinigen sich schließlich zur Beschreibung der Ekstase in einer Doppelbewegung, deren Kraft die Polizei hypnotisiert. Nach dem Ende dieser spukhaften Pause nimmt die Zeit ihren Walzer wieder auf, und das Werbungsritual beginnt von neuem. Obwohl wir erfahren, daß einer von Octavians vielen Namen Hyacinth ist und daß sein geheimer Spitzname »Quinquin« lautet (die Schwarzkopf singt dieses Codewort mit warmem Ton, der »Quinquin« vom schwulen Rand ins Respektable holt), vergißt Sophie den Schaden, den das Geschlechtsrollensystem während des Duetts gelitten hat, und ist bereit, an die Männlichkeit zu glauben. Sophie glaubt, daß Octavian ein Mann ist! Deswegen kann Sophie ihre Stimme in den beruhigenden Honig des A-Dur tauchen, als sie singt: »Er ist ein Mann«. Uneindeutigkeit weicht dem Waffenstillstand, der Hygiene, der Abgeschlossenheit. Lassen wir Sophie an die Geschlechterordnung glauben, wenn es sie glücklich macht. Lassen wir sie sich gehorsam im Walzertakt wiegen. In dem ekstatischen Duett einige Augenblicke zuvor hat sie Rätsel erotischen Entzückens, Rätsel der Ewigkeit geschaut, die sie jetzt vergißt, damit die Salonkomödie sich fortsetzen kann. Wenn der *Rosenkavalier* durchgehend magisch wäre, würden wir vielleicht vor Ekstase vergehen, oder der Ekstase müde werden, oder lernen, ihr zu mißtrauen.

Nadirs und Zurgas »Au fond du temple saint«

Wenn ein Tenor und ein Bariton sich im Abstand einer Oktave eine Melodie teilen, bin ich erleichtert, als wäre eine Kriegserklärung zurückgenommen worden, oder als hätte eine Faust gedroht, mir ins Gesicht zu schlagen, und sich dann wieder zurückgezogen und in eine Rose verwandelt. Fortschritt, nicht Apokalypse! Kein Grund zu düsterer Stimmung! Der Bariton verschmilzt mit dem Tenor, er räumt seine Verbundenheit mit leichtgewichtigen, kopfstimmigen Männern ein, während der Tenor über das bloß Persönliche hinausgeht und die maskulinen Themen der Politik und Vaterschaft aufnimmt. Zusammen können sie die Männlichkeit zerlegen, indem sie Stimmdifferenz innerhalb eines Geschlechts demonstrieren: Manche Männer singen hoch, manche tief.

In Bizets Orientalismus-Oper *Les Pêcheurs de Perles* (1863) vereinigen sich Zurga und Nadir (Bariton und Tenor) in einem Duett, das eine mystische heterosexuelle Erfahrung grüßt, die zu vergessen sie geschworen haben: Vor langer Zeit haben sie in Candi die schöne jungfräuliche Prinzessin Leila in einem Tempel gesehen...

Die Männer grüßen eine abwesende Frau, einen fernen Ort, aber in ihren Körpern machen sie Frau und Ferne lebendig. Wer wäre an der Vergangenheit interessiert, kehrte sie nicht in melodischer

Form zurück? Als Nadir das Wort »Candi« singt, belohnt das Orchester den verblendeten Sänger, indem es den verschollenen Ort mit den Klagetönen einer Klarinette heraufbeschwört. Und dann verkörpert der Tenor selbst die fehlende Frau: Mein Nadir, Alain Vanzo, hat eine hohe, nasale, hohle, französische Stimme, nahe am Falsett, und wenn er die Phrase »Eine Frau erscheint« singt, erscheint eine *femme* in seiner Stimme. Mit diesem Wort, »femme«, in hohem As, werden seine Kopftöne zum Ebenbild Leilas.

Zwei zusammen singende Männer hoffen, einen melancholischen, fernen Gegenstand wiederzugewinnen: ihre eigene Subjektivität. Dieses Duett ist ihr Kloster. In seinen Mauern suchen sie Zuflucht vor ihrer Zeit, wie ich mich in der Oper vor dem Versagen des Lebens verstecke, das sich weigert, aus Oper zu bestehen. Kein Bariton wird aus dem Bühnennebel links auftreten und meine Unzufriedenheit unter der Ferse seines massiven, urbanen Vibrato zertreten.

Wenn Tenor und Bariton buchstäblich unisono das Leila-Motiv singen, ist die Melodie so simpel und einprägsam, daß sie sie wiederholen, obwohl die Flöte das bereits getan hat. Die Melodie trägt uns auf, Leila auswendig zu lernen. Und ich unterziehe mich willig dieser Gedächtnisübung, inspiriert von den Fanfarenstimmen von Jussi Bjoerling und Robert Merrill, die, so laut sie können, für eine ungenannte gute Sache werben. Ich gebe ihr ihren Namen: Narzißmus, die Lust an der Verdopplung. Leilas Abwesenheit kann Bjoerling nicht »bewegen«; der Kummer macht ihn stiernackig stur. Alain Vanzo singt »Une femme apparaît« nostalgisch, introspektiv, während Bjoerling, der größere Sänger, rammbockstarr ist, nicht numinos.

Auch ich verehre die Erinnerung an eine ferne, exotische Prinzessin – aber sie ist von Bizet, oder aus Bizets Melodien: die unerreichbare Carmen, risqué wie Porno, die Kassette, die mir zu kaufen ich mit neun Jahren nicht das Geld und nicht die Dreistigkeit hatte! Und nun überredet mich dieses *Perlenfischer*-Duett, an die Rückholbarkeit der linearen Zeit zu glauben, die wie ein Maßband ist, das sich automatisch wieder zu einem straffen Rund zusammenrollt.

Das Duett Santuzza/Turiddu

»Santuzza, credimi!« Glaubt mir, ihr Sänger, ihr haltet mich am Leben.

»Battimi!« Schlag mich, Melodie; schlag mich tot mit deinem gebieterischen Wunsch, den nächsten Takt zu umarmen.

Warum schlägt dieses Duett aus Mascagnis *Cavalleria Rusticana* (1890) so auf mich ein? Es ist ein Duett zwischen Mann und Frau – warum ist es so intensiv schwul? Weil es kitschig ist, und weil es Masochismen, Selbsterniedrigungen und Erfüllungen abbildet, die die strenge Kunst nicht riskiert. Zwei Körper singen, doch die Musik trägt nur einen Standpunkt vor – den von Santuzza. Obwohl als heterosexuelle Szene gescheitert, drückt das Duett die unmögliche emotionale Situation *einer* Seele aus. Musikalisch ist es ein Ultimatum: Weine! Der Code des weiblichen und jener des weibischen Verhaltens fordern, daß ich hypersensitiv reagiere, daß ich mich mit Sopran und Tenor identifiziere und ihre Doppeltheit zu meiner geteilten Einsamkeit sprechen lasse.

Ostersonntag, die Kirchenstufen: Santuzza bittet Turiddu, zu bleiben und ihre Bitten anzuhören, und Turiddu leugnet sein Liebesverhältnis mit Lola und verlangt fühllos, daß man ihn in Ruhe läßt. Santuzza bettelt. Turiddu weist sie kalt ab. Wunderbarerweise führt ihr Streit zu himmlischem Unisono. Wir ergötzen uns kathartisch daran, wie Santuzza aus einem Mann, der sie nicht länger liebt, diesen Einklang gewinnt.

So viele Frauen singen in den Opern »ascolta«. »Turiddu, ascolta!« Turiddu, hör mich an! Und sie wird ihn noch zum Hören zwingen.

Renata Tebaldi ist die Santuzza auf einer alten Platte; ich warte ihrem Kummer auf. Aber in einer jüngeren Aufnahme widme ich meine Hingegebenheit dem Turiddu, Luciano Pavarotti. Ich nehme entgegen, was seine Larynx schenkt, und ich begreife die paradoxe Liebe des Soprans zu der Männlichkeit, welche verletzt; seine verführerische Stimme – die sich als Naturkraft ankündigt – verspricht, daß Männlichkeit, eine grausame Substanz, auch ihr Gegenteil enthält, ein argloses paradiesisches Strömen, das sich

298

niemals ergießt, während Santuzza achthat, nur hinter ihrem Rücken.

Santuzza erreicht mit Turiddu die äußerste Ekstase, welche die Oper gestattet – ein Duett unisono, mit mächtigster Lautstärke, in größter Höhe, mit den teuersten hohen Tönen. Die Oper hat keine schärfere Mahnung an unsere emotionale Kärglichkeit zu bieten, als uns plötzlich mit all dem Gefühl zu überschwemmen, das wir unterdrücken müssen, obwohl wir schwören, in Zukunft für diesen Moment zu leben, unsere zukünftige Aufführung immer so zu gestalten, daß sie die Fülle dieser einen Phrase umschließen kann. Aber die Oper endet, und ich vergesse meinen unmöglichen Schwur, die Operngefühle tatsächlich als Handlungsanweisung zu nehmen.

Die zweite Hälfte des neunzehnten Jahrhunderts brachte den größten Teil des Standardrepertoires der Oper hervor. Und wir lieben und lauschen immer noch nach diesen Grundmustern. Sie bilden insgesamt so etwas wie eine Grundrechtserklärung der Oper, die vor allem das unveräußerliche Recht auf Melodie statuiert: Jede Heldin, jeder Held fordert und verdient eine göttliche Melodie. Je himmlischer diese ist, desto mehr ist die Gefühlsäußerung gerechtfertigt und echt. Wenn du eine sensationelle Melodie singst, ergeht von seiten des Zuhörers das Urteil »Nicht schuldig«, ganz gleich, was dein Verbrechen war.

Ich stelle mir schwule Identität als eine Gewalttat gegen Struktur und Natur vor, und so spricht mich die Melodie, die sich Santuzza und Turiddu teilen, von all meinen willkürlichen Wanderungen los. Von dieser Musik gesegnet, fühle ich mich wieder in die Bewegung der Natur aufgenommen. Ich glaube ja nicht an die Natur. Aber die Oper läßt mich halb in Ohnmacht sinken und überzeugt mich, daß dieses Schwindelgefühl meine Natur ist.

Terzett: Antonia, die Stimme von Antonias Mutter, Dr. Mirakel

Gibt es irgend jemanden unter uns, der die Chance ausschlagen würde, ein Duett mit der Abwesenheit zu singen, mit einer Stimme, die aus einem Ölgemälde im Winkel hervordringt und beschwörend ruft: »Singe!« Dieses Begehren ist schwul. Nicht nur Schwule kennen es. Aber es läuft gewöhnlicher Sexualität zuwider – dieses Verlangen, stimmliche Vereinigung mit einem unwahrscheinlichen Partner zu erleben. Die Oper gibt ihren Zuhörern, was deren geheime, widerspenstige, »kranke« Seelen ersehnen.

Ich würde sterben, um ein Duett mit der Vergangenheit singen zu dürfen. An Antonia in Jacques Offenbachs *Les Contes d'Hoffmann* (1881) erfüllt sich mein Wunsch: Sie stirbt, als sie ein Duett mit dem Porträt ihrer toten Mutter singt, das zum Leben erweckt ward von Dr. Mirakel.

Das Porträt erwacht und singt: »Antonia!« Antonia nimmt unseren Platz ein – sie entspricht uns, die wir schläfrig-passiv darauf warten, daß unsere seltsamsten Begierden das päpstliche Siegel der Melodie erhalten. Männliche Komponisten versuchen von jeher, weibliche Authentizität nachzuahmen, und so trägt die Melodie der Mutter keine inneren Stigmata, die sie als gefälscht kennzeichnen würden: Die Phrase der Mutter klingt überwältigend echt. Ich weiß, daß sie real ist, weil der Zwölf-Achtel-Takt ihrer Melodie meinen Körper dehnt: ein angenehmes, verwirrendes Streckbett. Mit jedem Takt wird die Stimme der Mutter höher, doch mit dem Ende der Melodie kehrt sie zu Null zurück. Wird sie je das obere Ende der Tonleiter erreichen? Ihr unnachgiebiger Aufstieg drückt Antonia wider ihren Willen nach oben. Wenn sie der Melodie ihrer Mutter antwortet, senken sich die Töne Antonias entsprechend hinunter und fliehen das Elixir der Höhe.

Die Mutter ist selbst der Anreißer für die bizarre Budenschau ihrer eigenen Stimme: Hören Sie sich die tote Dame an! »Liebes Kind, das ich rufe wie einst, ich bin deine Mutter, lausche meiner

Stimme.« Die Melodie, die sich wiederholt, bedeutet damit »Erinnerung«, und drängt uns dazu, sie unserem Gedächtnis genau einzuprägen. Aber als ich zum ersten Mal *Les Contes d'Hoffmann* hörte, verließ ich das Theater, verfolgt von dieser Melodie, an die ich mich nicht genau erinnern konnte. Ich wußte, daß sie das Vergessen umwarb und vermied; ich wußte, sie stand in Zusammenhang mit dem Nachtdunkel und mit meiner Vergeßlichkeit. Ich hätte mir einen Klavierauszug oder eine Platte leihen können, um die Melodie nachzuprüfen. Aber ich wollte eine absolutere Vergewisserung.

Antonia erliegt Illusionen; ich erliege Melodien. Auch ich würde mich dafür entscheiden, zu singen und zu sterben, wenn ein Porträt mich ansänge. Als schwuler Zuhörer bin ich auf der Seite Antonias, weil sie *die Kraft der Phantasie* verkörpert. Ich ähnele Antonia, wenn ich das Mutter-Tochter-Duett nicht als sentimental ablehne, wenn ich seine die Klimax abweisende Phrase trinke, wenn ich den Tonarm hebe und zur ersten Rille des Duetts zurückkehre... Die Oper ist ein Tonporträt, dessen Farben verblassen, obwohl mir der Auktionator versprochen hatte, sie seien unsterblich. Antonias Liebesszene mit dem Porträt der Mutter befriedigt mich, weil sie den Höhepunkt von Krankheit überwindet (habe ich nicht zu Anbeginn der Zeit gelernt, daß das schwule Begehren »krank« war?) und die Lustgärten auf der anderen Seite des Traumas sichtbar macht.

»Miserere«: Leonora, Manrico und die Mönche

Ich erinnere mich an eine für Kinder verfaßte Biographie von Giuseppe Verdi; ich glaube, sie hieß *Auf Flügeln des Gesanges*. Die Worte »Flügel« versprachen, daß die Oper eine Kunst des zauberischen Transportes war. Ich würde schon auf den Flügeln der Oper mitfliegen, aber wo würde ich landen? Frühmorgens in meinem Schaukelstuhl erfuhr ich bei der Lektüre von *Auf Flügeln des Gesanges*, daß Verdis Frau, Tochter und Sohn innerhalb eines Zeitraums von zwei Jahren starben. Immer wird die Oper als Ausgleich eines ersten, entsetzlichen Verlustes erscheinen.

Um welche verlorene Spur es auch immer gehen mag – ich finde sie wieder, indem ich dem »Miserere« in Verdis *Il Trovatore* (1853) lausche. Der Troubadour Manrico, zum Tode verurteilt, schmachtet in einem Turm; Leonora (die in ihrem Ring Gift bereithält – sie wird es bald trinken) wartet draußen; ein Chor von Mönchen betet um Gnade für Manricos arme Seele. Verbotene Erotik gegen Autorität: Die Stimmen von Leonora und Manrico pochen gegen eine glanzlose mönchische Monotonie, ein rein männliches ernstes Gebet *a capella*: »Herr, erbarme dich dieser Seele.« Das musikalische Vorwärtsschreiten stockt; wir sind in die *nature morte* des Klosters eingetreten. Hier, wie in Matthew G. Lewis' Roman *The Monk* (1796) ist die Frömmigkeit eine Fassade für Sadismus, sexuellen Exzeß und Hyperstimulation für den erregbaren Leser/Hörer.

Nur Leonora ist sichtbar. Die Stimmen der ungesehenen Mönche bilden nur ein Hintergrundmiasma – um Eindruck zu machen, braucht Leonora dieses düstere Psalmodieren als Kulisse. Wenn du erotischer Freiheit beraubt bist, ahme Leonora nach. Verbanne jegliche Komödie aus deinem Körper. Tauche hinunter, um tiefe Brustnoten zutage zu fördern, und steige rasch wieder zum Kopf hinauf.

Aus einem Turm, der wie ein abstrakter, harmloser Phallus auf der Bühne aufragt, läßt Manrico eine wirkliche Melodie hören, lyrischer und weitergespannt als Leonoras sich vereinzelnde Schmerzenszuckungen. Der hysterische Manrico verströmt sich nach außen, zeigt seine Symptome, verbietet jede Begrenzung. Weil wir Manrico hören, ehe wir ihn sehen, repräsentiert er »Stimme« schlechthin: Das Singen schließt ihn ein, wie es Antonia in *Les Contes d'Hoffmann* einschloß. Dem guten Manrico fehlt ein auf der Bühne präsenter Körper: Er ist einfach ein Turm, ein Turm, der mit steifem Gruß warnt, daß bald ein Mann fehlen wird.

Als sie Manrico zuhört, ruft Leonora aus: »Oh, ciel! Sento mancarmi« (»Himmel! Mich schwindelt«). Ob sie nun »Ich will sterben« oder »Ich will leben« singt, ob sie »Ich« sagt oder »Du«, »Leonora« oder »Manrico« – es klingt alles gleich; sie stellt sich mit ihrem ganzen Stimmkörper hinter jede Proklamation, rückhaltlos. Ich muß die italienischen Worte hierhersetzen, weil Leonora so viel von ihrem Selbst im Gesang zum Ausdruck bringt:

Di te, di te scordarmi!
Di te, di te scordarmi!
Di te scordarmi! Di te scordarmi!
Sento mancarmi!

Dich, dich vergessen!
Dich, dich vergessen!
Dich vergessen! Dich vergessen!
Mich schwindelt!

Die Oper hat nichts Sublimeres, nichts Tautologischeres zu bieten
als Leonoras Wiederholungszwang: »Dich vergessen, dich, dich
vergessen ...« Obwohl das Wort »te« (»dich«) ihre Eintritskarte zu
den stimmlichen Höhen ist, impliziert der Augenblick, an dem sie
das hohe As ereicht, »Ich«, nicht »Du«. Sie kontrolliert den Rhythmus des Taktes. Die Mönche sind nun mit ihrem Miserere still
geworden – in sich zusammengesunkene Büßer, in der Mitte des
Taktes wispernd. Leonora wirbelt herum wie eine halbbetäubte Bal-
lerina. Der Zuhörer, dem noch am Drama gelegen ist, fragt sich: Hat
sie denn Zeit für Details? Ist Manrico nicht in Gefahr? Oder singt
sie das zum eigenen Vergnügen, um der Freude willen, ihren Hunger zum Ausdruck bringen zu dürfen?

Baltimore 1981: Zwei Abende nacheinander hatte ich einen
Stehplatz für *Il Trovatore* mit Gilda Cruz-Romo und Ermanno
Mauro. Die Männer auf den Stehplätzen lobten die Cruz-Romo mit
großer Autorität: »Eine bessere Leonora finden Sie heutzutage
nicht.« Ich beneidete Sie um diese Weltläufigkeit, diese Vertraut-
heit mit vielen Leonoren. Am zweiten Abend brach der Vorhang am
Ende des letzten Aktes beim Schließen herunter auf die Bühne.
Dieser Fehler der Theatertechnik, bei dem niemand zu Schaden
kam, war die Erklärung für Baltimore, Gilda Cruz-Romo, *Il Trovatore* und die Verrückten auf den Stehpätzen, deren Enthusiasmus
die Oper rechtfertigt.

Die Wahnsinnsszene der Lucia

Mein Hochzeitstag, *mein* Auftritt, *mein* Körper, *meine* Stimme, alles mein, niemand kann mich unterbrechen oder zum Innehalten bringen: Ich singe, weil ich hinausgehen will, wegen eines Coming Out, um meine furchtbare und faszinierende Liebe zu erklären, aber die Stimme, in der ich Befreiung suche, ist ein Körper, den wahrhaftig zu küssen mir verboten ist, ein von sich selbst geschiedener Körper, ein Körper, der seine eigenen Bedeutungen nicht versteht und am Ende dieser Szene sterben wird, und obwohl ich nun versuche, meine Stimme zu gebrauchen, um euch zu sagen: »Ich habe einen Orgasmus!« oder »Rettet mich aus diesem brennenden Haus!«, ist die Stimme selbst der Scharfrichter und das Verbrechen und kann insofern keine Partei ergreifen und keinen revolutionären Eifer verkörpern. Jedesmal, wenn ich von meiner Lust singe, müßt ihr auf einen Riß lauschen, Rrratsch, wie wenn Tuch zerreißt.

Lucia ist nicht einfach ein Opfer. Als für den Gesang bezahlte Künstlerin genießt sie die Show, die Übertreibung. Sie demonstriert, wie man kreischt, verunreinigt, verzögert, Blut fließen läßt, ganz nach oben geht, die Aufmerksamkeit an sich reißt, eine Menschenmenge verblüfft, Familienfeiern und Bürgerversammlungen auflöst. Ihre Koloratur bezeichnet die explosive Kraft der Lust, eine Freude, die gesellschaftlich verantwortungslos ist, selbstmörderisch und anscheinend gegen einen Mann gerichtet, wenn auch tatsächlich gegen ein Phantom und zahlende Besucher. Wer wollte sich nicht mit Lucia identifizieren, der wandernden Stimme, die sich von Impuls zu Impuls schleudern läßt?

Ich höre mir verschiedene Divas bei ihren Versuchen mit Lucias Wahnsinnsszene an, und ich finde es schwierig, auf die Musik oder den Text achtzugeben. Meine ganze Aufmerkamkeit gilt nur der Stimme. Wie inszeniert diese spezielle Diva den Wahnsinn? Die Arie serviert uns den Stimmapparat einer Frau. Selbst wenn flache Sängerinnen – die Nachtigallen – diese klassische Nummer versuchen, bleibt sie tragisch, denn die Tiefe der Szene liegt im Körper

Lucias. Ihr Geschlecht ist nicht stationär oder stabil; es bewegt sich quer durch die musikalische Syntax, irgendwohin, und dann woandershin. Wir lauschen Lucias Wahnsinnsszene der Geräusche wegen, welche die Anatomie des Menschen unterwegs macht.

Gezwungen, einen Mann zu heiraten, den sie nicht liebt, tötet ihn Lucia, und in ihrem blutigen Nachtgewand – vielleicht mit einem Messer in der Hand – kommt sie auf die Bühne, wo die Hochzeitsfestlichkeiten weitergehen. Ihre Stimme trägt die Flecken ihres Gewandes. Singen fordert Blut: Stimmliche Ostentation kann nur dann stattfinden, wenn das Geschlecht Verletzungen erdulden mag. Hätte ein paar Generationen vor Donizetti ein Kastrat die Rolle der Lucia gesungen?

Raimondo hat ihre Geschichte bereits verbreitet, so daß Lucia in einen Raum schweigender, erregter Erwartung tritt. Der Puls des Publikums beschleunigt sich: Sie hat die Kontrolle über sich verloren! Raimondos Ruf »Eccola!« (»Da ist sie!«) kündigt in meinem Geschlecht eine seismische Verschiebung an, die Eruption meines Vergnügens: daß die Wahnsinnsszene (strukturell der Mittelpunkt der Oper, auch wenn diese so tut, als falle sie auseinander) nun gleich beginnen wird.

Die ganze Szene hindurch spricht sie mit der Flöte. Diese spricht zuerst, und Lucia antwortet ihren Avancen. Lucia hat Arturo erstochen, und nun sticht ein Splitter von Edgardos Stimme, in Gestalt des Flötenklanges, auf sie ein: »Il dolce suono mi colpì di sua voce!« (»Der süße Klang von seiner Stimme traf mich!«) Die Flöte ist – von ihrer Form abgesehen – kein besonders männliches Instrument, wie also kann Edgardo eine Flöte sein? Lucias Assoziation Flöte/Edgardo verwirrt unser Schema männlicher und weiblicher Klänge, ebenso wie ihre Stimmaufstiege von der Brust in den Kopf sie schizoid und androgyn erscheinen lassen. »Il fantasma!« singt sie laut in tiefem Ges, und dann springt sie gegen die Decke des Notensystems: »Edgardo, Edgardo! Ah! Il fantasma, il fantasma ne separa!« (»Edgardo, Edgardo! Ah! Das Phantom, das Phantom trennt uns!«) Welches Phantom trennt die Liebenden? Die sexuelle Differenz. Lucia kann Echos von Edgardo nachjagen, sie kann versuchen, seine flötende Gegenwärtigkeit zu imitieren, aber sie kann nie über die Nachahmung hinauskommen: Sie kann nie tatsächlich Edgardo *werden*. Und doch lassen ihre grellen Versuche es so erscheinen, als habe sie ihre Nemesis, ihren Geliebten, verschlungen oder introjiziert, als sei Edgardo nun in ihrer Larynx.

Soeben habe ich mir noch einmal die Studioaufnahme angehört, welche die Callas 1953 von dieser »Il fantasma«-Passage gemacht hat: Ich muß mich selbst wegen meiner falschen Interpretationen, meiner irreführenden Darstellung tadeln. Die unbeschreibliche Schönheit des Timbres der Callas transzendiert und vernichtet alles, was ich über diese Szene gesagt habe. Jetzt bin ich in Lucias Lage: Ich zittere, und ich muß sagen: »Ach, ich bin von einer ersehnten Stimme getrennt!«

Über dem B-Dur-Akkord der Flöte, einem Trampolin, auf das ein Opernopfer springen muß, singt Lucia ohne Begleitung: »Un'armonia celeste, di', non ascolti?« (»Eine himmlische Harmonie, hörst du sie nicht?«) Lucias Drama ist das des Zuhörers: Zu hören, was sich nicht verifizieren läßt – Schallwellen, die aus innersten Wunden dringen. Die Wahnsinnsszene gibt das Schwindelgefühl des Sich-Selbst-Lauschens wieder: Wie Lucia falle ich immer in den Abgrund zwischen dem »Ich« und dem ursprungslosen, nicht Stimme gewordenen Seufzen auf dem Grunde der Seele. Lucia bestreitet die Authentizität der Stimme, weil jede ihrer Phrasen eine vergebliche, defekte Imitation (»Ich krieg's nicht hin!«) einer früheren, ungeprobten, nicht verifizierbaren Arabeske ist.

Lucia will etwas beweisen. Wenn die Callas mit »Oh gioia che si sente« explodiert – sie speit die Noten von sich –, habe ich das Gefühl, daß Lucia Grund zur Zuversicht hat oder daß es in Episoden der Entfremdung, in unseren eigenen privaten Wahnsinnsszenen, Momente gibt, da die umherstreifende Freude ein Motiv und eine Bestimmung entdeckt – Momente (wie der erste Orgasmus, den ich je hatte – seit einiger Zeit bin ich nun schon in Versuchung, zu formulieren, die Wahnsinnsszene Lucias sei wie eine Ejakulation im Traum), da ich halluziniere, daß Leidenschaft einen Zweck hat, ein Ziel erreicht, Rituale kennt, von denen nur das Selbst (allein auf der Damentoilette) weiß. Allein mit meinem Höhepunkt wußte ich: Ich war allein; ich wußte auch, daß ich hier eine Rolle spielte und daß ich ein komplexes System durch einen unbezeichneten, schäbigen Nebeneingang betrat.

Lucia wird von den Fiorituren eingeholt, und schließlich gesellt sie sich der Flöte in einem Unisono, das die Seele betäubt, das die Seele wiederherstellt – doch in diesem Moment, da Lucia den magischen Phallus, die verlorene Erinnerung erreicht, die Flöte, welche Tagtraum und Trauer ist, da klingt sie am verrücktesten. Wenn sie in die Koloratur eintritt, wissen wir, daß sie schon tot ist, und wir bemitleiden sie nicht: Wir bewundern in ihr ein Beispiel.

In der Cabaletta »Spargi d'amaro pianto« begräbt sie sich. Hier hat sie die Selbstgefälligkeit einer Jungverheirateten. Lucia, einst dem Geschlechtsrollenzwang ausgeliefert, arbeitet nun kokett mit ihm zusammen. Keine Abschweifungen mehr. Ihre Stimme kommt nicht mehr zu spät nach Hause. Ihre Stakkatoattacken und Ziernoten (die Callas singt sie in Zeitlupe) lassen eine disziplinierte Begabung erkennen, auf Zehenspitzen aufgerichtet zu leben.

Beim zweiten Mal ornamentiert Joan Sutherland »Spargi d'amaro pianto« derart üppig, daß ich an Madame Tussaud denken muß, an Wachsgesten, an die sich niemand erinnert: Im neunzehnten Jahrhundert mag Lucias Cabaletta erschreckend gewesen sein, jeder Biß der Stimme der Stachel eines anderen Sadismus, wütende Rouladen, einem Publikum ins Gesicht geschleudert, das den Ausgang nicht vorherzusagen wußte. Bei jeder der drei Aufnahmen, die ich von der Wahnsinnsszene habe, ist die letzte, klimaktische hohe Note vom vielen Abspielen derart abgenutzt, daß ich die Höhe, aber nicht mehr die Fülle oder die Resonanz des Tones hören kann. Und dieser Schwund, diese verlorene Note, sagt mir, daß es unmöglich ist, Geheimnis und Wahrheit an einem stimmlichen Höhepunkt suchen zu wollen. Der letzte Abschnitt der Cabaletta, der altes Material wiederholt und ausschmückt, scheint wie eine Fahrt durch die Geisterstadt der Geschlechterordnung; ich bemerke, wie überrascht ich bin, daß die einst bedeutenden Geschäfte und Hotels schon seit Jahren zugenagelt leerstehen.

Ich will, daß Lucia das Symbol von sexueller Willkür sei, von erotischer Unabhängigkeit, von Wahnsinn à la Artaud (= die Verrückten sind tiefere Wesen als die geistig Gesunden); aber ich schalte immer nach der Wahnsinnsszene die Stereoanlage mit einem Gefühl der Enttäuschung aus.

Salomes letzte Szene

Wenn ich der letzten Szene Salomes lausche, gönne ich mir üppige, verantwortungslose Phantasien: Salome verliert ihre mythische Resonanz und wird zu der Art Mädchen, die ich persönlich hätte kennenlernen können, sagen wir als Abschlußballkönigin 1975 – und mit einem Glaubenssprung werde *ich* zu der Art Mädchen, die ich hätte kennenlernen können, *ich* werde zu einer Prinzessin von Judäa im hautengen Kleid einer Ballkönigin, und plötzlich löst sich das im neunzehnten Jahrhundert angepflanzte Dickicht von »Perversität« zu einem Tanz auf, der bald zu Ende sein wird, bloß eine kitschige Szene ohne ethische Ansprüche, nichts, was man ernst nehmen müßte, nichts, weswegen man Selbstmord begeht. Ich liebe Salomes Ekstasen und träume deshalb davon, daß ein ganzes Jahrhundert, das zwanzigste, sich noch nicht ereignet hat oder daß ich es zurückweisen kann.

In Richard Strauss' *Salome* (1905) nach dem Bühnenstück von Oscar Wilde führt die Heldin den Tanz der Sieben Schleier vor Herodes auf und bekommt als Belohnung das Haupt des Jochanaan. Ihr Monolog verschmilzt die verschiedenen sexuellen Abweichungen (Nekrophilie, Masturbation, Homosexualität, Fetischismus, S/M) zu einem lockenden Werbespot. Als Zuhörer reagiere ich auf die Werbung; ich kaufe das Markenprodukt, die Perversität.

Die Sopranstimme findet den soliden Beweis für ihre Kopftöne im Haupt Johannes' des Täufers. Der Kopf hilft Salome singen, wie Arturos Blut Lucia geholfen hat: Gattenblut und Prophetenschädel sind Trophäen, die den Sieg der Sopranstimme beweisen und ihr Flügel verleihen, daß sie in einem Solo aufschweben kann. Aber im Gegensatz zu Lucia kämpft Salome gegen ein enormes Orchester; ihre Schreie nach erotischer Befriedigung sind atavistisch und müssen sich der zivilisatorischen Kraft des Orchesters fügen. Solange das Orchester aber Salome noch nicht gezähmt hat, dominiert sie das Orchester; ihre Kopfstimmentöne erheben sich über die Geräusche der Moderne wie eine Hirtenflöte über Sodom.

Was will Salome? Einen abgetrennten Kopf küssen, masturbieren, jemanden aus einer anderen Religion und Rasse lieben. Wenn in ihren gewalttätigen und dissonanten Momenten Strauss' Orchestrierung diese Wünsche als pervers bezeichnet (um gleichzeitig ihre spektakuläre Wirkung auszunutzen), dann legalisieren die tonalen, romantischen Augenblicke ihren Hunger. Abwechselnd verdammt das Orchester Salome und begnadigt sie.

Nach ihrer großen Szene zerquetschen das Orchester und die Schilde der Soldaten Salome (»Man töte dieses Weib!«). Salome ist eine warnende Fabel, die sich an die Stimmbildungskultur wendet. Die grimmige Moral: Kopftöne und die Männer und Frauen, die sie erzeugen, sind pervers. Wer Kopftöne liebt, ist pervers und sollte getötet werden.

Sehen Sie, wie Salomes Musik meine Moral untergräbt? Wenn ich ihre Töne höre, Reue und Zuckersüße, dann glaube ich: Salome weiß es nicht besser: »Nun, wenn es sein muß«, sagt Salome, die eigentlich nicht pervers ist, und kapituliert vor den neumodischen Dissonanzen ringsum. Das Timbre von Ljuba Welitschs Stimme beim Wort »Jochanaan« (»Ja, ich will deinen Mund küssen, Jochanaan«) läßt in mir den Wunsch aufsteigen, daß ich Johannes der Täufer wäre, selbst wenn ich dabei den Kopf verliere.

Bei der letzten geflüsterten Unterhaltung mit dem Kopf preßt Ljuba Welitsch den Mund zu nahe an das Mikrophon, so daß ich den Hall der Zisterne höre. Und wenn das Orchester sich zur Klimax wieder mit Salome vereinigt, hört sich Montserrat Caballé an, als habe sie den Raum verlassen, als hätten gewaltige Gefühle sie überwältigt und sie müsse nun unbeobachtet in einem fernen Foyer singen. Salome gesteht ihr Verbrechen: »Ich habe deinen Mund geküßt.« Dieser Moment ist der Triumph der Diva: Sie schließt mit einer grellen, hohen, zusammenfassenden Phrase. Wenn die Soldaten vorwärtsstürmen und das Orchester sie erschlägt, werden wir uns noch immer an die Augenblicke erinnern, da Tonalität Salomes Begierden mit dem Kostüm des Anstands bekleidete.

Ich habe Jessye Norman diese Szene in Tanglewood singen hören. Ich bewunderte ihre Haltung: Den Kopf stolz erhoben, als trenne sie ihn vom Körper. Wie halte ich meinen eigenen Kopf? Hinabgebeugt. Eine alte Gewohnheit: Ich schaue zu Boden, wenn ich gehe, und suche nach Münzen.

Nachdem ich Jessye Norman den Tod der Salome singen hörte, fuhr ich durch die Nacht: überall Tod, ALLES-BELEGT-Schilder, geschlossene Tankstellen. Ich war mit dem Staat Massachusetts allein, einer blicklosen Riesengröße. Ich wollte Salome in mein eigenes Verhalten übersetzen; ich wollte Salome »üben«, wie man Yoga übt oder christliche Nächstenliebe. Aber bei welchem Unterfangen konnte ich Salomes Lektionen anwenden?

Kürzlich träumte ich von einem abgetrennten Kopf. Es war der Kopf der Oper, auf einer silbernen Schüssel. Ich werde diesen Kopf, wenn er wiederkehren sollte, an seinem zierlichen Bärtchen – dem Bart eines Dandy – erkennen und an der Aura von Nutzlosigkeit, die um seine Ohren hing.

Tatjanas Briefszene

Der strenge Ästhetiker Adorno verurteilte den schwulen Tschaikowskij wegen seiner Sentimentalität; doch ignorieren wir Adorno, denn Tschaikowskij rechtfertigt da, wo er am dicksten aufträgt, in Tatjanas sogenannter Briefszene aus *Eugen Onegin* (1879), die »kranken« Gefühle. Wie kann meine Sexualität krank sein, wenn üppige Violinen sie bestärken?

Tatjana vollzieht ihr Coming Out, indem sie einen Liebesbrief an Onegin schreibt: »Ich trinke den Zaubertrank des Begehrens!« Sie ist allein in ihrem Schlafzimmer, und dort schreibt sie den Brief, bricht ab, fängt wieder an. Die Unentschlossenheit der Produktion *in the closet*: »Ich sollte wirklich aufhören zu schreiben. Ich sollte dieses Manuskript zerreißen.«

Tatjana singt ihre Melodie einmal, und dann tritt eine längere Pause ein, wie ein Schuldgefühl (»Ich sollte eigentlich doch nicht aus der Heimlichkeit heraustreten«), daß die Streicher auch erstaunt verstummen, und dann wiederholt sie mit erneuter Kraft ihr Motiv;

in langsamerem Tempo (depressiv nach dem manischen Schub?) geht sie zum Sekretär, um die Ekstase, die sie gerade dem Publikum vorgelesen hat, niederzuschreiben, und sie klagt wie eine selbstkritische Sängerin: »Nein, das ist alles falsch. Ich fange noch einmal an«;

dann (mit spekulativer, eine Hypothese ausspinnender Sanftheit) bestraft sie sich, indem sie sich ein Leben ohne Onegin vorstellt;

und sie öffnet den Mund wieder weit zu einer kehligen Erklärung, sie singt ihre Gefühle direkt ins Publikum, sie macht sich nicht die Mühe, sie in einem Brief niederzulegen (und ich liebe diese Phrase, weil – wie die Schönheit erklären? – sie in C-Dur beginnt, sofort in sentimentale Akkorde wandert, und wie die melodische Linie ansteigt, komplizieren sich die Harmonien, und am Punkt maximaler Verdichtung hält die Sopranstimme den Ton lange aus und welkt dann bedauerlicherweise, versinkt, nur um zu entdecken, daß sie nach C-Dur zurückgekehrt ist und daß die Melodie wieder begonnen hat: So schickt Tatjanas Melodie sie ins Exil und holt sie wieder heim, und dieser Effekt von Umweg und Rückkehr verleiht Tatjanas Empfindungen den Glanz des Realen, des Autobiographischen);

auf dem Höhepunkt der Szene verkündet Tatjana ihre Einsamkeit, aber das Orchester beweist, daß sie unrecht hat (wenn sie singt: »Ich bin allein«, dann ist sie nicht allein – ein Orchester umgibt sie mit aufblühender Bestätigung);

und schließlich klagt nach ihrem klimaktischen hohen Ton das Orchester in irgendeinem namenlosen Weh, vielleicht ist das Tatjanas und Tschaikowskijs Protest gegen die Situation des Menschen oder die Situation des Schwulen oder die Situation, daß man sich in einer »Situation« befindet.

Fertig! Sie sagt, der Brief sei zu erschreckend, um ihn noch einmal zu lesen, aber ich spiele diese Briefszene immer wieder, um mich an die Erregung von Sätzen wie »Ich bin schwul« oder »Ich bin verliebt in Eugen Onegin« oder »Ich habe alles gestanden« zu erinnern.

Schwulsein ist kein Privatzustand. Es tritt öffentlich auf. Tatjana enthüllt, enthüllt, enthüllt... Wenn ich nur ihre Phrase singen könnte, die ihr zugeordnete Melodie, die mich durchfährt und mich nicht aus ihrem Zugriff entläßt ...

Vielleicht bin ich eifersüchtig auf Tschaikowskij: auch ein Schwuler, aber er belebt Tatjana mit seinem Hauch, während ich nur dabeistehe, ich, ein nachgeordneter, späterer Schwuler voll Neid auf den Bann, in welchen der große Slawe diese einsame Stimme Tatjana schlägt, der er die Kehle mit Gold gefüllt hat.

◆ 9 ◆ Blicke zurück

Das Duett Don José/Micaëla

Soweit meine Erinnerungen zurückreichen, war es mir schon immer wichtig, *Carmen* zu kennen, und ich dachte – auch ganz von Anfang an – , daß es zu spät wäre für dieses Kennenlernen. Ich wollte ein frühes, imaginäres Kapitel meiner Lebensgeschichte wiederaufrollen: die Periode der Oper. Wie konnte ich mit zehn Jahren glauben, daß mein Leben schon vorbei war, daß meine Opernjahre zu Ende waren, da sie doch noch gar nicht begonnen hatten? Ein Paket von der Firma Gotham Records kam eine Woche vor meinem zehnten Geburtstag an und wartete ungeöffnet auf dem Kaminsims: es war ein komplettes Album *Carmen*, wobei ich *Auf in den Kampf, Torero* schon von einer Opernschallplatte für Kinder kannte. Der charakteristische Geruch der *Carmen* von Richmond/London, die Art und Weise, wie Janine Micheau, die Micaëla dieses Augenblicks, das »J« von »José« ausspricht – wo kann ich diesen Geruch einordnen, wie ihn erfüllen und auslöschen? Während ich Butter und Zucker für ein Dessert schlage (wir haben 1982, ich bin immer beim Kochen, wenn *Carmen* meinen Körper neu ordnet), singt plötzlich Carmen für Don José von dem Dorf, das er verlassen hat, und ich halte inne, ich habe Angst, das Zimmer mit dem Stereo zu betreten, denn wenn ich mich bewege, wird die Musik eine Wunde mildern, die ich mir bewahren möchte.

Carmen, dieser lüsterne Mezzosopran, den die Oper schon fast nicht mehr dulden kann, hat soeben die verführerische Habanera für Don José gesungen. Dann tritt Micaëla, der Sopran aus der Heimat, mit einer Nachricht von Josés Mutter auf: ein Brief, etwas Geld, und ... ein Kuß! Micaëla singt eine seraphische Melodie, während sie die Worte der kranken Mutter wiederholt: »Diesen Kuß, den ich dir gebe, gib ihn ihm von mir zurück« (Ich bin vielleicht der einzige lebende Zuhörer, der diese Melodie für die wunderbarste der Welt hält). Als Micaëlas Lippen die von José berühren, sieht er plötzlich seine Mutter vor sich, und Micaëla teilt dieses Traumbild mit ihm, glücklich, Botin zu sein und dabei einen Kuß rauben zu dürfen. Aber er wird unruhig und starrt die Blume an, die Carmen ihm zugeworfen hat. Die böse Zauberin! Da er wieder der lindernden Kraft der Melodie bedarf, wiederholt er das wunderbare Lied, dessen Botschaft Micaëla ihm wie eine Nachricht aus dem Grabe überbracht hat, obwohl er die wirkliche Begegnung mit dem Timbre Micaëlas (das es mit dem von Carmen nicht aufnehmen kann) noch einen Akt verschieben wird – und mit ihren Sopranqualitäten (ein keuscher zungenloser Kuß, eine Melodie, die überquillt von Vergessenem).

Micaëla wiederholt die Nachricht der Mutter, aber sie verwandelt sie in ihre eigene Sopranstimme. Nur eine *vermittelte* Mutter entzückt das Ohr: Käme sie auf die Bühne und sänge José selbst etwas vor, würde ihre Melodie keine nostalgischen Gefühle wecken, sondern nur das Vergnügen des Opernbesuchers gefährden. In Micaëla liebe ich die Abwesenheit der Mutter – das ersetzte und gereinigte Phantom, in ein Zitat verwandelt und in Melodie, in jenes einzige Prinzip, von dem ich immer noch glaube, daß es transzendent ist.

Wenn ich Micaëla lausche, erlebe ich Don Josés nostalgische Sehnsucht nach Heterosexualität, als wäre diese eine Gegend, in der ich einst gelebt habe: ein Eden, wo ich hätte bleiben können, hätte ich es nur versucht, hätte ich einen Entschluß gefaßt, hätte ich ja gesagt zu Micaëlas sonorer Stimme, wäre ich Carmen nicht begegnet ... Nostalgische Sehnsucht nach der Heterosexualität: ein (paradoxer) Wunsch, einen Körper zu besitzen, den ich *eigentlich* nicht haben will – ein Wunsch, im Inneren von Don Josés Schweigen zu stehen und zu hören, wie die Botschaft der Mutter Micaëlas Sopran erfüllt. Die Möglichkeit, mich Micaëla anzuschließen –

mich der Vergangenheit zu erinnern! Besser aber der Erinnerung lauschen, als tatsächlich Micaëla aus der Oper hinaus zu folgen, fort in eine Gegend, die einige Meilen nördlich von Bizets *Carmen* liegt, eine Provinz (ich sehe und rieche ihre Bäume), wo Micaëla und die abwesende Mutter wohnen.

Wenn Micaëla in mein Leben käme, könnte ich mit ihr in die Vergangenheit zurückkreisen; ich könnte die Reise antreten, auf der man das Gestern wiedergewinnt, wie sie es verspricht. Oder ich könnte sie fragen, ob sie Frauen vorzieht, ob sie mich nur umwirbt, weil sie weiß, daß ich sie abweisen werde, ob die sterile Reinheit ihres Timbres ihre Gleichgültigkeit gegenüber maskulinen Tönen ausdrückt. Vielleicht ist Micaëlas erste Liebe die Mutter, die sie vertritt, deren unbeirrbare Treue sie besingt, deren Küsse sie empfängt und weitergibt.

Amonasro und Aida: »Padre!«

Während eines tiefen Eintauchens in *Aida* träumte mir neulich, daß Montserrat Caballé – eine große Aida – in einem Hotelzimmer neben dem meinen eingesperrt war. Durch die Wand konnte ich die Caballé herumpoltern hören wie eine gefangene Löwin oder wie die blinde Audrey Hepburn, die in *Wait Until Dark* gegen die Möbel rennt. Der Sopran war eingeflogen worden, um hier bei einem Festival aufzutreten. Ich war das Festival.

Vor dem mondbeschienenen Tempel der Isis muß sich Aida zwischen dem Geliebten und dem Vater entscheiden. Wird sie Radames ein militärisches Geheimnis entlocken, während ihr Vater, der exilierte Äthiopierkönig Amonasro, heimlich lauscht? Aida, die Erniedrigte, Erschöpfte, Versklavte, Mißachtete, kniet auf der Bühne und ruft: »Pietà!«

Wenn Herva Nelli auf der *Aida*-Aufnahme mit Toscanini »non imprecarmi« singt (»verfluche mich nicht«), bricht ihre Stimme. Ich weiß, daß ihr Schmerz nicht echt ist, und so kann ich ihn genießen, ihn mir borgen. Herva Nellis Verkörperung der Aida ist nicht die beste – tatsächlich nennen die Kenner sie mittelmäßig –, und deshalb kann ich dieser Aida Geheimnisse anvertrauen.

Meine Lieblingsstelle: Aida steigt bei dem »della mia patria degna sarò« hinunter, so tief sie kann, und dann trifft das lange »o« des letzten Wortes die aufsteigende Linie, hinauf, hinauf! der Melodie ihres Vaters, die Giuseppe Valdengo mit Sporthallenvibrato singt, um zu beweisen, daß die ganze Nation hinter ihm steht. Er rühmt den Patriotismus und hebt Aida vom schmutzigen Boden empor. Warum ist der Vater so melodisch? Weshalb verschieben sich seine hitzigen Harmonien so schillernd, wie Teich um Teich in der Wüste, luftgespiegelt?

Verdi will, daß wir den Vater aus Aidas demütiger Perspektive sehen, daß wir uns den Vater als Quelle aller Gunst vorstellen. Erst wenn Aida ihr Leben ruiniert hat, wird der rücksichtslose Amonasro ihr eine noble Phrase zumessen – Aida glaubt, sie verdiene nichts Besseres. Auch ich würde mich zu Boden werfen und Amonasros Melodie wie Milch einschlürfen. Seine himmelblaue Melodie und die Harmonien, mit denen sie sich umgürtet hat, spiegeln wider, wie sehr es Aida nach ihm verlangt. Das Ausmaß ihrer Sehnsucht ist schwul: Aidas Erniedrigung ist mein schwuler Regenbogen, mein Bund, sein Spektrum verspricht, daß ich mit meinen Wünschen noch irgendwohin gelangen werde und nicht unbefriedigt an ihnen zugrunde gehe.

Unsere Leidenschaften decken unfreundliche Objekte mit Purpur zu. Wenn man zu Füßen des Vaters kauert, klingt alles göttlich, was er singt. Und Verdi interpretiert die Welt ebenfalls aus der Demutsperspektive der Tochter – indem er Amonasros »Also, Aida, du kannst jetzt aufstehen«-Geste mit einer Melodie ausstattet, die zu hören ich zehn Meilen schwimmen würde, erklärt mir Verdi, daß auch ein Fluch süß wie ein Segen klingen kann, wenn man ein Mädchen ist, das auf dem Boden liegt und den Körper des Vaters will und den Körper des Geliebten und keinen von beiden in Besitz nehmen kann.

Didos »When I am laid in earth«

Der Tod kann seltsam schmecken, besonders wenn die sterbende Dame die letzten Worte zu einer Freundin spricht – wie in Didos Klage aus Henry Purcells *Dido and Aeneas* (1689), komponiert für Mr. Josias Priests Internatsschule zu Chelsey für junge Damen von Stand, eine dreiaktige Oper, die nur eine Stunde lang dauert.

Wenn Didos Klage beginnt, denke ich: »Endlich habe ich eine schickliche, zurückhaltende Art gefunden, mit Ungeheurem fertigzuwerden! Ich habe die Haltung für meinen Kummer entdeckt, irgendwo zwischen Karikatur und Parthenonfries.« Didos samothrakische Klage ist gegen das Toxin der Tiefe resistent. Sie singt: »When I am laid, am laid in earth, may my wrongs create no trouble, no trouble in thy breast.« Zuerst geht ihre Stimme mit »When I am laid« nach oben und meißelt Mobilität und Ziel – wie eisig auch immer – aus einer Trauer, die sonst keine Zukunft gehabt haben dürfte, dann aber verwandelt sie sich wieder in ein Standbild, und dann bleibt sie hängen (defekte Schallplatte): »am laid – am laid« (ein hysterischer Tic, wobei sich anachronistisch für den heutigen Zuhörer die mehrfache Bedeutung des Wortes »laid« bemerkbar macht: mit dem Nebensinn des Koitus), um dann eine halbe Tonleiter zu den Wort »earth« hinunterzugleiten; bei »trouble« erfolgt eine Appoggiatura sozusagen den ganzen Körper hinab, die anzeigt: sie *will*, daß Umstände gemacht werden, sie will, daß Belinda und ihr Publikum von Schulmädchen ewig weinen, weil Königin Dido nicht mehr auf der Welt ist.

Monteverdis Orfeo wiederholte immer wieder »Rendetemi« (»Gib ... mir zurück«), und Dido wiederholt »Remember me«: »Remember me« zuerst in D, dann nochmals in D, dann seufzt sie (»ah«, ich lasse mir Zeit, ich verlängere mein Sterben, ich mache daraus ein prächtiges Schauspiel) und geht für das nächste »Remember me« zum hohen G: *Remember me!*

Eine bestimmte Form des Selbstmitleids ist schwul oder mädchenhaft; eine andere ist zurückhaltend, stoisch, riecht nach Katharsis und kann deshalb so tun, als käme sie – dick angeschwollen mit weisen Lehren – direkt aus der herrschenden hohen Kultur hervorgekrochen. Lear und Brutus kannten die männlichen Möglichkeiten, Kummer zu zeigen. Didos Schmerz ist *beinahe* passabel, kommt in große Nähe des Attischen und Elisabethanischen, riecht nicht mehr nach Jahrmarkt und Kränzchen.

Didos Kummer – ihre Zurückweisung des Lebens, ihre Zurschaustellung des Todeswunsches vor Belinda, die vor entsetztem Staunen stumm ist – ist schwul, weil er in gleichem Maße starr und elastisch ist. Sie singt steinern. Dann glauben wir plötzlich, bei dem letzten »Remember me!« im hohen G, daß die Flagstad oder Dido oder eine Frau, die irgendwo zwischen Diva und Figur existiert, in der Erinnerung fortleben will, und wir glauben auch an Belinda, die da steht, loyal von Anfang an, nichts Besseres zu tun in ganz Karthago, als die Hand der Königin zu halten ... und das Schweben meines lauschenden Körpers zwischen Farce und Tragödie, zwischen Reglosigkeit und Formbarkeit – als würde die Statue gleich atmen und sprechen – ist *camp* und ist auch sehr opernhaft.

Die Oper dauert kaum eine Stunde. Die ganze Tragödie wirkt wie eine auf den Deckel einer Schnupftabaksdose gravierte Szene: Purcell und sein Librettist Nahum Tate entwerfen die weibliche Tragödie so sehr *en miniature*, daß sie in den Stimmkörper eines jungen Mädchens paßt – dessen üppigere Linien sich noch vorsichtig ducken und aller Üppigkeit abschwören. Die mädchenhaften Proportionen der *Dido* geben die für unsere Zivilisation so bedeutende Legende von der *queen* in der Krise in hübscher, zärtlicher, glühender Version.

Es fällt Dido schwer, sich auszudrücken (das Coming out zu vollziehen). Zu Beginn erpreßt Belinda ein erotisches Geheimnis von der Königin; am Ende genießt Dido es, Bekenntnisse abzulegen und Belinda die Ohren vollzureden. Wenn Dido den stilisierten Bezirk der Klage erreicht, sind wir glücklich, daß sie sich zumindest das Recht erworben hat, Geständnisse zu machen, daß die vergrabene Traurigkeit sich ihren Weg aus dem königinnenstarren Körper gebahnt hat. Und so wird die Klage – diese pokergesichtige, würdevolle Formalität – vertraulich und lavendelfarben, sie wird mit Werten eingefärbt, die in den besten Intellektuellenkreisen nicht besonders hochgeschätzt werden, wo die Oper nur als strenge und gereifte Form Kredit hat.

Die Message der Oper: Beschränke deine schwulen Klagen auf den heimlichen Bereich. Am Rande des Selbstmords wirst du dir das Recht zu seufzen erobert haben. Ein Mädchen wird dir die Hand halten und zuhören. Dein Schwulsein wird dir nur eine Arie eingetragen haben, nur das Privileg, im Namen der Kunst und der Selbstbeherrschung vor erstaunten Zeugen deine Seele auszustoßen, vor Schulmädchen, die dich um deine Sündenbockrolle beneiden, weil dieser Part zwar am meisten Angst macht, aber auch der spektakulärste ist.

♦ 10 ♦ Tod

Der Tod Mimìs

Selbst vor der Aids-Epoche habe ich mir Todesszenen angehört, um mich mit der sterbenden Frau und dem trauernden Mann zu identifizieren und in meinem Körper »Sentimentalität« zu herzustellen – Seufzer, Tränen, nie zu erklärende Extravaganzen. Nennen wir Furcht und Mitleid mit ihrem richtigen Namen – Furcht und Mitleid, die wir empfinden, wenn eine Oper ihre Pranken in uns schlägt, uns mit Gefühl erstickt, keine vernünftigen dramatischen Ansprüche erhebt. Nicht Camp, nicht Peinlichkeit, nicht Sentimentalität – würdigen wir diese schwule Emotion mit der Bezeichnung Katharsis, selbst wenn die Oper den – als weibisch verdammten – Wunsch produziert, das gesellschaftlich vorgegebene Selbst nie wieder ordentlich zusammenzubauen, sondern ewig in Tränen zerflossen zu bleiben, dort, wohin uns Puccinis *La Bohème* (1896) gebracht hat.

Wo ist das? Ins Selbstmitleid, ins Land der tränenerstickten Stimme, in das Reich, wo – unter Toscanini – Jan Peerces Rodolfo mit dem Winseln eines jüdischen Kantors »Ah!« ruft, als das Orchester wieder seine Herrschaft des Trugs antritt, mit seinem Motiv von Mimì, der Spiegelfrau – Mi Mi, die ihren Namen kennt, aber auch in Frage stellt, die lebt, um sich selbst anzureden, um ihre Emotionen zu bezeichnen oder zu bestimmen (die Narzißtin). Ich tue immer so, als wüßte ich nicht, daß Mimì stirbt, so daß ich tiefgerührt und überrascht bin, wenn endlich ihr Tod eintritt.

318

Damit Mimìs Tod in meiner Brust ein neues, nachtigallensüßes, rasches Weltbild formen kann, muß Puccini die Bühne mit Voyeuren und Sympathisanten bevölkern: den anderen Bohémiens – Schaunard, Colline, Musetta und Marcello, die kein eigenes Leben haben, die Sklaven des Mimì-Kultes sind. Mimìs Leiden und ihre Rechtfertigung vollziehen sich in diesem Stadion der Blicke: Rodolfo beobachtet sie, und die anderen beobachten Rodolfo, so daß auch er zu einer Mimì-Figur wird, einer öffentlichen Wunde.

Die Bohémiens gehen ab und lassen die Liebenden alleine, und nun kehrt das Thema des Liebesduetts aus dem ersten Akt wieder, aus Rodolfos Arie – »Ich bin ein Dichter, und deine Hände sind kalt« (ich schreibe, du frierst). Mimì streckt die Hände bittend nach Rodolfo aus, der mit dem Rücken zu ihr steht – die Selbstvergessenheit des Junggesellen läßt Mimì mit dem Liebesmotiv allein, das einst ihr Eigentum war und jetzt ihre Qual ist und ihr unersättliches Begehren ewig wiederholt. Welches Liebesmotiv hat je den Durst gestillt, den es geweckt hat? Aber schließlich bemerkt Rodolfo Mimìs Kummer, und *con grande espressione* nähert sie sich ihrem großen, traurigen, letzten Augenblick. Die Herzschläge des Orchesters geben ihrer als Trauermarsch vorgetragenen Proklamation die Geräumigkeit von Depression, Vergebung und körperlichem Schmerz:

Ho tante cose che ti voglio dire,
o una sola, ma grande come il mare...

Ich habe dir viele Dinge zu sagen,
oder eins nur, doch das ist groß wie das Meer...

Der immense wortlose Ozean, den sie heraufbeschwört, ist unsere Neigung, in *La Bohème* und in ihrem Tod zu ertrinken; die melodramatische Identifikation öffnet sich naß und namenlos im kollektiven Körper der Opernzuhörer.

Wieder und wieder langt Mimì fast an ihrem letzten Moment an, aber Puccini verzögert ihn. Sie sagt: »La mia cuffietta, la mia cuffietta«! (»Meine Mütze, meine Mütze!«) – ohne Orchester – und erhebt sich dann (immer noch nackt) zu einem E, erreicht ein F, als sei es ihre Gesundheit, als B-Dur-Fata Morgana (Harfen im Hintergrund) – und das, *das* ist ihr letzter Moment? Nein. Das Orchester mimt ihre Vergangenheit: wiederholt ihr Motiv, um uns ihr unausweichliches Scheiden noch einmal einzubläuen.

Sie deklamiert die letzten Worte zu Fragmenten von »Che gelida manina«: der beste Augenblick ihres Lebens war es, als Rodolfo ihre kalten Hände bemerkte.

> Qui, amor . . . sempre con te!
> Le mani . . . al caldo . . . e . . . dormire . . .

> Hier, Liebster . . . immer mit dir!
> Die Hände . . . im Warmen . . . . und . . . dann schlafen . . .

Licia Albanese weht weg, bleich und erschöpft. Renata Tebaldi klammert sich an den Noten fest und gleitet hinab, als hinge sie an einem Kliff und die Finger krallten sich noch an den haltlosen Stein.

Mimì ist tot, aber Rodolfo starrt immer noch aus dem Fenster und hat es nicht bemerkt; schlechte Nachrichten dringen zu einem Tölpel nicht durch. Die letzte dramatische Geste der Oper: Wie können wir das Geheimnis vor Rodolfo wahren? Aber endlich sagt er: »Che vuol dire, quell'andare e venire . . . quel guardarmi cosi?« (»Was hat das zu bedeuten, dies Kommen und Gehen . . . Was schaut ihr mich so an?«), und dann, nach einer schicksalhaften Pause, stärkt das todverkündende Orchester seiner peinlichen Klage den Rücken – »Mimì«, in seinen höchsten Tönen: unsere neueste Unterhaltung ist es, den Mann »Mimì!« schluchzen zu hören. Wir bekommen als Hintergrundinformation die Musik, die Mimìs Worte begleitet hatte: »Ich habe dir viele Dinge zu sagen, oder eins nur, doch das ist groß wie das Meer, tief und unendlich wie das Meer«, und die Musik ist trügerisch nautisch und glitzernd, wie Debussys *La Mer*, besonders nachdem Rodolfo zu weinen aufgehört hat. (»Es kann sein, daß ich mich von diesem Erlebnis nie wieder erhole«, sage ich zu mir, wenn die Oper endet; aber ich erhole mich immer.)

Wenn das Orchester Mimìs »meine Liebe zu dir ist unendlich wie das Meer« wiederholt, scheinen die Streicher ihre Geisterboten zu sein, die uns – aus dem Himmel oder aus der Hölle angelangt – zureden: *schlemmt an meiner Sterbeszene, nährt euch von dem, was sich nicht zusammenfassen und nicht aussprechen läßt.* Die Musik erzählt und rechtfertigt am Ende unsere eigenen Tränen und verbirgt dieses peinliche Weinen in einem gesellschaftlichen Kontext: dem Opernbesuch. Das Protokoll will es, daß die Aufführung enden muß und daß wir – unfähig, genaue Worte zur Beschreibung der merkwürdigen Erfahrung zu finden – zur Tagesordnung übergehen; dabei unterschätzen wir aber die Macht des Melodramas, den einsam Zuhörenden an eine kollektive Trauer zu binden.

Sieglindes Abgang

Wenn ich Sieglindes Abgang lausche, knie ich wie Aida auf dem staubigen Boden und sage: »Ich gebe mein Volk um dieser Musik willen auf, die ihr zerstörerisches Fließen über mich hingießt.« Es gibt für mich nur eine Art, Sieglinde ganz zu genügen: die synchrone Bewegung meiner eigenen Lippen zu ihrem Gesang.

Im dritten Akt von Wagners *Walküre* (1870) entdeckt Sieglinde ihre entstellende Schwangerschaft, um kurz darauf aus dem *Ring* zu verschwinden. Man mag den *Ring* bestaunen, aber es gibt in diesem Werk nur wenige Augenblicke, da man sich naiv mit den Figuren identifizieren würde. Doch meine eigenen Exzesse sprechen für Sieglinde mit, wenn sie fortgeht. Ich bin der unauffällig sanfte Clark Kent, doch werde ich zum schwulen Superman, wenn Sieglinde ihre Arme voll Erstaunen ausstreckt und sich einredet, sie sei neugeboren, wenn sie der Verwandlung vertraut und nicht mißtrauisch draufbeißt, um die Fälschung zu entlarven. Der Körper kann uns, wenn man ihn wörtlich nimmt, weit in die Irre führen.

Ehe Sieglinde beschließt, für ihren ungeborenen Sohn Siegfried zu leben, will sie sich selbst töten. Ihr Bruder und Geliebter Siegmund ist tot. Sie ringt zwischen einem E und einem F. Soll ich mich erheben? Soll ich stürzen? Die Phrase tut köstlich weh: der Raum – der Nicht-Raum – zwischen E und F! Und wenn Brünnhilde ihr sagt, daß sie schwanger ist, erfährt Sieglinde eine Wiedergeburt, die so abrupt kommt, daß der Effekt *camp* ist. Plötzlich ruft sie: »Rette mein Kind! Schirmt mich, ihr Mädchen!« In diesen Ausrufen treibt Sieglinde Wagners Zyklus voran und verkörpert seine Vision von der Frau, doch sie stellt auch eine Lust dar, die von seinem großen Plan getrennt bleibt – ein Vergnügen, das ich lose wie ein Cape tragen kann. Sie glaubt ihrem Körper, sie gibt dem körperlichen Schauer den Vorzug vor der Theorie. Im lastenden Kontext der Ermahnungen Brünnhildes und der Blechfanfaren, die boshaft zu erklären scheinen: »Vertraut den Vorzeichen und marschiert ab in die Zukunft der Herrenrasse«, bietet Sieglindes lyrischer Ton ein schlüpfriges Versteck an, eine Ausnahme.

Brünnhilde gibt ihrer Schwester einen Vorgeschmack der Zukunft und des kommenden Helden, indem sie das Siegfriedmotiv enthüllt: Ich begrüße die klare Artikulation von jeglichem Leitmotiv, insbesondere von diesem, seiner thematischen Bedeutung und Schlichtheit wegen. Wenn ich ein emotionales Postulat verkündet höre, als sei es selbstverständlich und keines Beweises bedürftig, höre und gehorche ich. Aber das Siegfriedmotiv strahlt eine böse Hygiene aus. Die Melodie ruft mich zu einem Programm auf, das ich nicht unterstütze, also sperre ich das Leitmotiv aus und lausche statt dessen Sieglindes Frohlocken.

Sieglinde lebt ganz in ihrem Sinneswandel und träumt nur von dem hohen G, das sie umkreist wie mit einem Mordent: »O hehrstes Wunder! Herrlichste Maid!« Indem sie von Brünnhilde spricht, rühmt sie auch sich selbst – ihre Funktion als Mutterschoß, als Mund. (Erstaunlicherweise hat bei jeder Phrase die Orchestermusik ein Crescendo, was eine Emotion anzudeuten scheint, die schon ihren höchsten Sättigungspunkt erreicht hat, aber sich immer noch weiter auszudehnen wünscht.) Sieglinde sitzt einfach auf dem Thron ihrer Verzückung. Ja, sie hat Teil am Siegfriedmotiv, sie arbeitet mit dem Orchester zusammen, und sie sagt: »Ich bin vor allem Schoß«, aber ich schätze Sieglindes Fähigkeit, Wagners Tetralogie in einem plötzlichen emotional schäumenden Wirbel, den er sich eigentlich nicht leisten und den er nicht erklären kann, für ihre eigenen Zwecke zu überfallen. Für *einen* Hörer jedenfalls übertrifft der Gesang dieser Frau das politische Goldbarrenfunkeln namens Siegfried.

Sieglinde funktioniert als das Prinzip des melodramatischen Exzesses und des von außen kommenden lyrischen Tons in der *Walküre*. Sie hält den Gang der Oper an, um in ihre Einsamkeit hineinzuschauen und auszurufen: »O hehrstes Wunder!« Sie liebt es, was ihr Körper kann. Es ist ihr gleichgültig, was Wotan denkt. Sie will sich mit ihren Erinnerungen in einer Höhle verbergen, triumphierend zurückdenken. Sie weiß, daß sie einen sensationellen Abgang gehabt hat. Wir können sie bemitleiden, aber nicht zu sehr. Eher sollten wir ihre ekstatische Zuversicht beneiden: Sieglinde, die die Verzückung umarmt wie einen verschollenen Zwilling, die mit ihrem Bruder schläft, die sich aus der Welt zurückzieht, die dem Zeugnis ihres Körpers glaubt, die mit ihrer Phrase von Tod und Aufbruch die Zeit zerdehnt, die mir die Kehle öffnet... Nicht buchstäblich. In Sieglindes Gegenwart wird ein Zuhörer stets achtungsvolles, ehrfürchtiges Schweigen bewahren.

Isoldes Liebestod

In meine geborgte Gesangspartitur von Richard Wagners *Tristan und Isolde* (1865) hat eine anonyme allwissende Hand eine Anzeige für einen Film mit Dorothy Lamour aus einer am 8. 7. 1945 in Kansas City erschienenen Zeitung eingeklebt: »DAS PROBLEM DIESER FRAU KÖNNTE IHRES SEIN!«

Isoldes berühmtester Augenblick, allgemein als »Liebestod« bezeichnet, beschließt bewußt als Arie eine Oper, die sich eigentlich von der traditionellen Idee der geschlossenen Gesangsform abgewandt hat. Tristan ist soeben gestorben, nur Augenblicke, nachdem Isolde endlich zu ihm zurückgekommen ist. Zu spät! Sie starrt in die Weite und sieht ihren Geliebten wieder zum Leben erwachen. In der Wahnsinnsszene der Lucia beweisen die Flöten, daß die Heldin verrückt ist, aber bei Isoldes Liebestod bestätigt ihr das Orchester ihre Vision. (Eine Harfe streut Arpeggien auf ihr Haupt.) Ihr Solo enthüllt das Paradox weiblicher oder weibischer Einsamkeit: Wenn eine Frau die Liebe zu einem toten Körper phantasiert, wenn eine Frau eine Frau begehrt, wenn ein Mann einen Mann begehrt, dann singt die ganze Kultur mit. Strauss hat die Szene der Salome so orchestriert, daß es pervers klingen soll. Isolde steht in ihrer Verklärung auf beneidenswertem Terrain: Jeder Zuhörer will auch die Wellen des Streichertremolos spüren, die ihr zuteil geworden sind.

Isoldes Liebestod hängt ab von gewissen Glaubenssätzen − teilweise homophober Natur − , die in die Oper und die schwule Kultur eingenäht sind: 1. Tabuisierte Liebe führt zum Tod und ist nur mit dem Tod zufrieden. 2. In einem illegitimen Liebesverhältnis lösen sich die Geschlechtsrollen auf. 3. Liebeserklärungen werden zurückgespiegelt: Isolde singt den toten Tristan an, doch Isolde singt auch für Isolde. 4. Ein toter, verwundeter oder gelähmter männlicher Körper ist ein erotischer Anblick und inspiriert einen Sopran zum Gesang. 5. Die schwule Liebe vergesellschaftet sich, sublimiert sich und wird hörbar durch die Sopranstimme.

Ich kann nicht beschreiben, was in dem »Liebestod« geschieht: die Konglomeration aller meiner lyrischen Impulse, lang aufgeschoben, endlich in den Körper eines Soprans gesiebt. Eine völlig harmonische Gesellschaft (ein Publikum, ein Orchester) umgibt Isolde und bestätigt sie als Mund der Macht, auch wenn sie das Diminuendo einer Schuldigen singt. Sie kontrolliert die Melodie, sie kommentiert nicht lediglich eine Melodie, welche das Orchester machtvoller vorträgt. Der Gesang füllt ihr paranoides Haupt mit Vibrationen, die dem halluzinierten Atem entsprechen, den sie von Tristans Lippen flattern sieht, und sie sagt: »Höre ich nur diese Weise?« Aber auch wir hören sie, und wir möchten ihr sagen: Nein, du bist nicht allein. Für Isolde und den Hörer hat die endlose Oper Todesfrucht getragen. Wenn ich durch den Tod gehen muß, um zu meiner Liebe zu gelangen, werde ich dann der Erotik entsagen?

Es ist etwas zwielichtig, dieses Buch mit dem Tod zu beenden. und doch bietet die Oper uns nichts anderes.

Ich stelle mir vor, wie sich Jessye Norman zu einer Phrase aus der Mitte des »Liebestods« anschickt − ich nenne sie die »Rechtfertigungsphrase«, einfach deshalb, weil ich ein privates Vokabular brauche, um meine Opernfreuden zu beschreiben. Ich stelle mir vor, wie Jessye Norman zu sich sagt: »Jetzt kommt das Ende der Oper, das Ende meines langen Abends. Ich muß den majestätischen Effekt anwerfen und mich ganz entspannen und den mächtigen Klang verbreiten, den ich mir aufbewahrt habe, denn wenn die Unsterblichkeit naht, will ich, daß Isolde bereit ist.« Wenn der Liebestod sich seinem Ende nähert und sich immer höher erhebt, schließe ich die Augen und spüre eine vibrierende Belastung in der Brust, als wäre ich eine moderne Hängebrücke, ein Wunder raffinierter Technologie.

Isolde schließt mit der Phrase »höchste Lust« und sinkt ihrer getreuen Brangäne in die Arme. Die harmonische Auflösung am Ende dieser Arie, am Ende dieser Oper, die solche Erfüllungen so lange aufgeschoben hatte, erregt mich, doch ich ziehe die Rechtfertigungsphrase in der Mitte vor, weil die schwule Kultur, dazu verurteilt, stets ein Ende zu verkörpern, sich Schlüssen widersetzt.

♦♦♦

Wohin bin ich nun mit diesem Taschenführer gereist, der zu umfangreich für eine Hand- oder Jackettasche ist? Mit dreiunddreißig, alt genug, daß ich es besser wissen könnte, was habe ich da eigentlich für eine Untersuchung vorangetrieben, indem ich fünfmal am Morgen die Platte mit Isoldes Liebestod aufgelegt und – mit meiner eigenen Naivität kämpfend – versucht habe, die Gefühle in Worte zu fassen, die mich beim Zuhören überwältigen?

Ich bin uneingeladen in das Opernhaus eingedrungen und habe in den heiligen Hallen zu laut gesprochen, mit offenem Mund gekaut, meine eigene Kehle entblößt. Ich, der ich kein musikalisches Fachwissen besitze, habe öffentlich von meiner Erfahrung, eine moderne schwule Identität zu bewohnen, stammelnd erzählt – nur von meiner eigenen Erfahrung, von keiner sonst; ich habe mir erlaubt, das ganze Gemeinwesen auf meinen Körper einzuschränken, und habe diese privaten, nicht verallgemeinerten Andeutungen von »Eigenartigkeit«, *queerness*, Schwulsein den Opernarien angeheftet, die mich in Trance versetzen.

Isolde singt: »Höre ich nur diese Weise?«, und ich möchte zu ihr sagen: »Hörst du denn, was ich höre? Wenn du einer Oper lauschst, hörst du dann deine unzulässigsten Wünsche reden?«

♦♦♦

Kürzlich träumte mir, ich stünde in einer Arena neben einem Klavier, auf dessen Deckel sich Partituren zu allen Opern stapelten, die ich in diesem Taschenführer angezapft habe. Ich war endlich ein Sänger! Und obwohl ich nächste Woche in *Werther* und *Lucia* auftrat, beschloß ich, das Wochenende dem Muskeltraining zu widmen. Ich ging aus der Arena in ein Sportstudio und trainierte mit den Gewichten. Und obwohl an diesem Punkt der Traum zu verschwimmen begann, ging ich die letzten Augenblicke noch in das Dampfbad und sah einen Schwulen, der sein Handtuch schützend um die Körpermitte gewunden hatte: um eine beginnende Erregung zu verdecken oder einen Bauch? Ich wußte, daß er schwul war – wegen seiner Augen, seines Haarschnitts, der Intensität seines Ausdrucks. Er öffnete den Mund. Er setzte dazu an, »Pourquoi me réveiller« zu singen. Dann schloß der Traum.

Diese Person existiert außerhalb des Traums. Der Mann ist real: Er ist die Opernqueen, mein Geist. Ich habe ihn hier schon in der Oper gesehen, auch hier und dort in der Stadt. Wir gehen auf der Grove Street aneinander vorüber, da, wo die Geheimgesellschaften sind und der Friedhof, und wir sagen nie Hallo. Aber wir kennen einander. Wir haben eine komplexe, beständige Kenntnis von uns.

Anmerkungen

◆ Erstes Kapitel: Operntunten ◆

16 »O Kehle!«: Walt Whitman, »Out of the Cradle Endlessly Rocking«, *Complete Poetry and Collected Prose*, Library of America, New York 1982, S. 391

16 »Ein Tenor so groß«: ebd., S. 215

16 »(daß) Sodomie die Stimme verändert«: ein Brief aus dem Jahre 1896, vgl. *The Road from Decadence: Selected Letters of J.-K. Huysmans*, Hg. Barbara Beaumont, Athlone Press, London 1989, S. 157-158

16 »Die Stimme ist eines«: Earl Lind, *Autobiography of an Androgyne*, Arno Press, New York 1918, S. 11

17 »In der Oper«: ebd., S. 27

18 »Man mag das...«: Marcia Davenport, *Of Lena Geyer*, Charles Scribner's Sons, New York 1936, S. 208

18 »Mir ebensoviel bedeutete«: ebd., S. 203

18 »zu erregt war«: ebd., S. 233

18 »frisches Wasser«: ebd., S. 232-233

18 »Es war genau wie...«: ebd., S. 225

20 »seine Seele geöffnet und geweitet«: Proust, *À la Recherche du Temps Perdu*, Bibliothèque de la Pléïade, Paris 1954, Bd. I, S. 209

20 »Aber während ich...«: ebd., S. 812

21 »Ich erinnere mich«: Richard Edgcumbe, *Musical Reminiscences of an Old Amateur for Fifty Years, from 1773 to 1823*, W. Clarke, London 1824, S. 16

21 »Was die Zahl...«: *Opera News* 4 (4. 12. 1939), S. 19 (im folgenden als *ON* abgekürzt)

27 »Miss Garden hat meine Tochter...«: Mary Garden und Louis Biancolli, *Mary Garden's Story*, Simon & Schuster, New York 1951, S. 186

28 »Ich betrachtete...«: Mary Watkins Cushing, *The Rainbow Bridge*, G. P. Putnam's Sons, New York 1951, S. 10

28 »Ich verbrachte...«: ebd., S. 11-12

28 »spürte ich, wie mein Puls...«: ebd., S. 173

28 Das Photo von Eby und Rosa Ponselle: Gordon M. Eby, *From the Beauty of Embers: A Musical Aftermath*, Robert Speller & Sons, New York 1981, S. 18

29 »Eine Pyramide...«: H. Sutherland Edwards, *The Prima Donna: Her History and Surroundings from the Seventeenth to the Nineteenth Century* (1888), Bd. 2, Da Capo Press, New York 1978, S. 106

29 »Matineemädchen«: Nellie Melba, *Melodies and Memories*, Doubleday, Doran & Co., Garden City, N.Y., 1928, S. 128-129

29 »sechzehn wundervolle kleine Sträußchen«: ebd., S. 324

30 Jenny Lind: Edwards, *The Prima Donna*, Bd. 2, S. 22

30 »Sontagsgetreuer«: ebd., Bd. 1, S. 220

30 »Ich verabscheue ein solches Verhalten«: ebd., Bd. 1, S. 20

30 »auserwählte Freunde«: Melba, *Melodies and Memories*, S. 111

30 »Die Callasverehrer schwelgten«: Kenn Harris, *Renata Tebaldi*, Drake Publishers, New York 1974, S. 30

31 »Die Tebaldiani...«: ebd., s. 28

31 »hielten den Straßenverkehr...«: ebd., S. 29

31 »Die Tebaldi, stets glücklich«: ebd., S. X

31 »am Eröffnungstag«: ebd., S. 45

31 »Königin der Met-Abonnenten«: Patrick J. Smith, zitiert bei Rupert Christiansen, Hg., *The Grand Obsession: An Anthology of Opera*, Collins, London 1988, S. 132

32 »ursprünglich 1958...«: Harris, *Renata Tebaldi*, S. 118-119

32 »Ihre treue kleine Freundin«: Winifred Ponder, *Clara Butt: Her Life-Story* (1928), Da Capo Press, New York 1978, S. 144

33 »jede inoffiziell...«: Dorothy Kirsten und Lanfranco Rasponi, *A Time to Sing*, Doubleday, Garden City, N.J., 1982, S. 100

33 »Als bekanntgegeben wurde«: ebd., S. 162

33 »Sie ist die Art Person«: Clara Louise Kellogg, *Memoirs of an American Prima Donna*, G. P. Putnam's Sons, New York 1913, S. 207

34 »Ich bin gekommen«: ebd., S. 204

34 »Sie beobachtete alle...«: ebd., S. 206

34 »Wer weiß, was für Sympathien«: ebd., S. 216

34 Monsieur de Saxe: Blanche Marchesi, *Singer's Pilgrimage* (1923), Da Capo Press, New York 1978, S. 144

34 »Glaube niemand«: Ida Cook, *We Followed Our Stars*, William Morrow, New York 1950, S. 214

35 »in unserem Glauben daran«: ebd., S. 222

35 »Zweifellos begriff sie«: ebd., S. 27

35 »(von) einem wilden Violett«: ebd., S. 76

35 »war sie wahrscheinlich genauso...«: ebd., S. 239

35 »Wir reichten den Hörer«: ebd., S. 224

35 Philothée O'Neddy: April FitzLyon, *Maria Malibran*, Souvenir Press, London 1987, S. 77

36 »(die) schönen Menschen«: Willa Cather, *Youth and the Bright Medusa*, Knopf, New York 1920, S. 205

36 »war Pauls Märchen«: ebd., S. 215

36 »Er hatte nun das Gefühl«: ebd., S. 227

36 »entsetzliche gelbe Tapete«: ebd., S. 218

43 »scheint... ein ereignisloses Leben...«: Joe Morella und Edward Z. Epstein, *Judy: The Films and Career of Judy Garland*, Citadel Press, New York 1969, S. 215

43 »Die Wände sind blatternarbig«: ebd., S. 212

49 »Es ist jammerschade«: John Ardoin, *Callas: In Her Own Words*, Sendung von KUSC-FM, Los Angeles, Februar 1988, als Kassette 1988 von Pale Moon Music veröffentlicht

50 »Ich bin ein ungewöhnlich...«: Lind, *Autobiography of an Androgyne*, S. 116

50 »Es war Brauch«: Benjamin Lumley, *Reminiscences of the Opera* (1864), Da Capo Press, New York 1976, s. 63

52 Die Frauen schwenkten Taschentücher: FitzLyon, *Maria Malibran*, S. 45

53 »Es schien mir, als sei meine Liebe...«: Proust, *À la Recherche du Temps Perdu*, Bd. I, S. 812

55 »Die Inszenierung...«: *Opera Fanatic*, Nr. 3, 1989, S. 85

56 »Eine neue Welt«: Robert D. Faner, *Walt Whitman and Opera*, Illinois University Press, Carbondale, Ill., 1951, S. 43

56 »Am dunkelnden Himmel«: Willa Cather, *Lucy Gayheart* (1935), Vintage, New York 1976, S. 11

56 »Er saß still«: Willa Cather, *The Song of the Lark* (1915), Houghton Mifflin Co., Boston 1988, S. 359

57 »den jungen Billy Crawford«: *ON* 14 (16. 1. 1950), S. 3

58 »Die Freund- und Feindschaften«: Cook, *We Followed Our Stars*, S. 41

58 »junger Theologiestudent«: *ON* 8 (1. 11. 1943), S. 23-24

58 »Wer eine Super-Stehplatz-Orgie...«: *ON* 7 (22. 2. 1943), S. 10

59 »›Ich stehe am liebsten‹«: *ON* 10 (3. 12. 1945), S. 12

59 »ein kompliziertes...«: Terrence McNally, *The Lisbon Traviata*, in *Three Plays by Terrence McNally*, Plume, New York 1990, S. 88

• Zweites Kapitel: Der eingeschlossene Fan: Oper zu Hause •

Informationen zur Geschichte des Phonographen verdanke ich Roland Gelatt, *The Fabulous Phonograph: From Tin Foil to High Fidelity* (J. B. Lippincott, Philadelphia 1955). Einschlägige Auszüge aus Adornos musiksoziologischen Schriften erschienen 1990 in *October* 55 (»The Curves of the Needle«, »The Form of the Phonograph Record«, »Opera and the Long-Playing Record«), vgl. auch Thomas Y. Levin, »For the Record: Adorno on Music in the Age of Its Technological Reproducibility«, *October* 55 (Winter 1990), S. 23-47. Siehe ferner: Roger Boar, Jacques Lowe und Russell Miller, *The Incredible Music Machine* (Quartet Books, London 1982); Brian Rust, *The American Record Label Book* (Arlington House, Rochelle, N.Y., 1978); Michael W. Sherman, *The Paper Dog: An Illustrated Guide to 78 R.P.M. Victor Record Labels 1900-1958* (A.P.M. Press, 1987); J. B. Steane, *The Grand Tradition: Seventy Years of Singing on Record* (Duckworth, London 1974). Archivalien zu den Victor Records liegen in der Historical Sound Recordings Collection der Sterling Memorial Library an der Yale University; ich danke Richard Warren für seine Hilfe.

64 »mit oder ohne Wissen«: Frederick J. Garbit, *The Phonograph and Its Inventor, Thomas Alva Edison*, Gum, Bliss & Co., Boston 1878, S. 10

65 »das Schluchzen der Hysterie«: Gelatt, *The Fabulous Phonograph*, S. 52

66 »Blindenheimen...«: Garbit, *The Phonograph and Its Inventor*, S. 11

71 »als ob man ein Gemälde«: Thomas Mann, *Der Zauberberg*, Frankfurter Ausgabe, S. Fischer, Frankfurt 1981, S. 896

73 »Um Himmelswillen«: *New Victor Records*, März 1918, S. 27

73 »Mon Dieu!«: Boar, Lowe, Miller, *The Incredible Music Machine*, S. 81

73 »Ein Spiegel mag...«: *New Victor Records*, Juli 1920, S. 27

73 »ein Farbton auf den Bergen«: Walter Pater, *The Renaissance*, Hg. Donald L. Hill, University of California Press, Berkeley und Los Angeles 1980, S. 188

73 »in jedes Leben tritt«: *New Victor Records*, Oktober 1918, S. 2

76 »Wenn man die Rillen«: *New Victor Records*, September 1917, S. 39

77 »Es scheint überflüssig«: *Victor Records: The New Complete Catalogue*, 1993, S. 3

77 »Wenn es Sie...«: *Victor Record Review* 2, April 1940, S. 2

78 »Die empfohlene Methode«: *Victor Record Review* 1, August 1938, S. 11

78 »Wenn eine Platte«: Hans Fantel, »Record Hygiene – II«, *ON* 29 (6. 3. 1965), S. 32

81 »Nichts verdirbt...«: *New Victor Music: List of New Records* (Januar 1926), S. 31

82 »Wie bei dem Begriff ›Liebe‹«: Karl F. Reuling, »High Fidelity«, *ON* 21 (19. 10. 1956), S. 24-25

84 »Nach dieser einen Platte«: *New Victor Records*, Oktober 1918, S. 14

84 »neugierige Reisende«: *Victor Record Review* 1 (Mai 1938), S. 2

84 »lebender Organismus«: *New Victor Records* (Oktober 1918), S. 14

85 »Da es eine chronische…«: *ON* 26 (28. 10. 1961), S. 30

85 »Anstatt das Fahren… «: Manuel Puig, *La traición de Rita Hayworth*, hier nach der amerikanischen Übersetzung *Betrayed by Rita Hayworth*, Vintage, New York 1981, S. 76

86 »Malen Sie jene…«: »How to Get Ready for an Opera Broadcast«, *ON* 12 (5. 1. 1948), S. 30

87 »Kaum war…«: *ON* 11 (9. 12. 1946), S. 14

87 »Wie glatt und elegant«: *ON* 10 (1. 2. 1946), S. 31

88 »Eine erstaunliche Anzahl«: *New Victor Records*, November 1911, S. 10

89 »Schund…«: *New Victor Records*, Dezember 1907, S. 10

89 »Die Musik des zweiten Akts«: *ON* 6 (8. 12. 1941), S. 16

89 »und fing ihn kleinlaut…«: *ON* 7 (23. 11. 1942), S. 11

90 »In der Schlußszene«: *ON* 6 (8. 12. 1941), S. 16

90 »In Miss Traubels Kostümen«: *ON* 8 (6. 12. 1943), S. 22

90 »Die… Bühnenbilder studieren«: »How to Get Ready for an Opera Broadcast«, *ON* 12 (5. 1. 1948), S. 30

95 »Ihre Füße«: *ON* 16 (12. 11. 1951), S. 8

95 Lee Foley: *ON* 6 (19. 1. 1942), S. 24

102 »Wir sind alle…«: *New Victor Records*, Mai 1917, S. 13

102 »Blind«, »ein eifriger Hörer« usw.: Cedric Hart, »Opera in the Sick Room«, *ON* 7 (9. 11. 1942), S. 18-20

102 »ich bin lahm«: *ON* 8 (6. 3. 1944), S. 3

102 neben seinem Idol Risë Stevens: *ON* 13 (11. 4. 1949), S. 4

102 »Kopf-Hoch-Girl«: *ON* 9 (4. 12. 1944), S. 2

103 »Als Helen Keller«: *ON* 14 (13. 3. 1950), S. 2

103 »Seine Mutter führte ihn«: *ON* 9 (2. 4. 1945), S. 11

103 Eleanor Steber: »Leslie Rubinstein, ›Improper Diva‹«, *ON* 55 (Oktober 1990), S. 11

104 »Wenn ich in Atlanta«: *ON* 7 (16. 11. 1942), S. 32

104 »Ich war so verzaubert«: *ON* 9 (25. 12. 1944), S. 32

104 »zum Andenken an Betty«: *ON* 11 (21. 10. 1946), S. 31

105 »Täglich lauschte«: *Favorite Records Review*, Oktober 1922, S. 5-6

105 »seine sensiblen Nerven«: *Victor Record Review* 2, Juli 1939, S. 15

105 »mit dem gesamten…«: *Victor Record Review* 2, September 1939, S. 3

106 »Bampton, Moscona…«: *ON* 11 (23. 12. 1946), S. 31

106 »bei der bloßen…«: *ON* 11 (10. 3. 1947), S. 31

✦ Drittes Kapitel: Wie sich eine Diva aufführen muß ✦

121 »Es gibt Natur«: Ponder, *Clara Butt*, S. 19

121 »MARY GARDEN, SUPERWOMAN«: Garden und Biancolli, *Mary Garden's Story*, S. 111

121 »selbst auf die Gefahr hin«: Le Massena, *Galli-Curci's Life of Song*, S. 30

121 »Nach dreißig Sekunden«: Melba, *Melodies and Memories*, S. 247

122 »ich werde eine...«: Le Massena, *Galli-Curci's Life of Song*, S. 30

122 »Persönlichkeit ist...«: zitiert bei Emily R. Coleman, *The Complete Judy Garland*, Harper & Row, New York 1990, S. 7

123 »Stimme ist Persönlichkeit«: Cather, *Song of the Lark*, S. 318

123 »O Mama«: Eames, *Some Memories*, S. 13

123 »Als ich diese zwei Wochen«: Kirsten, *Time to Sing*, S. 44

123 »was in ihrer Heimatgegend«: Harris, *Renata Tebaldi*, S. 14

124 »ich habe keine Angst«: FitzLyon, Maria Malibran, S. 184

124 »Mary Garden, dies...«: Grace Moore, *You're Only Human Once*, Doubleday, Doran & Co., Garden City, N.J., 1944, S. 112

124 »Salvatore, j'ai enfin...«, »Alors,...«: Melba, *Melodies and Memories*, S. 35

126 »Jeder, der...«: Melba, *Melodies and Memories*, S. 35

126 »Mein Bett«: Moore, *You're Only Human Once*, S. 135

126 »Die Krone...«: Eby, *From the Beauty*, S. 64

127 »Mary, Thaïs...«: Garden und Biancolli, *Mary Garden's Story*, S. 45

128 »Dorothy, dieser erste«: Kirsten, *Time to Sing*, S. 64

128 »Der Abend war vorüber«: Kirsten, *Time to Sing*, S. 13

129 »Ich glaube, ich verdanke«: Ponder, *Clara Butt*, S. 217

129 »Ich sang, was...«: Lawton, *Schumann-Heink*, S. 4

129 »das fordernde Strömen«: Le Massena, *Galli-Curci's Life*, S. 303

129 »verführerische Vision«: Geraldine Farrar, *Such Sweet Compulsion*, Greystone Press, New York 1938, S. 56

129 »Donnerstag«: Kellogg, *Memoirs*, S. 167

130 »Ich denke mir oft«: ebd., S. 93-94

130 »tenors are queer creatures«: ebd., S. 71

130 »Ich war wohl...«: ebd., S. 8

130 »eigenartiges Schweigen«: Ponder, *Clara Butt*, S. 50

130 »so wunderschön«: Moore, *You're Only Human Once*, S. 157

131 »in flammenden...«: Farrar, *Such Sweet Compulsion*, S. 139

131 »eigenartig...«: Blanche Marchesi, *Singer's Pilgrimage* (1923), Da Capo Press, New York 1978, S. 39-40

132 »Während meiner ganzen...«: Eames, *Some Memories*, S. 133

132 »So hübsche Mädchen«: ebd., S. 33

132 »Männer (als solche)«: Eby, *From the Beauty*, S. 11

132 »Ton in Ton«: Moore, *You're Only Human Once*, S. 15

132 »Sie sind meine...«: ebd., S. 28

132 »Faktotum«: Cushing, *Rainbow Bridge*, S. 119

132 »Dieser gab sie...«: ebd., S. 124

133 »flachen, schwer atmenden«: ebd., S. 113

134 »Tun Sie die...«: ebd., S. 184

134 »hübsch war ..«: Garden und Biancolli, *Mary Garden's Story*, S. 9

134 »Der Arzt trat«: ebd., S. 84

134 »Ein Erschauern«: ebd., S. 144-145

135 »ich empfinde nie«: FitzLyon, *Maria Malibran*, S. 85

136 »Ich meine, daß ein Leben«: ebd., S. 89

136 »braungebraten«: Henry C. Lahee, *The Grand Opera Singers of To-Day*, L. C. Page & Co., Boston 1912, S. 79

137 »Wenn ich Dir...«: Rupert Christiansen, *Prima Donna: A History*, Penguin Books, Harmondsworth 1984, S. 72

137 »Elefant«: Henry Pleasants, *The Great Singers*, Simon & Schuster, New York 1966, S. 224

138 »vor jeder Vorstellung«: Carl Van Vechten, *Interpreters*, Knopf, New York 1920, S. 48

139 »Die Ligamente«: Melba, *Melodies and Memories*, S. 208

140 »eine Schlange«: Pleasants, *Great Singers*, S. 108

140 »von den Pocken...«: François Joseph Fétis, zitiert bei Pleasants, *Great Singers*, S. 215

140 »häßlichen Gewohnheit«: Ellen Creathorne Clayton, *Queens of Song*, Harper & Brothers, New York 1865, S. 157

140 »im rechten Auge«: Clayton, *Queens*, S. 72

140 »Ich liebe so sehr...«: Ethan Mordden, *Demented: The World of the Opera Diva*, Franklin Watts, New York 1984, S. 236

140 »wollte gerne«: Anderson, *My Lord*, S. 25

140 »ein kleines, häßliches...«: Henry Scott Holland und W. S. Rockstro, *Jenny Lind the Artist, 1820-1851*, John Murray, London 1893, S. 12

142 »pervers«: Signora <Regina> Mingotti, *An Appeal to the Publick*, London 1756, S. 2, 4

142 »negroidem Klang«: Rosalyn M. Story, *And So I Sing: African-American Divas of Opera and Concert*, Warner Books, New York 1990, S. 38

142 »Negerblut«: Edmond Cottimet, zitiert bei FitzLyon, *Maria Malibran*, S. 230

143 »kleinen braunen...«: Klein, *Reign of Patti*, S. 38-39

143 »geborene Vertreterin«: ebd., S. 86

144 »die dunkelhäutige...«: Clayton, *Queens of Song*, S. 17

144 »Würde einer...« zitiert in »S. Hurok presents Marian Anderson«, Werbehandzettel in der James Weldon Johnson Collection der Beinecke Library an der Yale University.

144 »Rosenknospe«: zitiert bei Farrar, *Such Sweet Compulsion*, S. 105

145 Die bürgerlichen Rechte der Sänger: FitzLyon, *Maria Malibran*, S. 125-132

145 »Meine Mutter«: Edwards, *Prima Donna*, Bd. I, S. 106

145 »marschierte mit dem...«: Cushing, *Rainbow Bridge*, S. 172

146 »Tut nichts«: Edwards, *Prima Donna*, Bd. I, S. 106

147 »sang *Mimì*«: Lahee, *Grand Opera Singers*, S. 212

148 »gab ihr Debüt«: ebd., S. 59

149 »Denk dran«: Anderson, *My Lord*, S. 11

150 »Der Geruch von Blumen«: Cushing, *Rainbow Bridge*, S. 172

150 »La bataille des fleurs«: ebd., S. 15

150 »Wie die meisten...«: Lyon, *Leontyne Price*, S. 131

150 »Adelaide, tu canti!«: (Mrs.) R. C. Waterston, *Adelaide Phillipps: A Record*, A. Williams & Co., Boston 1883, S. 32

151 »Was wäre das...«: Garden und Biancolli, *Mary Garden's Story*, S. 92

152 »Ich bin sicher«: Farrar, *Such Sweet Compulsion*, S. 140

152 »Diese Künstlerinnen«: Cushing, *Rainbow Bridge*, S. 106

153 »Giulietta Simionato«: Lyon, *Leontyne Price*, s. 140

157 »Entweder Alda...«: Alda, *Men, Women, and Tenors*, S. 72

157 »Dann saß ich da«: Cushing, *Rainbow Bridge*, S. 102-103

159 »Mein weißes...«: Garden und Biancolli, *Mary Garden's Story*, S. 3

159 »Ein kleines Rinnsal«: ebd., S. 107

159 »ihre Lieblingskatze«: Le Massena, *Galli-Curci's Life*, S. 139

159 »wie ein neugeborener...«: Marchesi, *Singer's Pilgrimage*, S. 223

159 Hundehecheln: ebd., S. 291

160 »Gertrude Stein«: Gertrude Stein, *The Autobiography of Alice B. Toklas* (1933), Vintage, New York 1961, S. 89

162 »Endlich war ich...«: Alda, *Men, Women, and Tenors*, S. 29

162 »fließende Falten«: Werbehandzettel, James Weldon Johnson Collection.

163 »Im zweiten Teil«: Le Massena, *Galli-Curci's Life*, S. 79

163 »Gewiß kann niemand«: Eby, *From the Beauty*, S. 11-12

163 »Kostümmöglichkeiten«: ebd., S. 6

163 »Ich habe nie vergessen«: Alda, *Men, Women, and Tenors*, S. 51

164 »abgeändert zum...«: Eby, *From the Beauty*, S. 42

166 »vereinbar...«: ebd., S. 20

166 »Informelles Porträt«: Rosa Ponselle und James A. Drake, *Ponselle: A Singer's Life*, Doubleday & Co., Garden City, N.Y., 1982, S. 212-213

168 »Ist sie heute abend ..«: Marchesi, *Singer's Pilgrimage*, S. 140

168 Die Desmâtins: Edwards, *Prima Donna*, Bd. I, S. 70

168 »eine höchst originelle...«: ebd., S. 211

168 »Plötzlich hatte sich...«: Lyon, *Leontyne Price*, S. 103

♦ Viertes Kapitel: Der Callaskult ♦

Ich bin folgenden Autoren verpflichtet: John Ardoin, *Callas: In Her Own Words*; ders., *The Callas Legacy: The Complete Guide to her Recordings* (Charles Scribner's Sons, New York 1991); ders., *Callas at Juilliard: The Master Classes* (Knopf, New York 1987); Evangelia Callas und Lawrence G.

Blochman, *My Daughter Maria Callas* (Fleet Publishing Corporation, New York 1960); Jackie Callas, *Sisters* (St. Martin's Press, New York 1989); *Maria Callas: Life and Art*, Videodokumentation von Alan Lewes und Alistair Mitchell, Picture Music International 1987; David A. Lowe, Hg., *Callas, As They Saw Her* (Ungar, New York 1986); Giovanni Battista Meneghini und Renzo Allegri, *My Wife Maria Callas* (Aus dem Italienischen: Farrar Straus Giroux, New York 1982); Pierre-Jean Rémy, *Maria Callas: A Tribute* (Aus dem Französischen: St. Martin's Press, New York 1978); Nadia Stancioff, *Maria Callas Remembered* (E. P. Dutton, New York 1987); Arianna Stassinopoulos, *Maria Callas: The Woman behind the Legend* (Simon & Schuster, New York 1981). Das Beispiel von Richard Dyers Buch *Heavenly Bodies: Film Stars and Society* (St. Martin's Press, New York 1986) hat mir geholfen, dieses Kapitel zu schreiben.

180 »Schluß jetzt«: Catherine Clément, *Opera, or the Undoing of Women* (Aus dem Französischen von Betsy Wing), University of Minnesota Press, Minneapolis 1988, S. 28

182 »Die Callas?«: vgl. Stassinopoulos, *Maria Callas*, S. 121

184 »wackliges Hohes C«: Ardoin, *Callas Legacy*, S. 100

186 »Ich will...«: Meneghini, *My Wife*, S. 62

187 »Komm mit deinen...«: zitiert in *Time* 68 (29. 10. 1956), S. 62

188 »Wenn Sie von uns...«: Meneghini, *My Wife*, S. 215-216

189 »Ich fürchte, er...«: zitiert bei Ardoin, *Callas: In Her Own Words*

190 »Finden Sie...«: Tennessee Williams, *A Streetcar Named Desire* (New American Library, New York 1947), S. 83

197 »Kleinmädchenstimme«: Ardoin, *Callas Legacy*, S. 70

198 »Es gab einen Prozeß«: Lowe, *Callas, As they Saw Her*, S. 157

199 »liebe Kollegin«: ebd., S. 140

199 »Rivalinnen...«: Ardoin, *Callas: In Her Own Words*

200 »hinein in die Zwangsjacke«: ebd.

202 »Jedesmal, wenn mich ein...«: Loew, *Callas, As They Saw Her*, S. 152

202 »Nur meine Hunde«: Charles Ludlam, *Galas*, in *The Complete Plays of Charles Ludlam*, Harper & Row, New York 1989, S. 731

204 »ein monströses Phänomen«: vgl. Stassinopoulos, *Maria Callas*, S. 133

♦ Fünftes Kapitel: Die Kehle der Diva, oder: Wie man singt ♦

Bei meinen Ausführungen zur Physiologie der Stimme und zur Technik des Gesangs beziehe ich mich auf Philip A. Duey, *Bel Canto in Its Golden Age: A Study of Its Teaching Concepts* (King's Crown Press, New York 1951); Edward Vaught Foreman, *A Comparison of Selected Italian Vocal Tutors of the Period circa 1550 to 1880* (University Microfilms International, Ann Arbor 1985); Brent Jeffrey Monahan, *The Art of Singing: A Compendium of Thoughts on Singing Published between 1777 and 1927* (Dembner Books, New York 1984); Sally Allis Sanford, *Seventeenth and Eighteenth Century Vocal Style and Technique* (University Microfilms International, Ann Arbor 1979). Zu den Castrati vgl. man Angus Heriot, *The Castrati in Opera* (1956), Da Capo Press, New York 1975. Zum Diskurs der Homosexualität s. Eve Kosofsky Sedgwick, *Epistemology of the Closet* (University of Califiornia Press, Berkeley und Los Angeles 1990). Vgl. auch Sander L. Gilman, »Opera, Homosexuality, and Models of Disease: Richard Strauss's *Salome* in the Context of Images of Disease in the Fin de Siècle«, in: *Disease and Representation: Images of Illness from Madness to AIDS* (Cornell University Press, Ithaca 1988).

207 »der Gesang keine Kunst...«: Millie Ryan, *What Every Singer Should Know*, Franklin Publishing Co., Omaha 1910, S. IV

211 »So viele Mädchen«: Frederick H. Martens, *The Art of the Prima Donna and Concert Singer*, D. Appleton & Co., New York 1923, S. 195

211 »Die Kehle ist die Tür«: Enrico Caruso und Luisa Tetrazzini, *Caruso and Tetrazzini on the Art of Singing* (1909), Dover Publications, New York 1975, S. 52

213 »eine traurige...«: Duey, *Bel Canto*, S. 5

213 »männlichen«: Piero Francesco Tosi, *Observations on the Florid Song* (1743, übersetzt aus dem Italienischen von Ernest Galliard), Johnson Reprint Corporation, New York 1968, S. 76

214 »ein Instrument unterrichten muß«: Sir Charles Santley, *The Arts of Singing and Vocal Declamation*, Macmillan, New York 1908 , S. 11

214 »Wenn ich nur...«: Rushmore, *Singing Voice*, S. 177

214 »eine horizontale Spalte«: Duey, *Bel Canto*, S. 135

214 »zwei dicke Membranen«: Robert Lawrence Weer, *Your Voice*, Selbstverlag Los Angeles 1948, S. 49

214 »starken Gummiband«: Martens, *Art of the Prima Donna*, S. 202

214 »Zünglein«: Sanford, *Vocal Style*, S. 58

215 »Ringschildmuskeln«: Salvatore Marchesi (1902), zitiert bei Monahan, *Art of Singing*, S. 136-137

216 Griechische Tragöden: Herbert Witherspoon, *Singing: A Treatise for Teachers and Students*, G. Schirmer, New York 1925, S. 1

216 »Für ein Omelett...«: Martens, *Art of the Prima Donna*, S. 69

216 Helen Keller: Monahan, *Art of Singing*, S. 270

216 »Wenn ich singe«: ebd., S. 30

218 »erektilem Gewebe«: Witherspoon, *Singing: A Treatise*, S. 25

218 »Sie haben den idealen...«: Martens, *Art of the Prima Donna*, S. 286

218 »ihres Amtes walten«: Santley, *Art of Singing*, S. 56

218 »hübschen Münder«: Isaac Nathan, *An Essay on the History and Theory of Music; and on the Qualities, Capabilities, and Management of the Human Voice*, G. & W. B. Whittaker, London 1823, S. 63

218 »man bequem...«: Sanford, *Vocal Style*, S. 94

219 »Zungenkontrolle«: Weer, *Your Voice*, S. 5

220 »Es ist eine Art«: Nathan, *Essay*, S. 47

220 »so daß sie nicht auf dem Wege«: Duey, *Bel Canto*, S. 108

220 »weibisches musikalisches...«: ebd., S. 29

220 »weibische Affektiertheit«: ebd., S. 34

220 »daß es Männern geziemt«: ebd., S. 41

221 »mit solcher Gewalt«: Sir Morell Mackenzie, zitiert bei Monahan, *Art of Singing*, S. 149-150

221 »brauchbar«: Tosi, *Observations*, S. 24

221 »weißen«, »schrillen« usw.: Franklin D. Lawson, T*he Human Voice: A Concise Manual on Training the Speaking and Singing Voice*, Harper & Brothers, New York 1944, S. 46

221 »Viele Meister«: Tosi, *Observations*, S. 23

221 »meine ganze Freude«: Sanford, *Vocal Style*, S. 43-44

222 »körperliche Entwicklung«: Martens, *Art of the Prima Donna*, S. 265-266

222 »Mutation«: Monahan, *Art of Singing*, S. 21

223 »die Bruststimme«: Sanford, *Vocal Style*, S. 34

224 »Gesang nichts weiter...«: Monahan, *Art of Singing*, S. 33

224 »die Defekte einer...«: A. A. Pattou, *The Voice as an Instrument*, Edward Schuberth & Co., New York 1878, S. 4

224 »alle Fehler«: ebd., S. 28

224 »geistiger Depression«: ebd., S. 58

225 »der Natur zuwider«: Rushmore, *Singing Voice*, S. 190

225 »romanische Rassen«: ebd., S. 190

225 »sehr en vogue«: Francis Charles Maria de Rialp, *The Legitimate School of Singing*, Selbstverlag New York 1894, S. 76

225 »daß der Sänger...«: Nathan, *Essay*, S. 67

225 »Gesichter, die...«: Lilli Lehmann, *How to Sing. Aus dem Deutschen übersetzt von Richard Aldrich (1902)*, Macmillan, New York 1960, S. 169

227 »fortwährendem Seufzen«: John Gothard, *Thoughts on Singing; with Hints on the Elements of Effect and the Cultivation of Taste*, Longman & Co., London 1848, S. IV

227 »es kein Tonikum...«: Ryan, *What Every Singer*, S. 23

228 »der Gesang eine läuternde...«: Monahan, *Art of Singing*, S. 17

228 »gesellschaftliche Ordnung«: ebd., S. 17

228 »natürliche Stimme«: George Antoine Brouillet, *Voice Manual* (1936), Crescendo Publishing Co., Boston 1974, S. 42

228 »vulgäre...«: Tosi, *Observations*, S. 144

228 »desto höher...«: Heriot, *Castrati*, S. 144

228 »den korrekten Umgang«: Louis Arthur Russell (1904), zitiert bei Monahan, *Art of Singing*, S. 62

228 »nicht auf einmal«: Duey, *Bel Canto*, S. 19

228 »wie die Verausgabungen...«: Caruso und Tetrazzini, *Art of Singing*, S. 58

230 »Warum verdirbt es...«: Duey, *Bel Canto*, S. 19

230 »die Schleimhaut«: Witherspoon, *Singing: A Treatise*, S. 45

230 »Rote Linien«: Lehmann, *How to Sing*, S. 86-87

◆ Sechstes Kapitel: Die unaussprechliche Vermählung von Text und Musik ◆

Hier habe ich Susan McClary (*Feminine Endings: Music, Gender, and Sexuality*, University of Minnesota Press, Minneapolis 1991) und Herbert Lindenberger (*Opera: The Extravagant Art*, Cornell University Press, Ithaca 1984) zu danken. Was die Ursprünge der Oper angeht, so beziehe ich mich auf Robert Donington, *The Rise of Opera*, Faber & Faber, London 1981; Stanley Sadie, Hg., *History of Opera*, Macmillan, London 1989; Claude V. Palisca, *The Florentine Camerata: Documentary Studies and Translations* (Yale University Press, New Haven 1989) und Oliver Strunk, Hg., *Source Readings in Music History from Classical Antiquity through the Romantic Era* (W. W. Norton, New York 1950). Zu den Beziehungen zwischen Text und Musik vgl. John Hollander, *The Untuning of the Sky: Ideas of Music in English Poetry, 1500–1700* (Princeton University Press, 1961) und James Anderson Winn, *Unsuspected Eloquence: A History of the Relations between Poetry and Music* (Yale University Press, New Haven 1981).

240 »formell eingetragen«: Palisca, *Florentine Camerata*, S. 4

241 »gewohnt ..«: Vincenzo Galilei (1581), zitiert bei Palisca, S. 3

241 »wundervolle«: Pietro de' Bardi (1634), zitiert ebd., S. 4

241 »eine Harmonie...«: Jacopo Peri, »Vorwort zur *Euridice*« (1601), bei Strunk, *Source Readings*, S. 374

241 »Ich sammle...«: Giovanni Bardi, »Diskurs gerichtet an Giulio Caccini (der Römer genannt) über alte Musik und guten Gesang«, bei Palisca, S. 91

242 »Vincenzo Galilei, der Vater«, »gänzlich ..«, »Caccini und Peri«: Pietro de' Bardi, »Brief an G. B. Doni« (1634), bei Strunk, S. 363-365

243 »neuer Reiz«: Girolamo Mei, »Brief vom 8. Mai 1572 <an Vincenzo Galilei>«, bei Palisca, S. 73

243 »die übermäßigen...«: ebd.

243 »privat ..«: Pietro de' Bardis Brief bei Strunk, S. 365

243 »Es leben nunmehr«: ebd.

243 »Das Vergnügen...«: Donington, *Rise of Opera*, S. 108

244 »hat stets meine Komposition«: Peri, »Vorwort«, bei Strunk, S. 375

245 »Kitzeln«: Giulio Caccini, »Vorwort zu *Le nuove musiche*« (1602), bei Strunk, S. 380

245 »Trichter der Ohren«: Platon, *Staat*, in Auszügen bei Strunk, *Source Readings*, S. 11-12

246 »stärker... bewegt«: Augustinus, *Bekenntnisse*, ebd., S. 74

246 »unnatürlich voneinander...«: Dr. <John> Brown, *A Dissertation on the Rise, Union, and Power, the Progressions, Separations, and Corruptions, of Poetry and Music*, L. Davis & C. Reymers, London 1763, S. 25

246 »kraftlosen...«: Winn, *Unexpected Eloquence*, S. 252

246 »Text edler«: Giovanni Bardi, »Diskurs«, Palisca, S. 115

246 »Widerte es ihn an«, »elender Bursche«: ebd., S. 123

246 »entmännlichenden Stimme«: aus einem anonymen Gedicht »On NICO-LINI'S leaving the stage« (1714), zitiert bei Winn, S. 244-245

246 »monströsen Umkehrung«: Graf Algarotti, *An Essay on the Opera Written in Italian*, L. Davis & C. Reymers, London 1767, S. 58-61

248 »weibisch und abstoßend«: Francesco Algarotti, *Saggio sopra l'opera in musica* (1755), vgl. Strunk, S. 663-664

248 »kehren sich...«: ebd., S. 669

248 »moderne Verwirrung«: Benedetto Marcello, *Il teatro alla moda* (1720), Auszüge bei Strunk, S. 525

248 »(der) liedsame Teil« (»Songish Part«): John Dryden, »Vorwort zu Albion und Albanius«, *The Works of John Dryden*, Bd. XXV: *Plays*, University of California Press, Berkeley und Los Angeles 1976, S. 4

251 »...alles, was ich Ihnen...«: Richard Strauss am 29. 1. 1924 an Hugo v. Hofmannsthal, in: Strauss/Hofmannsthal, *Briefwechsel*, Atlantis Verlag, Zürich 3/1964, S. 511

251 »Die Verse«: W. H. Auden, »Notes on Music and Opera«, *The Dyer's Hand and Other Essays*, Vintage, New York 1968, S. 473

251 »Jedes Auseinanderkommen ..«: Hofmannsthal an Strauss am 22. 12. 1912; a. a. O., S. 208-209

251 »freundlichen Verkehr«: Algarotti, »Saggio«, bei Strunk, S. 665

251 »Männer mit Macht«, Winn, a. a. O., S. 241-242

251 »ihr wahres Amt«: Gluck, »Widmung zur *Alceste*« (1769), bei Strunk, S. 674

252 »ja ganz erschrecklich«: E. T. A. Hoffmann, *Die Serapionsbrüder,* Winkler-Verlag, München 1963, S. 82

252 »in der Liebe ihr Vermögen...«: Wagner, »Dichtkunst und Tonkunst im Drama der Zukunft«, *Gesammelte Schriften und Dichtungen*, Deutsches Verlagshaus Bong & Co., Berlin usw. o. J., IV, S. 207

252 »von *zwei* künstlerischen...«: ebd., IV, S. 209

253 »brüderlichen Prometheus«, »mußte (er) sich (selbst) aufmachen...«: Wagner, »Das Kunstwerk der Zukunft«, ebd.,   III, S. 95

253 »nackte, ohrengefällige...«: Wagner, »Die Oper und das Wesen der Musik«, ebd., III, S. 251

253 »Gebären«: vgl. Wagner, »Dichtkunst und Tonkunst...« *passim*, z. B.. a. a. O. IV, S. 145

253 »Ich lehne mich gegen...«: Kierkegaard, *Entweder-Oder*, I, 3; (vgl. als deutsche Ausgabe die des dtv, München 1975, S. 145).

254 »furchtbarer Erfahrungen«: Oscar Wilde, »The Critic as Artist«, *The Artist as Critic: Critical Writings of Oscar Wilde*, Hg. Richard Ellmann, University of Chicago Press 1982, S. 343

254 »melodische Worte«: Wilde, *The Picture of Dorian Gray* (1891), Penguin Books, Harmondsworth 1983, S. 67

255 »immerfort die Aspiration«: Pater, *The Renaissance*, S. 106

255 »Mondsüchtig« usw.: Max Nordau, *Degeneration*, D. Appleton & Co., New York 1895 (Übersetzung des 1892-1893 erschienenen Werks *Entartung*), S. 198, 204, 211

255 »Partei zu nehmen gegen alles Kranke an mir«: Nietzsche, »Der Fall Wagner« (Vorwort), *Werke in zwei Bänden*, Hanser, München 1967, II, S. 291

256 »selbst noch die Eingeweide«: ebd., S. 301

256 »Sehen Sie doch diese Jünglinge«: ebd., S. 304

256 »zerstreuungssüchtiger...«: Nietzsche, »Die Geburt der Tragödie«, a. a. O., I, S. 85

256 »Träume, jetzt wieder...«: ebd., S. 86

261 »inner gayety«: Virgil Thomson, »About ›Four Saints‹«, beigefügter Text zu der CD 9 79035-2 von Elektra/Nonesuch, *Four Saints in Three Acts.*

262 »Klarheit der Artikulation«: ebd.

263 »heutzutage...«: Thomson, *Music with Words: A Composer's View*, Yale University Press, New Haven 1989, S. 1

264 »die Elemente sind gepaart«: ebd., S.13

◆ Siebtes Kapitel: Ein kurzer Führer zu schwulen Opernaugenblicken ◆

266 »Etwas mußte ... geopfert werden«: Felix Mendelsohn (sic), *The Story of a Hundred Operas*, Grosset & Dunlap, New York 1913, S. VIII

Abbildungsnachweis

Es wurde alles nur Mögliche unternommen, um für jede Illustration die Inhaber der Rechte zu ermitteln. Für Hinweise auf trotzdem vorhandene Irrtümer oder Auslassungen im Folgenden wäre der Verlag dankbar. – Die entsprechenden Korrekturen oder Ergänzungen würden dann in der nächsten Auflage vorgenommen.

118 Bessie Abott (Photo: Aimé Dupont). Aus: Henry C. Lahee, *The Grand Opera Singers of To-Day*, L. C. Page & Co., Boston 1912.

119 Adelina Patti. Aus: Herman Klein, *The Reign of Patti*, Century Co., New York 1920

125 Mary Garden (Photo: Earl Forbes). Aus: Mary Garden und Louis Biancolli, *Mary Garden's Story*, Simon & Schuster, New York 1951.

127 Joan Sutherland und Maria Callas. Aus: Brian Adams, *La Stupenda: A Biography of Joan Sutherland* (Hutchinson, Richmond, Victoria, 1980).

133 Mary Garden als Chérubin (1905). Mit freundlicher Genehmigung von Joseph Solomon (für die Erben von Carl Van Vechten).

146 Adelina Patti als Norina und Lucia. Aus: Herman Klein, *The Reign of Patti* (s.o.).

154 »1929«, Marguerite D'Alvarez von Cecil Beaton photographiert. Copyright Cecil Beaton. Die Photographie verdanke ich dem Entgegenkommen von Sotheby's, London.

155 Marguerite D'Alvarez, photographiert von Carl Van Vechten. Mit freundlicher Genehmigung von Joseph Solomon.

158 Rosa Ponselle. Mit freundlicher Genehmigung der Rosa Ponselle Foundation.

161 Clara Butt. Aus: Winifred Ponder, *Clara Butt: Her Life Story* (1928), Da Capo Press, New York 1978.

165 Joan Hammond als Aida, als Tosca, zuhause. Aus: Harold Rosenthal, *Sopranos of Today*, John Calder, London 1956. Mit freundlicher Erlaubnis von Calder Publications Ltd.

167 Rosa Ponselle. Aus: Rosa Ponselle und James A. Drake, *Ponselle: A Singer's Life*, Doubleday & Co., Garden City, N.Y., 1982. Mit freundlicher Genehmigung der Rosa Ponselle Foundation.

183 Maria Callas. Aus: David A. Lowe, *Callas, As They Saw Her*, Ungar Publishing Co., New York 1986.

191 Maria Callas. Mit freundlicher Genehmigung von Archive Photos.

203 Maria Callas und Luchino Visconti. Archiv der Scala, Mailand.

203 Pier Paolo Pasoloni und Maria Callas. Sammlung Lester Glassner.

215 Vibration der Stimmritze. Photographien der Bell Telephone Laboratories, Inc, und von Svend Smith. Aus: D. Ralph Appelman, *The Science of Vocal Pedagogy*, Indiana University Press, Bloomington 1967

217 »Der Atem«. Aus: Millie Ryan, *What Every Singer Should Know*, Franklin Publishing Co., Omaha 1910.

229 Yvette Guilbert, Photographien von Alice Boughton. Aus: Yvette Guilbert, *How to Sing a Song*, Macmillan, New York 1918.

231 Diagramm der Vokalschwingungen von Sopranen und Tenören. Aus: Lilli Lehmann, *How to Sing* (1902), Macmillan, New York 1960.

Register

348

351

352

354

355

356

359

360

Ray Monk:
Wittgenstein
Das Handwerk des Genies

Aus dem Englischen von Hans Günter Holl und Eberhard Rathgeb
673 Seiten, 54 Abbildungen, broschiert, ISBN 3-608-91703-9

»Auf mehr als 600 Seiten ›erzählt‹ der profunde Wittgenstein-
Kenner Ray Monk (er hat über seine ›Philosophie der Mathematik‹
promoviert) einen faszinierenden Entwicklungs-Roman, der uns ein
Leben, unser Jahrhundert und ein großes, unverzichtbares Werk
kennenlernen läßt ... Eines der wichtigsten und spannendsten
Bücher dieses Jahres!«
Die Woche

Lucien Febvre:
Michelet und die Renaissance
Aus dem Französischen von Grete Osterwald
479 Seiten, Leinen, ISBN 3-608-91640-7

Im Jahr 1942 – Paris war unter deutscher Besatzung – erzählte
Lucien Febvre den im Collège de France versammelten Zuhörern,
wie Frankreichs berühmtester Historiker Jules Michelet die Poesie
der Geschichte und die Renaissance entdeckte. Febvre zog seine
Hörer und zieht seine Leser mit großer rhetorischer und sprachli-
cher Kraft hinein in die intellektuellen Tiefen eines Mannes, der aus
lebenslanger Liebe zu den Toten die Geschichte wiederauferweckte
und die Epoche der Renaissance aus den Fängen des Mittelalters
befreite. So entstand die Darstellung eines Lebens, die dank des
gesprochenen Wortes nichts von der Leidenschaftlichkeit ein-
büßte, mit der Febvre sich auf die Spuren Michelets begab.

Klett-Cotta

Harald von Mendelssohn:
Kierkegaard
Ein Genie in einer Kleinstadt

305 Seiten, 20 Abbildungen, gebunden, ISBN 3-608-91666-0

Die Frage nach dem Sinn des Lebens begleitete Sören Kierkegaard, bis er mit zweiundvierzig Jahren starb – auf dem Weg zur Bank, wo er die letzte Rate aus dem hinterlassenen Vermögen seines Vaters abholen wollte. Er war Dichter, Philosoph, Schauspieler im übertragenen Sinne. Vor dem Hintergrund des damaligen Kopenhagens, von dem Kierkegaard selbst als der »Kleinstadt« sprach, entsteht das Bild eines genialen Grenzgängers zwischen Wirklichkeit und Wort.

Londa Schiebinger:
Am Busen der Natur
Erkenntnis und Geschlecht in den Anfängen der modernen Wissenschaft

Aus dem Amerikanischen von Margit Bergner und Monika Noll
379 Seiten, zahlreiche Abb., gebunden; ISBN 3-608-91706-3

Vor zweihundert Jahren rückten die Wissenschaftler der Natur und der weiten fremden Welt mit Ordnungsdrang zu Leibe. Sie klassifizierten und legten Unterscheidungsmerkmale fest, wobei sich unter der Hand landläufige Vorstellungen von der Differenz der Geschlechter durchsetzten. Londa Schiebinger führt den Leser durch die eigenartigen Taxonomien und die oft ins Bizarr-Groteske übergehenden wissenschaftlichen Phantasien, die unser Bild von Mutter Natur entscheidend prägten.

Klett-Cotta